Herbert Schwetz, Manuela Zeyringer, Anton Reiter (Hrsg.)

Konstruktives Lernen
mit neuen Medien

STUDIENVerlag
Innsbruck-Wien-München-Bozen

Herbert Schwetz, Manuela Zeyringer,
Anton Reiter (Hrsg.)

Konstruktives Lernen
mit neuen Medien

Beiträge zu einer konstruktivistischen Mediendidaktik

Reflexionen zur internationalen Veranstaltung „Neues Lernen für die Informationsgesellschaft" (9.-11.10.2000) an der Pädagogischen Akademie des Bundes in Graz.

STUDIENVerlag
Innsbruck-Wien-München-Bozen

Gedruckt mit Unterstützung durch das Bundesministerium für Bildung, Wissenschaft und Kultur.

Die Deutsche Bibliothek - CIP-Einheitsaufnahme

Konstruktives Lernen mit neuen Medien :
Beiträge zu einer konstruktiven
Mediendidaktik / Anton Reiter ... (Hrsg.).
- Innsbruck ; Wien ; München ;
Bozen : Studien-Verl., 2001
ISBN 3-7065-1664-0

Gesamtredaktion: Dr. Anton Reiter
Illustrationen: Mag. Mona Nasseri
Buch-Design: Mag. Valentin Wurnitsch

Amraser Straße 118, A-6010 Innsbruck
e-mail: order@studienverlag.at
homepage: www.studienverlag.at

Gedruckt auf umweltfreundlichem, chlor- und säurefrei gebleichtem Papier.

DAS ZUKUNFTSMINISTERIUM bm:bwk

Inhalt

Ernst von Glasersfeld

Aspekte einer konstruktivistischen Didaktik[1]

Der radikale Konstruktivismus ist eine Wissenstheorie, die als Reaktion auf eine Einsicht entstand, die so alt ist wie die abendländische Philosophie. Den meisten Denkern aber war diese Einsicht so unsympathisch, dass sie sich stets bemühten, sie zu umgehen.

Sokrates drückte die Einsicht etwas überspitzt in dem berühmten Satz aus: „Ich weiß, dass ich nichts weiß". Das war überspitzt, denn Sokrates wusste freilich eine ganze Menge über Mathematik und Geometrie, er kannte Athen gut genug, um nach seinen Spaziergängen den Weg nach Hause zu finden, und schließlich wusste er auch, dass der Schirlingsbecher ihm den Tod bringen würde. Doch das alles war Wissen, das er aus der Welt der Erfahrungen gewonnen hatte; seine Behauptung, nichts zu wissen, bezog sich auf jene absolute, von menschlicher Wahrnehmung und menschlichen Begriffen unabhängigen Welt, der Philosophen nachhängen, wenn sie von Erkenntnis sprechen.

Wie die Skeptiker seit der Zeit der Vorsokratiker unentwegt wiederholt haben, können wir nie feststellen, ob die Vorstellungen, die wir uns machen, wahre Bilder einer Realität sind, denn wir können sie ja immer nur mit anderen Vorstellungen vergleichen, nie aber mit der Realität, die sie abbilden sollen. Dennoch haben Philosophen zweieinhalb Jahrtausende lang unentwegt versucht, sich aus dieser paradoxen Lage herauszuwinden. Mit den Mitteln der Vernunft ist es ihnen nicht gelungen, und da haben sie sich durchweg jeder auf seine Weise auf religiösen oder metaphysischen Glauben berufen. Unserer Ansicht nach ist es nun angemessen, zu versuchen, das Problem des Wissens aus einer anderen Richtung anzugehen.

Jean Piaget war in unserem Jahrhundert der erste, der Wissen als Konstruktion betrachtete und sein theoretisches Modell der kognitiven Tätigkeit als Konstruktivismus bezeichnete. Der Grundgedanke dieses Modells lässt sich einfach ausdrücken: Die Funktion der menschlichen Vernunft ist nicht, eine vom Wissenden unabhängige, ***reale*** Welt darzustellen, sondern Handlungsschemas und Begriffsstrukturen aufzubauen, die sich im Laufe der Erfahrung als brauchbar erweisen.

Piaget, der in erster Linie Biologe war, hat diese Funktion „Anpassung" genannt, wobei er stets zwei Sorten von Anpassung unterschied. Auf der Ebene der sensomotorischen Erfahrung ist es das sinnlich-körperliche Gleichgewicht, das bewahrt werden soll; auf der Ebene der Begriffe hingegen gilt es das mentale Gleichgewicht zu schaffen und zu bewahren, das auf der Widerspruchslosigkeit der begrifflichen Strukturen beruht. Auf beiden Ebenen handelt es sich also nicht um Repräsentation oder Abbildung, sondern darum, zwischen den Widerständen und Hindernissen, auf die man in der Erfahrungswelt des Handelns und Denkens stößt, mehr oder weniger gut durchzukommen.

---

[1] Der Beitrag wurde erstmals in der 1995 erschienenen und vom Landesinstitut für Schule und Weiterbildung in Soest herausgegebenen Broschüre „Lehren und Lernen als konstruktive Tätigkeit – Beiträge zu einer konstruktivistischen Theorie des Unterrichts" abgedruckt und mit freundlicher Genehmigung des Verlages für Schule und Weiterbildung für einen Neuabdruck bereitgestellt, den der Autor Ernst von Glasersfeld im Dezember 2000 überarbeitete und freigab.

Ich habe die konstruktivistische Wissenstheorie anderwärts ausführlich beschrieben (siehe Glasersfeld, s. Lit.verz: 1987, 1990, 1992, 1996). Da es hier hauptsächlich um Lehren und Lernen geht, will ich nur drei Punkte erwähnen, die in diesem Zusammenhang wichtig erscheinen:

1. Da Wissen nur in der Erfahrungswelt geprüft werden kann, lässt sich seine Brauchbarkeit („Viabilität") ermitteln, nicht aber seine Wahrheit im ontologischen Sinn, der den meisten Philosophen vorschwebt.
2. Wenn sich eine Handlungs- oder Denkweise unter bestimmten Umständen als brauchbar erweist, so heisst das nicht, dass sie die einzig mögliche ist.
3. Aus der konstruktivistischen Perspektive ist es eine Illusion, dass Sprache an und für sich die Fähigkeit habe, Begriffe und somit Wissen von einer Person zu einer anderen zu übermitteln.

Der letzte dieser drei Punkte ist für erfolgreiche Lehrer nichts Neues. Auch wenn sie es vielleicht nicht ausdrücklich formulierten, haben gute Lehrer seit jeher gewusst, dass man Schüler durch bloßes Reden nicht zum Verstehen führen kann. Verstehen ist das Ergebnis von begrifflichen Operationen, die von dem Lernenden selber ausgeführt werden müssen. Worte können dabei wohl als Anleitung dienen und die aufbauende Tätigkeit in gewisse Richtungen führen, aber das eigentliche Konstruieren von Begriffsverbindungen können sie dem Schüler nicht ersparen (Glasersfeld, 1990).

Das bringt mich zu einer Unterscheidung, für die ich schon seit langem plädiere und die ich im Englischen durch den Gegensatz zwischen ***training und teaching*** auszudrücken versuche. Auf Deutsch wäre das etwa der Gegensatz zwischen „Abrichten" und „Lehren".

Auswendiglernen, Üben und Wiederholen führen zweifellos zu einer gewissen Fertigkeit, indem sie die Bildung von Routinen, algorithmischen Handlungsketten und Gewohnheiten fördern, die in ganz bestimmten Situationen nützlich sind. Der Erwerb dieser Fertigkeiten, der zumeist durch die eine oder andere Form von Belohnung des Schülers erkauft wird, stellt aber eine eng begrenzte Kompetenz dar, die viel eher Können als Wissen ist und mit Verstehen nichts zu tun hat. Eben darum erzeugt Training Langeweile, wenn nicht gar Abneigung gegen den ganzen Anwendungsbereich.

Lehren hingegen soll im Schüler ***Verstehen*** hervorbringen – und Verstehen verlangt den Aufbau von Begriffsstrukturen, die sich nicht nur im gegebenen Erlebensbereich, sondern zumeist auch darüber hinaus erfolgreich anwenden lassen. Die Strukturen, die es da aufzubauen gilt, bestehen aus Begriffen, die durch bestimmte Beziehungen verbunden sind. Sprachliche Wortverbindungen können solche Begriffsstrukturen zwar ***bedeuten,*** doch sie können sie weder vermitteln noch erzeugen, denn die nötigen Begriffe und Beziehungen müssen von jedem einzelnen Sprachbenützer im eigenen Kopf aufgebaut werden.

Da Begriffe im konstruktivistischen Kognitionsmodell nicht als Repräsentationen von Dingen-an-sich oder Verhältnissen-an-sich in einer vom wissenden Subjekt unabhängigen Realität betrachtet werden, sondern als Erzeugnisse der Anpassung, können sie nur aus Bestandteilen zusammengesetzt werden, die das Subjekt von seinen eigenen Erfahrungen abstrahieren kann. Erfahrung ist freilich nicht (wie gegenwärtige Kritiker des Empirismus zuweilen behaupten) auf Sinneswahrnehmungen beschränkt.

John Locke, der Vater des modernen Empirismus, erklärte bereits vor drei hundert Jahren, dass unsere Ideen (Begriffe, Wortbedeutungen und Wissen schlechthin) aus zwei Quellen stammen: Einerseits von den Sinnen, andererseits von Reflexionen über unsere eigenen mentalen Operationen. Die gleiche Zweiteilung ist grundlegend in Piagets Genetischer Epistemologie, wo sie den Unterschied zwischen dem ***Figurativen*** und dem ***Operativen*** bedingt und ***empirische*** respektive ***reflektierte Abstraktionen*** hervorbringt,

> *All knowledge presupposes an abstraction,*
>
> (Piaget, 1974; p. 89)

In Piagets Modell wird Lernen durch Akkommodation im Rahmen von Handlungs- und Denkmustern erklärt. Diese Muster (oder „Schemas"[2]) sind dynamisch und bestehen jeweils aus drei Teilen: Eine wahrgenommene Situation; eine motorische Handlung oder mentale Operation, die mit der Situation assoziiert worden ist; und ein befriedigendes Ergebnis, das auf Grund gemachter Erfahrungen als Folge der Handlung erwartet wird. Die Begriffe von „Assimilation" und „Akkommodation" erhalten erst in diesem Zusammenhang ihren eigentlichen Charakter.

Assimilation bedeutet, dass das handelnde Subjekt eine gegebene Situation als jene erkennt, mit der es eine bestimmte Handlung oder Operation assoziiert hat, obschon ein Beobachter die Situation möglicherweise als unterschiedlich betrachtet. ***Akkommodation*** hingegen bezeichnet eine Reaktion des Subjekts, die dann eintreten kann, wenn das Ergebnis der Handlung der Erwartung des Subjekts nicht entspricht. Die Überraschung oder Enttäuschung kann dann nämlich zu einer Änderung des Handlungsschemas oder zur Bildung eines neuen Schemas führen. In beiden Fällen wird das Verhaften des Subjekts durch Erfahrung verändert und man kann also von „Lernen" sprechen.

Im Rahmen der Didaktik scheint es mir nun nützlich, zwischen unbewussten und bewussten Akkommodationen zu unterscheiden und die unbewussten jenem Bereich zuzuteilen, den wir ganz allgemein als „Anpassung" bezeichnen. Wird die Änderung eines Handlungs- oder Denkschemas jedoch bewusst, so bringt das auch eine reflektive Einsicht mit sich, d. h. eine „Erklärung", ***warum*** das neue Schema besser funktioniert als das vorhergehende. Diese Einsicht ist ein ***Verstehen*** der Zusammenhänge und somit ein eigentliches Lernen - auch wenn das neue Schema sich im Laufe folgender Erfahrungen wiederum als unbefriedigend erweist und darum einen weiteren Schritt des Verstehens erfordert.

Piaget erwähnt ein treffendes Beispiel von „Können", das zweifellos erworben wurde, das ich aber nicht als „Wissen" bezeichnen möchte:

> Im Lauf der Geschichte hat es immer Denker gegeben, die Denkstrukturen verwendeten, ohne sich ihrer bewusst geworden zu sein. Ein klassisches Beispiel ist Aristoteles: Er benützte die Logik der Beziehungen, ignorierte sie aber gänzlich im Aufbau seiner eigenen Logik.
>
> (Piaget & Garcia, 1983; S. 37)

Kurz, man kann erfolgreiche Handlungen und Operationen ausführen, ohne zu verstehen, wie und warum sie funktionieren. Verstehen hieße in diesen Fällen, ein begriffliches

[2] *Piaget spricht von schèmes, und wenn Übersetzer das einfach mit „Schema" wiedergeben, so verwechseln sie es mit dem französischen Wort schéma, das von Piaget selten und dann immer im Sinne von vereinfachten begrifflichen oder graphischen Anordnungen verwendet wird. Schème hingegen bedeutet eine dynamische Folge, die sich im Fluss des Erlebens abspielt.*

Modell erfinden, das Zusammenhänge aufweist, aus denen das Ergebnis zwangsläufig hervorgeht.

Daraus ergibt sich ein grundlegender Unterschied in der Orientierung des Lehrers. Geht es darum, den Schülern ein bestimmtes Verhalten beizubringen, so müssen sie zunächst das Verhalten ausführen und dann die Situationen erkennen lernen, in denen es wünschenswert ist; beides kann zumeist durch Belohnung oder Zwang erreicht werden, ohne begriffliche Fähigkeit zu bemühen. Wenn es aber um echte Akkommodationen und Verstehen geht, so sind begriffliche Teilnahme und Arbeit der Schüler unerlässlich. Sie müssen ihre Denken bauen oder umbauen, und das ist stets mühsam und verlangt ein Mindestmaß von Interesse und Anstrengung. Berufung auf Autorität, Zwang und das Versprechen von Belohnung sind da verfehlte Mittel, denn sie erwirken eine falsche Zielsetzung. Kant hat das in seinem Aufsatz über Pädagogik sehr klar gesagt:

> Bestraft man das Kind aber, wenn es Böses thut, und belohnt es, wenn es Gutes thut, so thut es Gutes, um es gut zu haben.
>
> (Kant, 1803, S. 480)

Wir haben alle Klassen gesehen, in denen die Schüler mit vorbildlicher Aufmerksamkeit Anweisungen folgen und sich ehrlich anstrengen, Ergebnisse hervorzubringen, die den Lehrer befriedigen. Sie haben offensichtlich gelernt, dass dies ein guter Weg ist, das unerfreuliche Schulerlebnis hinter sich zu bringen. Die annehmbare Note wurde das eigentliche Ziel, die Bewältigung des Stoffes lediglich ein Hindernisrennen. Auch das ist Motivierung, aber es ist nicht die Art von Motivierung, die zu Verstehen führt.

Damit sind wir bei einem Hauptproblem der Didaktik, und auch der Konstruktivismus kann da kein Universalmittel anbieten. Lehren ist eine Form der Kunst und darum braucht der Lehrer nicht nur Erfahrung im Wissen, sondern auch Intuition und Fingerspitzengefühl im Umgang mit Schülern. Die konstruktivistische Orientierung kann nur in dem Sinn helfen, dass sie die grundlegende Autonomie des Schülers betont und darauf hinweist, dass es unter allen Umständen nur die Schüler selbst sind, die ihre Begriffsstrukturen aufbauen können. Und was die Motivierung zu diesem keineswegs automatischen Aufbau betrifft, so kann sie nur daher kommen, dass das eigene Lösen von Problemen und das jeweilige Verstehen, warum und wieso die Lösung erfolgreich ist, eine außerordentliche Befriedigung mit sich bringen.

Auf dem Weg zu dieser Befriedigung können Lehrer die Schüler anregen, indem sie einerseits ihr eigenes Interesse am Stoff glaubhaft machen und andererseits das Suchen und Versuchen der Schüler ernst nehmen und von deren Gesichtspunkt zu sehen trachten. Zudem können Lehrer dank ihrer reicheren Erfahrung dem Schüler viel Mühsal und vergebliche Versuche vermeiden helfen - nicht durch das Verabreichen von „richtigen" Lösungen, sondern durch das Stellen von relevanten Fragen und das dauernde Bewusstmachen der Begriffe und Begriffsverbindungen, die hervorgebracht werden. Was Schüler im Lauf der Arbeit tun oder sagen, ist nur selten von ***ihrem*** Standpunkt aus unsinnig. Der Lehrer muss es darum ernst nehmen und zu verstehen suchen, denn nur insofern man eine Ahnung von eines anderen Begriffsstrukturen und Denkweise hat, kann es mit einiger Sicherheit gelingen, das Wissen dieses anderen zu ändern und zu erweitern.

In der gegenwärtigen Literatur zur Didaktik liest man viel über den sozialen Aspekt des Lernens, über Interaktion und die soziale Grundlage des Wissens. Wer möchte die Wichtigkeit dieses Aspekts bestreiten? Was jedoch seltener erwähnt wird, ist, dass gesellschaftliche Gemeinsamkeit nicht von selbst entsteht, sondern stets das Ergebnis mehr oder weniger bewusster gegenseitiger Anpassung ist. Das muss behutsam gebaut und genährt werden. In der Schule erfordert das zu allererst, dass der Lehrer den Schüler als autonomes, sich selbst organisierendes Individuum betrachtet – ein Individuum, das wie alle Lebewesen nur in seiner eigenen Erlebenswelt Gleichgewicht zu schaffen sucht.

Literaturverzeichnis

Glasersfeld, E. von: Wissen, Sprache und Wirklichkeit, Wiesbaden 1987. (Vieweg)

Glasersfeld, E. von: Environment and communcation. In L.P. Steffe & T. Wood (Hg.), Transforming children's mathematics education. Hillsdale, New Jersey 1990, 30 - 38. (Erlbaum)

Glasersfeld, E. von (1992): Das Ende einer großen Illusion. In H.R. Fischer, A. Retzer & J. Schweitzer (Hg.), Das Ende der großen Entwürfe. Frankfurt am Main 1992, 85 - 98. (Suhrkamp)

Glasersfeld, E. von (1996): Radikaler Konstruktivismus: Ideen, Ergebnisse, Probleme. Frankfurt am Main 1996. (Suhrkamp)

Kant, I: Pädagogik. Berlin 1803: Akademieausgabe, Vol. IX; 437 - 499.

Locke, J.: An essay concerning human understanding. London 1690. (Thomas Basset)

Piaget, J.: Adaptation vitale et psychologie de l'intelligence. Paris 1974. (Hermann)

Piaget, J. & Garcia, R: Psychogenèse et histoire des sciences. Paris 1983. (Flammarion)

Herbert Schwetz, Manuela Zeyringer, Anton Reiter

Die Gesellschaftswissenschaften haben seit geraumer Zeit die Paradigmenvielfalt (Welsch 1996 – Literaturhinweise siehe bitte Seite 295) als markantes Kennzeichen der Informationsgesellschaft identifiziert. Kritiker stehen dieser Vermehrung der Paradigmen und der Zunahme der Möglichkeiten des Denkens und Handelns skeptisch gegenüber.

Auch in der Erziehungswissenschaft lässt sich eine ähnliche Entwicklung nachzeichnen. Es ist nicht allzu lange her, dass Lehramtsstudenten die Modelle der großen deutschen didaktischen Denkschulen – nämlich bildungstheoretisch, lehrtheoretisch und dialektisch orientierte Didaktik – studieren mussten (Meyer u. Jank 1991). Wenig später ist noch der lernzielorientierte Unterricht hinzugetreten. Die beiden Autoren – *Meyer* und *Jank* – differenzierten zwischen didaktischen Modellen einerseits und anderen Ansätzen und Modellen wie z. B. erfahrungsbezogener, offener oder handlungsorientierter Unterricht. Als dieses Werk Anfang der 90er Jahre erschien, wurde die damals schon lebendige Reformpädagogik nicht berücksichtigt. Die Zunahme von Paradigmen wurde – aus welchen Gründen auch immer – nicht wahrgenommen.

Nun ist ein weiteres Paradigma, ausgehend vom angloamerikanischen Raum, in der Pädagogik aufgetreten, nämlich die konstruktivistisch orientierte Didaktik. Diese Didaktik hat zweifellos ihren Wurzeln in den erkenntnistheoretischen Arbeiten eines *E. v. Glasersfeld, H. Maturana* oder *F. Varela*. Im deutschsprachigen Raum ist in diesem Zusammenhang die Erlanger Gruppe zu erwähnen. In jüngster Zeit wurde eine reichhaltige Publikationstätigkeit zum Thema Konstruktivismus und Pädagogik entfaltet. Es sollten hier stellvertretend nur einige wenige Autoren genannt werden (Huschke-Rhein 1992, Reich 1996, Kösel 1997, Voß 1998, Siebert 2000).

Im vorliegenden Band sollen die Möglichkeiten dieser neuen didaktischen Konzeption generell wertfrei und auch ohne Euphorie ausgelotet werden. Weiters soll untersucht werden, in welcher Weise Lernen für die bzw. in der Informationsgesellschaft von diesem neuen Paradigma profitieren kann.

Die Herausgeber vertreten bezüglich des „neuen Lernens" die Position von *Patry* (siehe dessen Beitrag in diesem Buch): **„So viel Konstruktion als möglich und so viel Instruktion als erforderlich."** Mit dieser Grundhaltung kann den neuen Herausforderungen der Informationsgesellschaft nach mehr Selbständigkeit, Mündigkeit und Verantwortungsbewusstsein für das Individuum am ehesten gerecht werden, ohne die relevanten Fertigkeiten und Fähigkeiten zu vernachlässigen. Somit wird eine ausbalancierte Position vertreten, die auch durch die umfangreichen Forschungsarbeiten von *Helmke* und *Weinert* (1997) abgestützt werden kann.

Im ersten Kapitel **„Trendwende durch neue Technologien"** stellt ***Horst Lattinger*** das Schlagwort „Overnewsed and underinformed" in den Mittelpunkt seines Beitrages und sieht als Antwort die Schaffung einer neuen Lernkultur mit einem veränderten Rollenbild des Lehrers. ***Anton Reiter*** lässt in seinem Beitrag Befürworter und Kritiker der „Neuen Medien" zu Wort kommen und diskutiert den Nutzen dieser Technologien für die Umsetzung konstruktivistischer Lerntheorien.

„Konstruktivistisch orientiertes Lehren und Lernen" ist das Thema im zweiten Kapitel. Nach einer Diskussion der Komplementarität von Instruktion und Konstruktion gibt ***Herbert Schwetz*** „Rezepte für einen neuen Unterricht". ***Catherine T. Fosnot*** bringt die schöne Metapher vom Lernen „as a journey across a landscape" wo viele Wege möglich sind. Kurz und prägnant behandelt ***Rod Sinclair*** die Aspekte von Konstruktivismus und Informations- bzw. Kommunikationstechnologie. Das Sprichwort der Seminole-Indianer „Never venture out of your depth till you can swim" ist der Einstieg in den Beitrag von ***Jean-Luc Patry,*** der eine Fülle von Zahlenmaterial zur Problematik der Unterrichtsziele bietet. ***Angela Gastager*** gibt als Antwort auf die Frage: „Was macht mich frei zum konstruktivistischen Unterricht?" einschränkende und befreiende Faktoren an. Konstruktivistische Ansätze des Lernens und Lehrens – sowohl theoretisch als auch im Unterricht – werden von ***Britta Kohler*** durch Beispiele illustriert.

„Die Flüchtigkeit der Information verdrängt die andauernde Gegenwart des Wissens" könnte ein pessimistischer Schluss – als ein **„Aspekt der Informationsgesellschaft"** – aus dem Beitrag von ***Heinz M. Fischer*** zur Problematik von Information und Bildung lauten, während ***Gerolf Kirchmair*** die sozialen und globalen Facetten der „@Gesellschaft" beleuchtet. Abschließend behandeln ***Johann Götschl*** und ***Wolfgang Schinagl*** ausführlich die theoretischen und pragmatischen Grundlagen des Lernens in der Wissens- und Informationsgesellschaft.

Im Kapitel „**Anwendungen in der Fachdidaktik**" findet sich ein breites Spektrum der Umsetzung konstruktivistischer Ideen in verschiedenen schulischen Bereichen: *Reinhard Pristonig* stellt das Konzept des „Mind Maps", seine Beziehung zum Konstruktivismus und die Möglichkeiten einer Umsetzung für den PC – das Programm „Mind Manager" – vor. Für *Walter Baumgartner* bedeutet „Mathematik verstehen und begreifen" einen aktiven Zugang der Schüler/innen zum Lernstoff – Lehrer/innen sollen sich auf die Beratungsfunktion konzentrieren, wobei ein Großteil der Arbeit des Lehrers in die Vorbereitungsphase verschoben wird. „Mathwalk" heißt das Zauberwort im Beitrag von *Gerhard Dinauer* – Spaziergänge besonderer Art. Und er illustriert an zwei Beispielen, wie man Mathematik „im Spazieren gehen" entdecken kann. Für *Peter Angerer* ist das Thema „Fraktal" ein Zugang zu lebendigem Mathematikunterricht – und er gibt zahlreiche konkrete Anregungen dafür. Wie Geometrie, Computer und Konstruktivismus zusammenpassen, zeigen *Peter Angerer* und *Helga Ochnitzberger* im „Workshop: Arbeiten mit Cabri" („Cabri" ein Geometrieprogramm, für das das bm:bwk eine Generallizenz erworben hat). Ergänzend dazu der Beitrag von *Johann Schmied* über die „Integration des Computers im Fach ‚Geometrisch Zeichnen'" speziell anhand des Programmes „ADI GZ/DG", das ebenfalls für die österreichischen Schulen verfügbar ist. „Deutsch online" titelt treffend *Helmut Weber* seine Ausführungen und gibt Beispiel für die Integration des Internets in den Deutschunterricht – denn: „die Begegnung mit dem ‚gläsernem Medium' findet auch ohne uns schon dauernd statt." Drei Musikprogramme und ihre Möglichkeiten für den Unterricht stellt *Martin Wiederhofer* vor und hofft, mit „Maus und Monitor Schüler zur Musik zu bringen". *Astrid Sonnleitner* stellt die Frage, wie neue Technologien in die Freinet-Pädagogik integriert werden können. „Das Medium unserer Zeit ist der Computer und seine Anwendungen" – der PC soll an Stelle von Freinets „Schuldruckerei" treten. *Manuela Zeyringer* fasst zusammen, wie multimediale Systeme beschaffen sein sollten, um modernen Lernkonzepten zu genügen – dies umfasst Bereiche wie Interface-Design, Abbildungen und Hypertextgestaltung. „Man

ist nicht behindert, man wird behindert" ist das durchaus mehrdeutige Schlagwort im Beitrag von ***Erich Pammer***, der eindrucksvoll die Möglichkeiten des Computers in der Behindertenpädagogik zeigt. Eine Pädagogik ganz anderer Art – das Lernen von Lehrer/innen – und zwar über das Internet (in beiden Bedeutungen) behandelt ***Thomas Narosy***: Die Inhalte und den Aufbau der jährlich – nur im WWW stattfindenden – „e-LISA-Sommerakademie".
Im ersten Beitrag des abschließenden Kapitels „**Multimedia Programmierung**" stellt ***Gerhard Scheidl*** die Frage nach dem Nutzen von Multimedia für Lernprozesse und gibt einen Überblick über Autorensysteme, wobei speziell „Mediator" als einfach zu bedienendes Programm genauer vorgestellt wird. Anschließend führt Theresia Oudin anhand des Projektes „Wiener Prater" in die Handhabung des „Mediators" ein. Noch detaillierter zeigt ***Herbert Schussmann*** die Programmierung von Wissenstests.

Die Herausgeber danken dem ***Bundesministerium für Bildung, Wissenschaft und Kultur*** für die finanzielle Unterstützung zur Durchführung der dreitägigen internationalen Tagung „Neues Lernen für die Informationsgesellschaft" vom 9. -11. Oktober 2000 an der Pädagogischen Akademie des Bundes in Graz, der dortigen Direktion, im Konkreten den Herren ***Gerhard Dinauer*** und ***Dieter Staud***, für die Zurverfügungstellung der erforderlichen Infrastruktur wie Lehrsäle, der Gerätschaften und des Buffet mit steirischen Köstlichkeiten, dem Landesschulrat für Steiermark, der die Teilnahme vieler Lehrer/innen aus Graz und Umgebung befürwortet hat, der Wirtschaftskammer Steiermark, insbesondere dem EDV-technisch hervorragend ausgestatteten WIFI Graz, wo unter der Regie von ***Peter Hochegger*** eine Videokonferenz abgehalten wurde, Herrn ***Rupert Größbauer*** (PA des Bundes in Graz) für den Videomitschnitt und die Nachbearbeitung des Films zur Tagung sowie allen Vortragenden und Autoren, ohne deren Mitwirkung dieser Band nicht zustande gekommen wäre.

Ein besonderes Dankeschön ergeht an den Studienverlag Innsbruck, der sein ganzes Know-how für diese Buchproduktion bereitgestellt hat und ein hohes Maß an Innovationsfreude und Flexibilität zeigte; Herrn ***Herbert Paierl*** für den geleisteten Druckkostenbeitrag; Herrn ***Valentin Wurnitsch*** für die kreative Layoutgestaltung des Buches; Herrn ***Harald Schaut*** für die kompositorische Leistung; schließlich an ***Mona Nasseri***, die das Cover-Sujet sowie fünf auf die einzelnen Buchkapitel bezogene Themenbilder kreierte und damit eine abstrakt-visuelle Verbindung zwischen Malerei und Konstruktivismus schuf.

Graz und Wien im März 2001

Herbert Schwetz Manuela Zeyringer Anton Reiter

Trendwende
durch neue Technologien

Horst Lattinger

Neues Lernen für die Informationsgesellschaft

Die rasche Ausbreitung der neuen Informations-Technologien, die sogenannte **Digitalisierung unserer Gesellschaft,** sind im Begriff, die Bildungspolitik und damit die Schule im engeren Sinn nachhaltig zu verändern. Vielfach werden Zukunftsszenarien entwickelt – dass wir uns bereits mitten in einer **Entwicklung** befinden, die sowohl die Rolle des Lehrers als auch die Charakteristika von Lernprozessen radikal verändert, wird dabei vielfach **nicht erkannt**.

Neue Lernkultur

Wenn die neuen Medien zu einer Qualitätssteigerung des Unterrichts, zu effizienteren Lernprozessen führen sollen, so ist dafür weniger die technische Perfektionierung als vielmehr eine adäquate **Methodik und Didaktik** erforderlich. Der Computer kann beispielsweise zu einer Reduktion im Bereich der Kommunikation und Vernachlässigung der Beziehungskultur führen, wie das von manchen Skeptikern befürchtet wird, richtig eingesetzt kann er aber auch genau das Gegenteil bewirken. Der leistungsstarke Leser, der gemeinsam mit seinem leistungsschwächeren Klassenkollegen in der Grundschule mit Hilfe interaktiver Lernsoftware Leseübungen durchführt, kann als Beispiel für die mögliche **Verknüpfung des sozialen Lernens mit neuen Technologien** dienen. Für die Individualisierung des Unterrichts, die **Hinführung zum selbständigen Wissenserwerb** – zweifellos unbestrittene Wunschziele einer zeitgemäßen Pädagogik – können die neuen Medien wertvolle Dienste leisten, vorausgesetzt, man kann damit umgehen. Deshalb muss es ein vorrangiges Ziel der Bildungspolitik sein, möglichst alle Lehrerinnen und Lehrer in naher Zukunft nicht nur mit den technischen, sondern vor allem auch mit den didaktischen Grundkenntnissen auszustatten, die für den Einsatz der neuen Medien im Unterricht erforderlich sind. Hier ergeben sich **völlig neue Herausforderungen für die Aus- und Fortbildung** der Lehrer, denen man gerade an den Pädagogischen Akademien dankenswerter Weise bereits Rechnung trägt.

„Overnewsed and underinformed“

Zu keiner Zeit war der Mensch – unabhängig von seinem Alter und seiner sozialen Zugehörigkeit – sosehr mit einer Flut von Informationen konfrontiert wie heute. Dass **Information nicht Wissen** und *Wissen nicht Bildung* *>> S. 121* bedeutet, ist selbstverständlich. Dass aber in einem gezielten und systematisch angelegten Informationsverarbeitungsprozess aus Informationen Wissen und aus dem Wissen in weiterer Folge Bildung entstehen kann, ist ebenso selbstverständlich.

Wenn diese Art von **Informationsverarbeitungsprozess** nicht stattfindet, dominieren die negativen Auswirkungen des Informationszeitalters:

Die Menschen verfügen über eine Unzahl von Informationen, die sie nicht brauchen, sie sind „overnewsed". Gleichzeitig leiden sie Mangel an jenen Informationen, die sie für ihre persönliche Lebensgestaltung im privaten wie beruflichen Bereich dringend brauchen würden, sie sind „underinformed". Dem entgegenzuwirken ist eine der wichtigsten Aufgaben der Schule!

Veränderungen im Rollenbild des Lehrers

Der Lehrer ist längst **nicht mehr der Verwalter** eines Wissens- bzw. Informationsmonopols, er kann nicht mehr bestimmen zu welchem Zeitpunkt und in welcher Dosis er sein Wissen an die Schüler weitergibt. Vielmehr ist er der **Organisator und Begleiter von Lernprozessen**, die vom Schüler Selbständigkeit und Selbstorganisationskompetenz verlangen. Das Hinführen zum zielführenden Recherchieren und Selektieren von Informationen und das Präsentieren der aus den Informationen gewonnenen Ergebnisse steht im Vordergrund. Die **Vermittlung von Methodenkompetenz** an Hand konkreter Arbeitsaufträge – die in manchen Fällen nicht an das Klassenzimmer als Ort des Lernens beschränkt bleiben müssen – wird zum wesentlichen Ziel eines zeitgemäßen Unterrichts. Die Feststellung, dass der Weg zum Wissen ebenso wichtig ist, wie das Wissen selbst, hat zu dem Missverständnis geführt, die Wissensvermittlung habe in der Schule ausgedient. Selbstverständlich ist ohne ein (überblicksartiges) **Grundwissen** gezieltes Recherchieren, planmäßiges Suchen nach Informationen und das Herausfiltrieren der wesentlichen Informationen aus komplexen Dateien nicht möglich.

Die neue Rolle des Lehrers als Organisator, Begleiter und Betreuer von Lernprozessen im Sinne der Informationsverarbeitung ist anspruchsvoll und interessant.

Im **erziehlichen Bereich** sind die Herausforderungen, mit denen der Lehrer in diesem veränderten Rollenbild konfrontiert wird, nicht minder anspruchsvoll. Einerseits gilt es, die jungen Menschen zu **einer kritischen Auseinandersetzung mit den neuen Medien** hinzuführen, andererseits wird die **Intensivierung der realen menschlichen Beziehungen** in der Gruppe notwendiger den je. Die Förderung sozialer, humanitärer und verantwortungsbewusster Haltungen und Einstellungen, die Erziehung zu Solidarität und demokratischem Verhalten, kurzum die **Werterziehung** kann wohl **nur vom Lehrer** wahrgenommen werden. Freilich können die **neuen Medien** auch für diese Erziehungsarbeit eine **wertvolle Unterstützung** bilden.

Anton Reiter

Neue Medien – ein Garant für neues Lernen?

Foto Nikolaus

„The hyperlearning revolution requires completely new thinking about the nature of learning in a radically changed future that now sits on our doorstep" (Perelman 1992, S. 83).

Einleitung

Vielfach ist von der „Revolution des Lernens", vom „Quantensprung in der Pädagogik" und dem „Ende der klassischen Instruktion" die Rede, wenn der Stellenwert der ***neuen Medien*** für Lehren und Lernen im Informationszeitalter diskutiert wird. Damit werden **hohe Erwartungen** verbunden, die vom effizienten, spielerischen Lernen bis zu einem Zugang zu einer unendlichen Fülle an Informationen reichen. Den neuen Medien wird eine besondere didaktische Qualität zugesprochen. ***Renate Schulz-Zander*** behauptet, dass die ***„Qualitätsverbesserung des Lernens mit neuen Medien besonders aufgrund der vielfältigen Präsentationsmöglichkeiten, nämlich der Einbeziehung des Bild- und Hörraumes sowie der Interaktion und Kommunikation zu bewerten***" ist (Schulz-Zander 1996, S. 42). Immer mehr Erziehungswissenschaftler sind zu Fürsprechern von Multimedia und Internet geworden: ***„Mit ihren vielfältigen Präsentations-, Interaktions-, Manipulations-, Simulations- und Kooperationsmöglichkeiten wecken die Neuen Medien die Erwartung, daß Lernen künftig motivierender, interessanter, aktiver, konstruktiver und effektiver wird als es bislang war.***" (Reinmann-Rothmeier/Mandl 1996a, S.66)

Zum Begriff Neue Medien

„Allein der Begriff „neue Medien" drückt aus, dass die Vision nie erreicht werden kann. Das ist wie beim Esel, dem der Reiter mit der Stange eine Karotte vor die Nase hält und ihn damit am Laufen hält. Der Esel erreicht die Karotte nie und läuft ihr doch ständig hinterher." (Günther/Hüffel 1999, S. 59)

Der bekannte Hamburger Medienpädagoge ***Stefan Aufenanger*** verbindet mit dem Begriff „Neue Medien" ***„alle Formen der Wissensaufbereitung oder der Informationsvermittlung, die in digitalisierter Form über Computer oder Internet erreichbar sind und die sich durch eine hypermediale Struktur auszeichnen. Letzteres meint, dass es sich um einen nicht-linearen Text handelt (Hypertext), der verschiedene Medien in einer einzelnen Präsentation integriert (Multimedia) und der interaktiv verwendet werden kann.***" (Aufenanger 1999, S. 4)

Aus medienhistorischer Sicht kommt dabei dem Begriff „Multimedia", 1995 zum „Wort des Jahres" gekürt, eine übergeordnete Bedeutung zu (siehe Reiter 1998). Bis zum Jahre 1991 bezeichnete man mit *„Multimedia"* *>> S. 237* die gleichzeitige Verwendung verschiedener analoger AV-Medien wie beispielsweise Dia, Film, Video, usw. Seit Anfang der 90er Jahre verbindet man mit diesem Begriff die technische Weiterentwicklung des

Personal Computers, der zu einer „integrierten Medienstation“ auf digitaler Basis geworden ist (siehe dazu Klimsa 1995, S. 32). Die Verknüpfung von Text, Bild, Grafik, Ton und Video in einer einzigen multimedialen Plattform macht dabei das innovatorische Potential aus. Die wesentlichen Kennzeichen von Multimedia sind die **Digitalisierung und Interaktivität**. *Aufenanger* bewertet das Potential von Multimedia als *„optimale Verwirklichung dessen, was in der Pädagogik das Prinzip der Anschaulichkeit ausmacht“* (Aufenanger 1995, S.23). Die Nutzung des Multimedia PC erfolgt weitgehend über das Speichermedium CD-ROM (Info- und Edutainment) und in jüngster Zeit zunehmend über das Internet und die DVD (Digital Versatile Disk)-ROM.

Hypertext und Hypermedia

Eine weitere neue Dimension ist die oben schon kurz angesprochene Hypertext-Möglichkeit. Der Begriff *„Hypertext“,* *>> S. 106, 223* von *Ted Nelson* in den 60er Jahren geprägt, bedeutet, dass Texte nicht wie in Büchern üblich linear und hierarchisch aufgebaut, sondern **durch Querverweise vernetzt** werden (siehe dazu Schulmeister 1996, S. 207 ff.). An die Stelle des linear-geordneten Gedankengerüstes herkömmlicher Bücher tritt eine Verknüpfung bzw. Vernetzung der Texteinheiten durch Verweisstrukturen. Die Informationseinheiten liegen in einer hierarchisch geordneten Form vor; jedes Textelement ist mit mehreren anderen (auf gleicher oder auch untergeordneter Ebene) verknüpft. **Der Benutzer entscheidet selbst** darüber, welche dieser Verknüpfungen er verfolgt und wie tief er in die Struktur „eintaucht“, er bewegt sich in einem Informationsnetz und kann dort frei navigieren. Vom Computer-Hersteller Apple wurde bereits 1987 das Programm „HyperCard“ für die Erstellung von Hypertext-Dokumenten entwickelt. (siehe dazu Hasebrook 1995, S. 171)

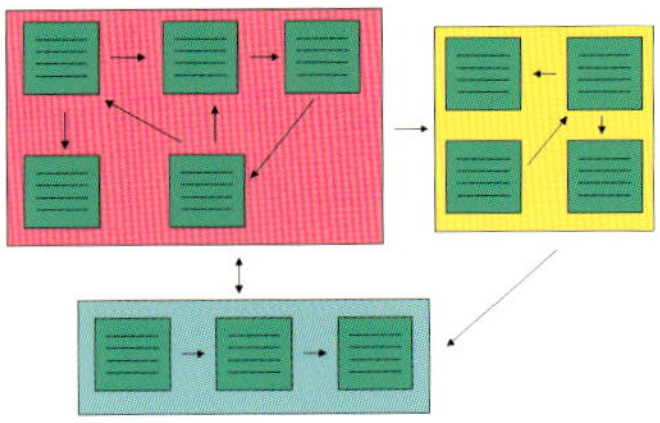

Beim Hypertext kann man mit Hilfe von Verbindungen (Links) zwischen einzelnen Textabschnitten hin und herspringen

Mit der Integration verschiedener digital verfügbarer Medien in Hypertext-Dokumenten wurde Hypertext zu **Hypermedia** erweitert. Nach *Bernd Weidenmann* (1995, S. 65f.) haben hypermediale Texte eine dreifache Struktur: Sie sind **multi-medial** (verschiedene Medien), **multi-codal** (verschiedene Codierungen und Symbole) sowie **multi-modal** (verschiedene Sinne werden angesprochen). Eine gute hypermediale Lernanwendung sollte alle drei Strukturen optimal verbinden. *Franz Schanda* klassifiziert Hypermedia als eine Art „Software-Philosophie“, die in engem Zusammenhang mit der Multimedia-Technologie gesehen werden muss: „Hypermedia-Systeme implizieren eine vollkommene Steuerung des Programms durch den Lernenden. Der Lernende hat nicht nur zu entscheiden, **was** er lernt, er entscheidet auch, **wie** er lernt“ (Schanda 1993, S.133). *Ludwig Issing* resümiert: *„Hypermedia besitzt ein noch nicht voll erforschtes Potential für selbstgesteuertes, problemorientiertes Explorieren, Analysieren, Umstrukturieren und Verknüpfen von Informationen aller Art.“* (Issing 1996, S. 58) Mitte der 90er Jahre wurden die Hypermediasysteme durch die Verbreitung der CD-ROMs einem breiten Publikum zugänglich (siehe dazu Nielsen 1995, S. 64).

Medienpädagogische Forderungen bei Bildungsmessen

Im Rahmen der Didacta97 in Düsseldorf (17.-21.2.1997) erklärte der inzwischen leider verstorbene, nach eigener Diktion „linksgerichtete" Medienpädagoge ***Dieter Baacke*** bei der Plenarveranstaltung „Multimedia – Leben in der bunten Bilderwelt" (siehe Reiter 1997a, S.37), dass er ***„die gezielte Förderung des staatlichen Bildungswesens durch EDV-Konzerne***" befürworte, ***„um für ein Leben in der Informationsgesellschaft gerüstet zu sein.***"

Ein anderer deutscher Wissenschaftler, der bereits 1982 „Die neue Bildungskrise" heraufbeschworen hat, wenn die Schulen nicht im Eilzugstempo den „Computer-Führerschein für alle" einführen, nämlich der Hamburger Informatikprofessor *Klaus Haefner,* hat in den vergangenen 20 Jahren den Glauben an das „**Denkzeug Computer**" nicht verloren (Haefner 1982). Sein lautstarkes Plädoyer für den „**Homo sapiens informaticus**" etwa bei der Interschul97 in Berlin (8.-11.4.1997) als eine Art humanes Qualifikationsprinzip oder besser -ideal sollte als Credo aufgenommen werden, der Informationstechnik (auch weiterhin) Tür und Tor zu öffnen (Reiter 1997b, S.48).

Weitaus kritischer sprach sich einen Tag später bei der Plenarveranstaltung „Gehören Computer in die Grundschule?" im Rahmen der Interschul97 der als Computer-Dissident bekannte ehemalige MIT-Professor ***Joseph Weizenbaum*** aus: ***„Der Computer ist ein Auslaufmodell, das es in 20 Jahren nicht mehr geben wird.***" (Ebd., Reiter 1997b, S. 49)

Fotos: Dr. Reiter

Prof. Dr. Dieter Baacke † trat bei der Interschul 97 für die verstärkte Nutzung der neuen Medien im Bildungsbereich ein.

Prof. Klaus Haefner sieht im „homo sapiens informaticus" das Leitbild des Informationszeitalters.

Der ehemalige MIT-Prof. Dr. Joseph Weizenbaum gilt als „Computer-Dissident".

Abgesehen von solchen kritischen Einzelauftritten werden bei den großen internationalen Bildungsmessen wie bspw. der Worlddidac 2000 in Zürich (siehe Reiter 2000), der Gemeinschaftsmesse Interschul/Didacta, die im Jahre 1999 erstmals in Stuttgart stattfand (siehe Reiter 1999a) oder der Frankfurter Buchmesse (siehe Reiter 1999b) seit Jahren die **neuen Medien** in ihrer Gesamtheit pauschal als **didaktisch nutzbringend** hingestellt oder wohl besser verkauft, wodurch das **Bildungswesen** ständig in **Zugzwang** gebracht wird.

Woran sollen sich Pädagogen nun wirklich orientieren? An dem auch von der Europäischen Kommission hochoffiziell und in großem Stil aus bildungspolitischen und wirtschaftlichen Gründen geforderten flächendeckenden Einsatz von Multimedia (mit

Bezug auf Info- und Edutainment sowie Content im weitesten Sinne) und der Telekommunikation (angesprochen sind die Dienste des Internet, v. a. das World Wide Web) im gesamten Schulbereich (bis zum Jahre 2001 sollen sämtliche Schulen einen Zugang zum Internet und zu virtuellen Bildungsangeboten erhalten und schon bis 2002 alle dafür erforderlichen Lehrer/innen im Umgang mit dem Internet und neue Medien ausgebildet sein; siehe dazu die Mitteilung der EU-Kommission vom 16. Mai 2000 in: Apflauer R./Reiter A.: Schule Online, S. 287 ff.) oder eher an bekannten **Technologiekritikern** wie dem schon erwähnten *Joseph Weizenbaum* (*„Computeranalphabetentum“* ist *„eine Krankheit, die erst erfunden wurde, nachdem man ein Medikament hatte, das verkauft werden musste“*, Weizenbaum bei einer Tagung im Landesinstitut für Schule und Weiterbildung in Soest im Jahre 1988, S. 13); *Hartmut von Hentig* (*„Hätte ich unter allen Medien ein einziges zu wählen, ich wählte nur Tafel und Kreide“*, zitiert nach Schanda 1993, S. 130); *Neil Postman* (*„Die Menschen müssen Strategien entwickeln, um sich gegen den Ansturm der Informationen zu wehren“*, SPIEGEL Special 3/1997, S. 17) sowie *Clifford Stoll („Ein Kasten Buntstifte und ein großer Bogen Papier bieten Kindern ein ungleich ausdrucksstärkeres Medium als computerisierte Malprogramme“*, zitiert nach L.A. Multimedia, Februar 1997, S. 16).

Der **Zeitgeist** geht eindeutig in Richtung der neuen Medien. Der Slogan „Neues Lernen durch neue Medien!“ (ausgesprochen von Hard- und Softwareproduzenten, Lehr- und Lernmittelherstellern und nicht zuletzt vielen Erziehungswissenschaftlern) zieht sich wie ein roter Faden durch die pädagogische Literatur zumindest der letzten fünf Jahre. Der Überbau oder besser das vermeintliche theoretische Fundament dafür wird mit dem erklärten „**Paradigmenwechsel**“ vom **„Primat der Instruktion zum Primat der Konstruktion“** (siehe Reinmann-Rothmeier/H. Mandl 1996b, S. 41) mittels neuer Medien bereitgestellt. Es sind die neuen Technologien, die verändertes Lernen und neue Lernformen in vielen Fällen überhaupt erst möglich machen, wird argumentiert.

Die Philosophie des Konstruktivismus

Die für den vermeintlichen Paradigmenwechsel in der Lerntheorie verantwortliche Trendwende wurde von dem inzwischen nahezu alle Wissenschaftsbereiche beeinflussenden *Konstruktivismus* *>> S. 100* eingeleitet, der die Erkenntnisse verschiedener wissenschaftlicher Disziplinen wie Erkenntnisphilosophie, Neurobiologie, Kognitionspsychologie, Linguistik, Informatik u.a. miteinander verbindet. Der radikale Konstruktivismus bspw. ist ein Begriff, der von *Ernst von Glasersfeld* geprägt wurde. Dieser geht davon aus, dass jede Erkenntnis nur eine Anpassung des Wissbaren an unsere Erkenntnismittel darstellt, **Wahrheit, auch Wissen**, somit **eine Konstruktion** ist. Die Suche nach Wissen, das nur dann im herkömmlichen Sinn wahr sein kann, wenn es wahrheitsgetreu mit an sich existierenden Objekten übereinstimmt, sei illusorisch, sagt von Glasersfeld. Das, was wir Wissen nennen, ist unmöglich Abbild oder Repräsentation einer vom Erleben unberührbaren Realität: *„Man braucht in der Tat gar nicht sehr tief in das konstruktivistische Denken einzudringen, um sich darüber klar zu werden, daß diese Anschauung unweigerlich dazu führt, den denkenden Menschen und ihn allein für sein Denken, Wissen und somit auch für sein Tun verantwortlich zu machen“* (von Glasersfeld 1997a, S. 17). *Heinz von Foerster* radikalisiert den Gedanken der Konstruktion von Wirklichkeit noch weiter, indem er behauptet: *„Die Umwelt, so wie wir sie wahrnehmen, ist unsere Erfindung.“* (von Foerster 1997, S. 40)

Die Welt, in der wir zu leben meinen, haben wir uns also selbst zu verdanken. Wichtig ist dabei, dass der Konstruktivismus nicht die Realität verneint, sondern nur unsere Fähigkeit, sie zu erkennen.

Im konstruktivistischen Ansatz hat das Wissen die Funktion, uns einen Dienst zu erweisen und mögliche Wege zu erschließen (siehe dazu Reich 1999, S. 87f.). Die Bedeutung und der Wert von Wissen ist ein völlig anderer. Nach Darstellung der chilenischen Biologen ***Humberto Maturana*** und ***Francisco Varela*** besteht die Rolle des Wissens nicht darin, die objektive Realität widerzuspiegeln, sondern darin, uns zu befähigen, in unserer Erlebniswelt zu handeln und Ziele zu erreichen (siehe Maturana/Varela 1987, S. 262 bzw. Huschke-Rhein 1999, S. 39f.). ***„Erkennen hat lebensdienliche (viable) Handlungen zum Ziel, Erkennen/Handeln/Leben sind untrennbar verknüpft.***“ (Siebert 1999, S. 122)

Vom inzwischen recht vieldeutigen und vielschichtigen Konstruktivismus (der radikale Konstruktivismus versteht sich als Wissenschafts- und Erkenntnistheorie; der gemäßigte oder neue Konstruktivismus als Paradigma in der Soziologie, Kognitionswissenschaft und Psychologie) gehen in Bezug auf Lernen und die Gestaltung von Lernumgebungen neue Impulse aus, selbst wenn Kritiker ihm eine Haltung der Beliebigkeit, der Subjektivierung vorwerfen. ***„Sie befürchten, dass der Konstruktivismus zur Demontage der Aufklärungs-, Vernunft- und Bildungsidee beiträgt.***“ (Siebert 1999, S. 43) wie dies bzw. in einem Focus-Artikel von Frank Gerbert mit dem Titel: „Ich bin dumm – und stolz darauf. Wissenschaftliche Außenseiter – die „radikalen Konstruktivisten“- unterwandern die Schulen. Ihr Programm: Psycho-Spiele statt Bildung“ zum Ausdruck gebracht wird (Focus, Heft 45/1998, S. 250f.).
„Die **Kernthese des Konstruktivismus** lautet: Menschen sind autopoietische, selbstrefenzielle, operational geschlossene Systeme. Die äußere Realität ist uns sensorisch und kognitiv unzugänglich. Wir sind mit der Umwelt lediglich strukturell gekoppelt, das heißt, wir wandeln Impulse von außen in unserem Nervensystem „strukturdeterminiert“, das heißt auf der Grundlage biografisch geprägter psycho-physischer kognitiver und emotionaler Strukturen um. Die so erzeugte Wirklichkeit ist keine Repräsentation, keine Abbildung der Außenwelt, sondern eine funktionale, viable Konstruktion, die von anderen Menschen geteilt wird und die sich biografisch und gattungsgeschichtlich als lebensdienlich erwiesen hat. Menschen als selbstgesteuerte „Systeme“ können von der Umwelt nicht determiniert, sondern allenfalls perturbiert, das heißt „gestört“ und angeregt werden.“ (Siebert 1999, S.5/6)

Konstruktivistisches Lernen

Nach dem epistemologischen Exkurs zu den Wegbereitern des Konstruktivismus wird evident, dass Lernen mit neuen Medien keinesfalls mehr als ein Stimulus Response-Geschehen etwa im Sinne des operanten Konditionierens interpretiert werden sollte. Sinngemäß führt ***Renate Schulz-Zander*** in ihrem Beitrag „Veränderte Lernwelten mit Multimedia und Telekommunikation?“ dazu aus: ***„Mit dem lerntheoretischen Paradigmenwechsel wird eine lineare oder nur verzweigte Wissenspräsentation für***

Lernprozesse abgesehen von eng begrenzten Teilbereichen nicht mehr für sinnvoll erachtet. Im Gegensatz zum behavioristischen Lernverständnis, das Lernprozesse kleinschrittig im Reiz-Reaktions-Schema definiert und das ganze Unterrichtssoftware-Generationen geprägt hat bzw. leider immer noch prägt, wird Lernen im konstruktivistischen Sinne als ein aktiver Prozeß verstanden, bei dem die Lernenden ihr Wissen anknüpfend an frühere Erfahrungen und ihr bisheriges Wissen subjektiv konstruieren. Es wird also ein jeweils eigenes subjektives Wissensnetz entwickelt. Die Lehrperson erhält zunehmend die Rolle eines coach und Organisators von Lernprozessen."(Schulz-Zander 1996, S. 43)

Konstruktivistische Lerntheorien >> S. 100 messen dem lernenden Menschen in der Auseinandersetzung mit seiner Umwelt eine grundlegend aktive Rolle bei (siehe dazu Krüssel 1999, S. 95f.). **Lernen** ist somit kein passives Aufnehmen und Abspeichern von Informationen und Wahrnehmungen mehr, sondern – wie weiter oben gezeigt wurde – ein **aktiver Prozess der Wissenskonstruktion**. „*Im Gegensatz zur traditionellen Lernphilosophie stehen in der konstruktivistischen Auffassung weniger das Lehren und Fragen der Didaktik im Mittelpunkt des Interesses als vielmehr das Lernen selbst sowie die Idee der Anregung und Förderung der Lernenden*" (Reimann-Rothmeier/Mandl 1996a, S. 68). Der Lernende und seine individuelle Wissenskonstruktion sowie die Verbindung von Wissenserwerb und -anwendung rücken in den Mittelpunkt. Damit verbunden sind entdeckende und lernerzentrierte Arbeitsformen sowie eine **prozessorientierte Didaktik**, welche die Aktivitäten und Aufgabenstellungen im Unterricht an einen natürlichen Erwerbsprozess anknüpft.

„*Lernen findet nur im Geiste des Schülers statt*", sagt von Glasersfeld (1997b, S. 204). „*Die Kunst des Lehrers ... besteht darin, die Schüler dazu zu bewegen, selbständig Probleme zu formulieren, die die Denkweisen fördern, die sie lernen sollen.*" (Ebd. S. 209) Das erkennende Subjekt verfügt nur dann über Wissen, wenn es dieses über eigene Operationen selbst hergestellt hat. „*Lehren soll im Schüler Verstehen hervorbringen ...*" (Ebd. S 167). Lehren ist somit nach Ernst von Glasersfeld „eine Form der Kunst und darum braucht der Lehrer nicht nur Erfahrung im Wissen, sondern auch Intuition und Fingerspitzengefühl im Umgang mit Schülern" (Ebd. S. 170 bzw. siehe auch Huschke-Rhein, 1999, S. 44f.).

„Für die Schule finde ich das konstruktivistische Denken wichtig. So wie wir Schule ständig konstruieren, ist sie eine Vergewaltigung des Konstruktivismus. Das lernende Individuum hat keine Chance, eine eigenständige Sicht der Dinge zu entfalten. Dem Schüler wird von der Institution ein Deckel übergestülpt. Es dominiert eine Tauschwertpädagogik, bei der noch nicht einmal die Inhalte wichtig sind, sondern die Gratifikationen, die Abschlüsse. Abschlüsse aber sind inhaltsneutral.

Schulpädagogisch ist der Konstruktivismus aufregend. Er vermag die vielen Selbstverständlichkeiten der Schule, die sich verselbstständigt haben, aufzubrechen. Was die Schule zur Zeit anbietet, geht an der Lebenskonstruktion junger Leute total vorbei."

(Manfred Bönsch im Gespräch mit Horst Siebert, Ebd., 1999, S. 70)

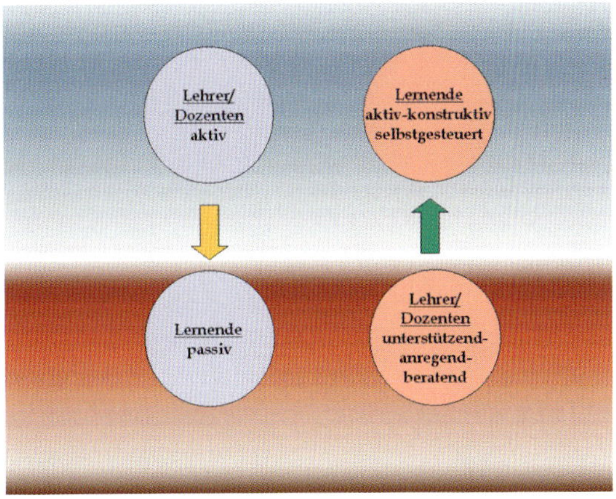

Von der Belehrungsschule zur Lernwerkstatt (siehe dazu Struck 1998, S. 91 bzw. 181) ist das Motto der konstruktivistischen Lehr- und Lernphilosophie

Lehre im konstruktivistischem Sinn ist mehr als Wissensvermittlung und Moderation von Diskussionen. **Lehre ist Gestaltung von anregenden Lernumgebungen**, Lehre ist Wechsel der Beobachterperspektiven, Lehre ist Bereitstellung von Lernmaterialien für unterschiedliche Lernkanäle, Lehre ist die Schaffung von sozialen Situationen, in denen von und miteinander gelernt wird, Lehre ist auch Beobachtung zweiter Ordnung, das heißt, die Beobachtung, wie Lernende ihre Wirklichkeiten konstruieren, wie sie ihren Lerninhalt definieren. Lehre ist ferner die Fokussierung von Aufmerksamkeiten auf Vergessenes, Vernachlässigtes. Lehrende können aber auch motivieren und begeistern durch die Art und Weise, wie sie ein Thema verkörpern."
(Aus Siebert 1999, S.41/42)

Im Sinne eines gemäßigten Konstruktivismus kann Lernen eigentlich nur ermöglicht werden. Eine solche „**Ermöglichungsdidaktik**" (siehe Siebert 1999, S. 21) bietet dem Lernenden eine reichhaltige Lernumgebung, die möglichst authentische Lernszenarien und unterschiedliche Zugänge zum Wissensgebiet bereitstellt. Dabei gewinnt die (mediale) Gestaltung der Lernumgebung eine besondere Rolle im Lehr- und Lernprozess. Eine „gestaltungsorientierte Mediendidaktik" (siehe Kerres 1998, S. 11ff.) ist für alle Lehr-/Lernszenarien von Bedeutung, in denen (neue) Medien eingesetzt werden.

Grenzen des konstruktivistischen Lernens

Nicht alle Lernziele können durch eigene Konstruktionsleistung erschlossen werden. Konstruktivistisch ausgerichtetes Lernen findet bei jenen Lernprozessen seine Grenzen, die ein weitgehend **automatisiertes Verhalten** zum Ziel haben, wie bspw. beim Erlernen des Maschinschreibens oder dem Erlernen des Einmaleins. Auch **theoretisch-abstrakte Lerninhalte** wie z. B. philosophische Betrachtungen lassen sich eher mühsam explorativ vermitteln. Für *Robert Kleinschroth* hat deshalb der Behaviorismus auch weiterhin seine Berechtigung „*Die Kritiker übersehen vielfach, dass es Lernstoff gibt, den Schüler nicht auf der Basis moderner Lerntheorien „entdeckend" oder „einsichtig" lernen. In jedem Fach gibt es Fertigkeiten, die wie im Schlaf beherrscht werden müssen und die nur durch Drill beziehungsweise wiederholtes Üben erworben werden. Dies gilt für das kleine oder große Einmaleins, die Grammatik, das Vokabellernen und das Rechtschreiben ebenso wie für Verkehrsregeln, Maschineschreiben oder die Beherrschung komplexer Geräte.*"
(Kleinschroth 1996, S.80)

Gerhard Tulodziecki betont ebenfalls, dass, selbst wenn die moderne pädagogische und psychologische Literatur den Konstruktivismus fordert, „*jede Position in bestimmten Lernsystemen ihre Berechtigung hat.*" (Tulodziecki 1996, S. 53). Als Kritik führt er an, dass dabei vielfach die sozialen Komponenten des Lernprozesses zugunsten einer isoliert individuellen Betrachtung des Lernens vergessen werden: *„Lernen darf nicht ausschließlich als individueller Prozess erfolgen – gemeinsames Lernen und Arbeiten von Lernenden und Experten im Rahmen situierter Problemstellungen sollte Bestandteil möglichst vieler Lernphasen sein. Die Lernumgebung ist so zu gestalten, daß sie kooperatives Lernen und Problemlösen in Gruppen ermöglicht und fördert.“* (Ebd.)

In vielen Fällen benötigen Lernende umfassende Hilfe bei der Strukturierung von Sachverhalten, eben eine Anleitung, wie vorzugehen bzw. was als nächstes zu tun ist. Dieser Umstand schließt konstruktivistisches Lernen nicht aus. Es sollten jedoch auch weiterhin alternative Lernkonzepte einbezogen werden.

Forschungsergebnisse zum Lernen mit neuen Medien

Edward Dale teilte bereits im Jahre 1946 die (audiovisuellen) Medien und ihre Lernwirksamtkeit in eine sogenannte „**Erfahrungspyramide**“ ein: An deren Spitze stehen „symbolische Medien“, wie Sprach- und Bildsymbole, es folgen die „ikonischen Medien“, Foto, Film und Fernsehen, an der Basis der Pyramide befinden sich schließlich „direkte Erfahrungen“, die aus Rollenspielen, Modellen oder zielgerichtetem Erleben gewonnen werden können. Dale ging davon aus, dass das *„Lernen umso leichter fällt, je direkter und konkreter die Erfahrungen sind“* (Hasebrock 1998, S. 103/104). Die Grundlage aller Erfahrungen bilden nach Dale die direkten Wahrnehmungen, ikonische Erfahrungen werden über das Sehen und Hören gemacht, symbolische Erfahrungen lenken die ikonischen Erfahrungen auf feste Symbolsysteme ein.

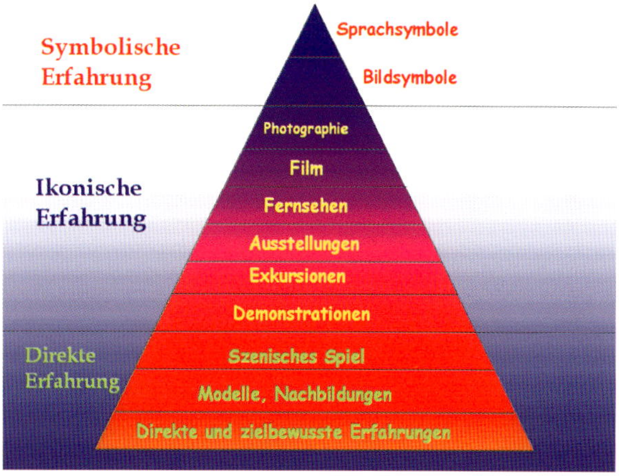

Der Erfahrungskegel von Dale aus dem Jahre 1946

Hildegard Malzbender bezieht sich auf vorliegende psychologische Befunde, die eine **Steigerung des Lerneffekts** durch den Einsatz von Multimedia belegen. Die Ergebnisse sind in Abwandlung des Daleschen Erfahrungskegels zu verstehen, zu dem die Behaltensleistung der Lernenden in Beziehung gesetzt werden. Nach Malzbender wird durch bloßes Zuhören ein 20 %iger Lerneffekt erzielt, mit Zusehen erreicht man 30 % und bei einer Kombination aus beiden Lernmethoden werden 50 % des Lehrstoffes von den Lernenden behalten. Ein Anstieg des Lernerfolges auf 90 % wird angeblich mit Multimedia erreicht, indem die Lernenden hören, sehen und selbst aktiv tätig werden können (Malzbender 1994, S. 24). Entscheidend sei die aktive Komponente, die beim multimedialen Unterricht ermöglicht wird.

Einschränkend ist nun anzumerken, dass sich viele der in der Literatur immer wieder zitierten **Untersuchungen** zum Lernen mit neuen Medien (etwa Kulik &Kulik 1989 oder Fricke 1991) auf längst **veraltete Lernprogramme** beziehen, die mit multimedialen Lernumgebungen von heute in keiner Weise vergleichbar sind. Stefan Aufenanger verweist auf die Komplexität der multimedialen Anwendungen, die eine Bestimmung der relevanten Faktoren für optimales Lernen erschwert und schränkt weiter ein: *„Nicht zuletzt sind die Methoden oftmals sehr fragwürdig. Da werden meist Studierende an Universitäten zwischen einer halben und einer Stunde vor Programme gesetzt und dann gefragt, was sie gelernt haben. Eine amerikanische Metastudie, die andere Studien ausgewertet hat, kam zu dem Schluss, dass die durchschnittliche Interventionszeit für multimediale Lernprogramme bei etwa 30 Minuten liegt. Dies ist wissenschaftlich doch sehr gewagt.*" (Aufenanger 1999, S. 4)

Die von Malzbender angeführten Zahlenwerte – beim Lesen behält man 10 %, beim Hören 20 %, beim Sehen 30 %, beim Hören und Sehen 50 % und beim Tun 90 % – ist nach Aufenanger eine naive Annahme und durch keine seriöse wissenschaftliche Untersuchung gestützt. *„Denn viele Faktoren spielen beim Lernen mit neuen Medien eine Rolle, so dass eine Reduzierung auf eine solche einfache Lerntheorie der Wirklichkeit des Lernens nicht gerecht wird.*" (Aufenanger, Ebd.)

I hear, and I forget
I see, and I remember
I do, and I understand

Dieses in Abwandlung des Daleschen Kegels gerne zitierte Leitmotiv ist lernpsychologisch in Frage zu stellen

Ulrich Riehm und *Bernd Wingert* behaupten unter Bezugnahme auf neuere Meta-Analysen zur Lernwirksamkeit von Multimedia, dass *„heute verfügbare Hypertextanwendungen vielfach den schlüssigen Beweis schuldig geblieben*" sind, *„die besseren Lehr-/Lernsysteme*" zu sein. Effizienz- und Nutzungsstudien würden oft genug enttäuschend ausfallen (Riehm/Wingert 1995, S.161/62 bzw. S.175f.). Hypertext- und Hypermedia-Systeme (das Internet eingeschlossen) können mitunter zur **Desorientierung** führen – ein Faktum, das erstmals *Conklin* 1978 als *„lost in hyperspace"* – bezeichnet hat (s. Tergan 1995, S. 133). Die Euphorie wurde speziell durch medienpsychologische Befunde gedämpft, zumal *„Ablenkung vom gesteckten Lernziel, informationelle Kurzsichtigkeit, konzeptionelle Desorientierung, Verlorengehen im Hyperspace und Verfehlen einer kohärenten Wissensstruktur*" als die häufigsten Probleme, die beim Lernen mit Hypertext und Hypermedia auftraten, genannt wurden (Issing 1996, S. 58). Im Rahmen eines vom österreichischen Bundesministerium für Unterricht und kulturelle Angelegenheiten beauftragten dreijährigen Evaluationsprojektes zum **Einsatz von Notebooks** an sechs im Bundesgebiet verstreuten höheren Schulen, das von einem Team des Salzburger Techno-Z unter der Leitung des renommierten Multimedia-Experten Prof. Dr. Peter Bruck durchgeführt wurde, konnten bspw. **keine signifikanten Lerneffizienzsteigerungen** infolge des verstärkten IT-Einsatzes erhoben werden (siehe dazu Bruck/Geser 2000, S. 250).

Für Aufenanger besteht ein enger Zusammenhang zwischen thematischen Interesse und Wissenserwerb: *„Die bestgemachte hypermediale Lernanwendung kann relativ wenig bewirken, wenn kein Interesse am dargestellten Thema vorhanden ist*" (Aufenanger

1999, S. 5). Die Möglichkeit zur Interaktivität (wie z. B. Anmerkungen und Kommentare einfügen, Texte schreiben oder auswählen) fördert nach Aufenanger eine aktive Auseinandersetzung mit Multimedia. Je mehr der Lernende sich dabei „einbringen“ kann, desto größer ist seine Lernmotivation. “*Die **Instruktionsmethode hat Vorrang vor der Präsentationsweise**. Dies ist eines der wichtigsten Ergebnisse, die die bisherige Forschung über das Lernen mit neuen Medien hervorgebracht hat. Damit ist gemeint, dass die Pädagogik immer noch die wichtigste Rolle spielt und selbst eine gelungen aufgebaute und programmierte Lernanwendung kaum etwas bewirken kann, wenn nicht eine entsprechende pädagogische Einbettung damit verbunden ist.*“ (Ebd. S. 5)
Nach der Einschätzung von Stefan Aufenanger ist die anfängliche Euphorie nun eher einer gewissen Skepsis gegenüber dem Lernpotenzial der neuen Medien vor allem bei jenen gewichen, die darüber empirische Forschung betreiben. *„Dies soll aber nicht als eine Entmutigung verstanden werden, sondern vielmehr als Ermutigung, noch gezielter die Bedingungen des Lernens mit neuen Medien zu erforschen und dabei die vielfältigen Faktoren ... zu berücksichtigen. Außerdem muss auch klar festgehalten werden, dass das Lernen mit den „alten“ Medien auch nicht so erfolgreich ist, wie manche Kritiker der neuen Medien oder die traditionelle Schule einem weismachen will.*“(Aufenanger 1999, S. 5)

Zusammenfassung

Die Zielsetzungen eines pädagogischen Konstruktivismus unter Nutzung der neuen Medien decken sich mit den Forderungen von Bildung und Wirtschaft in der Informationsgesellschaft, nämlich Teamfähigkeit, Kommunikationskompetenz und Medienkompetenz zu erwerben. Durch die Nutzung neuer Technologien im weitesten Sinne zur Informations- und Wissensbeschaffung, -verarbeitung und -vermittlung wird eine Erneuerung des Lehrens und Lernens bis hin zu neuen Organisationsmodellen des Unterrichtes eingeleitet. Information und Lernen mit Multimedia vollzieht sich in Zukunft auf der Grundlage von Offline-Medien und der Online-Kommunikation.

„Der Konstruktivismus hat Bewegung in die erziehungswissenschaftliche Diskussion gebracht.“ (Siebert 199, S. 195), aber bewähren muss er sich durch die Praxis.

Literaturangaben

Apflauer R. /Reiter A.: Schule Online. Das Handbuch zum Bildungsmedium Internet, Wien 2000.

Aufenanger S.: Kindheit im Zeitalter elektronischer Medien – eine Herausforderung für die Pädagogik? In: (Mit) Medien wirken?, 6. Schulmedientage, Rheinland-Pfalz 1995, S. 16-24.

Aufenanger S.: Lernen mit neuen Medien – was bringt es wirklich? In: medien praktisch, 4/99, S. 4-8.

Beste D./Kälke M. (Hrsg.): Bildung im Netz. Auf dem Weg zum virtuellen Lernen, Düsseldorf 1996.

Bruck P. A. / Geser G. u.a.: Schulen auf dem Weg in die Informationsgesellschaft, Innsbruck 2000.

von Foerster H.: Das Konstruieren einer Wirklichkeit, in: Watzlawick P. (Hrsg.): Die erfundene Wirklichkeit, 9. Aufl. 1997, S. 39-60.

Fricke R.: Untersuchungen zur Lerneffektivität. Wissenschaftliche Begleitung des Bundesministers für das Post- und Fernmeldewesen zum CBT, TU Braunschweig 1989.

Gerbert F.: „Ich bin dumm – und stolz darauf. Wissenschaftliche Außenseiter – die „radikalen Konstruktivisten“ – unterwandern die Schulen. Ihr Programm: Psycho-Spiele statt Bildung“, in: Focus, Heft 45/1998, S. 250-254.

von Glasersfeld E.: Einführung in den radikalen Konstruktivismus, in: Watzlawick P. (Hrsg.): Die erfundene Wirklichkeit, 9. Aufl. 1997a, S. 16-38.

von Glasersfeld E.: Wege des Wissens. Konstruktivistische Erkundungen durch unser Denken, Heidelberg 1997b.

Günther J./Hüffel C.: Die Massenmedien in unserer Gesellschaft. Zahlen-Daten-Fakten, Wien 1999.

Haefner K.: Die neue Bildungskrise. Herausforderung der Informationstechnik an Bildung und Ausbildung, Basel 1982.

Hasebrook J.: Multimedia-Psychologie. Eine neue Perspektive menschlicher Kommunikation, Heidelberg 1995.

Huschke-Rhein R.: Lernen, Leben, Überleben. Die Schule als ‚Lernssystem' und das ‚Lernen fürs Leben' aus der Perspektive systemisch-konstruktiver Lernkonzepte, in: Voß R. (Hrsg.): Die Schule neu erfinden. Systemisch-konstruktivistische Annäherungen an Schule und Pädagogik, Neuwied 1999, S.33-55.

Issing L. J.: Innovation universitären Lernens und Lehrens durch Multimedia, Hypermedia und Internet, in: Beste D./Kälke M. (Hrsg.): Bildung im Netz. Auf dem Weg zum virtuellen Lernen, Düsseldorf 1996, S. 53-64.

Issing L. J./Klimsa P.: Information und Lernen mit Multimedia, Weinheim 1995.

Kerres M.: Multimediale und telemediale Lernumgebungen, München-Wien 1998.

Kleinschrodt R.: Neues Lernen mit dem Computer, Reinbek bei Hamburg 1996.

Klimsa P.: Multimedia. Anwendungen, Tools und Techniken, Reinbek bei Hamburg 1995.

Krüssel H.: Unterricht als Konstruktion, in: Voß R. (Hrsg.): Die Schule neu erfinden. Systemisch-konstruktivistische Annäherungen an Schule und Pädagogik, Neuwied 1999, S. 92-104.

L. A. Multimedia, Magazin für Medien und Bildung, erscheint 4xjährlich im Westermann-Schulbuch-Verlag, Heft 1, Feb. 1997.

Kulik C. C./Kulik J.A.: Effectiveness of computer based instruction: An updated analysis, in: Computers in Human Behavior 7, p. 75-94.

Malzbender H.: Multimedia, Düsseldorf 1994.

Maturana H. M./Varela F.: Der Baum der Erkenntnis. Die biologischen Wurzeln menschlicher Erkenntnis, Bern 1987.

Mitteilung der E-Kommission vom 16. Mai 2000, in: Apflauer R. /Reiter A.: Schule Online. Das Handbuch zum Bildungsmedium Internet. Wien 2000, S. 287-303.

Nielsen J.: Multimedia, Hypertext und Internet. Grundlagen und Praxis des elektronischen Publizierens, Braunschweig/Wiesbaden 1995.

Perelman L: School's out. A radical new formula for the Revitalization of America's Educational System, New York 1992.

Reich K.: Systemisch-konstruktivistische Didaktik. Eine allgemeine Zielbestimmung, in: Voß R. (Hrsg.): Die Schule neu erfinden. Systemisch-konstruktivistische Annäherungen an Schule und Pädagogik, Neuwied 1999, S. 70-91.

Reinmann-Rothmeier G. /Mandl H.: Lernumgebungen mit neuen Medien gestalten, in: Beste D./Kälke M.(Hrsg.): Bildung im Netz, Düsseldorf 1996a, S. 65-74.

Reinmann-Rothmeier G. /Mandl H.: Lernen auf der Basis des Konstruktivismus. Wie Lernen aktiver und anwendungsaktiver wird; in: Computer und Unterricht, Jg. 6/Nr. 23, 1996b, S. 41-44.

Reiter A.: Didacta97 – ein Forum für alle Bildungsfragen, in: PCNEWS Nr. 53/ Juni 1997a, S. 36-42.

Reiter A.: Interschul97 – Europäische Bildungsmesse in Berlin, in: PCNEWS: Nr. 54/Okt. 1997b, S. 42-50.

Reiter A. (Hrsg.): Multimedia – Aufbruch in neue Lernwelten? Schriftenreihe der Österreichischen Computer Gesellschaft, Band 111, Wien 1998.

Reiter A.: Interschul/didacta 1999 – Weltmesse für Bildung in Stuttgart, in: PCNWEWS, Nr. 63/Juni 1999a, S. 36-45.

Reiter A.: Elektronische Medien auf der Frankfurter Buchmesse mit EuroPrix Multimedia Art 98, in: PCNEWS Nr. 61/Feber 1999b, S. 33-40.

Reiter A.: Worlddidac 2000 in Zürich, in PCNEWS, Nr. 68/Juni 2000, S. 27-35.

Reiter A.: 51. Frankfurter Buchmesse, in: PCNEWS, Nr. 66/Feber 2000, S. 35-43.

Riehm U./Wingert B.: Multimedia. Mythen, Chancen und Herausforderungen, Mannheim 1995.

Schanda F. et al.: Multimedia und Lernen, in: Beck U./Sommer W. (Hrsg.), LearnTec 93 – Europäischer Kongress für Bildungstechnologie und betriebliche Bildung, Karlsruhe 1993, S. 129-135.

Schulmeister R.: Grundlagen hypermedialer Lernsysteme. Theorie-Didaktik-Design, Bonn 1996.

Schulz-Zander R.: Veränderte Lernwelten mit Multimedia und Telekommunikation? In: Computer und Unterricht 21/1996, S. 41-46.

Siebert H.: Pädagogischer Konstruktivismus. Eine Bilanz der Konstruktivismusdiskussion für die Bildungspraxis, Neuwied 1999.

SPIEGEL Special „Der digitale Mensch", Streitgespräch zwischen John Perry Barlow und Neil Postman, Ausgabe 3/1997, S. 16-22.

Struck P.: Netzwerk Schule. Wie Kinder mit dem Computer das Lernen lernen, München 1998.

Tergan S. O.: Hypertetxt und Hypermedia, Konzeption, Lernmöglichkeiten, Lernprobleme, in: Issing L. J./Klimsa P. (Hrsg.): Lernen mit Multimedia, Weinheim 1995, S. 123-136.

Tulodziecki G.: Lehr-/lerntheoretische Konzepte und Software-Entwicklung, in: Bertelsmann/Heinz Nixdorf Stiftung (Hrsg.): Neue Medien in den Schulen. Projekte-Konzepte-Kompetenzen, Gütersloh 1996, S. 41-54.

Voß R. (Hrsg.): Die Schule neu erfinden. Systemisch-konstruktivistische Annäherungen an Schule und Pädagogik, Neuwied 1999.

Watzlawick P.: Die erfundene Wirklichkeit. Wie wissen wir, was wir zu wissen glauben? Beiträge zum Konstruktivismus, 9. Auflage, München 1997.

Weidenmann B. Multicodierung und Multimodalität im Lernprozeß, In: Issing L.J./Klimsa P.: Information und Lernen mit Multimedia, Weinheim 1995, S. 65-81.

Weizenbaum J.: Kinder, Schule und Computer, Landesinstitut für Schule und Weiterbildung, Soest 1989.

Konstruktivistisch orientiertes Lehren und Lernen

Herbert Schwetz

Neues Lernen für die Informationsgesellschaft

Handlungsorientiert statt rezeptiv – schülerzentriert statt lehrerdominiert – konstruktivistisch statt instruktivistisch

Einleitung

Michaela K., Schülerin einer vierten Klasse Volksschule, schrieb in den Schulnachrichten der Volksschule Graz St. Veit (2000):

„Der Unterricht war sehr lustig. Es gibt drei Arten von Unterricht, die besonders Spaß machen: Projektunterricht, offenes Lernen und Gruppenarbeit. (...) Der Unterricht bei Frau P. gefällt uns allen sehr gut. Im Rechenunterricht steht uns Rechenmaterial zur Verfügung, so dass alles leicht zu verstehen ist. Frau P. erklärt immer alles sehr ausführlich. Mit schwächeren Schülern übt sie extra"

In diesem kurzen Statement von Michaela K. steckt eigentlich die „Botschaft" des Beitrages.

- Wie kann Lernen im Medien- und Informationszeitalter so organisiert werden, dass Lernen mehr Sinn, Freude und auch Spaß macht?
- Wie kann schulisches Lernen so gestaltet werden, dass das Gelernte besser behalten wird und in Anwendungssituationen auch zur Verfügung steht?
- Welche Medien, Lernmaterialien und Lernformen (z. B. Lernumgebungen) sind förderlich und sinnvoll, damit die Ziele der Schule und die Erwartungen der Eltern und der Gesellschaft erfüllt werden können?
- In welcher Weise kann durch **Viabilität** im Lernprozess (via = der Weg; viabel = gangbare Wege) ein individualisiertes und differenziertes Lernen – das „neue Lernen" – ermöglicht werden?
- Wie können Schüler[1] auf eine multioptionale und postmoderne Gesellschaft vorbereitet werden? Können Schüler durch viabel gestaltetes Lernen besser auf die Herausforderungen der Medien- und Informationsgesellschaft vorbereitet werden?

Zusätzlich enthält der Rückblick der Schülerin auch eine Aussage über situationsspezifisches pädagogisches Handeln der Lehrerin. Damit ist gemeint, dass die Lehrerin das Üben und Festigen individuell ausrichtet.

Dieser Beitrag möchte Impulse für eine handlungsorientierte, aktive, interaktive und von Lernumgebungen geprägte Lernkultur setzen und Argumente für die Aneignungsdidaktik liefern. Die **klassische Didaktik** – in diesem Beitrag als **Steuerungsdidaktik** bezeichnet – eines fragend-entwickelnden Unterrichts soll kritisch hinterfragt und auf Unterrichtsziele beschränkt werden, für die sie sinnvoll erscheint. Eine **konstruktivistisch orientierte Didaktik** – in diesem Beitrag als **Ermöglichungs- oder Aneignungsdidaktik**

[1] *Lehrer steht für Lehrerinnen und Lehrer und Schüler für Schülerinnen und Schüler. Diese sprachliche Form wurde aus Gründen der Lesbarkeit gewählt.*

bezeichnet – soll für solche Ziele konzipiert werden, für die es aus sachlichen Zielen sinnvoll erscheint.

Auf **systemisch-konstruktivistischer Basis** soll ein neuer Lernbegriff entwickelt werden und es soll gezeigt werden, wie Veränderung und Lernen dennoch möglich ist (Siebert 2000; Kösel 1997).

Medien haben in beiden Ansätzen völlig **unterschiedliche Rollen**. In lenkungs- und steuerungsdidaktischen Modellen haben Medien die Aufgabe, den Inhalt optimal zu vermitteln und den Wissenstransfer professionell zu unterstützen.

In systemisch-konstruktivistischen Konzeptionen, sind Medien wichtige Elemente von Lernumgebungen, die unterstützende Funktion bei der individuellen Konstruktion von Wirklichkeit und Rekonstruktion von Wissen haben.

Die Frage der Medien im Lehr- und Lernprozess soll angesichts des Auftretens der powervollen digitalen Medien erörtert werden. Es soll eine Antwort versucht werden, welche Rolle Medien im Lehr- und Lernprozess spielen können.
Es soll weiters untersucht werden, wie durch die „neuen Maschinen" des Informationszeitalters das „Maschinendenken" in der Didaktik überwunden werden kann.

Neues Lernen integriert die Aneignungsdidaktik in die Lenkungsdidaktik

A Look at School Environments

Traditional Classrooms	*Constructivist Classrooms*
Curriculum is presented part to whole, with emphasis on basic skills.	Curriculum is presented whole to part with emphasis on big concepts.
Strict adherence to fixed curriculum is highly valued.	Pursuit of student questions is highly valued.
Curricular activities rely heavily on textbooks and workbooks.	Curricular activities rely heavily on primary sources of data and manipulative materials.
Students are viewed as "blank slates" onto which information is etched by the teacher.	Students are viewed as thinkers with emerging theories about the world.
Teachers generally behave in a didactic manner, disseminating information to students.	Teachers generally behave in an interactive manner, mediating the environment for students.
Teachers seek the correct answer to validate student leaming.	Teachers seek the students' points of view in order to understand students' present conceptions for use in subsequent lessons.
Assessment of student learning is viewed as separate from teaching and occurs almost entirely through testing.	Assessment of student learning is interwoven with teaching and occurs through teacher observations of students at work and through student exhibitions and portfolios.
Students primarliy work alone.	Students primarily work in groups.

Instruktion versus Konstruktion?

In ihrer Publikation „The Case of the Constructivist Classroom" (Fosnot 1993) werden die beiden Paradigmen **Instruktionsdidaktik (Lenkungsdidaktik)** und **konstruktivistische Didaktik (Aneignungsdidaktik)** als Gegensätze dargestellt.

Mit der folgenden Gegenüberstellung von klassischem und konstruktivistischem Unterricht soll gezeigt werden, was *Fosnot* (1993, 17) unter Lernen in den beiden Paradigmen Instruktion und Konstruktion versteht:

Instruktion und Konstruktion?

In der Überschrift dieses Kapitels werden zwei konträre didaktische Standpunkte bezüglich der Planung und Durchführung von Unterricht einander nicht gegenübergestellt; vielmehr wird versucht, diese **komplementär** darzustellen. Wenn man das Feld der Didaktiken vereinfacht als Kontinuum sieht, so befinden sich auf dem einen Pol Didaktiken, die dem **Input-Output-Denken** verpflichtet sind, die „**Maschinenmodelle**" für die Pädagogik für brauchbar halten und an die Machbarkeit des pädagogischen Erfolges glauben. Auf dem **gegen-überliegenden Pol** kann man Didaktiken ansiedeln, die das **subjektive Moment** und stärker das **aktive Tun** des Lernenden in den Vordergrund rücken. Die Pauk- und Memorierschule des 16. bis 18. Jahrhunderts kann dem Input-Output-Pol zugeordnet werden (Meyer 1987, 75).

Auch die **Lernzielbewegung** in der zweiten Hälfte dieses Jahrhunderts kann diesem Ansatz zugerechnet werden. Die **Arbeitsschulbewegung** und die reformpädagogische Bewegung um 1900 kann dem anderen Pol zugeordnet werden.

Wenn man sich zusätzlich in der Schulpraxis umsieht, kann man eine **Absetzbewegung vom reinen Wissens-Transfer-Unterricht** beobachten. Die Nostalgie der reformpädagogischen Bewegungen können dafür als Beleg herangezogen werden. Im Moment scheint sich das didaktische Pendel auf die andere Seite zuzubewegen.

Im Folgenden sollen Gründe für die Ergänzung der Lenkungsdidaktik um aneignungsdidaktische Aspekte vorgebracht werden.

Lenkungsdidaktischer Unterricht ist meist handlungsarm, erzeugt „träges Wissen" und ist trivialisierend (Input-Output-Modell). Die Lenkungs- (oder Steuerungs-)didaktik mit ihren maschinenmodellhaften Komponenten hat zu einem Unterricht geführt, der schon in den 70er Jahren von *Tausch* (1977, 337) **kritisiert wurde**:

- Circa 50 Befehle des Lehrers an die Schüler der Klasse.
- 50 – 75 Fragen des Lehrers, überwiegend an alle Schüler der Klasse gerichtet.
- 50 – 80 % der im Unterricht gesprochenen Wörter stammen vom Lehrer. Für den einzelnen Schüler der Klasse verbleibt 1 – 2 % der gesamten Sprachkommunikation.
- 15 – 20 Aufforderungen des Lehrers an Schüler, von ihm angefangene Sätze zu Ende zu sprechen.
- Häufige Kontrolle und Bewertung der Schüler durch den Lehrer.

Grell (1975, 62) nimmt in seiner Kritik aus den 70er Jahren auf ***Flanders*** Bezug; dieser sprach damals schon vom **„Gesetz der zwei Drittel"**. Damit beschrieb Flanders die lehrerdominierte Kommunikations- und Interaktionssituation in einer durchschnittlichen Unterrichtsstunde. **Zwei Drittel der Gesprächsmenge** in einer Unterrichtsstunde wird vom Lehrer bestritten.

Forschungsergebnisse aus den 90er Jahren ergeben ein beinahe identes Bild von Unterrichtkultur:

- Es dominiert die rezeptive Wissensvermittlung (Klippert 1997, 19).
- Schulisches Lernen ist geprägt von Sozialformen und Handlungsmustern mit hoher Lehrerlenkung (Meyer 1994, 63).
- Besonders Mathematikunterricht ist in hohem Maße dekontextualisiert (Heymann 1997, 46ff).
- Auch wird umfassender über die Konsequenzen lehrerdominierten Unterrichts geforscht: Der traditionell dekontextualisierte, handlungsarme und passive Lernort „Unterricht" erzeugt „träges Wissen" (Reinmann-Rothmeier u. Mandl 1996; Renkl 1994).

Trivialisierender Unterricht fand in der **Curriculumtheorie (Lernzieloperationalisierung)** seine wissenschaftliche Grundlegung und Ausformung. Für *Siebert* (2000) ist die Lernzielbewegung *„ein Paradebeispiel moderner Pädagogik“*, in *„der operationalisierte, für alle verbindliche Lernziele und objektive standardisierte Lernkontrollen“* zur höchsten Maxime erhoben wurden. *„Stoff durchnehmen“*, *„dieses Kapitel gerade noch streifen“*, *„die Schüler müssen davon gehört haben“*, usw. sind die didaktischen Alltagsaussagen, die auf den trivialisierenden Unterricht schließen lassen. Dem trivialisierenden Unterricht liegt weiters der Gedanke zu Grunde, dass es im Sinne des Input-Output-Mechanismus möglich ist, möglichst viel Stoff in kürzester Zeit zu übermitteln. Bildhaft könnte man dieses didaktische Modell durch den **„Nürnberger Trichter“** veranschaulichen. Sehr oft verrät die pädagogische Umgangssprache das dahinterliegende Konzept. In den Verben wie *„eintrichtern“*, *„einhämmern“*, *„abspeichern“*, *„drillen“*, usw. kommt der Input-Output-Gedanke von Lernen zum Ausdruck. Der Lernende wird als *„berechenbare und voraussagbare Maschine“* betrachtet, dem man entsprechende Stoffe darbietet. Die „Verarbeitung“ des Stoffes ist dann das Drillen, das Abspeichern. Der Output ist in der Reproduktion bei Prüfungen und in Tests zu sehen. Für **einfache Faktenreproduktion** mag dieser Weg geeignet sein. Für komplexe und anspruchsvolle Leistungen gibt es viele Hinweise, dass diese Steuerungsdidaktik zu kurz greift, obwohl sie sehr beliebt zu sein scheint.

Terhart (1989, 34) spricht vom **„Maschinenmodell von Unterricht“** und kritisiert damit den lernzielorientierten Unterricht: *„Die Steuerung des Lernprozesses der Schüler durch ein zweckrational organisiertes Lernen leitet der Idee nach die Industrialisierung (‚Taylorisierung‘) des Unterrichtsgeschehens ein; und Didaktik wird zur Beschleunigungswissenschaft. (...) Im Rahmen eines solchen Maschinenmodells von Unterricht spielt die Frage der Lernzielfindung und -präzisierung eine großem Rolle. Ohne präzise Lernzielformulierung ist die zweckrationale Durchstrukturierung des Unterrichtsprozesses nicht möglich.“*

TIMS-Studie als Beleg für trivialisierenden Mathematikunterricht

Herz (1997) nimmt auf die Ergebnisse der TIMS-Studie für Deutschland Bezug und kommt zu folgendem Schluss: *„Anspruchsvolle Leistungen sind nicht das Ergebnis von Drill. Das zeigen Videostudien von japanischem Unterricht, der gerade kein Drill-Unterricht ist. Kognitive und sozial-emotionale Förderung geschieht wohl eher so: Gruppen des gemeinsamen Lernens widmen sich einem komplexen Problem. Sie bearbeiten es in Subgruppen in wechselnden Sozialformen in hoher Eigenständigkeit. Sie präsentieren ihren Lernweg und ihr Lernergebnis vor der Gesamtgruppe. (...) Solches Lernen in kooperativen Teams führt offensichtlich weiter als die Vorgabe eines richtigen Lösungsweges, der dann nur noch eingedrillt werden soll.“*

Der hochgelenkte Unterricht verhindert Selbststeuerung

Durch fortwährende Beschränkung der Handlungsspielräume der Schüler können kognitiv anspruchsvolle Lernziele sowie Selbständigkeit und Selbstverantwortung nicht realisiert werden (Meyer 1994, 416ff).

Nur mit Selbsttätigkeit ist Selbständigkeit erreichbar.

Aus konstruktiv-systemischer Sicht stellt sich weiters die Frage, wie „Steuerung" (Lenkung/Leitung) eines anderen Menschen bei maximaler Selbststeuerung dieses anderen (also ‚Fremdsteuerung versus Selbstorganisation')" realisiert werden kann (Huschke-Rhein 1992, 35).

Unter der Prämisse von situationsspezifischen Handeln in pädagogischen Handlungsfeldern soll zusammenfassend festgehalten werden, dass Lenkungsdidaktik und Aneignungsdidaktik nichts als Gegensätze betrachtet werden. Vielmehr wird dafür plädiert, je nach gesetztem Unterrichtsziel die entsprechende „Didaktik" zu wählen. Mit einem Beispiel soll dies verdeutlicht werden. Für Ziele im Bereich der Werterziehung könnten Dilemmageschichten (Schwetz 1998) nach dem Ansatz nach ***Kohlberg*** (Oser u. Höffe 1986; DeVries u. Zan 1994) ausgewählt werden; dies wäre ein konstruktivistischer Weg. Für die Konstruktion des Inkreismittelpunkte in einem Dreieck wird man mit höchster Wahrscheinlichkeit einen instruktivistischen Weg wählen, da dieser Konstruktionsalgorithmus wenig Spielraum für Eigenkonstruktionen läst. Ein weiterer Schritt der Synthese wird unten im Unterkapitel über Multikriterialität unternommen.

„Rezepte" für einen neuen Unterricht

In der didaktischen Theoriediskussion ist das Formulieren von Konzepten verwerflich (Grell 1985, 20). Ich folge trotzdem dem Vorschlag von Grell, der sich nicht scheute, eines seiner Bücher „Unterrichtsrezepte" zu nennen (Grell 1985). Grell kritisiert die These vieler Wissenschafter, dass es Rezepte nicht geben dürfte und wissenschaftliche Aussagen keineswegs zu Rezepten reduziert werden dürften: ***„Denn Rezepte sind unwissenschaftlich und überhaupt abzulehnen"*** (Grell 1985, 21).

Lernumgebungen als Ausgangspunkt zur Selbstsozialisation

Im Lernprozess treffen zwei Systeme aufeinander, nämlich das **Lehrer- und das Schülersystem**. Es wird von der These ausgegangen, dass ein System für das andere nicht instruierend sein kann (Huschke-Rhein 1992, 77). Daraus folgt, dass Lernen nur durch das Setzen von Außenreizen arrangiert werden kann. Dem liegt die These von der Anregung zur Selbstsozialisation zugrunde (Rotthaus 1999, 89). Dies geschieht am besten durch **reizauslösende Lernumgebungen** mit Lebensbezug und Erfahrungsmöglichkeit (z. B. Math Walk >> S. 184 Lernmaterialien zum Auslösen von Mathematisierungsprozessen).

Rotthaus (1999, 93) definiert die Lernumgebung folgendermaßen:
„Eine andere Möglichkeit, die erzieherische Absicht nicht oder kaum deutlich werden zu lassen, liegt darin, Lernsituationen zu schaffen, in denen das Kind selbst die von der ErzieherIn beabsichtigte Erfahrung macht. So kann die ErzieherIn durch das Bereitstellen von Materialien oder die Gestaltung von Freiheitsräumen, in denen das Kind voll eigenverantwortlich handelt, Lernsituationen gestalten, in denen das Kind die – von der ErzieherIn beabsichtigten Erfahrungen macht und die Folgen des eigenen Handelns erlebt. Derartiges Vorgehen der ErzieherIn steht – aus der Sicht des Kindes formuliert – unter dem Motto: ‚Lass mich lernen, lehre mich nicht!'"

Es ist bemerkenswert, dass die 10-jährige Schülerin Michaela K. die Umsetzung didaktischer Maßnahmen identifizieren konnte. Dies stellt ein Indiz für die Reflexionsfähigkeit von erlebtem Unterricht dar.

„Wiedererfindung" von mathematischen Konzepten durch Kontexte

Nach *Freudenthal* (zit. n. Lange 1993, 5) hat der Lernende das Recht, *„to recapitulate, in a fashion, the learning process of mankind"*. Dies bedeutet, dass der mathematische Lernprozess nicht mit dem Formalsystem beginnen sollte; das sollte das Endprodukt sein.

Nach *Ahlfors et al (*1962; zit. n. Lange 1993, 5) sollte der Lernprozess so angelegt sein, dass das entsprechende Konzept aus einer **konkreten Situation** entstehen kann (*„extracting the appropriate concept from a concrete situation"*). Das ist das Gegenteil von einem trivialisierenden Input-Output-Mathematikunterricht.

Mit den Materialien „Mathematics in Context" (1997) kann dieser Anspruch eingelöst werden. Dieses Material wurde vom Center for Education Research, School of Education, an der University of Wisconsin-Madison und dem Freudenthal Institute an der Universität of Utrecht, NL, entwickelt.

Dem Durchschreiten von Desäquilibrien ist der Vorzug vor dem abkürzenden und ökonomisierenden Konzepttransfer zu geben. Es ist anzumerken, dass man mit diesem Ansatz in die bekannte **Zeit-Stoff-Schere Diskussion** gerät. Im Zuge der geführten Diskussion um Qualität von Unterricht sind für diesen Bereich neue Antworten zu formulieren. Eine davon könnte sein, dass nicht das Maximum an Transfer von Bildungsgütern wünschenswert ist, sondern das Optimum.

Freie Produktion von Lösungswegen, Handlungsorientierung und interaktives Lernen (Lange 1993,5) sind die Merkmale dieses didaktischen Konzeptes, das die Autoren **RME (real mathematics education)** nennen. Die Fachdidaktikgruppe des Freudenthalinstitutes hat damit ein Konzept vorgelegt, dass aufbauend in **„learning strands" (Lernlinien)** angelegt ist. Die Materialien machen es möglich, dass Schüler sich Konzept um Konzept aneignen können.

Lernen, situationsspezifisch zu handeln

Es stellt sich gleich eingangs die Frage, ob man diese **Fähigkeit** überhaupt **lernen** kann. Weiters muss gefragt werden, ob man diese **Kompetenz** lehren kann. Es steht aber fest, dass der Erwerb dieser Fähigkeit in der Liste der Bildungsziele ganz oben steht (flexibel handeln lernen, Problemlöseverhalten, etc.).

Im schulischen Kontext gibt es situationsspezifisches Handeln auf zwei Ebenen, nämlich als angestrebtes Bildungsziel auf Schülerebene und als didaktisches Prinzip auf Lehrerebene.

Im Folgenden soll die Kritik am abendländischen Denken und zwei theoretische Konzepte verglichen und deren gemeinsamer Kern herausgearbeitet werden.

Kritik am abendländischen (linearen und strategischen) Denken

Die Forderung nach Etablierung einer neuen Lernkultur geht einher mit der Kritik am linearen und strategischen Denken. Durch lernpsychologische Planspiele konnte nachgewiesen werden, dass in komplexen Situationen (z. B. Simulationen zur Entwicklungshilfe und im ökologischen Bereich) dieses Denken nicht zu gewünschten Ergebnissen führt (Dörner 1993). Gruppen, die Interventionen nach einem linearen Muster vornahmen, haben die Situation eher verschlechtert. Es wurde die

Schlussfolgerung gezogen, dass das **traditionelle Denken** (synonym werden auch die Begriffe analytisch und abendländisch gebraucht) **für komplexe Situationen** generell **nicht mehr geeignet** ist.

Es ist modern geworden, deshalb ein „neues Denken" und ein „neues Lernen" zu fordern.

Siebert (2000, 2) sieht keine Notwendigkeit ein „neues Lernen" zu erfinden. Er tritt dafür ein, „vorhandene und **‚verschüttete' Lernfähigkeiten** zu **optimieren**, beziehungsweise wieder zu entdecken", indem Kontakte und Impulse aus anderen Kulturen zugelassen werden.

Operative Intelligenz

Operative Intelligenz kann als Kompetenz für **situationsspezifisches Handeln** auf Schülerebene aufgefasst werden.

Dörner (1992, 276) möchte nicht für neues Denken und Lernen argumentieren. Vielmehr möchte er Wissen, Problemlöseverhalten, etc. flexibel und situationsangemessen eingesetzt wissen. Die Konsequenz ist, dass man aus der Sicht der Situation die Vorgehensweise festlegt. Das bedeutet, dass es sinnvoll sein kann, in einer bestimmten Problemlösesituation kausalanalytisch, detailorientiert und präzise Hypothesen formulierend vorzugehen. In einer anderen Situation kann es zweckmäßiger sein, Versuch und Irrtum bei der Lösung einzusetzen, mehrere Ziele zu verfolgen und eher die großen Zusammenhänge betrachtend heranzugehen.

Den **kontextberücksichtigenden Einsatz von Löseverhalten** und Strategien nennt Dörner „operative Intelligenz".

Es wird die These aufgestellt, dass mit Lernumgebungen, Flexibilität, Kreativität, Problemlöseverhalten, etc. im Sinne der operativen Intelligenz angeregt werden können.

Individualisierung und Anschlussfähigkeit

Aus systemisch-konstruktivistischer Sicht versteht man unter Anschlussfähigkeit, ob ein Außenreiz *„an die Logik des internen Operierens des Kindes anschließen"* kann (Rotthaus 1999, 72). Es geht also um den Umstand, ob die Einflussnahme von außen mit dem autonomen System des Lerners „zusammenpasst", um eine Veränderung hervorzurufen. Die pädagogische Maßnahme Individualisierung und Differenzierung erhält mit dieser Deutung einen völlig anderen Stellenwert. Es geht dann bei der Individualisierung nicht mehr nur um leichtere oder schwierigere Beispiele oder um Stoffreduktion. Wichtig wird die **genaue Kenntnis des Wissens- und Verständnisstandes von Lernern** und um die Beobachtung, ob die durch die Lernumgebung gesetzten Reize „Anschluss" gefunden haben.

Es wird die These gewagt, dass mit Lernumgebungen ein verbessertes Maß an Anschlussfähigkeit erzielt werden kann.

Viabilität in den Lösungswegen anstatt Regelherrschaft

Ein wesentliches Element der Gestaltung von Unterricht nach systemisch-konstruktivistischen Prinzipien ist die Ermöglichung von **Viabilität** (z. B. in der Erarbeitung, in der Lösung von Problemen, in der kreativen Gestaltung von Postern usw.) (Glasersfeld 1995, 25). Unter Viabilität (via = der Weg) versteht man die **Möglichkeit des Beschreitens eigener Wege**.

Generell gesehen dürfte **Kreativitätserziehung** ohne erlebte Viabilität nicht möglich sein. Auf das Thema Viabilität wird an anderer Stelle noch eingegangen werden. Man könnte dieses Prinzip mit der Alltagsweisheit übersetzen, dass viele Wege nach Rom führen. Für den Unterricht übersetzt würde dieses Prinzip bedeuten, dass man Schülern für die Lösung einer direkten Schlussrechnung den Weg nicht vorschreibt. Bekanntermaßen gibt es hiefür die Pfeilmethode

↓ 1 m ....S 350,- ↓
17 m x

die Bruchstrichmethode, die Operatorenmethode oder die freie Methode. Wir wissen mittlerweile, dass diese Wege des Lösens von Textaufgaben zu Algorithmen oder gar Gesetzmäßigkeiten erhoben wurden. Die Begründung der Lehrer für die Festlegung auf eine Methode des Lösens von Textaufgaben liegt angeblich am hilfreichen Gerüst, an das sich Kinder anlehnen können. Das dies nicht stimmt, kann jeder Leser selbst feststellen, indem er überprüft, ob er noch in der Lage wäre die Pfeilmethode für den indirekten Schluss zu setzen. Die Berücksichtigung dieses Prinzips führt zum nächsten Rezept.

Free Productions und viable Wege

Üblicherweise wird im Mathematikunterricht eher gerechnet und konstruiert als geschrieben. Im Konzept der RME (Real Mathematics Education) nach Freudenthal nimmt die „Produktion" von **Beschreibungen aller Art** einen bedeutenden Raum ein (z. B. Beschreibungen von Lösungswegen, mathematische Aufsätze, u. dgl.). Das Zulassen von Schülerprodukten mit all den möglichen Fehlern, Halbfertigkeiten, usw. ist ein wichtiger Schritt für Lehrende von der Welt der „Objektivitäten" und „Eindeutigkeiten" in die Welt der Pluralitäten einzutreten. Das Zulassen von viablen Wegen durch Mathematiklehrer ist vermutlich der schwierigste mentale Schritt für Lehrer, die in einer zweckrationalen Welt der Curriculumtheorie als Schüler und Lehrerstudenten sozialisiert wurden.

Die Rolle des Schülerfehlers

In der systemisch-konstruktivistischen Didaktik wird dem Schülerfehler eine neue Bedeutung zugemessen. Schülerfehler sind nicht etwas zu Vermeidendes, sondern das Ergebnis von viablen Wegen. Das bedeutet nicht, dass Schülerfehler hingenommen werden. Sie sind vielmehr ein wichtiger Hinweis, wo der nächste Reiz von außen anzuschließen hat. Als **Beispiel** sollen die misslungenen „Häuser" aus dem Buch Gedankenblitze von Papert (1980, 19) erwähnt werden. Papert ließ mit der Programmiersprache LOGO Kinder Häuser bauen. Es entstanden auch Häuser, die das Dach auf der Seite oder „im Haus" hatten. Im Normalfall würde ein Lehrer dem Schüler „zeigen", welcher Programmierschritt falsch war. Papert sieht das als falsche pädagogische Handlung. Vielmehr müsste der Lehrer gute Impulse setzen, damit der junge Programmierer seinen Fehler – auch „bug" (= Käfer) genannt – selbst findet und korrigiert. Er fordert Lehrende explizit dazu auf, darüber nachzudenken wie „Fehlkonstruktionen" (oder Konstruktionen mit Fehlern) zum Ausgangspunkt von neuen Lernchancen werden können.

Die These dazu:

Schülerfehler geben Hinweise für mögliche Zonen von Perturbationen (didaktische Einflussnahmen und Impulse zur Korrektur). Damit ist gemeint, dass Schülerfehler Ausgangspunkte für individualisierende und differenzierende Maßnahmen sein können.

Viable Wege und neue Formen der Beurteilung

Die systemisch-konstruktivistische Didaktik fordert aufgrund der Neugestaltung der Lernwege eine völlig neue Form der **Leistungsbeurteilung**. In der RME (real mathematics education) wird die Alternative „authentic assessment" genannt (Lange 1993, 6). Neben der „richtigen" Lösung wird auch der Weg zur Lösung (die viablen Wege) berücksichtigt. Mit einem **Beispiel** aus der Praxis (3. Klasse) soll dies verdeutlicht werden:

Zwei Packungen von vergleichbarem Müsli (Packung A: 375 g zu S 24,90 und Packung B zu S 49,90: 600 g) stellten die Lernumgebung für einen Preisvergleich dar.

Es wurde die Frage gestellt, welches Müsli preisgünstiger sei. Dabei wurde vorerst das Problem unterschlagen, dass die beiden Müsliprodukte von verschiedenen Firmen stammten und möglicherweise unterschiedlich zusammengesetzt sein könnten. Es ging also um eine idealisierte und reduzierte Lernumgebung, da wesentliche Aspekte ausgeklammert wurden. Diese Tatsache trifft auf den traditionellen Mathematikunterricht umso eher zu. Die Bearbeitung des Problems wurde so angelegt, dass Zweiergruppen an der Lösung der Aufgabe zu arbeiten hatten. Hernach war eine Präsentation über den Lösungsweg vereinbart. Die Aufgabe war als Wiederholung und Festigung gedacht; es wurden keinerlei Einschränkungen oder Vorgaben bezüglich des Lösungsweges gemacht.

Gruppe I:

Eine Gruppe von Schüler beschritt den klassischen Weg; sie teilten den Preis durch die Masse und verglichen auf der Basis von 1 g die Produkte (1g von Müsli A kostet 0,0664 und 1 g von Müsli B kostet 0,0831).

Gruppe II:

Eine zweite Gruppe wählte eine Art Schätzstrategie. Sie verdoppelten die Masse des Produktes A und ermittelten den Preis für 750 g Müsli (750 g kosten S 49,80). Da man mehr Müsli um weniger Geld erhält, ist Müsli A preisgünstiger.

Gruppe III:

Die „Mathematikergruppe" ermittelte den ggT (größter gemeinsamer Teiler) von 375 und 600; ggT (375, 600) = 75. Auf der Basis von 75 g wurden die beiden Müslis verglichen. Die Masse von Müsli A (375 g) wurde durch 5 und diejenige von B (600) durch 8 geteilt. Das Ergebnis: 75 g von Müsli kosten S 4,98 und 75 g von Müsli B S 6,237.

Von den Schülergruppen wurden völlig unterschiedliche Wege beschritten. Dieses Beispiel zeigt, dass Viabilität auch in der Mathematik für Schüler der Sekundarstufe I möglich ist. Und diese Viabilität (und dieser Transfer des Wissens um das ggT auf eine Vergleichsaufgabe) sollte berücksichtigt werden. Es sollte also nicht nur das „Produkt", sondern auch der **Weg in die Leistungsbeurteilung einbezogen** werden. Zweifellos wird die neue Leistungsbeurteilung umfassender und scheinbar weniger objektiv, da erst **Kriterien entwickelt** werden müssen, wie man „Wege" gebührend bewertet. Im Moment ist diese Form der Leistungsbeurteilung zur vorherrschenden Meinung, was „richtige" Leistungsbeurteilung ist, noch nicht anschlussfähig.

Multikriteriales Lernen als mögliche Synthese

Weinert und Helmke (1997) und *Weinert* (1999, 28) plädieren unter der Forderung *„Jedes Lernziel erfordert einen anderen Unterricht"* für eine Synthese aus dem Streit Instruktion versus Konstruktion im Unterricht. Zusätzlich enthält diese Synthese auch ein situations-spezifisches Argument. In diesem Fall ist die Situationsspezifität durch die Lernzielspezifität operationalisiert.

Sind Instruktion und Konstruktion gegensätzliche oder komplementäre Ansätze?

Die Berücksichtigung konstruktivistischer Prinzipien in der Pädagogik hat überraschenderweise heftige **Abwehrreflexe** ausgelöst. Das Problem lag sicher in der Befürchtung, dass radikal **konstruktivistische Ideen zur Beliebigkeit führen** könnten. Wenn alle Wirklichkeit Konstruktion ist, dann ist es unmöglich und unentscheidbar, zwischen der Wirklichkeitskonstruktion des Schülers und des Lehrers ein Rangordnung bezüglich der „Richtigkeit" herzustellen. Dies mag richtig sein, wenn man diese radikale epistemologische Position auf die Schule
überträgt. Konstruktivisten wie *Glasersfeld* betonen aber immer wieder, dass sie keine Didaktik entworfen haben.

Es ist deshalb umso unverständlicher, dass Autoren wie *Giesecke* (1998) in polemischer Weise gegen einen neuen Ansatz in kreuzzugartiger Weise über Popularmedien (z. B. Gerbert in Focus 45/1998) ins Feld ziehen, anstatt in differenzierter Weise zu reflektieren, welchen Lernergruppen bei welchen Zielen welche Medien und Wege am besten nützen. Auch *Terhart* „springt" auf den konstruktivistisch-kritischen Zug auf; er beklagt den Stillstand in der Theoriediskussion in Deutschland und kritisiert die konstruktivistische Didaktik mit der folgenden Feststellung (1999, 645):

„Das konstruktivistische Argumentationsreservoir liefert jedoch eine neue Sprache, mit deren Hilfe altbekannte Probleme der schulischen Organisation von Lehren und Lernen neu gefasst werden können. Das ist nicht nichts."

Der letzte Satz im obigen Zitat mag für Theoretiker einen gewissen Reiz haben. Als Diagnose oder Antwort auf aktuelle Fragen des Lernens dürfte dieser Satz vermutlich zur Zeit wenig – bis überhaupt nicht – hilfreich sein.

Deshalb ist es aus meiner Sicht notwendig, die konstruktivistischen Ideen angemessen zu übersetzen und zu ergänzen. In der Kategorie des notwendigen Außenreizes für lebende Systeme hat *Rotthaus* die **Bedeutung des Erziehers** festgeschrieben. Allerdings hat der Erzieher nicht mehr den „allmächtigen" und „machenden" Status verglichen mit anderen Ansätzen. Es ist mittlerweile eine Art Lagerdenken entstanden, hier die Instruktivisten und dort die Konstruktivisten. Ein Ausweg aus dem „Lagerdenken" kann meiner Meinung nach in der **Vermeidung didaktischer All-Sätze** liegen (z. B. im Fach X ist die Methode Y am zielführendsten). Es wäre angemessener, situationsspezifisch zu argumentieren (z. B. für die Vermittlung von Basiswissen bei lernschwachen Kindern erscheint Weg I am geeignetsten und für den Erwerb kritischer Medienkompetenz für leistungsstarke Schüler wäre Weg K am besten). Es ist die Absicht dieses Beitrages, eine Synthese anzubieten, die die Einseitigkeiten der instruktivistischen und konstruktivistischen Didaktik überwindet. Es soll das **theoretische Modell der** *Situationsspezifität* >> S. 81nach ***Patry*** (2000) auf die Ziel-Mittel-Diskussion in der Didaktik angewandt und gezeigt werden, dass für bestimmte Ziele und für eine bestimmte Schülergruppe eben ein bestimmter Weg günstiger ist als ein anderer. Es wird also nicht behauptet, dass Instruktion „out" und Konstruktion von Wissen „in" ist. Es wird eine differenzierte Antwort versucht und ein „generalisierender" Weg vermieden (z. B. für alle Handlungsfälle in der Didaktik gilt ab nun nur mehr das konstruktivistische Paradigma).

Die Dichotomisierung zwischen Instruktion und Konstruktion von Wissen soll mit den theoretischen Modellen von ***Patry*** (2000) und ***Weinert und Helmke*** (1997) einerseits und ***Reinmann-Rothmeier u. Mandl*** (1997) andererseits überwunden werden. Es soll gezeigt werden, dass für die Erreichung bestimmter Ziele im Bildungsprozess für eine bestimmte Adressatengruppe ein je unterschiedlicher Wege erforderlich ist.

Diese Tatsache ist aber auch nicht so neu und wurde im **ATI-Ansatz** bereits diskutiert (Gage u. Berliner 1977, 181) und wird jetzt um den Ansatz des konstruktivistischen Lernens erweitert.

Die „Unterrichtsphilosophie" bestimmt die Rolle der Medien im Lernprozess

Die Auffassung – die „Philosophie" – darüber , wie Unterricht geplant und gestaltet sein soll, bestimmt die Rolle der Medien im Unterricht.

Mit einem „Bild" aus der Autowelt soll dies veranschaulicht werden. Die „Philosophie" bestimmt, welches Auto sich jemand kauft. Der Kauf eines Rolls-Royce als Viertwagen ist vermutlich von der „Philosophie" geprägt, ein signifikantes Statussymbol und Luxusgut sein eigen nennen zu können. Der Erwerb eines japanischen Toyota durch einen Pendler wird von der Idee bestimmt sein, ein möglichst günstiges und zuverlässiges „Medium" für das Erreichen des Arbeitsplatzes zur Verfügung zu haben.

„Philosophie" des Arbeitsablaufes bestimmt die Arbeit

Ebenso verhält es sich mit der Rolle des Arbeiters in unterschiedlichen „Produktionsphilosophien". Im tayloristischen Fließband-Konzept wird der Arbeiter als austauschbar angesehen, für den es sich nicht lohnt, allzu viel in seine Qualifikation zu investieren. Deshalb sind Firmentreue und Arbeitszufriedenheit der Arbeitnehmer wenig relevante Parameter. Volvo hat sich von diesem Produktionskonzept sehr früh verabschiedet und dem Arbeitnehmer eine wichtige Rolle im Produktionsprozess zugeordnet, weil man erkannte, dass zufriedene und zuverlässige Arbeitnehmer in höherem Maße bereit sind, fehlerlose Produkte herzustellen. Rotation statt eintöniger Arbeit, breitere Qualifikation und Qualitätsbewusstsein der Arbeitsnehmer wurden zu wichtigen Produktionsfaktoren. Dieses Beispiel zeigt sehr deutlich, dass die „Philosophie" dahinter die Rolle des Arbeiters bestimmt.

„Unterrichtsphilosophie“ bestimmt die Rolle und den Stellenwert der Medien

Im Folgenden soll beschrieben werden, dass Medien in einem tayloristisch orientierten Unterrichtskonzept einen anderen Stellenwert haben als zum Beispiel in der Reformpädagogik. Für *Weidenmann* (1996, 320) gibt es „*eine deutliche Beziehung zwischen dem technischen Entwicklungsstand der instruktionalen Medien einerseits und den instruktionalen Modellen und Methoden andererseits*“. Es gab allerdings auch eine Passung zwischen der **Rolle von Medien** im Lehr- und Lernprozess einerseits und dem **Verständnis von Instruktion** andererseits.

Die Suche nach der besten Methode

Ein mächtiger Einfluss auf die Konzeption von Unterricht kam nach *Terhart* (1989, 63) in den 60er- und 70er Jahren aus der Psychologie; der **Behaviorismus** hielt Einzug in die Pädagogik. Planung, Durchführung und Evaluation von Unterricht bekam einen **technologischen Akzent**. Die Gestaltung von Lehr- und Lernprozesse wurde auf systematische Weise mittels Lernzielen vorgenommen, um Unterricht evaluierbar und optimierbar machen zu können. Die **Unterrichtstechnologie** hatte sich etabliert. Als Beispiel kann die Methode der programmierten Unterweisung und ihre technische Realisierung in Form von Lehrmaschinen genannt werden. In diesem Instruktionsmedium waren die Prinzipien der Planbarkeit, Kontrolle und empirischen Überprüfbarkeit verwirklicht (Weidenmann 1996, 323). Man verband mit dieser didaktischen Neuerung die Hoffnung, den herkömmlichen Unterricht entscheidend verbessern, standardisieren und Prüfungen objektiver gestalten zu können. Weitere Argumente für die Entwicklung von programmierten Materialien in Print- und Digitalform war eine mögliche **Kostenreduktion** im Bildungswesen und auch die Möglichkeit des individualisierten Lernens. Man erhoffte sich, Unterricht ohne Lehrkräfte für Erst- und Erwachsenenbildung massenweise zur Verfügung zu haben. Die Suche nach der effektivsten Instruktionsform war auch stimuliert durch den Sputnik-Erfolg, der 1958 die amerikanische Nation in Schock versetzte.

Das war auch die Zeit der **Methodenkomparationsforschung**. Man wollte herauszufinden, ob Lernen mit Medien dem lehrergesteuerten Lernen überlegen ist. Das Ergebnis war enttäuschend. Es konnte keine Überlegenheit der einen oder anderen Methode durch einfaches Zusammenfassen der Treatmentsignifikanzen nachgewiesen werden, obwohl *„Befunde hunderter solcher Studien“* (Weidenmann 1996, 324) ausgewertet wurden. Allerdings konnte durch die anspruchsvollere Methode der Metaanalyse gezeigt werden, dass „*Lernen mit Instruktionsmedien weniger zeitaufwendig verläuft als Lernen im lehrergesteuerten Unterricht; es ist zudem bei Schülern beliebter, ...*“ (Weidenmann 1996, 324). Die Effektivitäts- und Optimierungsorientierung der Methodenvergleichsforschung ist nach Ansicht vieler Kritiker sehr theorielos durchgeführt worden. Man unterstellte ein unidirektionales Medien-Wirkungs-Modell; Medien wurde – in Einklang mit der Bezugstheorie Behaviorismus – Stimulus- oder Inputcharakter zugeschrieben. Es wurde versucht festzustellen, ob bestimmte Inhalte besser mit Lehrfilm oder Lehrtext gelernt werden. Eine theoretische Fundierung der Instruktionsmedien in eine Theorie des Lehrens und Lernens wurde nicht vorgenommen. Vergleichsstudien erbrachten oft widersprüchliche Ergebnisse oder keine signifikanten Unterschiede. Weidenmann (1996, 327) führt dies auf das Konfundierungsphänomen zurück; **Konfundierung** heißt, dass Ursachen unkontrolliert verwischt oder vermischt werden. Wenn ein bestimmtes Lernergebnis sowohl mit Medium A als auch mit Medium B erreicht werden kann, so ist anzunehmen, dass auch andere Bedingungsfaktoren für schulisches Lernen Einfluss genommen haben. Aus einem Bündel von Faktoren wurde von der Medienkomparationsforschung ein Faktor ausgewählt und nicht kontrolliert, welche Wirkung andere Faktoren haben könnten (z. B. bevorzugter Lernstil und Leistungsstand des Lerners, etc.). Sehr oft wurden **Methodeneffekte, Medieneffekte, Neuigkeitseffekte und Inhaltseffekte** zu wenig berücksichtigt. Am Beispiel der programmierten Instruktion kann das gezeigt werden; die programmierte Instruktion stellt eine Methode dar, die durch verschiedene Medien (Printmedium oder Software) realisiert werden kann. So konnten keine signifikanten Unterschiede zwischen Print- und Softwareversion gefunden werden; sehr wohl konnten Unterschiede zwischen traditioneller und programmierter Instruktion nachgewiesen werden. Daraus zieht *Weidenmann* (1996, 328) den Schluss, dass es die Methode war und nicht das Medium.

In der kognitiv orientierten Instruktionstechnologie wird deshalb die These vertreten, dass Medien Vehikel für Inhalte und Methoden darstellen. Lernwirksamkeit wird den Inhalten und Methoden zugeschrieben und nicht dem Medium.

Das ist eine deutliche Einschränkung des Stellenwertes von Medien.

Zusammenfassend kann gesagt werden, dass in der **klassischen** Instruktionsauffassung und Unterrichtstechnologie Medien der Stellenwert des Inputs, des Stimulus, der Verstärkung des Sendesignals und der Botschaft (in einem **Sender-Empfänger-Modell**) eine entscheidende Rolle beim Wissenstransfer zugeschrieben wird.
Empirische Medienvergleiche haben unbefriedigende Resultate erbracht. *Terhart* (1989, 73) kritisiert diesen Produkt-Ansatz als pädagogisch-didaktische „Agrikulturforschung" und folgert weiter, dass es „die" beste Methode nicht gibt, sofern die gemessene Lernleistung der Schüler als Effektivitätskriterium gewählt wird.

Medien als „Konstruktionsmittel"

Der Einsatz von Medien im Unterricht kann entweder aus der Sicht einer Theorie entschieden werden oder pragmatisch erfolgen. Mit „pragmatisch" ist gemeint, dass manche (darunter auch Bildungspolitiker) meinen, es genüge schon, wenn in jeder Klasse ein Internetanschluss vorhanden sei oder jeder Schüler einen Laptop zur Verfügung habe. Gerade für Medien aus dem Bereich der neuen Technologien kann sehr oft ein sogenannter **hardware- oder softwarebezogener Ansatz** (Schwetz 1997, 200) in der didaktischen Diskussion beobachtet werden.

„Freak"-Didaktik

Hard- und software bezogene Ansätze sind oftmals auch von einer digitalen **Begeisterungsrhetorik** begleitet, die jedwede theoretische Reflexion vermissen lässt. Man hat Maschinen und Software zur Verfügung und stellt danach Überlegungen an, was Schüler damit lernen sollen. Man sollte es nicht nur „Technikern" überlassen, was mit neuen Technologien im Unterricht passieren soll. Ich sehe aber auch das Problem, dass manche Lehrer den neuen Technologien abwehrend gegenüber stehen und dies damit begründen, dass ohnedies zu wenig Zeit für die Alphabetisierung sei. Im „technikorientierten" Ansatz der Integration neuer Technologien werden dann Aufgabenstellungen „erfunden", um den Einsatz der Software zu rechtfertigen.

Ein **Beispiel** diesbezüglich sind die mächtigen interaktiven **Geometrieprogramme** (z. B. Cabri, GeoNet). Wenn man sich die empfohlenen Aufgaben durchsieht, stellt man fest, dass viele **Aufgaben nach den Möglichkeiten des Programms entworfen** wurden (z. B. Was passiert mit dem Umkreismittelpunkt, wenn man aus einem spitzwinkeligen Dreieck ein stumpfwinkeliges Dreieck herstellt?). Keinem Schüler begegnet jemals in seinem Lebenskontext diese Fragestellung und sie ist Schülern vorher auch nicht gestellt worden, weil das schrittweise Umzeichnen von Dreiecken zu Simulationszwecken zu aufwendig war. Anstatt dieser „Didaktik-danach"– Aufgaben (gemeint ist zuerst die Maschine und danach wird die Aufgaben entwickelt), könnte man **„Wenn-Dann"-Aufgaben** konzipieren und Schüler zum antizipierenden und hypothesenprüfenden Denken anregen (z. B. Was passiert mit dem Flächeninhalt eines spitzwinkeligen Dreiecks, wenn ein Winkel zu einem stumpfen Winkel verändert wird und sich gegen 180 Grad bewegt?). In diesem Fall steht eine didaktische Frage zu Beginn des Einsatzes der Software, nämlich die Anregung zum Denken. Zugegebenermaßen ist auch diese Frage eine künstliche Frage und entstammt nicht dem unmittelbaren Lebenskontext des Schülers. Der Unterschied liegt allerdings darin, dass im zweiten Beispiel das Prüfen einer Hypothese als Ziel vorab formuliert wurde. Außerdem kann diese Hypothese auch ohne Computer überprüft werden, in dem man drei verschiedene Dreiecke nebeneinander legt und mit Millimeterpapier den Flächeninhalt nachprüft.

Bildungsziele und Lerntheorie "first"?

Der Prozess der Einführung neuer Medien sollte mit der Festlegung der Bildungsziele und der Verständigung darüber, wie Schüler lernen sollten, begonnen werden:

"*What does it mean – or should it mean in today's world – to be educated? Here is an answer: An educated person should be a knower, a thinker, and a learner. Becoming educated means acquiring (a) domain specific knowledge, (b) generally useful cognitive tools, and (c) the ability and desire to learn.*" (Nickerson 1988, 3)

Auch sollte vor jeder Medienentscheidung klar sein, welches Lernparadigma oder welche Lernparadigmen man vertritt. Es soll ausdrücklich darauf hingewiesen werden, dass es auch eine Kombination von Lernparadigmen sein kann. Ich vertrete die Ansicht, dass die Zeit der „dichotomen" Diskussion von Lernparadigmen zugunsten einer multikriterialen und situationsspezifischen Didaktik zu überwinden wäre. Die nachfolgende Tabelle stellt in vereinfachter Form die wesentlichen Charakteristika relevanter Lernparadigmen zusammen (Mader u. Stöckl 1999, 45):

Kategorie	Behaviorismus	Kognitivismus	Konstruktivismus
Hirn ist ...	...ein passiver Behälter.	... ein informationsverarbeitendes „Gerät".	...ein informationell geschlossenes System.
Wissen wird ...	... abgelagert.	... verarbeitet.	... konstruiert.
Wissen ist ...	... eine korrekte Input-Output-Relation.	... ein adäquater interner Verarbeitungsprozess.	... mit einer Situation operieren können.
Paradigma	Stimulus-Response	Problemlösung	Konstruktion

Medien haben in den drei Ansätzen **völlig unterschiedliche Rollen**. Wie oben bereits ausgeführt, ist ein Medium im ersten Ansatz eine Art „unabhängige Variable", deren Stimuluswirkung (Input) auf das Lernergebnis (Output) im Vordergrund steht und empirisch festzustellen ist. In kognitivistisch orientierten Unterrichtsstunden werden mittels Medien Denkprozesse durch Vorgabe von komplexeren Lernumgebungen in Gang gesetzt (Mader u. Stöckl 1999, 38). Das Ziel ist, dass der Lernende in die Lage versetzt wird, durch objektives Wissen die reale Welt zu verstehen. Diesem Lernparadigma ist das Handeln und Denken sehr wichtig. Lehrende sollten durch strukturierende Hilfen den Erwerb von objektivem Wissen unterstützen.

In der konstruktivistisch orientierten Didaktik stehen Medien im Dienste der individuellen Konstruktion, Dekonstruktion und Rekonstruktion von Wissen (Reich 1996, 118). Sie stellen eine Lernumgebung dar und diese können mit verschiedensten Mittels realisiert werden. Das ist doch eine deutliche Beschränkung der Medien auf das, was sie sein sollen, nämlich Mittel.

Folgende Funktionen wird *Medien >> S. 139* von **Weidenmann** (1996, 330) zugemessen:

- Medien sind Teil der Lernumgebung, um Schülern handlungsorientiertes und autonomes Lernen zu ermöglichen (z. B. durch Verfassen und Verteidigen von individuellen Merksätzen nach Experimenten).
- Medien sollen authentische und realitätsnahe Lernsituationen schaffen, um Lernen in Kontexten zu ermöglichen und den Transfer zu maximieren (z. B. Math Walk zur Exploration der näheren Umgebung und zur Mathematisierung des Umfeldes).
- Medien sollen die Multidimensionalität und den Pluralismus bei der Bearbeitung eines Stoffgebietes fördern (z. B. durch Schaffung von Lernumgebungen, die viable Wege möglich machen; Müslibeispiel in diesem Beitrag).
- Medien sollen als Werkzeuge bei der Bearbeitung komplexer Situationen und Probleme dienen, um konstruierendes Handeln anzubahnen (z. B. GeoNet zur Simulation von Wenn-Dann-Fragen bei geometrischen Konstruktionen).
- Medien sollen die Zusammenarbeit zwischen Lernern ermöglichen und anregen, um in die Multiperspektivität von Erkenntnissen einzuführen und operative Intelligenz anzubahnen (z. B. Dilemmageschichten; Schwetz 1998, 69).
- Medien haben eine irritierende (perturbierende) Rolle.

In der nachfolgenden Gegenüberstellung (Weidenmann 1996, 334) wird die Abhängigkeit der Funktion der Medien von der gewählten Lernkonzeption verdeutlicht.

Medien und Klassische Instruktion	*Medien und Kognitive Instruktion*	*Medien und Konstruktivismus*
Nachweis der Wirksamkeit von Medien für vorgegebene Lernziele. Vergleich der Wirksamkeit zwischen Medien sowie zwischen medialer und personaler Instruktion. Erstellung von Taxonomien zur Medienwahl je nach Lernzielen.	Erforschung der Frage, wie Medien als Vehikel für Inhalte und Methoden erwünschte kognitive Prozesse und Skills bei den Lernern fördern können. Suche nach lernrelevanten Medienattributen (medienspeziftsche Profile).	Medien als Teil „offener" Lernumgebungen, in denen Lerner aktiv und selbstgesteuert mentale Modelle konstruieren. Medien präsentieren „authentische" Situationen, ermöglichen Interaktivität und dienen als Tools.

Zusammenfassung und Ausblick

Wenn Medien, gleichgültig welcher Art, im Unterricht eingesetzt werden sollen, ist vorher die Frage zu klären, was ist das Ziel des Unterrichts und welches Lernen sollte unterstützt werden.

Im Falle der neuen Medien wird die Didaktik leider oft auf den Kopf gestellt. Man fragt vorher, was Medien können, und sucht hernach nach Bildungszielen. Die Devise müsste künftig lauten „**Bildungsziele first!**“

Das Training von Skills im Bereich des Gebrauchs von neuen Technologien ist notwendig aber nicht hinreichend für eine kritische Medienkompetenz.

Die **Integration** von neuen Technologien in einem behavioristisch orientierten Unterricht stellt meiner Meinung nach eine **Verfestigung** der vorherrschenden Lernkultur dar, die vereinfacht gesagt auf dem Gesetz der zwei Drittel basiert (Grell 1975, 62); zwei Drittel der Kommunikation im Unterricht wird vom Lehrer bestritten. In einem solchen Setting würden neue Medien wenig verändern; sie würden eine „Lösung erster Ordnung“ (Watzlawick 1979, 30) im Sinne von mehr desselben der „alten Lernkultur“ darstellen.

Unter dem Eindruck der Forschungsergebnisse zum „trägen Wissen“ und großer internationaler Vergleichsstudien erscheint eine **Veränderung der aktuellen Lernkultur** in Richtung mehr Handlungsorientierung und Aktivierung von Lernern erforderlich.

Der Wunsch der Gesellschaft und der Wirtschaft nach teamfähigen, selbständig denkenden und handelnden und kreativen Absolventen ist durch eine Weiterentwicklung der Lernkultur Rechnung zu tragen. In instruktivistischen und rezeptiven Lernsettings werden Bildungsziele wie Selbständigkeit und neue Verantwortlichkeit schwerlich erreichbar sein.

Die Neuinterpretation reformpädagogischer Ideen könnte und kann neue Impulse für die Veränderung der Lernkultur in der Schule setzen.

Mit dem dritten Modell „Medien und Konstruktivismus“ wird meiner Meinung nach die simplifizierte Sichtweise von Unterricht und Medien als „unabhängige Variable“, die ihre Wirkung(en) auf die Leistungen der Schüler als „abhängige Variable“ (Schwetz 1999, 11) entfaltet, überwunden. Erziehung und Unterrichten sind nicht-triviale Unternehmen. Es ist mit einem erhöhten Ausmaß an Unvorhersagbarkeit zu rechnen.

Jedes Bildungsziel und jedes Lernziel erfordert einen anderen Unterricht.

Mit dieser Forderung können die Prinzipien der Situationsspezifität und Multikriterialität eingelöst werden.

„Neue Technologien gestatten viele mögliche didaktische Zukunftsszenarien im Bildungswesen. Nicht alle Szenarien sind pädagogisch gleichermaßen wünschenswert. Wünschenswerte didaktische Szenarien sind nicht notwendigerweise am wahrscheinlichsten (Nickerson 1986). Das behavioristisch-rezeptive Lernparadigma wurde mehrheitlich auf das Lernen mit und von neuen Technologien übertragen und ist aufgrund des Vorherrschens instruktivistischer Lernkultur die wahrscheinlichste Realisierung.“
(Schwetz 1999, 15)

Lebenslanges Lernen und E-Learning machen eine selbstverantwortliche und neugierige Haltung von Bürgern erforderlich. **Neue Selbstständigkeit** wäre in der Erstausbildung bereits anzubahnen.

Ein wünschenswertes Szenarium für die neue Selbständigkeit stellt verändertes Lernen unter systemisch-konstruktivistischen und kognitivistischen Gesichtspunkten dar.

Neue Technologien sollten nicht zu „Lösungen erster Ordnung“ (mehr derselben klassischen Lernkultur) führen. Die Vielfalt und Power neuer Technologien wäre zu nutzen, um Lösungen „zweiter Ordnung“ anzustreben. Lösungen „zweiter Ordnung“ führen über das Klassische, Traditionelle, über die Systemgrenzen, etc. hinaus. Möglicherweise ist der **Wandel von der belehrenden zu lernenden Schule** und das Zugestehen von viablen Wegen die Zielrichtung für die Veränderung.

Literatur

DeVries R./Zan, B.: Moral Classroom, Moral Children, Columbia University, New York und London 1994.(Teachers College Press)

Dörner, D.: Die Logik des Misslingens, Reinbeck b. Hamburg 1993. (Rowohlt.)

Gage, N. L./Berliner, D. C.: Pädagogische Psychologie. Bd. 1 u. 2 (2. Auflage), München 1977. (U & S Pädagogik)

Gerbert, F.: Ich bin dumm und stolz darauf. In: Focus. 45/1998.

Glasersfeld, E. v.: Konstruktion der Wirklichkeit und des Begriffes der Objektivität. In: Einführung in den Konstruktivismus (4. Auflage), München 1998. (Piper)

Grell, J. u. M.: Unterrichtsrezepte, 1985

Herz, O.: TIMSS – ein zweiter Sputnikschock? In: Deutsche Lehrerzeitung. 44. Jhrg. Ausgabe 9/10. 6. März 1997.

Heymann, H. W.: Mathematikunterricht und sein (möglicher) Beitrag zur Allgemeinbildung. In: Pädagogik. Heft 1/ Januar 1997.

Huschke-Rhein, R.: Systemisch-ökologische Pädagogik. Band III: Systemtheorien für die Pädagogik (2. Auflage), Köln 1992. (Rhein-Verlag)

Kösel, E.: Die Modellierung von Lernwelten. Ein Handbuch zur subjektiven Didaktik (3. Auflage), Eltztal-Dallau 1997. (Laub)

Mader, G. u. Stöckl, W.: Virtuelles Lernen, Innsbruck 1999 (StudienVerlag)

Meyer, H.: UnterrichtsMethoden. II: Praxisband (3. Auflage), Frankfurt a. Main 1987. (Cornelson Scriptor).

Nickerson, R. S. u. Zodhiates, P. P. (Hrsg.): Technology in Education, Hillsdale, New Jersey 1988. (Lawrence Erlbaum Ass.)

Oser, F., Fatke, R. u. Höffe, O. (Hrsg.): Transformation und Entwicklung, Suhrkamp 1986. (Frankfurt a. Main.)

Patry, J.-L. u. Riffert, F. (Hrsg.); Situationsspezifität in pädagogischen Handlungsfeldern, Innsbruck 2000. (StudienVerlag)

Papert, S.: Gedankenblitze, Basic Books 1980. (New York)

Reich, K.: Systemisch-konstruktivistische Pädagogik, Neuwied 1996. (Luchterhand)

Reinmann-Rothmeier, G. u. Mandl, H.: In: Enzyklopädie der Psychologie. Psychologie der Erwachsenenbildung. Bd. 4, Göttingen 1997. (Hogrefe)

Rotthaus, W.: Wozu erziehen? Entwurf einer systemischen Erziehung (2. Auflage), Heidelberg 1999. (Carl-Auer-Systeme)

Schwetz, H.: Was können Strafen wirklich bewirken. Der Bestrafte als autopoietisches System. Unveröffentlichter Projektbericht, Graz 2000

Schwetz, H.: Theorieferner Ansatz bei der Einführung des Computers in Österreichs Schulen. In: Informatik Forum. Bd. 11. 4/1997, Wien 1997.

Schwetz, H.: Frau Lehrerin, das Bild muss runter. In: ÖJRK (Hrsg.): Gibt es nur einen Weg? Wien 1998. (ÖBV)

Schwetz, H.: Aspekte eines pädagogisch wünschenswerten Szenariums für dieIntegration von Informationstechnologien im Unterricht. In: Beiträge der Informationstagung Mikroelektronik 99. ÖVE-Schriftenreihe. Nr 23. Wien 1999

Siebert, H.: Postmoderne und konstruktivistische Lernkonzepte. http://www.Schule.suedtirol.it/pi/brixen2000/html/ort.html, Internet 2000

Siebert, H.: Didaktisches Handeln in der Erwachsenenbildung. Didaktik aus konstruktivistischer Sicht, Neuwied 2000 (Luchterhand)

Tausch, R. u. Tausch, A.: Erziehungspsychologie (8. Auflage). Göttingen 1987. (Hogrefe)

Terhart, E.: Lehr-Lern-Methoden. Eine Einführung in Probleme der methodischen Organisation von Lehren und Lernen, Weinheim 1989. (Juventa)

Terhart, E.: Konstruktivismus und Unterricht. Gibt es einen neuen Ansatz in der allgemeinen Didaktik. In: Zeitschrift für Pädagogik. Jhrg. 45; Heft 5; Sept./Okt. 1999.

Watzlawick, P.: Menschliche Kommunikation, Bern 1979. (Huber)

Weidenmann, B.: Instruktionsmedien. In: In: Weinert, F. E. (Hrsg.). Enzyklopädie der Psychologie. Psychologie des Lernens und der Instruktion. Serie I. Band 2, Göttingen 1996. (Hogrefe)

Weinert, F. E.: Die fünf Irrtümer der Schulreformer. In: Psychologie heute. Juli 1999.

Weinert, F. E. u. Helmke, A.: Bedingungsfaktoren schulischer Leistung. In: Weinert, F. E. (Hrsg.). Enzyklopädie der Psychologie. Psychologie des Unterrichts und der Schule. Serie I. Band 3, Göttingen1997. (Hogrefe)

Catherine Twomey Fosnot

Constructivism: Implications for the Classroom

Introduction

> *"To understand is to invent"*
> Jean Piaget

Over the last ten years, major reform has been taking place in classrooms–reform that stems from a constructivist view of learning. Although educators now commonly talk about a "constructivist-based" practice as if there were such a thing, in reality **constructivism** is not a theory of teaching; it is a **theory about learning**. In fact, as we shift our teaching towards trying to support cognitive construction, the field of education has been left without well-articulated theories of teaching. Reformed practice has been attacked as fuzzy and relative. Major questions loom around **what** should be taught, **how** we should teach, and **how best to educate teachers** for this paradigmatic shift. What is constructivism? What implications does this theory have for teaching? And in particular to this conference, how can technology be integrated?

> Constructivism is a philosophy and a cognitive, developmental psychology that explains learning as a case of interpreting and inferring about the world. Meaning is understood to be the result of humans setting up relationships, reflecting on their actions, and modeling and constructing explanations.

The reality of a cat is a different one than the reality of humans because cats' and humans' minds organize and infer differently. A baby has a different reality than an adult. The baby "knows" the world through sensorimotor schemes, in contrast to the adult who has highly developed mental imagery and logical structures of thought. Even amongst two adults **realities are different**, because they are based on interpretations that are the result of past individual experiences and beliefs. Within our human communities we test our models, construct explanations, and prove our thinking. In a sense, we negotiate meaning until we come to believe that we all mean the same thing. However, as von *Glasersfeld* (1996) makes clear, **we do not and can not "share" meaning**.

"If two people share a room, there is one room and both live in it. If they share a bowl of cherries, none of the cherries is eaten by both persons. This is an important difference, and it must be borne in mind when one speaks of shared meanings. The conceptual structures that constitute meanings or knowledge are not entities that could be used alternatively by different individuals. They are constructs that each user has to build up for him-or herself. And because they are individual constructs, one can never say whether or not two people have produced the same construct."

The best we can do is discuss our ideas in communities until we believe that we agree, until the meanings seem "taken-as-shared" (Cobb, 1996). Since these individual constructs are build from **reflection on strategies (schemes)**, on **ideas (structures)**, and on **models (represention s)**, learning needs to be understood as the individual development of strategies, "big ideas", and models, but within a cultural, social community. Or as the famous mathematician *Hans Freudenthal* describes learning (when speaking of mathematics), "*mathematics is the activity of mathematizing the world through structuring, schematizing, and modeling.*"

In contrast, behaviorism >> S. 46 – the older, more predominant learning theory affecting school practice – defines **learning as skills and concepts** resulting from motivation, feedback, reinforcement, and practice. From this perspective teachers can transmit knowledge if they communicate well and reinforce, and if learners are diligent, motivated, and if they practice.

Classrooms based on these two different views of learning – behaviorism versus constructivism – will look very different. What would teaching that supports cognitive construction look like?

A Glimpse into a Classroom

The students are gathered around a rectangular table with a classmate perched in a chair atop a table. The teacher has asked the children to pretend that the classmate on the table is a captain of this "rectangular" ship. All around are swimmers that she must be very careful to avoid. The swimmers in close proximity to the boat are in a "danger zone" – an area that cannot be seen from the perch; others further away are within vision. What is the shape of the border that defines the danger zone? Is it an oval? A trapezoid? Could we even determine the measurements of this danger zone, this blind spot?

Several students are sure it is a trapezoid, commenting that since the captain is closer to the bow of the boat she can see the swimmers near the bow better than she can those aft. Others are sure it must be an oval, arguing in a similar fashion that they think the captain will be able to see swimmers near the corners better. Several others argue that it depends on how the problem is defined. Is the boat moving? If so, how fast? Is the sea calm? Is everywhere that the captain is not looking a "blind spot?" Discussion occurs on how to begin to investigate this situation and the class decides to define the problem, at least at first, as a blind spot around the boat that is out of the captain's vision line. Still there are several conjectures about the shape. Some still believe it will be an oval; others a rectangle; still others, an hourglass. The teacher asks how they could test out their conjectures.

They decide to use yellow (caution), green (safety zone), and red (danger) cubes to represent bathing caps and they begin to place them on the floor, each time asking the captain if they are right. A line begins to form defining the border of the danger zone. Faces begin to take on puzzled looks as one corner is placed and students, who had predicted an oval, or a trapezoid, experience disequilibrium as they reflect on their actions.

"*Are you sure you can't see this one?*" one student asks in total disbelief as he places one closer to the table, sure that it would be an oval.

"*No, the yellow one is right on the edge.*" The captain affirms the emerging rectangular boundary line. "*I can just see half of the cap.*"

"*Wait, I have an idea!*" another student exclaims. "*Let's use string and have the captain hold it between her eyes.*"

The teacher gives them a piece of string, which they use as an imaginary "vision line" from the captain's eyes to the floor. They place a few more cubes, marking the placement of each by measuring with the string and then the teacher asks them to stop and work with a partner to draw a picture of how they are thinking about the problem at this point.

Several different models result. Some students make a sketch of a triangle with the water as the base and the boat deck bisecting the triangle (see figure 1). "*See, here's the captain's eyes...*" they explain as the teacher comes over to look at their drawing.

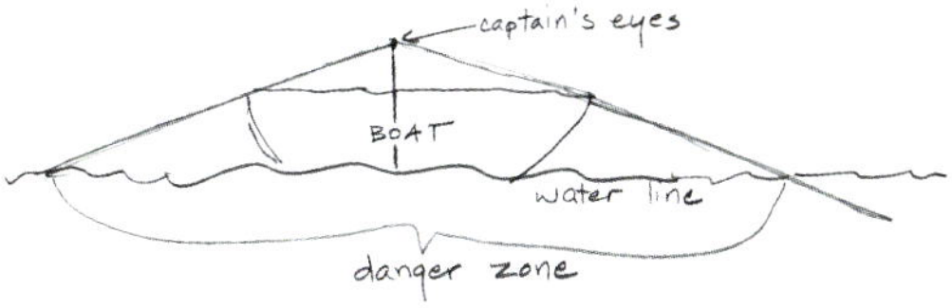

Figure 1

"*That's an interesting way to model the situation,*" the teacher comments. "*Is there any way you could use it to help determine the exact measurements of the danger zone? What happens if the seat is raised higher, or placed further aft?*"

They make several more drawings, all triangles (see figure 2).
"*It's still a triangle,*" Martin, one of the students declares.

Katrina, another student, agrees, intently pondering their drawings. "*What measurements could we take, and what do we know about these triangles? We could measure the height of the captain's chair from the deck, and the distance from the chair to the edge of the boat...*"

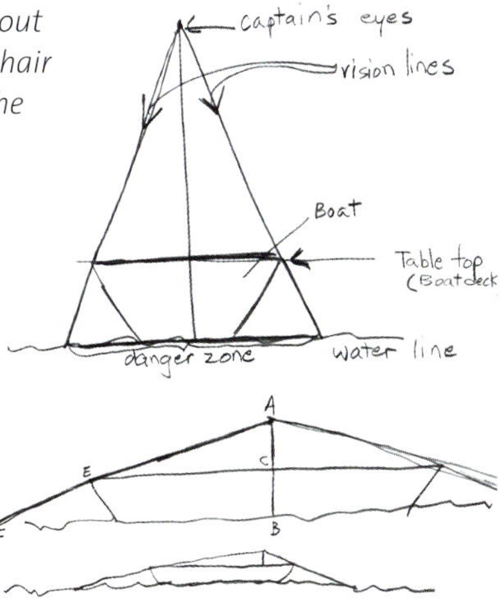

Figure 2

"*Well, we know something about the angles,*" Martin offers. "*Angles ABF and ACE are right angles, because we are assuming the boat is parallel to the water.*"

"*At least when the water is calm,*" Katrina laughs, then adds her insights. "*And angle EAC and FAB are the same angle so that means angles AEC and AFB are congruent, too!*"

"*Wow, right!*" Martin is becoming excited. "*So there's got to be a relationship ... these two triangles, EAC and FAB are similar. Let's use the GeoLOGO software and collect some data. There's got to be a relationship between the lengths of the sides.*"

The GeoLOGO software allows learners to draw polygons on the computer and then take measurements of the angles and the sides. With this software Katrina and Martin set up tables of data and explore the relationships they notice. They construct the ratios that appear in the lengths of the sides of similar triangles. And they begin to explore how taking some measurements (like the height of the chair from the deck and the water line and the distance from the edge of the boat) can be sufficient to calculate the length and width of the danger zone. They are mathematizing the situation – modeling their "lived" world mathematically.

Other students begin by laying out the cubes all around the boat, using string for the vision line. When they are done they begin by taking measurements of the areas of the boat deck and the danger zone. Then they raise the seat and take new measurements. They construct tables of their various measurements and explore the resulting relationships in the areas. Still others model the problem with a pyramid and begin to slice it up into parts (similar pyramids).

All the students are mathematizing the problem in ways that make sense to them. They are **constructing meaning** as they view their world through a mathematical lens and try to make sense of it. They are using **technology as a tool** to collect data and explore their conjectures. The teacher uses context to generate learners' mathematizing. She does not lecture or explain; instead she questions learners and supports their inquiry and disequilibrium. **The classroom has become a workshop**. At some point, when students have had sufficient time to investigate their conjectures, the teacher will organize a "math congress" – a time when learners come together to share, defend, and discuss their conclusions. The teacher's role will continue to be supportive of growth by questioning, providing counter examples, asking students to generalize and convince each other.

Characterizing Learning and Teaching

Assumptions Regarding Mathematics

Rather than a discipline or body of knowledge (concepts, skills) to be transmitted, the teacher is defining mathematics along the lines of *Freudenthal's* (1991) notion of *"mathematizing"* *>> S. 184* – the activity of interpreting, organizing, and constructing meaning of situations with mathematical modeling. The process of mathematizing is a way of making meaning in the world. It is a constructive process, which includes noticing patterns in special cases, analyzing why they are occurring, expressing them in some form of generality, and searching for elegance in the creation of strategy or proof. This "mathematizing" involves the setting up of quantifiable and spatial relationships, the constructing of patterns and transformations, the proving of them as generalizations and models, and the searching for elegance of solution. It involves the interpreting of one's "lived" world, mathematically. **Mathematicians create mathematics** to solve real life problems or to explain or prove interesting patterns, relationships, or puzzles in mathematics, itself – in a sense, they even mathematize their mathematical activity (Gravemeijer, 1997). They define problems and raise questions.

Constructing mathematical ideas is not only a cognitive activity. It is also a social one. Being a mathematician means being mathematical within a mathematical community. Mathematicians prove their ideas to each other. Ideas hold as accepted truths only in so far as the **mathematical community** accepts the proofs.

Katrina and Martin are not trying to discover the teacher's answer (although the teacher has a clear sense of the mathematizing that is likely to occur around the context). Nor are the other students. They are putting forth their own conjectures and will be invited to share their thinking with their classmates. They, and their classmates, are being treated as young mathematicians at work. They will have to arrive at their own certainty and prove and defend their thinking to their classmates – their fellow mathematicians. Not to the teacher, alone.

Assumptions Regarding Teaching

Im mathematics is defined as "mathematizing," then what implications does this have for teaching? Learners need to be given the opportunity to search for patterns, raise questions, construct their own models, ideas, and strategies; and, they need to be invited to defend their thinking to others in the community. The classroom, in a sense, becomes a **workshop** as learners investigate together. It becomes a **mini-society** – a community of learners engaged in mathematical activity, discourse, and reflection. Learners must be given the opportunity to act as mathematicians by allowing, supporting, and challenging their "mathematizing" of particular situations. The community provides an environment in which individual mathematical ideas can be expressed and tested against others' ideas. Learners share perceptions with each other and with the teacher, and their ideas become modified or reinforced as common (taken-as-shared, Cobb, 1996) meanings develop. This enables learners to become clearer and more confident about what they know and understand.

Assumptions Regarding Learning

Constructivism describes learning as "**cognitive re-organization**." As one reflects on one's actions (schemes or strategies), or on the relationships noticed in data or across problems, new mathematical structures and schemes are constructed. Disequilibrium in the form of a contradiction to one's original idea or strategy, or a search for a more elegant or efficient strategy, can foster puzzlement. And **puzzlement**, rather than positive reinforcement (as behaviorism would suggest) is conducive to mathematical learning. Reflective abstraction is also critical. As learners represent their thinking symbolically or with pictures and generalize ideas across situations, they abstract relationships and construct generalized models. Although they may begin mathematizing the boat situation with similar triangles, or pyramids, or area measurements, they all eventually generalize the relationships and discuss connections across solutions, working towards "taken-as-shared" meanings.

From this "constructivist" perspective we describe mathematizing in relation to **three types of learning**: 1) the **development of big ideas** like the relationships of angles and sides in similar triangles, (Schifter and Fosnot, 1993); 2) the **progressive schematization of strategies** like the progression from repeated addition to the use of the distributive property of multiplication when constructing strategies for division (Treffers, 1987); and 3) **emerging models** like the modeling of the boat situation with triangles (Gravemeijer, 1997). Why is cognitive construction defined around these rather than skills?

Defining Strategies, Big Ideas, and Models

Strategies as Schemes

The mind is never a blank slate. Even at birth, infants have organized patterns of behavior, or schemes (Piaget, 1977), which they use to explore and understand their world. Beginning as reflexes (such as grasping and orienting), these **initial schemes** soon become differentiated and coordinated (accommodated) and further progressively refined as children learn to crawl and then walk to objects to be grasped, felt, sucked, and explored visually. Grasping is refined to include pushing, pulling, hitting, and other forms of exploring with the fingers. Sucking is differentiated into chewing, biting, and licking. And, through development these schemes become progressively reconstructed further into other **strategies for exploration.**

When a child is attempting to understand "how many," e.g. how many plums there are in the grocer's box, how many stairs she climbed, how many fish in the fish tank, various strategies, i.e. assimilatory schemes, are used. Children hold up three fingers to show perceptual correspondence; they line up objects in a matching 1-1 fashion; they count (often double tagging some objects). Sometimes we even see them count the same objects over and over again (like when they are counting fish in the fish tank)! Eventually they formulate strategies where they count each object once and only once, and they construct "counting on." These strategies in turn go through further development as they evolve into strategies for addition and subtraction, counting backwards, skip counting and taking leaps of tens. When exploring multiplicative contexts, learners' strategies are further progressively schematized from initial repeated addition and or skip counting strategies, to sophisticated use of strategies based on the distributive and associative properties, i.e. taking ten groups all at once, doubling and halving, etc. This **progressive schematization** is an inherent, important characteristic of learning.

Big ideas as structures
Underlying the developmental progression of these strategies is the construction of some major big ideas. What is a "big idea" and how is it different than a strategy?

Big ideas are "*the central, organizing ideas of mathematics – principles that define mathematical order*" (Schifter and Fosnot, 1993, p. 35). As such, they are deeply connected to the structures of mathematics. They are, however, also characteristic of shifts in learners' reasoning – shifts in perspective, in logic, in the mathematical relationships they set up. As such, they are connected to part/whole relations – to the structure of thought in general (Piaget, 1977). In fact, that is why they are connected to the structures of mathematics. Through the centuries and across cultures as mathematical big ideas developed, the advances were often characterized by **paradigmatic shifts** in reasoning. That is because these structural shifts in thought characterize the learning process in general. Thus, these ideas are "big" because they are critical ideas in mathematics itself and because they are big leaps in the development of children's reasoning.

For example, one big idea is **unitizing**. Unitizing underlies the understanding of place value; ten objects become 1 ten. Unitizing requires that children use number to count not only objects, but also groups – and to do them both simultaneously. The whole is thus seen as a group of a number of objects. The parts together become the new whole, and the parts (the objects in the group) and the whole (the group) can be considered simultaneously. For learners, unitizing is a shift in perspective. Children have just learned to count ten objects, one by one. Unitizing these **ten** things as **one** thing – one group, requires almost a negating of the original idea of number. It is a huge shift in thinking for children, and in fact, was a huge shift in mathematics, taking centuries to develop.

Another big idea is **hierarchical inclusion**. Understanding that number nests like "russian dolls" increasing by one each time requires that the relationship between, say seven and six, be constructed as a part/whole relation, i.e. $6 + 1 = 7$, therefore $7 - 1 = 6$. And then, understanding that 7 things can be made also with groups of 5 and 2, or by 4 and 3, etc. involves understanding that if you lose one in one group but gain it in the other, the total amount is still the same. Another big idea is at play here, i.e. **compensation**. Multiplicative structures also involve big ideas. Understanding that a s**quare in a tiled array can represent a column and a row simultaneously** also involves a construction of part/whole relations, as does the **relationship between multiplication and division**. Other big ideas are the **relationship between partitive and quotative division** and the **relationship between fractions as distributing, and fractions as measurement**. These big ideas, because they involve part/whole relations, require a shift in perspective taking.

Thirdly, mathematizing demands the development of mathematical models. To mathematize, one sees, organizes, and interprets the world through and with mathematical models. This modeling often begins as simply representations of situations, or problems, by learners. For example, learners may initially represent a situation with Unifix cubes, or with a drawing. These models of situations eventually become generalized as learners explore connections across contexts, i.e. the connection between partitive and quotative division, or the connection between repeated addition contexts and area contexts. **Generalizing across contexts** allows learners to develop more encompassing mental models to think about situations with, i.e. number line model for addition and subtraction contexts, or an array models for multiplicative contexts. But models can also be used by teachers as a didactic – to bridge learning from informal solutions specific to a context towards more formal, generalizeable solutions – from models **of** thinking to models **for** thinking (Beishuizen, Gravemeijer, and van Lieshout, 1997; Gravemeijer, 1997).

Frameworks for Learning and Teaching

Linear Frameworks

Only focusing on the structure of mathematics will lead to a more **traditional** way of teaching, one where the teacher pushes the children towards procedures or mathematical concepts. In this framework, **learning moves along a line**. Historically, curriculum designers employed such a framework. They analyzed the structure of mathematics and delineated objectives and goals along a line. The small ideas and skills were assumed to accumulate eventually into concepts (Gagne, 1965; Bloom et. al., 1967). Many teachers held similar frameworks of learning and teaching. Each lesson, each day, was geared to a different objective, a different "it." All children were expected to understand the same "it," in the same way, at the end of the lesson. They were assumed to move along the same path; if there were individual differences it was just that some children moved along the path more slowly – hence, some needed more time, or remediation.

Learning Trajectories

As educational reform based on constructivism has taken hold, curriculum designers and educators have tried to develop other frameworks. Most of these approaches are based on a better understanding of the learning of children and of the development of tasks that will challenge them.

Simon (1995), for example, describes a learning/teaching framework that he refers to as a "**hypothetical learning trajectory**" – hypothetical, because until the students are really working on a problem, we can never be sure what they will do, nor if and how they will construct new interpretations, ideas, and strategies. The teacher, however, expects the children to solve a problem in certain ways; in fact, expectations are different for different children. Simon uses the metaphor of a sailboat.

"You may initially plan the whole journey or only part of it. You set out sailing according to your plan. However, you must constantly adjust because of the conditions that you encounter. You continue to acquire knowledge about sailing, about the current conditions, and about the areas that you wish to visit. You change your plans with respect to the order of your destinations. You modify the length and nature of your visits as a result of interactions with people along the way. You add destinations that prior to the trip were unknown to you. The path that you travel is your [actual] trajectory. The path that you anticipate at any point is your 'hypothetical trajectory'." (pp. 136-137)

As Simon makes clear, **teaching is a planned activity**. Teachers do not walk into their classrooms wondering what to do. They have a lesson planned and they anticipate what the children will do. With responses from children, teachers acknowledge the differences in thinking and in children's strategies, and they adjust their course in relation to these interactions.

Landscapes of Learning: Steps, Shifts, and Mental Maps

In our original work with teachers, we too used the terminology of a hypothetical learning trajectory – even though we described it in terms of knowledge of models, strategies, and big ideas. But this terminology now seems too linear to us. Learning – real learning – is messy business (Duckworth, 1989). We prefer instead the metaphor of a landscape.

We see learning and **teaching** more as a **journey across a landscape** than as a trajectory, or learning line. The big ideas, strategies, and models – the structuring, the schematizing, and the modeling – serve as important **landmarks** for teachers to use as they plan, and as they journey with their children. As teachers design contexts for children to explore, the goal is to enable children to mathematize – to act on, and within, the situations mathematically using the landmark strategies. These progressive schematizations are the **steps** in the journey. The environment, the context, also is designed to facilitate discussion around big ideas because these landmark ideas are major **shifts** in perspective – major shifts in structuring. As children model and represent their strategies, and as they develop generalized mental models of the part/whole relations for situations and operations, they construct **mental maps** that can eventually become tools to think with. For children, the landmarks epitomize their struggles in their journey to "make sense of" the world – they characterize the steps, shifts, and mental maps in the development of mathematizing. Teachers have horizons in mind when they plan – horizons like place value, or addition and subtraction. These appear from a distance as a perpendicular line, or goal to be reached, but in reality they are made up of many landmarks. As the teacher and the children move closer to the horizon, it shifts as new landmarks appear. The paths to these landmarks and horizons are not necessarily linear. Nor is there only one. As in a real landscape, the **paths twist and turn**; they cross each other, and are often not direct. Children do not construct each of these ideas in an ordered sequence. They go off in many directions as they explore, struggle to understand, and make sense of their world mathematically. Strategies do not necessarily affect the development of big ideas, nor the reciprocal. Often a big idea, like unitizing, will affect counting strategies; but just as often "trying out" new counting strategies that they have seen others use (like skip counting) will effect the development of unitizing. Ultimately, what is important is how children function in a mathematical environment (Cobb, 1997) – how they mathematize.

As in journeying across a landscape there are multiple pathways that can be used to reach the horizon. It is not up to the teacher to decide which of those pathways the children will use. Often, to the teacher's surprise children will even use a path that has not been seen before. That will challenge the teacher to understand the child's thinking.

It is an important **task for the teacher** to help all of the children reach the horizon. If we drive a car down the road, we look at the horizon, we see the white line in the middle of the road and use it to direct the car in the right direction. We know that the lines are also underneath us, however there they do not serve the same purpose. We do not use those lines as target anymore. It is the same for the teacher. When a child is still counting all or counting three times, the teacher points all interventions towards structuring the environment to develop counting on, or skip counting. However, when a child more or less seems to understand skip counting, when it seems that landmark has been passed, the teacher has already shifted the landmarks on the horizon to counting groups or to unitizing.

The Role of the Teacher

Viewing learning and teaching as a journey across a landscape makes **teaching very difficult**. The investigations must be rich and provide opportunities for many levels of mathematizing. Teachers must have an **in-depth knowledge** of the landscape in order to facilitate the journey. This means they must understand mathematics to be the **activity of mathematizing**. And, they must also understand the **development** of the landmarks – they must understand that learning requires assimilation and accommodation. Often *Piaget's* notion of assimilation has been misunderstood – assimilated, itself, with behaviorist beliefs. It has been described as a "taking in" of new information as long as learners are developmentally ready to understand it. From this perspective, learning is nothing more than the association of new concepts with prior concepts, and the cognitive reordering to build this connection. In contrast, *Piaget* describes assimilation as the "**acting on**" a situation with initial organizing schemes – to make the situation "similar" to the present cognitive structures of the learner. This gets to the heart of constructivism. We know the world **through** the schemes and structures we use to explore it. Perturbations to these assimilatory schemes, or disequilibrium, cause cognitive reordering (accommodation). These perturbations can come about when learners reflect on their actions and infer them to be insufficient or inefficient. They can come about when a cognitive structure is perturbed; or when two ideas seem to be contradictory, like when students believed the border was an oval but now saw it becoming a rectangle. Thus, **teachers** need to become **facilitators, provocateurs, and questioners**. They must turn classrooms into workshops and structure discussions around big ideas and efficient strategies. And of course, **pedagogical strategies** need to be aligned with the process of learning, rather than with transmission.

The Role of Context

But even this knowledge of mathematics and mathematical development is not enough to truly be termed "constructivist." It is not enough to just come up with good problematic situations because these only bring forth initial schematizing. The teacher's responsibility is to foster growth over time beyond the student's initial attempts. To be successful in scaffolding learning, teachers must have a deep understanding of how **context is connected to learning**. In order to design contexts that have the potential to "perturb," teachers need to understand how context can be used as a didactic. For example to foster progressive mathematizing around multiplication teachers can use various arrays. The context of fruit arranged in arrays (see figure 3) allows for counting and supports the construction of skip counting. The context of window shades supports the development of doubling (see figure 4); and the context of tiled-patios with furniture covering some of the tiles supports the development of the distributive property (see figure 5). (Note: Figures are from van Galen et al., 1985)

Figure 3: Fruit Arrays

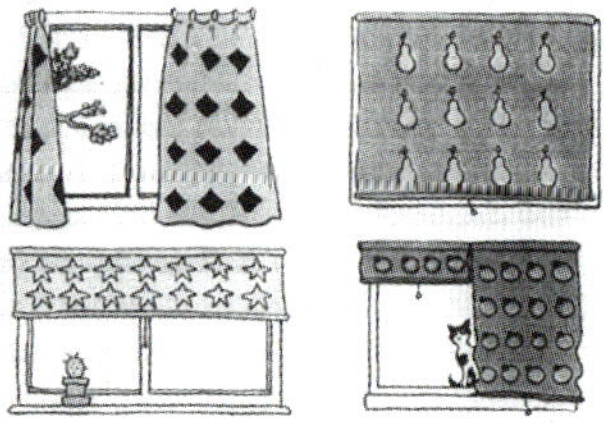

Figure 4: Curtains and Shades How many diamonds, pears, stars, and balls will there be when they are closed?

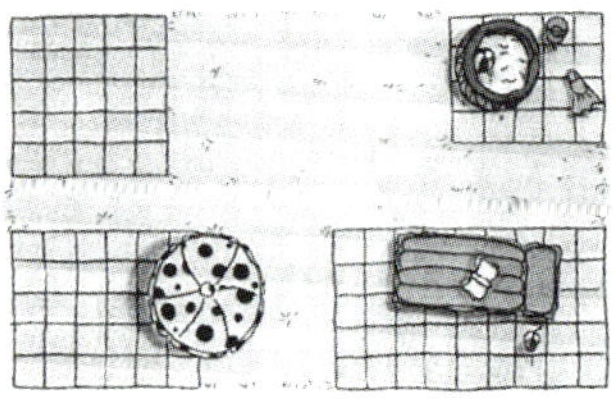

Figure 5: Patios: How many tiles in each?

If teachers are aware of how to choose situations that support development over time they have a powerful didactic at hand that supports the development of big ideas (structuring), strategies (schematizing), and modeling.

Teacher Development

When learning and teaching are viewed from the perspective of a landscape, new models of pre-service and in-service education must be formulated. Just as children's learning in mathematics can be described as a journey characterized by the process of construction, so too, it is with teachers. Rather than basing our work with teachers on **episteme** (theory and methods), we formulated and implemented an inservice program based on **phronesis and constructivism** (Fosnot, 1989; Korthagen and Kessel, 1999). In contrast to episteme, phronesis is knowledge that is **situation-specific** and related to the context in which it is used, i.e. the learning/teaching act. Constructivism describes learning as the process of building one's own understanding by **modifying prior**

schemes and structures. Rather than teaching teachers about theory, which they are then expected to apply, we engaged inservice teachers in experiences that involve action, reflection, and conversation **within** the context of learning/teaching. We took the perspective that teachers need to construct new gestalts, new visions of mathematics teaching and learning. To do this they need to be learners in an environment where mathematics is taught as mathematizing, where learning is seen as constructing.

When teachers themselves engage in the process of modeling situations mathematically, of constructing solutions, setting up relationships, and defending their ideas to their peers within a community, their **visions** of pedagogy and mathematics learning, and their **definitions** of mathematics **begin to shift**. By reflecting on their own learning and what facilitated it, they begin to form new beliefs – beliefs that are often contradictions to prior beliefs. These in turn will underlie the way in which they react, question, and interact during learning/ teaching moments. Teachers also need more situation-specific knowledge that can inform their decision making, i.e. more knowledge about the progression of mathematical ideas and strategies in children, and more ability to see and understand the mathematics in children's work. They need to understand mathematics as the human activity of mathematizing. **Thus, they need to understand the landscape of learning.**

Towards these aims we involved teachers in summer institutes where they were asked to be mathematics learners. They solved problems collaboratively, participated in mathematical inquiry groups, and defended their solutions, strategies, and ideas in **"math congresses."** We worked to develop a collaborative community with much mathematical talk. These institutes have been well documented by Zolkower (1998) and Fosnot and Dolk (in press). Secondly we analyzed children's work, videotapes, and interviews and constructed with participants "landscapes of learning" for number and operation. This course met once a week for 3 hours over the course of a year. During that year, staff also co-taught mathematics in teachers' classrooms and discussed children's work, curriculum planning, and the use of context with them on site. Regarding computation, we did not teach algorithms, but instead worked deeply to develop a sense of number relations. We did much with mini-lessons at the start of Math Workshop. A heavy emphasis was placed on the role of context.

Classroom practice based on constructivism demands that **teachers become facilitators** but this is often initially misunderstood as leading children to the teacher's solution, or in contrast doing nothing but monitoring and asking questions. To enable teachers to maximize the "math moments" and to scaffold conversation around "big ideas" and powerful strategies, we used materials such as videotapes of lessons and samples of children's work. Inservice teachers worked in small groups conversing about what they would do in the "math congress" if they were the teacher and then they viewed and analyzed the teacher's congress [Note: A **math congress** is a whole group discussion convened after a math investigation to allow learners to present, defend, and discuss their strategies, puzzlements, and ideas in a mathematical community of peers. (Fosnot, 1989)]

The New Project – Making Use of Technology

We have recently received funding from the National Science Foundation to start a new project. This project involves the **development of CD-ROM-based learning environments** for teachers. Just as context is critical in learning to mathematize one's "lived" world for students, the real world context of the classroom is critical to teachers as they learn to teach. Real teaching is based on visions of past practice, of strategies based on beliefs about mathematics and the role of the teacher. Most teacher decision-making is split-second decision-making in the context of the teaching/learning act and directly connected to the context of the classroom.

CD-ROM technology (as well as DVD) allows the teacher educator to **immerse teachers** in the context of real classrooms. We are developing nine CD-ROMs that will have videotapes of our classrooms with the ability to stop the action, to reverse, and to fast forward in order to look more closely at learners' strategies, the big ideas they are grappling with, and the models they are using. Inservice and preservice activities will be interspersed to deepen teachers' abilities to analyze the mathematics in children's work, to explore the role of context in teaching mathematics, and to investigate teachers' questioning and choice of problems.

For example, on the CD-ROM on developing computation, the user can view a teacher using a mental math string. A string is a structured series of related computation problems to encourage children to explore relations and alternative mental math computation strategies, i.e. the string 10 x 13, 2 x 13, 6 x 13, 12 x 13, 6 x 26, 3 x 52 might encourage learners to explore the distributive property and doubling and halving as useful strategies when multiplying. Users of the CD-ROM write about the string that they see the teacher using and the relationships they notice in the problems. Then they explore what individual children did when they solved each problem by viewing a video clip. Next, they write and print out their responses describing their understanding of each of the strategies children used and the string they would follow with if they were the teacher. In this way, we are attempting to create real situations for teachers to think about and to construct a deeper, more informed practice – a practice that is grounded in an analysis of real classrooms.

Conclusion

Constructivism is a theory of learning, not a theory about teaching.

But when one analyzes the theory, one can begin to formulate a didactic and a pedagogy that supports cognitive construction. For teachers to be successful in facilitating construction they need to be aware of the landscape of learning – a journey of cognitive development comprised of the development of big ideas, strategies, and models. **Disequilibrium** and **reflective abstraction** are important **critical components** of the mechanism of learning. Rather than transmitting knowledge, teachers need to shift their pedagogy towards one that facilitates development. They need to become facilitators and questioners turning their classrooms into workshops.

Traditionally mathematics has been taught in our schools as if it were a **dead language**. It was something that past, mostly dead, mathematicians had created – something that needed to be transmitted by teachers and learned, practiced, and applied by learners. To encourage the development of mathematizing, teachers need to use **contexts from children's lives** – situations that are real or that can be imagined. They need to engage children in the activity of representing these situations mathematically, encouraging them to search for patterns, to set up relationships, to raise questions, and to seek efficiency and elegance. Contexts can also be used didactically by teachers. By building constraints and suggestions into contexts, while at the same time keeping them open, teachers can facilitate mathematical development. **Technology** can be **a tool** in this process.

When we define mathematics in this way, and teach accordingly, **children will rise to the challenge**. They will grapple with mathematical ideas; they will have mathematical insights; they will construct beautiful mathematics. In learning to mathematize their world, they will come to see mathematics as the "living" discipline that it is. And, they will see themselves as a part of this creative, constructive, mathematical community, hard at work.

Technology can also be used to create contexts for teacher education. By developing CD-ROM or DVD learning environments whereby teachers can explore examples of practice, analyze other teachers' decision-making and children's thinking, and discuss practice, we enable **teachers** to think deeply about their practice. We invite them to see themselves as **informed guides** on the journey of developing mathematizing.

References

Bloom, B., Hastings, J., and Madaus, G. F.: Handbook on Formative and Summative Evaluation of Student Learning. New York1971. (McGraw-Hill)

Cobb, P.: A Socio-cultural Perspective. Chapter Three in Fosnot, C. T. (Ed.) Constructivism: Theory, Perspectives, and Practice, New York 1996. (Teachers College Press)

Cobb, P.: Instructional Design and Reform: A Plea for Developmental Research in Context. Chapter Twelve in Beishuizen, M., Gravemeijer, K., and van Leishout, E. (Eds.), The Role of Contexts and Models in the Development of Mathematical Strategies and Procedures, Utrecht 1997. (The Freudenthal Institute)

Duckworth, E.: The Having of Wonderful Ideas and Other Essays on Teaching and Learning, New York 1989. (Teachers College Press)

Fosnot, C. T.: Enquiring Teachers, Enquiring Learners: A Constructivist Approach to Teaching, New York 1989. (Teachers College Press)

Fosnot, C. T. (Ed.): Constructivism: Theory, Perspectives, and Practice. New York, New York 1996. (Teachers College Press)

Fosnot, C. T. and Dolk, M.: Young Mathematicians at Work, Portsmouth, N.H. in press. (Heinemann Press)

Freudenthal, H.: Revisiting Mathematics Education: The China Lectures, Dordrecht 1991. (Kluwer Academic Publishers)

Gagne, R.: The Conditions of Learning, London 1965. (Holt, Rinehart, and Winston, Inc.)

Gravemeijer, K.: Instructional Design for Reform in Mathematics Education. Chapter One in Beishuizen, M., Gravemeijer, K., and van Leishout, E. (Eds.), The Role of Contexts and Models in the Development of Mathematical Strategies and Procedures, Utrecht 1997. (The Freudenthal Institute)

Hall, G. E. and Loucks, S. F., Rutherford, W. L. and Newlove, B.W.: Levels of Use of the Innovation: A Framework for Analyzing Innovation Adoption, Austin 1975. (The Research and Development Center for Teacher Education)

National Council for Teachers of Mathematics: Curriculum and Evaluation Standards for School Mathematics, Reston 1989 (National Council for Teachers of Mathematics)

National Council for Teachers of Mathematics: Principles and Standards for Teaching Mathematics

(2000), Reston, 2000 (National Council for Teachers of Mathematics)

Piaget, J.: The Development of Thought: Equilibration of Cognitive Structures, New York 1977. (Viking Press)

Schifter, D. and Fosnot, C.T.: Reconstructing Mathematics Education: Stories of Teachers Meeting the Challenge of Reform, New York, New York 1993. (Teachers College Press)

Simon, M.A.: Reconstructing mathematics pedagogy from a constructivist perspective. Journal for Research in Mathematics Education, 26, 114-145 1995

Treffers, A.: Integrated Column Arithmetic According to Progressive Schematization. Educational Studies in Mathematics, 18 (2), 125-145, 1987

Von Glasersfeld, E. : Introduction: Aspects of Constructivism. Chapter One in C.T. Fosnot (Ed.) Constructivism: Theory, Perspectives, and Practice, New York1996. (Teachers College Press)

Vygotsky, L.: Mind and Society: The Development of Higher Psychological Processes, Cambridge, 1978. (Harvard University Press)

Zolkower, B.: Summer Institute Manual for Mathematics in the City Summer Institutes, New York 1998. (City College of the City University of New York)

Rod Sinclair

Constructivism and ICT

Construct versus Instruct

Learning, in a constructivist sense, means building new experience on to existing experience. **Teaching**, in a constructivist sense, means creating the conditions for this to happen, and assisting the process. The present postulates are that there are certain advantages in **using ICT** *(Information and Communication Technology)* in a constructivist learning process, and that the use of ICT in schools can **facilitate** the adoption of a constructivist pedagogy.

This is not to advocate the blanket use of computers. **Machines** cannot replace human dialogue, but can only **supplement** it. In a physics laboratory, it is nearly impossible to simulate, say, a flashlight turning on and off. A nuclear explosion, or the building of a dam, on the other hand, become feasible as indoor virtual experiments on the computer.

The operational differences between the *two teaching principles* *>> S. 36* can be illustrated graphically (T=teacher, P=pupil):

	Instructional teaching	**Dialogic, socially interactive learning**
Type	Question – answer – evaluation P's automatic response to T's monologue	Communicative dialectical response Multivoiced classroom
Communication model	Transfer of information	Conceptual adaption and mutual accommodation
Epistemology	Objective knowledge	Knowledge constructed in dialogue with self and others
Source of authority	T + textbook	P's interpretation + personal experience also validated
Discourse form	Monologue	Dialogue

The bottom line in the diagram deals with the discourse form in the classroom. The word dialogue is to be understood in a universal sense. All relevant dialogue between the learner and his peers, his teacher, experts, and texts gives the learner the opportunity to test his new knowledge and his postulates**. Access to the world** through the computer gives him rich opportunities to test and refine his knowledge, to broaden the dialogue, and, in a safe and controlled environment, to expand his own experience.

From regarding pupils as empty vessels to be filled with knowledge, teachers now share the learning experience alongside their pupils. It is only an advantage that pupils are often more proficient with the technology than their teacher. As *Seppo Tella* puts it:

"'Current theory views learning as the active engagement of learners in the construction of their own knowledge and understanding of facts, processes, and concepts'[1] *. If this kind of interpretation is accepted, then it opposes quite drastically to the conventional view of learning and teaching according to which teachers simply 'transmit' their expertise to students (information transmission paradigm), characteristic of behaviouristic learning theories."*[2]

Learning is a constructive
cumulative
self-regulated
intentional
situated and
collaborative process of knowledge and meaning building. (de Corte 1993)[3]

New teaching roles

What then is the new role of the teacher? Firstly to accept that each pupil arrives with prior knowledge of the subject in hand. Pupils can build on this knowledge, but only if the teacher assesses the individual pupil's standpoint, and confronts the pupil with assignments and information that are adjacent to that standpoint. This is what *Vygotsky*[4] calls the "**zone of proximal development**."

The teacher must also be aware that since pupils learn by treating new information themselves, and fitting it into their existing paradigms, then it is necessary that their voices be heard in the classroom, as well as that of the teacher, and the "voices" of experts in books, etc. **Learning is a social process**, according to *Bakhtin*[5] . Dialogue between pupils can be as crucial to their learning process as dialogue between teacher and pupil.

"Research on verbal interaction in classrooms ... revealed that teachers talked 75% of the time and students shared the remaining 25%, a pattern which was international and had been resistant to all pedagogical reform movements"[6]

"Life is dialogical by its very nature. To live means to engage in dialogue, to question, to listen, to answer, to agree etc..."[7]

One essential aspect of a new teacher role is linguistic in the broadest sense. Pupils' prior knowledge is not usually couched in academic or technical terms. Text books

1 *Bagley, C. & Hunter, B. 1992. Restructuring Constructivism, and Technology: Forging a New Relationship. Educational Technology, July, 2227.*
2 *Tella,S., Helsinki: The Modern Concept of Man, Knowledge and Learning, www.webself.dk*
3 *de Corte, E. 1993. Learning Theory and Instructional Science. Invited paper presented at the Final Planning Workshop of the ESF-Programme "Learning in Humans and Machines", held in St. Gallen, Switzerland, 5-6 March 1993.*
4 *Vygotsky, L. S. 1978. Mind in Society. The Development of Higher Psychological Processes. (Edited by Cole, M. et al.) Cambridge, MA: Harvard University Press.*
5 *Bakhtin, M.M. 1981, The Dialogic Imagination. Four Essays. Edited by M. Holquist, translated by C. Emerson and M. Holquist. Austin, TX: University of Texas Press.*
6 *Bellack, A.A. et al., 1966, The Language of the Classroom, NY: Teachers College Press.*
7 *Bakhtin, M. M. /Medvedev, P. N., 1978, Formal Method of Literary Scholarship. Baltimore, ML.: John Hopkins University Press.*

expressing expert views and information usually employ professional terminology. So an important teacher function is not that of translator, but of **fellow interpreter**.

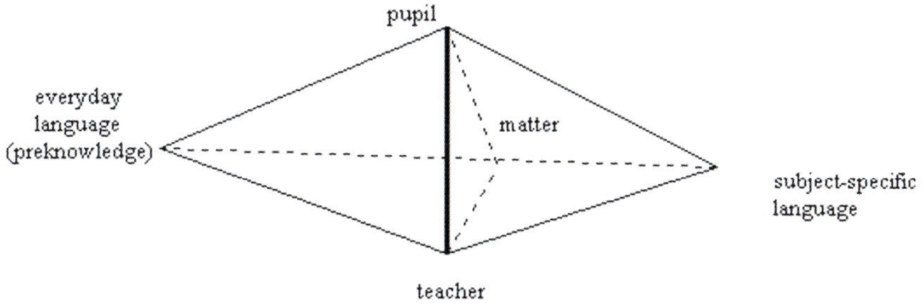

The triangular pattern of pupil – matter – teacher can be expanded with a dynamic axis between these two terminologies. Assisted by the teacher, the pupil can readjust his linguistic comprehension of the subject in hand along the line from everyday language – the expression of her prior knowledge – to subject-specific language, the language of the teacher and his references.

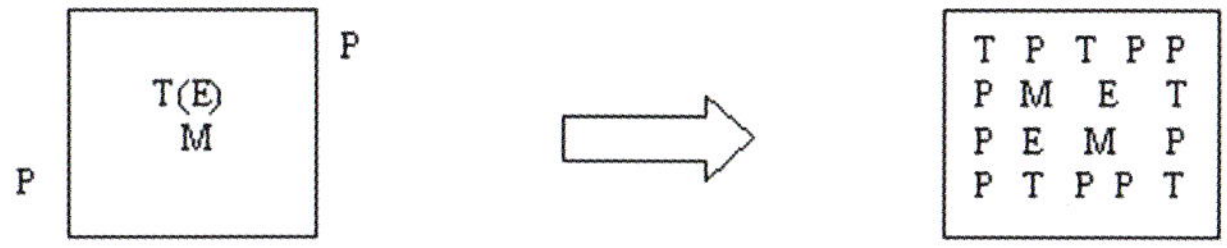

T=teacher, P=pupil, M=matter, E=Expert(s)

The multivoiced classroom gives **space for expression** at any point along the axis. It is the teacher's challenge to couch his response at just the point on the axis that corresponds to the pupil's understanding at any given moment. This explains the appearance of the teacher at several points in the classroom. Demands are made on the teacher's communicative abilities at many different levels in the course of a class. Happily, a classroom culture which admits pupils' relevant expression allows peer response which will often have a precise bearing on the communication both in form and content. Teachers have techniques at their disposal to encourage even quiet pupils to contribute. For example, the teacher can validate a pupil's remark by underlining it, repeating what the pupils said to ensure that the speaker knows that the teacher and the other pupils have heard it, and that it will be given serious consideration. By giving pupils time to think, and, in groups, discuss a question, reticent pupils can be encouraged to repeat to the class what they have expressed in their smaller groups. **Response phases** dealing with pupils' own products give them the opportunity to put their opinions into words and to respond to others' criticism of their work. These forms of expression and interpretation should lead to metacognition.

Interactive texts

Computer-borne texts, for example, offer opportunities for interaction between reader and author impossible in the world of the printed word. Beyond the option of turning to a choice of pages to follow a narrative along different paths, by giving the user access to the narrative through keyboard and mouse, the author of the interactive text invites the user to become **a co-author**. Moreover, pupils can test their own efforts at authorship against professionally-produced works in a zig-zag model, solving problems and often inventing new solutions in their own production. This fosters a personal involvement in the learning process that is instrumental in its success. A further facet of the process is the pupil's reflection on the elucidation of her own product. Reflection on the mechanisms of her own processes in order to explain them to others will lead to improved understanding of these processes, and in turn facilitate her understanding of others' solutions.

Pupils and technology

Research shows that pupils working with computers choose three roles: **the searcher**, **the explorer** and **the storyteller**. *Jerome Bruner* of Media Lab, MIT, Boston MA, USA, calls the pupil a searcher when she is seeking information to answer questions she has defined. When the pupil is seeking, examining, experiencing or experimenting, not looking for specific data to answer specific questions, she is the **explorer**. The **storyteller** uses technology as expressive media to create stories in a narrative recounting of reality, but can also use them to construct conceptual images of the physical world.

Languages and science

The Danish approach to the **Titania project** involves three subject groups from the school's curriculum: mother tongue (Danish), foreign language (English) and science. All three have followed the same procedures (appendices 1,2) and have integrated computers into classroom activities where necessary. The two appendices show the procedures we have agreed upon, and are self-explanatory. This is not to say that the diagrams represent what will happen!

Advantages of ICT

ICT gives learners and teachers access to the world in new ways – even if only in a virtual sense. Alongside written and spoken communication, **more channels** have been opened. We can design anything we please, try out dangerous experiments in a safe environment, compress time and space and communicate with almost any country in the world using almost all our senses, as well as many activities we have not even dreamed of yet.

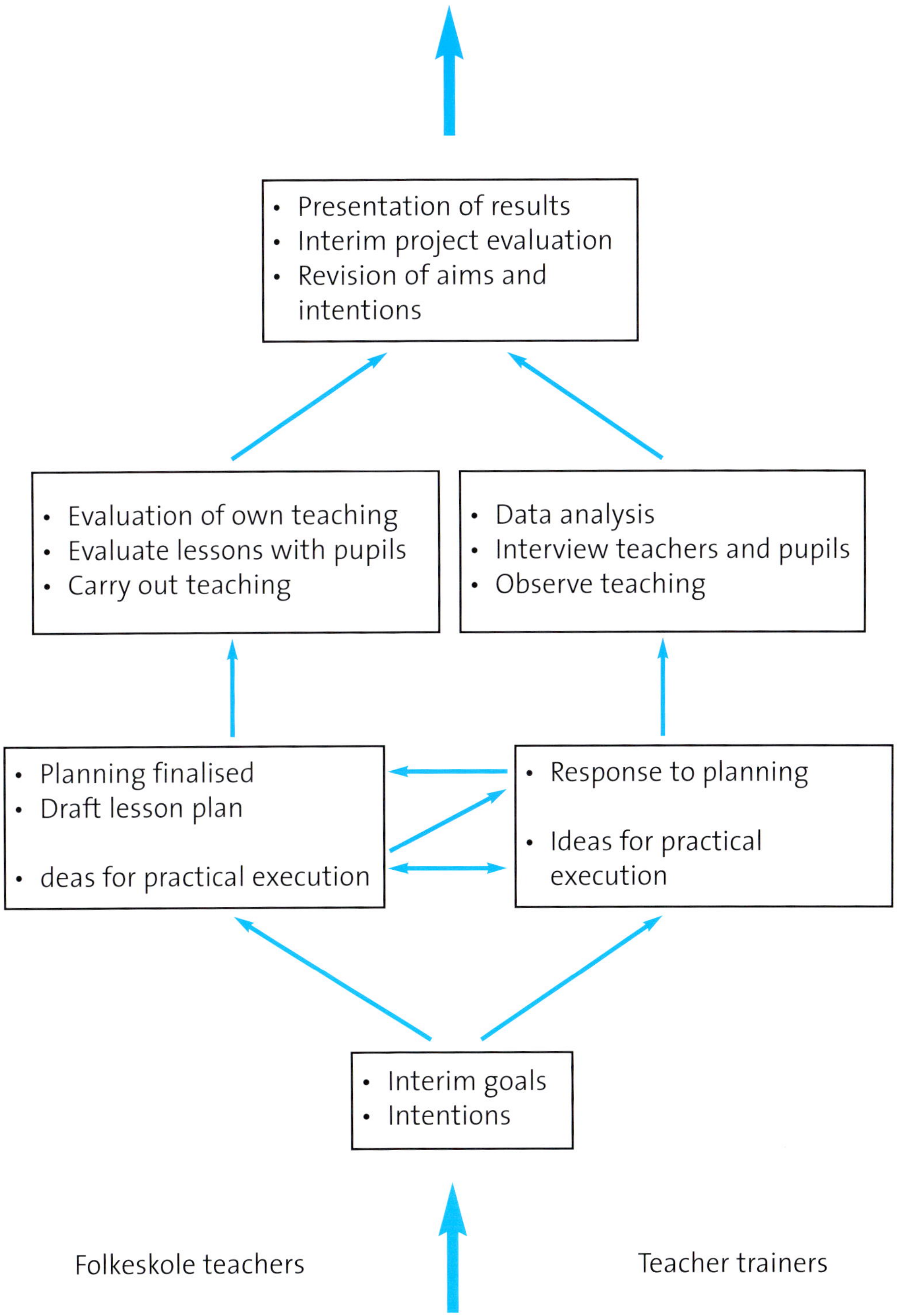
Presentation of results
Interim project evaluation
Revision of aims and intentions
Evaluation of own teaching
Evaluate lessons with pupils
Carry out teaching
Data analysis
Interview teachers and pupils
Observe teaching
Planning finalised
Draft lesson plan
deas for practical execution
Response to planning
Ideas for practical execution
Interim goals
Intentions
Folkeskole teachers
Teacher trainers

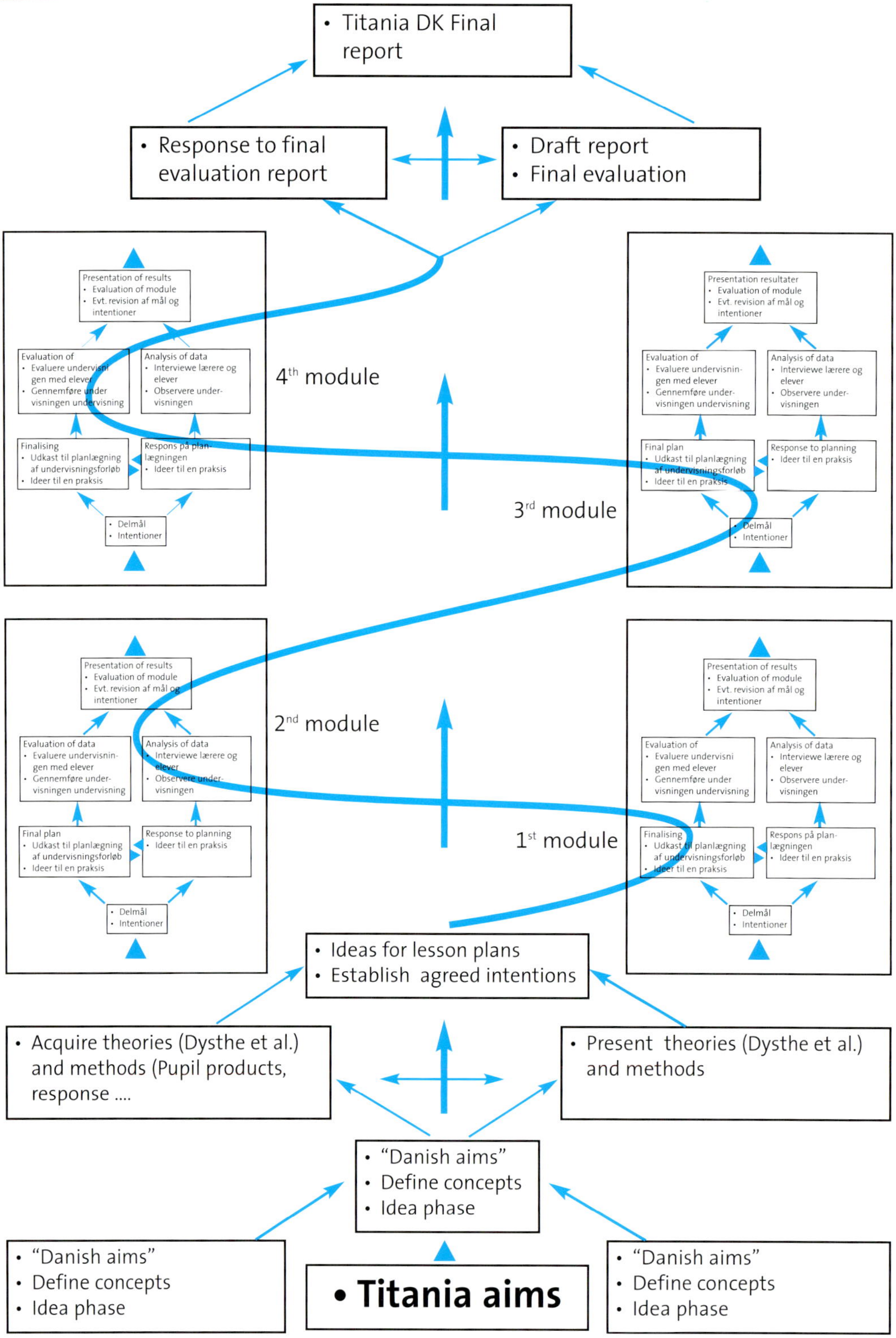
• Titania DK Final report
• Response to final evaluation report
• Draft report
• Final evaluation
Presentation of results
• Evaluation of module
• Evt. revision af mål og intentioner
Evaluation of
• Evaluere undervisning med elever
• Gennemføre under visningen undervisning
Analysis of data
• Interviewe lærere og elever
• Observere under-visningen
Finalising
• Udkast til planlægning af undervisningsforløb
• Ideer til en praksis
Respons på planlægningen
• Ideer til en praksis
• Delmål
• Intentioner
4th module
Presentation resultater
• Evaluation of module
• Evt. revision af mål og intentioner
Evaluation of
• Evaluere undervisningen med elever
• Gennemføre under-visningen undervisning
Analysis of data
• Interviewe lærere og elever
• Observere under-visningen
Final plan
• Udkast til planlægning af undervisningsforløb
• Ideer til en praksis
Response to planning
• Ideer til en praksis
• Delmål
• Intentioner
3rd module
Presentation of results
• Evaluation of module
• Evt. revision af mål og intentioner
Evaluation of data
• Evaluere undervisningen med elever
• Gennemføre under-visningen undervisning
Analysis of data
• Interviewe lærere og elever
• Observere under-visningen
Final plan
• Udkast til planlægning af undervisningsforløb
• Ideer til en praksis
Response to planning
• Ideer til en praksis
• Delmål
• Intentioner
2nd module
Presentation of results
• Evaluation of module
• Evt. revision af mål og intentioner
Evaluation of
• Evaluere undervisningen med elever
• Gennemføre under visningen undervisning
Analysis of data
• Interviewe lærere og elever
• Observere under-visningen
Finalising
• Udkast til planlægning af undervisningsforløb
• Ideer til en praksis
Respons på planlægningen
• Ideer til en praksis
• Delmål
• Intentioner
1st module
• Ideas for lesson plans
• Establish agreed intentions
• Acquire theories (Dysthe et al.) and methods (Pupil products, response ....
• Present theories (Dysthe et al.) and methods
• "Danish aims"
• Define concepts
• Idea phase
• "Danish aims"
• Define concepts
• Idea phase
• Titania aims
• "Danish aims"
• Define concepts
• Idea phase

Jean-Luc Patry

Die Qualitätsdiskussion im konstruktivistischen Unterricht[1]

Ein altes Sprichwort der Seminole-Indianer, besagt: "*Never venture out of your depth till you can swim*" (zit. nach Folsom, 1997, Item 30). Die Seminole haben guten Grund für dieses Sprichwort, wohnen sie doch seit ihrer Trennung von den Creeks im 18. Jahrhundert in den Everglades von Florida, einer Sumpfwildnis, heute ein Nationalpark. Sich zu weit in ein Gewässer hinaus zu wagen, ohne richtig schwimmen zu können, kann lebensgefährlich sein.

"*Never venture out of your depth till you can swim*". Wage Dich nicht zu weit hinaus, wenn Du Dir nicht sicher bist, dass Du das zu Leistende auch wirklich leisten kann – das ist genau das Gegenteil des Sprichworts vom „*Ins kalte Wasser springen*" oder „*Ins kalte Wasser geworfen werden.*" Ich möchte dieses Sprichwort auf die Thematik des Kongresses anwenden, wobei ich mich auf das „Neue Lernen" beschränke und die Informationsgesellschaft nicht diskutieren kann. Ich möchte zunächst ganz kurz einen zentralen Aspekt im Hinblick darauf behandeln, wie man überhaupt wissen kann, sodann das Lernen ansprechen und schließlich differenzierter auf das Lehren eingehen.

1 Was kann ich wissen?

Als erstes stellt sich die Frage, was überhaupt erkannt oder gewusst werden kann. Der Konstruktivismus besagt, dass es Wissen an sich gar nicht gibt, sondern dass **jeder Mensch sich *sein* Wissen konstruiert**, wobei dieses Wissen mehr oder weniger viabel ist, d. h. sich mehr oder weniger bewährt bzw. zielführend ist (Glasersfeld, 1998). Man kann davon sprechen, dass der Erkennende einen „**Viabilitäts-Check**" durchführt; darunter verstehe ich **eine Prüfung, ob das Wissen mit bestimmten Kriterien kompatibel ist**. Ob es nur ein Kriterium ist, oder ob mehrere miteinander kombiniert werden, steht nicht fest, und schon gar nicht ist von vorneherein festgelegt, welches diese Kriterien sind. Für Schülerinnen und Schüler kann ein Bewährungskriterium die **Rückmeldung durch den Lehrer** oder die Lehrerin sein, besser aber ist die Rückmeldung, die die Schülerinnen und **Schüler selber** durchführen. Ein „Viabilitäts-Check" ist dann eine Überprüfung eines Vorschlags durch die Schülerinnen und Schüler dahingehend, ob er funktionieren oder nicht, z. B. ob er mit anderen Erfahrungen in Einklang steht, ob er die Kriterien erfüllt, die man sich gesetzt hat, etc. Aus der unermesslichen Anzahl potentieller Kriterien ist eine sinnvolle Auswahl zu treffen. In der Mathematik kann der Viabilitäts-Check beispielsweise darin bestehen, dass geprüft wird, ob eine selbst entwickelte allgemeine Regel im konkreten Einzelfall zu sinnvollen Lösungen führt o. ä.

"*Never venture out of your depth till you can swim*" gilt für das Wissen im dargestellten Sinne nur teilweise. Trockenschwimmen mag gewissen Kriterien genügen, also einzelne

[1] *Vortrag an der Tagung „Neues Lernen für die Informationsgesellschaft", Graz, 9.-11. Oktober 2000.*

Viabilitäts-Checks bestehen; beispielsweise sind die Bewegungen richtig, etc. Das Kriterium des richtigen Bewegungsmusters ist jedoch letztlich nicht entscheidend, sondern dieses muss sich auch im Wasser bewähren, d. h. in jenem Medium, auf das sich letztlich das Ziel des Bewegungsmusters richtet. Auf der anderen Seite ist es nicht notwendig, das Schwimmen sofort im tiefen Wasser zu versuchen, das Kriterium „hüfthohes Wasser" reicht vorerst aus, da man annehmen kann, dass das Schwimmen bei beiden Wassertiefen nicht wesentlich unterschiedlich ist. Erst wenn das Schwimmen im sicheren Gewässer den Viabilitäts-Check erfüllt hat, sollte sich der Betreffende dann ins tiefe Wasser wagen. Auf das **Wissen** angewandt bedeutet dies, dass man sich **sukzessive an das Endkriterium herantastet**.

2 Konstruktivistisches Lernen

Aus der Beantwortung der Frage „Was kann ich wissen" ergibt sich, dass das Lernenin mehreren Schritten erfolgt, wie in Abbildung 1 dargestellt:

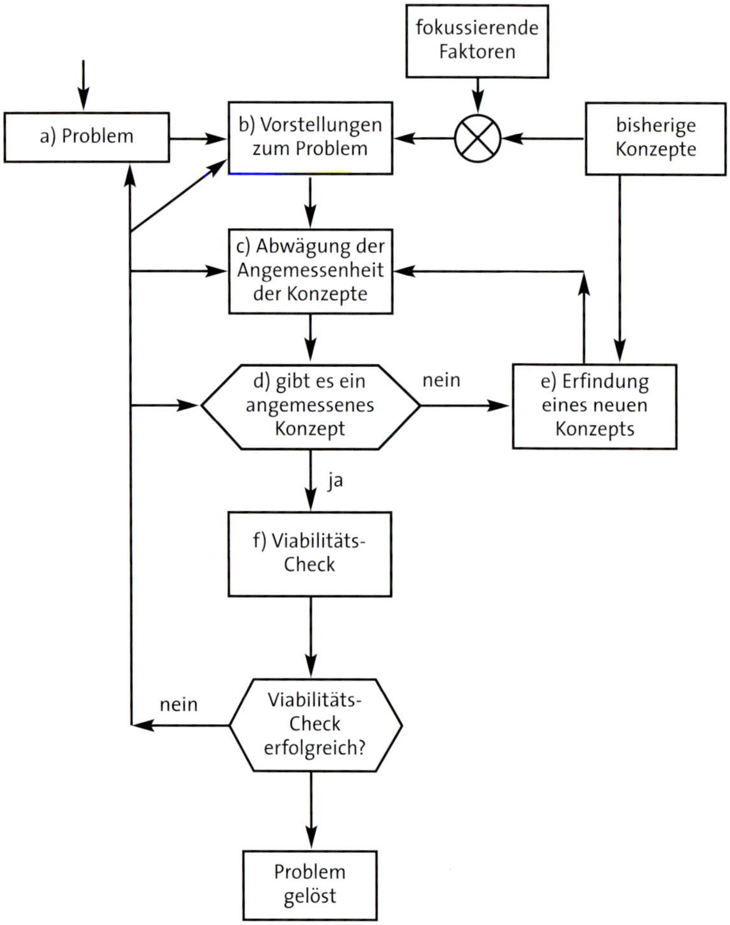

Abb. 1: Algorithmus des Lernens

a) Zunächst braucht der Lerner ein **Problem**, eine Fragestellung etc., typischerweise bestehend aus einem Ausgangszustand, einem (unbekannten) Zielzustand (die Lösung dieser Aufgabe) und einem (meist zumindest vorerst ebenfalls unbekannten) Lösungsweg oder Lösungskonzept.

b) Sodann wird er sich des eigenen **Konzepts zur Lösung** der Aufgabe bewusst, d. h. er ruft die Vorstellungen, Ideen, Überlegungen ab, die er diesbezüglich schon hat.

c) Als nächstes **sammelt** der Lerner **Hinweise** darüber, welchen Wert, Vorteil oder Sinn dieses und andere Konzepte haben, und erwägt ihren Wert.

d) Der Lerner **entscheidet** über das anzuwendende **Konzept** (Assimilation i. S. von *Piaget*) oder kommt zum Schluss, das keines davon angemessen ist und dass ein neues Konzept formuliert werden muss (Notwendigkeit der Akkommodation i. S. von *Piaget*).

e) Im letzteren Fall **erfindet** der Lerner ein **neues Konzept**, wobei er bisher verfügbare Konzepte in neuartiger Weise miteinander kombiniert und so zu Vorschlägen kommt, die für ihn neu sind. erneut erfolgt eine Abwägung im Sinne von c und eine Entscheidung im Sinne von d.

f) Schließlich **prüft** er, ob sich sein **Konzept bewährt** (Viabilitäts-Check, vgl. oben); falls dies nicht der Fall ist, springt er auf den Schritt d zurück, allenfalls auf einen der Schritte c, b oder gar a.

Dieses Prinzip ist mit dem **TOTE-Modell** von *Miller, Galanter and Pribram* (1973) eng verwandt; genau genommen handelt es sich um eine TOTE-Einheit, die hier differenziert wurde. Im Einklang mit *Miller et al.* werden auch bei diesem Algorithmus mehrere solcher Einheiten auf verschiedenen hierarchischen Ebenen verknüpft; beispielsweise erfolgt der Schritt c (Abwägung der Angemessenheit der Konzepte) selber wieder in entsprechenden Schleifen.

Zu den einzelnen Schritten sind ein paar **Präzisierungen** angebracht.

Zu a (Problem): In der Schule werden meist die Probleme vorgegeben, etwa: „Du stehst vor einer Kirche; *ermittle die Höhe des Kirchturms!“* *>> S. 187* Im **Alltag** werden die Probleme aber meist nicht in einer so klaren Form angeboten, sondern die Protagonisten müssen sich das Problem zunächst **selber konstruieren**; verlangt werden dann vor allem die „operativen“ Fähigkeiten, welche sich u. a. darauf beziehen, Ziele und Teilziele zu formulieren und die einzelnen mentale Operationen den Erfordernissen eines Problems entsprechend zu ordnen und umzuordnen (Dörner, 1984). Diese Fähigkeit wird im Unterricht kaum je geschult.

Zu b (bisherige Konzepte): Im Unterricht weiß der Schüler oder die Schülerin meist, welcher Lösungsweg prinzipiell in Frage kommt; für die genannte Aufgabe etwa muss etwas berechnet werden, da es sich ja um Mathematikunterricht handelt, ja der Schüler, die Schülerin weiß vielleicht sogar, dass jetzt das Kapitel „Strahlensatz“ ansteht, also wird die Lösung wohl in der Anwendung dieses geometrische Satzes liegen (fokussierende Faktoren). Im Kirchturm-Beispiel suchen die Kinder entsprechend nach Möglichkeiten, den bereits bekannten Strahlensatz (bisherige Konzepte) anzuwenden. Die bisherigen **Konzepte** werden **durch den Kontext** (Mathematikunterricht, Kapitel Strahlensatz) **eingeschränkt**, andere Konzepte werden gar nicht erst in Betracht gezogen – dabei könnte man sich auch ganz andere Lösungswege überlegen, etwa „den Pfarrer fragen“ oder „Stufen zählen“, etc.

Zu c (Abwägung der Angemessenheit der Konzepte): Die bereits verfügbaren Konzepten werden im Hinblick auf ihre potentielle Viabilität abgewogen (hier erfolgt dann auch immer wieder ein möglicherweise oberflächlicher Viabilitäts-Check); es handelt sich also um einen Vergleich, um eine **Auseinandersetzung** bezüglich der Vor- und Nachteile der Konzepte. Dies wurde von ***Meadows and Howley*** (1998) als „**Debatte**" bezeichnet. Diese Debatte braucht nicht zwischen verschiedenen Menschen zu geschehen, sondern kann durchaus auch als „**innerer Dialog**" konzipiert sein, d. h. der Lerner wägt innerlich die verschiedenen Lösungswege und ihre Vor- und Nachteile ab. Im Kirchturmbeispiel etwa schaut er, wo der Strahlensatz Anwendung finden könnte (erste Möglichkeit: der Vergleich der Schattenlänge des Kirchturms und der Schattenlänge eines Stockes mit bekannter Länge und Berechnung auf Grund der Proportionalität; Abb. 2: s1:s2=h1:h2; zweite Möglichkeit: einen Stock bekannter Länge aufstellen und die Gerade Kirchturmspitze-Stockspitze mit der Ebene Boden schneiden, erneut mit Proportionalitätsermittlung, Abb. 3: erneut s1:s2=h1:h2; etc.) und überlegt zunächst, ob dies überhaupt in Frage kommt, sodann was hier am Praktikabelsten ist. Die Lösung 2 ist schwieriger, weil man sich dazu hinlegen muss, um auf gleicher Höhe mit dem Boden zu sein, oder man kann mit einem Spiegel arbeiten, etc. Argumente dieser Art können innerlich erwogen werden, noch angemessener ist es aber, wenn die verschiedenen Überlegungen im sozialen Dialog zwischen verschiedenen Kindern verglichen werden, weil wir doch die Tendenz haben, uns auf eine bestimmte Lösung zu versteifen und andere Argumente gar nicht erst in Erwägung ziehen. Eine weitere Möglichkeit besteht darin, die Lösungen praktisch auszuprobieren – da wird sich zeigen, wie schwierig die Umsetzung der zweiten Lösung ist.

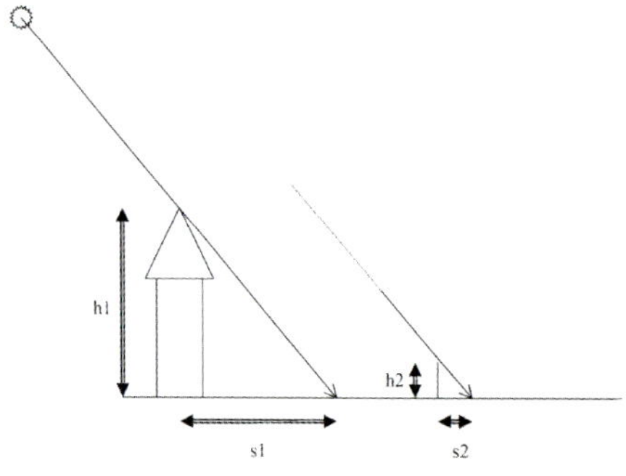

Abbildung 2 (links): Messung der Höhe eines Kirchturms (h1) unter Verwendung der Schattenlängen des Kirchturms (s1) und eines Stockes (s2) mit bekannter Länge (h2) nach dem Strahlensatz: h1 : h2 = s1 : s2

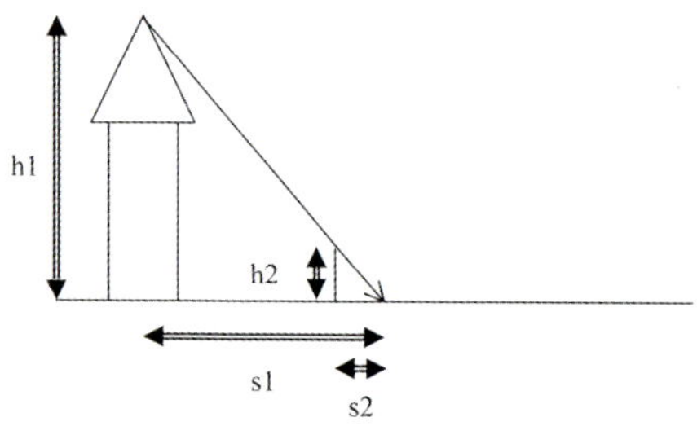

Abbildung 3 (rechts): Messung der Höhe des Kirchturms (h1) unter Verwendung eines Stockes bekannter Länge (h2) und des Strahlensatzes: h1 : h2 = s1 : s2

Zu d (Entscheidung über das anzuwendende Konzept): Das beste Konzept wird ausgewählt (**Assimilation**); falls sich keines der verfügbaren Konzepte als viabel erweist, erfolgt der Übergang zu e (**Akkommodation**: Erfindung eines neuen Konzeptes). Im vorliegenden Beispiel entscheidet sich der Lerner für die erste Lösungsmöglichkeit (Vergleich der Schattenlängen), weil es die eleganteste ist. Vielleicht sind die Schüler aber damit nicht einverstanden und versuchen, ein anderes Konzept zu erfinden. Andere kommen im Schritt b gar nicht darauf, wie man den Strahlensatz anwenden könnte, und suchen nach neuen Möglichkeiten. Ob Assimilation oder Akkommodation erfolgt, hängt nicht zuletzt vom Problem ab, wie es von den Schülerinnen und Schülern wahrgenommen wird. Der Lehrer oder die Lehrerin hat es dabei in der Hand, Assimilation oder Akkommodation gezielt zu fördern, indem er oder sie assimilative oder akkommodative Aufgaben (Molander, in Vorb.) gibt und allenfalls auch akkommodative Lösungen – also solche, die er oder sie ursprünglich nicht vorgesehen hatte – akzeptiert.

Zu e (Erfindung neuer Konzepte): Hier findet das entscheidende **Lernen im Sinne des Neu-Konstruierens** statt: Die Lerner schaffen neues Wissen, formulieren neue Konzepte etc. Diese neuen Konzepte können u. U. völlig von den bisherigen Ansätzen abweichen, enthalten aber wesentlich die bisherigen verfügbaren Konzepte. So könnte ein Schüler darauf kommen, die Treppen zum Kirchturm zu zählen, die einzelnen Stufenhöhen zu messen, diese miteinander zu multiplizieren. Ein anderer schlägt vor, den Pfarrer zu fragen. Man sieht: Optimal ist es hier, wenn keine fokussierenden Faktoren die Auswahl einschränken. Die so erfundenen Konzepte gehen dann mit ein in die Abwägung der Angemessenheit der Konzepte (c).

Zu f (Viabilitäts-Check): Lösungsversuche sind nur dann akzeptabel, wenn sie letztlich zu einer angemessenen Lösung des Problems führen. Wir haben den Viabilitäts-Check bereits oben unter Punkt 1 angedeutet. Im Mathematikunterricht sollten die Schülerinnen und Schüler angehalten werden, **immer** einen solchen **Viabilitäts-Check** durchzuführen – dies ist nach meinen Erfahrungen bei Weitem nicht in allen Klassen der Fall. Im Beispiel des Kirchturms könnten die Schülerinnen und Schüler zwei Methoden anwenden und die Ergebnisse vergleichen; beispielsweise können sie zusätzlich die Höhe des Turmes schätzen und so allfällige Rechenfehler feststellen (wenn der Turm beispielsweise etwa doppelt so hoch ist wie die umstehenden dreistöckigen Häuser, dann ist eine Turmhöhe von über 100 m sicher nicht viabel).

Die verschiedenen Schritte lassen sich nicht immer klar trennen; beispielsweise kann der Schritt e (Erfinden eines neuen Konzepts) schon im Zusammenhang mit dem Schritt b (Vorstellungen zum Problem) erfolgen.

Wie kann eine Lehrerin oder ein Lehrer (oder auch eine Lerntechnologie) Lernen erleichtern, d. h. wie ist Lehren unter diesen Umständen möglich?

3 Konstruktivistisches Lehren

Zur konstruktivistischen Didaktik ist in der Tagung und in diesem Band schon sehr vieles gesagt worden; ich möchte dies hier nicht wiederholen, sondern auf einige besondere Aspekte der **Möglichkeiten und Grenzen konstruktivistischen Unterrichtens** aufmerksam machen.

3.1 Anspruch und Wirklichkeit

Fragt man Lehrerinnen und Lehrer nach den Zielen, die sie im Unterricht gerne erreichen möchten, finden sich immer wieder solche Vorstellungen an erster Stelle, die in hohem Grade mit dem Lernen aus konstruktivistischer Sicht übereinstimmen. So ergaben sich bei *Brunner* (1980) unter den *fünf wichtigsten Zielen für die Primarschule* (Volksschule in der Schweiz) nur solche, die sich auf diesen Aspekt beziehen (in Klammern jeweils, für wie viele der befragten Lehrerinnen und Lehrer die betreffenden Ziele „von größter Bedeutung für die Primarschulerziehung" sind):

- Rang 1: „Der Schüler sollte selbständig denken lernen" (87.9 %);
- Rang 2: „Der Schüler sollte Selbstbejahung und Selbstvertrauen entwickeln" (85.6 %);
- Rang 3: „Die Schüler sollen andere akzeptieren lernen" (82.6 %)
- Rang 4.5: „Der Schüler sollte selbständig handeln lernen" (81.1 %);
- Rang 4.5: „Der Schüler sollte Selbständigkeit entwickeln" (81.1 %).

In anderen Untersuchungen ergeben sich Verschiebungen der Ziele, aber Selbständigkeit, Kritikfähigkeit und ähnliche Kompetenzen, die für konstruktivistisches Lernen wichtig sind, stehen nach wie vor im Vordergrund. Zwischen Lehrerinnen und Lehrern an Grundschulen und an Gymnasien gab es bei *Hofer* (1986, S. 43) Unterschiede; beispielsweise wies das Ziel „Beschaffenheit (Qualität) des Wissens" bei den Lehrerinnen und Lehrern der Grundschule den Rangplatz 17 (von 31) auf, bei denjenigen des **Gymnasiums** aber Rangplatz 3: Hier sind also **fachbezogene Ziele wichtiger**, aber werden immer noch von den Zielen „Kritikvermögen" und „Selbständigkeit des Arbeitsverhaltens" an Bedeutung übertroffen.
Das sind die **Ziele**, die von den **Lehrerinnen und Lehrern** als wichtig erachtet werden. Wie sieht es aber aus, wenn **Schülerinnen und Schüler** gebeten werden, die von ihnen erlebte Wichtigkeit der Ziele bestimmter Lehrerinnen und Lehrer zu beurteilen? Angaben dazu finden sich u. a. im Datensatz von *Klaghofer, Oser und Patry* (1987, 1995): Über 3000 Rekruten (also eine rein männliche Stichprobe) sollten sich einen bestimmten Lehrer oder eine bestimmte Lehrerin vorstellen und angeben, wie wichtig die verschiedenen Ziele aus einer gegebenen Liste (Krampen, 1979) für diese Lehrperson waren. Je eine Rekrutengruppe gab **Angaben zum idealen oder zum typischen Lehrer, zum besten oder schlechtesten Lehrer**, den sie je gehabt haben, oder zu verschiedenen zufällig ausgewählten Lehrpersonen. Für die sieben bei Krampen (1979; Lehrerurteil) wichtigsten Ziele ergaben sich die in *Tabelle 1 Anhang >> S. 92* zusammengestellten Ergebnisse; beispielsweise steht nach Ansicht der befragten Rekruten das Ziel „Eigenständigkeit und Selbständigkeit des Schülers fördern" für die durchschnittlichen (zufällig ausgewählten) Lehrerinnen und Lehrer an zweiter Stelle (das wichtigste ist „Fleiß und Leistungsbereitschaft des Schülers fördern"). Auf der untersten Zeile ist zu Vergleichszwecken die Summe der Rangpunkte (Spaltensumme) angegeben. Dabei gibt es weder zwischen den Fächern noch zwischen den Schultypen systematische Unterschiede in relevanten Items. In der untersten Zeile der Tabelle sind die Rangpunkte summiert; dies ist ein Indikator für die Bedeutung dieser Ziele insgesamt im Vergleich zu den anderen, hier nicht dargestellten Ziele. Damit lassen sich die verschiedenen Lehrergruppen vergleichen.

Nach dem **Lehrerurteil** (Krampen, 1979; zweite Spalte in Tab. 1) beziehen sich die sieben wichtigsten Ziele auf wichtige Elemente des konstruktivistischen Unterrichts: Selbständigkeit (1), Selbstbewusstsein (3) und kritische Haltung (7) sind Grundvoraussetzungen für die Schülerinnen und Schüler, Vertrauen zwischen Lehrer und Schüler (2) sind deswegen bedeutsam, weil der Schüler oder die Schülerin sicher sein muss, bei einem allenfalls unangemessenen Vorschlag (Schritt d oder e, vgl. Tab. 1) nicht sogleich lächerlich gemacht zu werden: Die Schule muss diesbezüglich zu einem „sicheren Platz" gemacht werden. Auch Angst ist aus dem gleichen Grund kontraproduktiv (6). Sind diese Bedingungen erfüllt, sind auch Aufrichtigkeit und Ehrlichkeit (4) möglich – ebenfalls eine Voraussetzung für konstruktivistischen Unterricht. Und gemeinsames Problemlösen setzt entsprechende soziale Fähigkeiten und Handlungsbereitschaften voraus (5). Keines dieser Ziele bezieht sich auf das, was Schwetz (1999b) „**Papageien-Pädagogik**" genannt hat, nämlich das **Auswendiglernen von Wissen.**

Vergleichen wir die verschiedenen Häufigkeiten der von den Lehrerinnen und Lehrern verfolgten **Ziele aus der Sicht der ehemaligen Schüler**, ergeben sich die folgenden Ergebnisse:

1) Beim Urteil durch die Lehrerinnen und Lehrer selber ist die Rangpunktsumme am kleinsten; dies ist durch die Methode vorbestimmt. Vergleicht man die Urteile der (ehemaligen) Schüler damit, dann zeigt sich, dass der **ideale Lehrer** diesen Vorstellungen sehr stark entspricht; einzig das kritische Denken (7) wird in diesem Falle nicht so hoch gewichtet, sonst gibt es eine weitgehende Entsprechung.
2) Ganz global kann man sagen: Die Zielvorstellungen der Lehrerinnen und Lehrer entsprechen dem, was sich (ehemalige) Schüler als ideal vorstellen. Ganz ähnlich ist es mit dem „**besten Lehrer, den ich je hatte**": Auch hier fällt die kritische Haltung her aus, sonst gibt es hohe Übereinstimmung, auch die Rangpunktsumme ist nicht stark abweichend. Das bedeutet: Es gibt tatsächlich Lehrerinnen und Lehrer, die (nach Wahrnehmung der Schüler) diesem Ideal nahe kommen. Die Ziele sind nicht reine Utopie, sondern eine wenn auch seltene Realität.
3) Die durch die Schüler wahrgenommene durchschnittliche Wirklichkeit sieht anders aus: Der **typische Lehrer** und der **durchschnittliche Lehrer** handeln nach anderen Zielen. Die Eigenständigkeit hat eine hohe Bedeutung, die Aufrichtigkeit ebenfalls, doch die weiteren Ziele sind weit abgeschlagen. Die Summe der Rangpunkte ist denn auch deutlich höher als bei den vorangegangenen Gruppen.
4) Es kann aber noch schlimmer kommen: Einige ehemalige Schüler wurden aufgefordert, den **schlechtesten Lehrer** zu beschreiben, den sie je gehabt hatten – und da finden sich die angesprochenen Ziele ganz unten in der Hierarchie.

Obwohl die Lehrerinnen und Lehrer also nach eigenen Aussagen durchaus Ziele anstreben, die für den konstruktivistischen Unterricht relevant sind, gelingt es nur wenigen, diese auch für die Schüler wahrnehmbar umzusetzen.

Diese Diskrepanz haben wir in einer weiteren Untersuchung systematisch erhoben, diesmal nur bezogen auf die Lehrersicht (Patry & Hofmann, 1998). Wir gaben wiederum Ziele vor (diesmal waren es 37), baten aber im Gegensatz zu den bisherigen Untersuchungen die Lehrerinnen und Lehrer, diese Ziele in zweierlei Hinsicht einzuschätzen:

„Dieses Ziel halte ich für sehr/eher/nur zum Teil/eher nicht/überhaupt nicht erstrebenswert"; und

„Dieses Ziel versuche ich in meinem Unterricht häufig/oft/ab und zu/selten/nie zu realisieren".

Die erste Einschätzung ergibt das **angestrebte Ideal**, die zweite aber die Beurteilung der

tagtäglichen Realität. Differenzierte Analysen ergaben, dass drei Ziel-Bereiche unterschieden werden können: Autonomie, Wissen und Fertigkeiten sowie Disziplin (zu Details vgl. Patry & Hofmann, 1998). Die Ergebnisse für die Sekundarstufe, die uns hier interessiert, sind in der Abbildung 4 wiedergegeben. Es zeigt sich,

dass **ideal** „Autonomie" der wichtigste Zielbereich ist, gefolgt von „Wissen" und „Disziplin", die sich nicht unterscheiden;

dass in allen drei Bereichen der **Unterschied zwischen ideal und real** signifikant und unter Berücksichtigung der Streuung recht deutlich ist;

dass sich **real** kein Unterschied zwischen den Zielbereichen mehr ergibt.

Abb. 4: Vergleich der Mittelwerte der Skalen Autonomie, Disziplin und Wissen, jeweils ideal und real, für die Lehrer der Sekundarstufe (N = 202), nach Daten von Patry & Hofmann (1998)

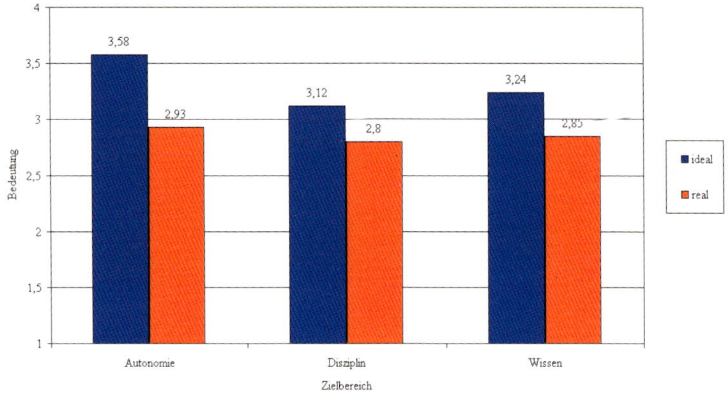

Damit wird deutlich, dass das **Ziel „Autonomie"** zwar höher bewertet wird als die anderen Ziele (ideal), aber in der Umsetzung (real) kaum besser abschneidet als die Ziele der Wissensbildung und der Disziplin. Es besteht also eine größere Diskrepanz zwischen Ideal und Wirklichkeit bei den autonomiebezogenen Zielen.

Die **Diskrepanz** zwischen ideal und real ist allerdings **fächerabhängig** (vgl. Abb. 5). Die größte Autonomie-Diskrepanz zeigt sich bei den „strukturierten" Fächern wie Mathematik, Physik, Chemie, etwas weniger Diskrepanz kann man bei weniger „strukturierten" Fächern wie Deutsch, Geschichte, Biologie feststellen, und die geringste

Abb. 5: Vergleich nach Fächern der Mittelwerte der Skalen Autonomie, Disziplin und Wissen, jeweils ideal und real, für die Lehrer der Sekundarstufe (N = 202), nach Daten von Patry & Hofmann (1998)

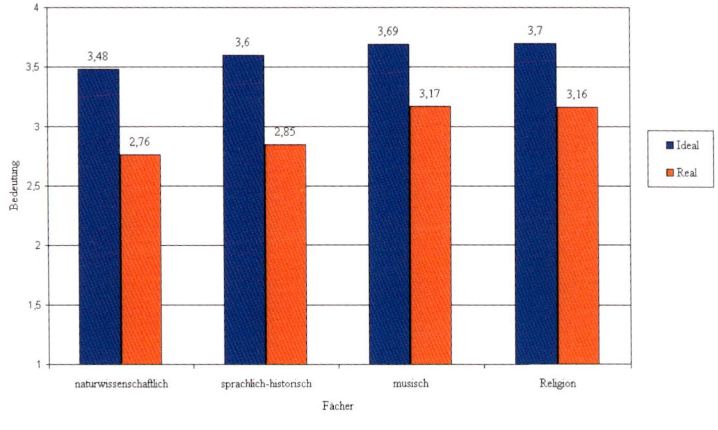

Diskrepanz gibt es bei den musischen Fächern und im Fach „Religion". Der Anspruch, Autonomie zu realisieren, nimmt ebenfalls in dieser Reihenfolge zu, aber nicht so stark wie bei den realisierten Zielen. Offenbar erfolgt die Umsetzung konstruktivismusrelevanter Ziele in unterschiedlichen Fächern unterschiedlich.

Woran liegt die Diskrepanz zwischen Ideal und Realität? Die befragten Lehrerinnen und Lehrer berichteten, dass die **Überforderung** eine wichtige Rolle spielt (vgl. Hofmann & Patry, 1999); diese ist vor allem auf zu **große Klassen** und auf **Ausbildungsdefizite** zurückzuführen. Ferner sind vor allem für Lehrerinnen und Lehrer in den naturwissenschaftlichen Fächern Autonomieziele im eigenen Fach schlecht zu realisieren, u. a. wegen des **Stoffdruckes**; deshalb delegieren sie den Autonomie-Erziehungsauftrag an andere Fachvertreter (musische Fächer und Religion).

Insgesamt zeigen diese Untersuchungen: Die Lehrerinnen und Lehrer möchten schon Ziele verwirklichen, die mit dem Konstruktivismus im Einklang stehen, schaffen es aber nicht, sei es, dass sie ihr Fach für nicht geeignet betrachten, sei es, dass sie sich nicht ausgebildet genug fühlen, sei es, dass die Rahmenbedingungen, die sie dafür haben zu müssen glauben, nicht gegeben sind. In der Sprache der Seminole ausgedrückt: Ins Tiefe würden sie schon gern wollen, aber schwimmen können sie nicht, und so wagen sie sich auch nicht hinaus.

3.2 Nicht zuviel und nicht zuwenig

Bevor wir darauf eingehen können, wie dieses Schwimmen gelernt werden kann, bzw. wie die Lehrerinnen und Lehrer lernen können, ihre konstruktivistisch orientierten Ziele praktisch umzusetzen, muss grundsätzlich auf die **Verhaltensweisen** eingegangen werden, die es zu vermitteln gilt. Zu unterscheiden sind dabei die Prinzipien ***„je mehr, desto besser"*** bzw. ***„je weniger, desto besser"*** (Maximum bzw. Minimum) auf der einen Seite und ***„nicht zuviel und nicht zuwenig"*** (Optimum) auf der anderen; diese Unterscheidung geht auf die Theorie der **Situationsspezifität** (Patry, 1991) zurück. Ausgegangen wird von der Beziehung zwischen dem Verhalten (bzw. Verhaltensparametern) und dem Auswirkungswert, d. h. dem Ausmaß, in dem das Ziel erreicht wird; dies kann graphisch gestaltet werden (vgl. Abb. 6), wobei die Beziehung ***„je mehr, desto besser"*** die Linie a ergibt, die Beziehung ***„je weniger, desto besser"*** die Linie b und die Beziehung ***„nicht zuviel und nicht zuwenig"*** die Linie c.

Dies sei an einem **Beispiel** illustriert: dem **Augenkontakt**. Generell kann man sagen: Die völlige Vermeidung des Augenkontaktes in zwischenmenschlichen Situationen ist ungeeignet; niemand ist gerne mit jemandem zusammen, der einem nie in die Augen schaut. Ebenso ist man nicht gerne mit jemandem zusammen, der einem ständig in die Augen schaut, einen also richtiggehend anstarrt.

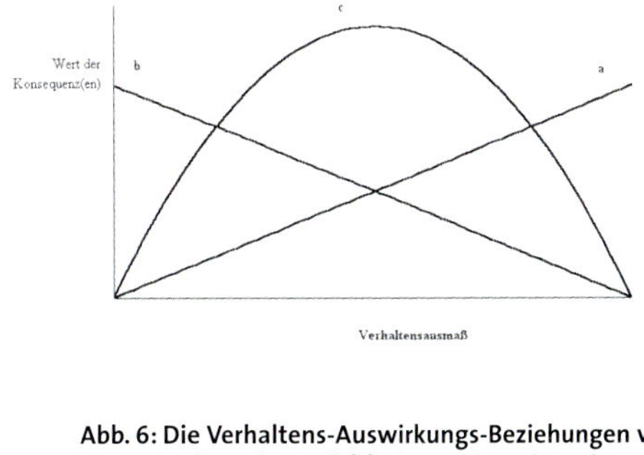

Abb. 6: Die Verhaltens-Auswirkungs-Beziehungen vom Typ „je mehr, desto besser" (a), „je weniger, desto besser" (b) und „nicht zuviel und nicht zuwenig" (c), nach Patry (1991)

Das weckt unangenehme Gefühle. Also gilt: Wir erreichen unser Ziel weniger, wenn wir dem Partner 100 % der Zeit in die Augen schauen. Das Optimum ist irgendwo dazwischen (Abb. 6, Linie c). Wir haben also eine umgekehrt-U-förmige Beziehung zwischen dem Verhaltensparameter – hier %-Augenkontakt – und dem Erfolg, den wir in der Interaktion haben. Oder wir können sagen: Für den Parameter „Augenkontakt" gilt das Prinzip „***Nicht zuviel und nicht zuwenig***". Zuviel Augenkontakt reduziert die Erfolgswahrscheinlichkeit, und ebenso ist zuwenig Augenkontakt ungeeignet.

Hinzu kommt ein **weiterer wesentlicher Aspekt**: Es konnte gezeigt werden, dass ein Zusammenhang vom Typ „***nicht zuviel und nicht zuwenig***" immer mit Situationsspezifität des entsprechenden Handelns zusammenhängt. Im Beispiel des Augenkontaktes etwa: Will jemand den Vorgesetzten überzeugen, eine Gehaltserhöhung zu geben, wird er ihm eher direkt in die Augen schauen: Das Optimum ist eher rechts. Wenn er jedoch – in einer anderen Situation – dem Vorgesetzten etwas zu beichten hat oder von diesem zurechtgewiesen wird, dann senkt er eher verschämt die Augen und vermeidet den Augenkontakt: Das Optimum ist eher links. Oder in einer mündlichen Prüfung: Wenn die Studierenden eine Antwort genau wissen, schauen sie mir jeweils direkt in die Augen, wenn sie keine Ahnung haben, schauen sie verschämt weg. Dies ist auch sinnvoll: Durch den direkten Augenkontakt signalisiert man Selbstsicherheit und dass eine Forderung berechtigt ist, während durch das Wegschauen deutlich wird, dass man sich für das, was man tut, geniert oder gar schämt.

Wie ist dies mit dem Handeln von Lehrerinnen und Lehrern? Wie anderswo dargestellt (Patry, 1996), können die in Tabelle 2 oben Anhang >> S. 93 wiedergegebenen Lehrerverhaltensweisen als typisch für „***nicht zuviel und nicht zuwenig***" identifiziert werden. Bei diesen Verhaltensparametern gilt, dass es ein Optimum gibt und dass Situationsspezifität angemessen ist. Dies ist für die Variable „Lenkung" differenziert nachgewiesen worden (vgl. Gastager, 1998), erscheint aber auch für die anderen Variablen sinnvoll, wie die rechte Spalte andeutet[2]; es ist an dieser Stelle nicht möglich, differenziert auf diese Variablen einzugehen.

Wesentlich ist dabei: Bei all diesen Variablen ist dann auch Situationsspezifität angemessen, d. h. in jedem Fall gilt, dass in gewissen Situationen mehr und in anderen Situationen weniger dieser Variable zielführend ist. Wiederum auf die Lenkung bezogen schreibt etwa *Dubs* (1995): „***Es gibt nicht einen richtigen Führungsstil (Unterrichtsverhalten) der Lehrerin oder des Lehrers. Je nach Lernzielen, Stand der Klasse (Anfänger/Fortgeschrittene) und Eigenschaften der Schülerinnen und Schüler ist ein anders gearteter Führungsstil einzusetzen.***" (S. 63; Hervorhebung von mir) Er hat ein Modell zur Anregung von Variationen im Unterricht und im Lehrerverhalten vorgestellt, in dem hoch lenkendes Unterrichtsverhalten dann angewandt wird, wenn **deklaratives Wissen** (eher im Sinne von **Auswendiglernen**) angestrebt wird (und zudem allenfalls wenig Unterrichtszeit verfügbar ist, Orientierungswissen notwendig ist etc.), während sich wenig lenkendes Unterrichtsverhalten und insbesondere Lernberatung auf die **Anwendung** von Wissen und Können und auf die **Eigenkonstruktion** von Wissen und Können beziehen. Alle drei Bereiche, deklaratives Wissen, Wissensanwendung wie auch Eigenkonstruktion

[2] *Es ist mir bewusst, dass diese Begründungen normativ formuliert sind, während die Erhebung deskriptiv ist. Es handelt sich aber nicht um einen naturalistischen Fehlschluss, sondern es wird versucht, normative Rechtfertigungen für Verhaltensweisen anzudeuten, die faktisch dem jeweiligen Typ entsprechen.*

von Wissen, sind notwendig und sollten im Unterricht berücksichtigt werden, sie sollten aber auch auf einander bezogen werden. Konstruktivistischer Unterricht ist aber primär mit geringer (aber nicht völlig fehlender!) Lenkung verbunden, wobei auch dann noch Unterschiede sinnvoll sind, wie unten noch eingehend zu diskutieren sein wird.

Demgegenüber sind die im schwarzen Bereich mit weißer Schrift dargestellten Verhaltensweisen eher vom Typ ***„Je mehr, desto besser“***; für alle diese Verhaltensparameter gilt: Je stärker sie ausgeprägt sind, desto besser ist der Unterricht. Und dies gilt in allen Situationen. Wiederum ist in der rechten Spalte eine Begründung angedeutet.

Bei einigen ist die Zuordnung nicht ganz klar ; diese sind im grau unterlegten Bereich angegeben.

Für die Lehreraus- und – weiterbildung ist diese Unterscheidung zwischen ***„je mehr, desto besser“*** (schwarzer Bereich in der Tabelle) und ***„nicht zuviel und nicht zuwenig“*** (heller Bereich) ganz entscheidend. Während es für die Verhaltensweisen, die dem Typus ***„je mehr, desto besser“*** folgen, zunächst einmal genügt, die entsprechenden Fähigkeiten zu vermitteln bzw. die Lehrerinnen und Lehrer für die entsprechenden Verhaltensweisen zu sensibilisieren und sie aufzufordern, diese Verhaltensweisen im Unterricht so oft wie möglich zu zeigen – was zugegebenermaßen auch nicht einfach ist, darauf können wir hier aber nicht eingehen (vgl. Patry, 1998) –, kommt im Bereich ***„nicht zuviel und nicht zuwenig“*** noch ein Aspekt hinzu: Welches Ausmaß ist in welcher Situation angemessen? Wie viel Lenkung braucht es in welcher Situation im Unterricht? Hier muss jeder einzelne selber sensibel dafür werden, wann welches Ausmaß angemessen ist. Immerhin kann es gewisse Richtwerte geben; für die Lenkung habe ich oben bereits entsprechende Andeutungen gemacht – und es wurde deutlich, dass dies ganz eng mit Konstruktivismus zusammenhängt (vgl. unten); man muss aber auch sagen, dass die Forschung in diesem Bereich noch kaum Aussagen machen kann.

Betrachten wir nun die Weiterbildung in Konstruktivismus auf diesem Hintergrund.

3.3 Veränderung durch Weiterbildung

Mangelnde Schwimmkompetenz ist also eine Ursache für mangelnde Tendenz, ins tiefe Wasser zu gehen, und **mangelnde Aus- und Weiterbildung** hindert die Lehrerinnen und Lehrer daran, das zu tun, was sie eigentlich tun möchten – glaubt man der oben dargestellten Untersuchung -, nämlich konstruktivistisch orientierte Ziele umzusetzen. Deswegen haben wir Weiterbildungsmöglichkeiten angeboten, und diese wurden auch rege in Anspruch genommen. Über die Weiterbildungskurse möchte ich hier nichts sagen – an anderer Stelle wurde im Rahmen dieser Tagung schon darauf hingewiesen (vgl. auch Schwetz, 1999a; zu analogen Ansätzen in Salzburg vgl. Friedl, 2000, und Molander, in Vorbereitung). Ich möchte nur auf einen Umstand hinweisen: Bei der konkreten Umsetzung konstruktivistischer Prinzipien wurde nicht erwartet, dass die Teilnehmer kurzfristig ihren Unterricht vollständig umstellen sollten. Vielmehr sollten sie zunächst **einige konstruktivistische Lektionen** vorbereiten und durchführen, um Erfahrungen zu sammeln, während die anderen Lektionen in der bisherigen Art und Weise unterrichtet werden sollten. Es wird jedoch gehofft, dass mit zunehmender Projektdauer die konstruktivistischen Anteile im Unterricht zunehmen.

Der **vorsichtige Beginn** hatte mehrere Gründe. So ist die Realisation von konstruktivistischem Unterricht ziemlich **vorbereitungsintensiv**, weswegen es den Lehrern nicht zuzumuten ist, den gesamten Unterricht innerhalb kurzer Zeit neu zu gestalten. Insbesondere aber sollten die Lehrer zuerst Erfahrungen mit dem neuen Ansatz gewinnen und – ganz in konstruktivistischer Konzeption der Lehrerweiterbildung – ihren je eigenen Weg für den konstruktivistischen Unterricht finden. Dieser je eigene Weg entspricht ja dem Prinzip der Situationsspezifität, wie es oben dargestellt wurde: Weil viele Verhaltensweisen dem Prinzip *„nicht zuviel und nicht zuwenig"* folgen, müssen die Handelnden zunächst herausfinden, wie es für sie selber funktioniert. **Den** konstruktivistischen Unterricht gibt es ja nicht, sondern jeder muss diejenigen Handlungsweisen finden, die für ihn taugen, die **für ihn optimal** sind – und dieses Optimum kann auch von Lehrer zu Lehrer, von Lehrerin zu Lehrerin unterschiedlich sein. Die Teilnehmerinnen und Teilnehmer am Weiterbildungskurs müssen dementsprechend zunächst lernen, mit dem konstruktivistischen Unterricht umzugehen, sie müssen zuerst den **„eigenen Stil"** finden, um erst dann vollständig auf Konstruktivismus umzustellen, wenn es ihnen zusagt. Ganz im Einklang mit dem Seminole-Spruch sollen sie sich erst ins Tiefe wagen, wenn sie wirklich schwimmen können, d. h. ihren individuellen Schwimm-Stil entwickelt haben und darin auch einigermaßen sattelfest sind. Mit dem konstruktivistischen Unterricht Erfahrungen sammeln, ohne den traditionellen Unterricht notwendigerweise aufzugeben – das war die zugrundeliegende Idee.

Zusätzlich kann man mit diesem Ansatz noch ein untersuchungsmethodisches Problem elegant lösen. Da die Lehrerinnen und Lehrer aufgefordert waren, einige Lektionen konstruktivistisch und die anderen traditionell zu praktizieren, war es möglich, sie in beiden Situationen zu beobachten, d. h. **zu untersuchen**, ob sich der als konstruktivistisch deklarierte **Unterricht** vom als traditionell deklarierten Unterricht in erwarteter Richtung **unterscheidet**. Die Hypothese der betreffenden Untersuchung (Patry, Schwetz & Gastager, im Druck) besagt, dass in den in *Tabelle 3 Anhang >> S. 94* grau unterlegten Bereichen („ansatzrelevante Bereiche") Unterschiede festzustellen sein sollten.

Konstruktivistische Prinzipien wirken sich nicht notwendigerweise (und jedenfalls nicht direkt) auf alle denkbaren **Verhaltensbereiche** aus. Zur Kontrolle, ob es sich (gegebenenfalls) um eine Änderung bezüglich der oben angegebenen Prinzipien des Konstruktivismus handelt oder aber um eine generelle Verhaltensänderung, wurden auch Variablen erhoben, für die kein Unterschied zwischen traditionellem und konstruktivistischem Unterrichten erwartet wurde; es sind dies die in der Tabelle 3 nicht unterlegten Bereiche. In diesen Bereichen werden also keine Unterschiede zwischen traditionellen und konstruktivistischen Lektionen erwartet.

Bezogen auf diese Skalen kann man sich die Frage stellen, was wünschbar ist. Gilt für alle das Prinzip *„Je mehr, desto besser"* (bzw. *„Je weniger, desto besser"*), oder kann man sich auch vorstellen, dass für einzelne dieser Skalen das Prinzip *„nicht zuviel und nicht zuwenig"* gilt? Anders gefragt: Geht es in der Weiterbildung für alle diese Skalen darum, dass die Lehrerinnen und Lehrer möglichst viel der entsprechenden Handlungsweisen erwerben und dann auch im Unterricht realisieren, oder gibt es ein optimales Ausmaß, und sowohl das Über- als auch das Unterschreiten ist weniger günstig – was, wie gesagt, auch Situationsspezifität impliziert? Betrachten wir die einzelnen Bereiche (zweite und dritte Spalten in Tab. 3):

Lenkung, Vormachen, Frontalunterricht: Wie bereits angedeutet, ist dies der Prototyp von *„nicht zuviel und nicht zuwenig"* und sollte auch situationsspezifisch sein, wobei aber erwartet wird, dass im konstruktivistischen Unterricht weniger Lenkung besteht als im traditionellen Unterricht.

Gemeinsames Lernen: Auch hier kann man vom Prinzip ***„nicht zuviel und nicht zuwenig"*** ausgehen: Gemeinsames Lernen ist notwendig, aber letztlich muss jeder einzelne Schüler den Stoff für sich konstruieren und damit auch gelegentlich allein für sich arbeiten. Erneut kann man aber erwarten, dass dieses Verhalten häufiger im konstruktivistischen Unterricht ist, weil die Zusammenarbeit eine genuine Voraussetzung für konstruktivistische Arbeit ist.

Berücksichtigung von Schülerideen durch den Lehrer oder die Lehrerin: Dies ist ein ganz wichtiges Prinzip des Konstruktivismus, deshalb wird es vermehrt im konstruktivistischen Unterricht erwartet, aber es kann auch ausufern, etwa wenn Schülerinnen und Schüler in eine „kreative Phase" kommen und drauflos phantasieren – also gilt ***„nicht zuviel und nicht zuwenig"***.

Erleben von Freiraum durch die Schülerinnen und Schüler: Freiraum ist eines der zentralen Elemente von konstruktivistischem Unterricht und sollte deshalb in diesem häufiger als im traditionellen Unterricht sein, aber erneut nicht unbeschränkt (***„nicht zuviel und nicht zuwenig"***).

Analog kann man für die **ansatzirrelevanten Bereiche** argumentieren:

Bei **Disziplin und Konzentration** in der Klasse werden keine Unterschiede zwischen traditionellem und konstruktivistischem Unterricht erwartet; allenfalls ist mit Befürchtungen der Lehrerinnen und Lehrer zu rechnen, dass im konstruktivistischen Unterricht Disziplinlosigkeit bestehe. Für Disziplin kann man sicherlich von ***„je mehr, desto besser"*** sprechen, wobei gleichzeitig andere Bereiche, etwa die Wertschätzung, zu berücksichtigen sind; dies bedeutet, dass Disziplin nicht mit allen Mitteln durchzusetzen ist, sondern es handelt sich hier möglicherweise um ein Trade-off Verhältnis.

Angst: Je weniger Angst, desto besser – das scheint klar. Aber es gibt keinen Grund, anzunehmen, dass es da einen Unterschied zwischen traditionellem und konstruktivistischem Unterricht geben könnte.

Sorge: Genau das gleiche kann man über die Sorge sagen.

Interesse und Neugier: Ich habe dieses Verhalten der Schüler als ***„nicht zuviel und nicht zuwenig"*** beurteilt, obwohl sicherlich Interesse und Neugier eine wesentliche Grundlage für das Lernen ist. Aber Interesse und Neugier müssen flexibel sein, sich auf den Unterrichtsstoff beziehen (lassen), sonst sind sie möglicherweise eher abschwächend, wenn der Unterrichtsgegenstand nicht exakt die hoch spezifischen Interesse des Schülers trifft; hier sind aber sicherlich entsprechende Forschungen notwendig. Auch kann überhohe Motivation zu Leistungsreduktion führen (vgl. die Yerkes-Dodson-Regel[3]). Beim Vergleich von traditionellem und konstruktivistischem Unterricht haben allenfalls Vertreter des Konstruktivismus die Erwartung, dass das Interesse bei konstruktivistischem Unterricht höher sei, doch wurde in der berichteten Untersuchung kein solcher Unterschied erwartet.

Verständlichkeit: Diese Skala haben wir schon oben („Verstehen") als ***„nicht zuviel und***

[3] *Die „Yerkes-Dodson-Regel" (vgl. Heckhausen, 1980, S. 434ff.; Portele, 1975, S. 133ff.) besagt, dass bei zu geringer Motivation nicht die maximale (der Fähigkeit entsprechende) Leistung gezeigt wird, ebenso wenig wie bei über großer Motivation bzw. Erregung (Beispiel: Prüfungsangst).*

nicht zuwenig" behandelt, wobei darüber zu diskutieren wäre. Wir erwarten keinen Unterschied, entgegen allfälligen Befürchtung der Lehrerinnen und Lehrer, konstruktivistischer Unterricht führe bei den Schülerinnen und Schülern zu geringerer Verständlichkeit.

Anweisungen geben: Auch dies ist „nicht zuviel und nicht zuwenig", und wir erwarten keine Unterschiede, denn auch im konstruktivistischen Unterricht werden Anweisungen gegeben – allerdings möglicherweise weniger als im traditionellen Unterricht.

An der hier zu diskutierenden Untersuchung nahmen 37 Lehrerinnen und Lehrer und insgesamt über 400 Schülerinnen und Schüler aus dem Projekt teil (Details sind in Patry, Schwetz & Gastager, im Druck, dargestellt). Wie angedeutet, sollten die Lehrerinnen und Lehrern einige Lektionen konstruktivistisch, andere aber traditionell unterrichten. Diese **traditionellen Lektionen** konnten sozusagen als **Kontrollgruppe** interpretiert werden. Jede Lehrerin und jeder Lehrer sollte eine Reihe von traditionellen und konstruktivistischen Lektionen mittels Lektions-Unterbrechungs-Methode (vgl. unten) erfassen; unterschiedliche Lehrerinnen und Lehrer setzten den Bogen unterschiedlich häufig ein, und es wurden auch nicht immer alle Skalen berücksichtigt. Mitgeteilt werden die Ergebnisse des ersten Jahres.

Die **„Lektions-Unterbrechungs-Methode" (LUM**; vgl. auch Patry, 1997, 2000) beruht darauf, dass in einzelnen Lektionen der Lehrer oder die Lehrerin den Unterricht zu einem bestimmten Zeitpunkt unterbricht und die Schülerinnen und Schüler auffordert, die vergangene Lektion mittels eines kurzen Fragebogens einzuschätzen. Die Erfahrung zeigt, dass Schülerinnen und Schüler diese Beobachtungen bei entsprechend formulierten Fragebogen nach wenigen Durchgängen problemlos bewältigen können und dass der Unterricht dadurch kaum gestört wird. Ausgewählt wurden einerseits Lektionen, die von den Lehrerinnen und Lehrern als „traditionell" konzipiert und eingestuft wurden, und andererseits solche, die von den gleichen Lehrerinnen und Lehrern als „konstruktivistisch" intendiert waren. Jeder der in Tabelle 3 angegebenen Verhaltensweisen wurde durch drei oder vier Items erfasst. Der Beobachtungsbogen wurde von den Lehrerinnen und Lehrern je in mehreren traditionellen und konstruktivistischen Lektionen eingesetzt; die Anzahl Einsätze variiert sehr stark, von je zwei oder drei Lektionen bis hin zu über 20 Lektionen.

Über alle Lehrerinnen und Lehrer bzw. deren Schülerinnen und Schüler und alle erfassten Lektionen gemittelt ergeben sich die in der *Tabelle 4 Anhang >> S. 94* dargestellten Werte; mitgeteilt werden die Mittelwerte für den traditionellen und den konstruktivistischen Unterricht, der p-Wert (t-Test, zweiseitig; als signifikant wird $p < .05$ interpretiert), die Effektgröße d und die Anzahl berücksichtigter Schülerinnen und Schüler (n). Die ansatzrelevanten Variablen sind grau unterlegt. **Höhere Werte besagen, dass das Merkmal *weniger* ausgeprägt ist.** Die unterschiedliche Häufigkeit des Einsatzes der LUM-Bögen erschwert die Interpretation. Die Ergebnisse können wie folgt zusammengefasst werden:

In allen ansatzrelevanten Variablen ergeben sich **signifikante Unterschiede**, und zwar jedes Mal in der durch die Hypothesen geforderten Richtung; die Effektgrößen gehen von $d = .38$ (Berücksichtigung der Ideen der Schülerinnen und Schüler durch die Lehrerinnen und Lehrer) bis $d = 1.05$ (Lenkung).

In den **ansatzirrelevanten Variablen** gibt es vier signifikante Unterschiede, nämlich

weniger Sorgen, **mehr Interesse**, **weniger Verständlichkeit** und **weniger Anweisungen** im konstruktivistischen Unterricht im Vergleich zum traditionellen Unterricht. Die Effektgrößen sind mit $.17 < d < .24$ gering. Im Hinblick auf **Interesse** bestätigten sich die oben als „indirekte Wirkung“ in Erwägung gezogene Hoffnung der „Konstruktivisten“, bezüglich der **Verständlichkeit** die allgemeinen Befürchtungen. Die beiden anderen Effekte waren nicht erwartet worden.

Es zeigen sich also in der Tat Unterschiede, und zwar sowohl in den ansatzrelevanten als auch in den ansatzirrelevanten Variablen, wobei in den letzteren die Effekte deutlich kleiner sind (Effektgröße unter .24 im Gegensatz zu den ansatzrelevanten Skalen mit einer Effektgröße von .38 und den restlichen über .80; es sei daran erinnert, dass Effektgrößen >1 im Sozialbereich nur sehr selten anzutreffen sind).

Zwischen den einzelnen Lehrerinnen und Lehrern gibt es in allen Variablen sehr große interindividuelle Unterschiede. Das bedeutet, dass die verschiedenen Lehrerinnen und Lehrer sowohl konstruktivistischen wie auch traditionellen Unterricht sehr unterschiedlich interpretieren. Auf Details dazu kann ich nicht eingehen.

Die Unterschiede in den verschiedenen Lektionen sind dahingehend zu interpretieren, dass tatsächlich **unterschiedliches Verhalten** in ansatzrelevanten Variablen in den traditionellen und in den konstruktivistischen Lektionen **durch die Schülerinnen und Schüler wahrgenommen** wird. Dies zeigt, dass durch die Weiterbildungsmaßnahmen tatsächlich eine Veränderung erreicht werden konnte.

4 Schlussfolgerungen

„Never venture out of your depth till you can swim“ – das war unser Ausgangspunkt. Wenn das Wasser tief ist, man aber trotzdem hinaus möchte, muss man sich halt entsprechende Möglichkeiten schaffen. Im vorliegenden Fall haben unsere Lehrerinnen und Lehrer tatsächlich konstruktivistischen Unterricht realisieren wollen, und sie waren damit nicht allein, wie die Untersuchung zu den Zielen, die ich dargestellt habe, deutlich machte. Aber es wurde nicht gefordert, dass sie den mehr oder weniger bewährten „traditionellen“ Unterricht von einem Tag auf den andern aufgeben sollten. Dies ist vor allem auch deswegen nötig gewesen, weil die Lehrerinnen und Lehrer ja im Einklang mit dem konstruktivistischen Ansatz den neuen Unterricht für sich neu „erfinden“ mussten – und die Erfahrungen haben denn auch gezeigt, dass dies in völlig unterschiedlicher Art und Weise geschah.

Dieses individuelle neue Erfinden hängt damit zusammen, dass wesentliche Elemente des konstruktivistischen Unterrichtes dem **Verhaltens-Auswirkungs-Typ** *„nicht zuviel und nicht zuwenig“* folgen und deshalb – entsprechend der Theorie der Situationsspezifität – situationsspezifisch sind, d. h. in unterschiedlichen Situationen ist unterschiedliches Verhalten angemessen.

Der „**Viabilitäts-Check**“ für das eigene Unterrichtsverhalten erfolgt jeweils zunächst bei **der Vorbereitung**: Ganz im Einklang mit dem Algorithmus von Abbildung 1 konzipiert der einzelne Lehrer, die einzelne Lehrerin seinen oder ihren Unterricht, indem auf die schon bekannten Konzepte zurückgegriffen wird oder, wenn keine davon verfügbar sind, indem neue erfunden werden; im Schritt f der Unterrichtsvorbereitung erfolgt dann die Prüfung, ob der Unterricht, wie er roh geplant wurde, auch mit der entsprechenden

Klasse praktikabel ist, und darauf aufbauend kann dann die Feinabstimmung realisiert werden. Bei der Durchführung erfolgt dann erneut ein Viabilitäts-Check, indem geprüft wird, wie die Schülerinnen und Schüler auf den Unterricht reagieren.

Von besonderer Wichtigkeit ist dabei, dass dieser letztgenannte Viabilitäts-Check auch tatsächlich durchgeführt wird. Lehrerinnen und Lehrer, die „schwimmen lernen", d. h. sich in die Tiefen des konstruktivistischen Unterrichtes wagen (ohne die Sicherheit des traditionellen Unterrichtes völlig aufzugeben), müssen sich **systematisch Feedback organisieren** über die Wirkung ihres Verhaltens: Sie müssen aufmerksam verfolgen, ob alle Schülerinnen und Schüler in gleicher Weise auf das Unterrichtsangebot reagieren, und vor allem allen Hinweisen nachgehen, die darauf hindeuten könnten, dass einzelne Schülerinnen oder Schüler nicht vom Unterricht profitieren. Wir wissen noch sehr wenig darüber, ob und inwiefern Schülerinnen und **Schüler unterschiedlich auf konstruktivistischen Unterricht reagieren**; aus der Aptitude-Treatment-Interaction-Forschung (**ATI-Forschung**, vgl. Cronbach & Snow, 1981; Corno & Snow, 1986) ergibt sich allerdings die Tendenz, dass Schülerinnen und Schüler, die selbstsicher und wenig ängstlich sind, mit selbständigen Tätigkeiten gut zu Rande kommen, während ängstliche und unsichere Schülerinnen und Schüler bei geleiteter Tätigkeit erfolgreicher sind. Wir können also annehmen, dass einzelne Schülerinnen und Schüler durch die enthaltene Selbstständigkeit überfordert sind. Unter solchen Umständen wird es notwendig sein, mehr zu lenken, was möglicherweise das Lernen der begabteren Schülerinnen und Schüler nicht optimal ermöglicht, aber den weniger begabten (und vor allem den eher ängstichen) Schülerinnen und Schülern das Lernen erleichtert. Der angedeutete Viabilitäts-Check des konkreten Unterrichtes wird also mit großer Wahrscheinlichkeit dazu führen, dass der betreffende Lehrer oder die betreffende Lehrerin **innerhalb seines oder ihres Unterrichtes** wiederum **situationsspezifisch handelt**, was auf mindestens zweierlei Arten geschehen kann:

- Gelegentlich wird konstruktivistischer Unterricht mit großer Selbständigkeit angeboten, der für die selbstsicheren, wenig ängstlichen Schülerinnen und Schüler optimal ist, dann wieder stärker gelenkter – aber trotzdem konstruktivistischer! – Unterricht, der den ängstlichen, unsicheren Schülerinnen und Schülern eher entgegenkommt.
- Oder man praktiziert innere Differenzierung und gibt den selbstsicheren, wenig ängstlichen Schülerinnen und Schülern andere, selbständiger zu lösende Aufgaben als den unsicheren, ängstlichen Schülerinnen und Schülern.

Man kann natürlich diese beiden Arten situationsspezifischen schüleradaptiven Verhaltens miteinander kombinieren oder abwechselnd praktizieren.

Es kann durchaus sein, dass es neben dem Zusammenhang zwischen Lenkung durch den Lehrer oder die Lehrerin und Ängstlichkeit bzw. Unsicherheit der Schülerinnen und Schüler noch andere Beziehungen gibt, die vom Lehrer oder von der Lehrerin eine besondere Adaptation an die spezifischen Bedingungen erforderlich machen. Dies kann er oder sie aber nur erkennen, wenn er oder sie spezifisch darauf achtet.

Die oben angedeutete **Lektions-Unterbrechungs-Methode (LUM)** kann, entsprechend eingesetzt, dazu dienen, das notwendige Feedback zu gewinnen. Mit dieser Methode lässt sich ja grundsätzlich jedes von den Schülerinnen und Schülern berichtbare Verhalten erfassen. Wir haben beispielsweise die Aufmerksamkeit von Erst- und

Drittklässler auf diese Weise untersucht (Patry, Weyringer & Zotter, 2000) und dabei sehr differenzierte Rückmeldungen über den Einfluss von Lenkung erhalten; eine Auswertung solcher Daten im Hinblick auf unterschiedliche Schülerinnen und Schüler unter Berücksichtigung von Variablen des Unterrichtsverhaltens (vgl. z. B. Tab. 2) könnte zeigen, welche Schülerinnen und Schüler auf welche Unterrichtsmethoden besonders gut ansprechen und welche besonders schlecht reagieren.

Was heißt hier aber „gut" und „schlecht" reagieren? Oder allgemeiner gefragt: Welche Kriterien verwende ich als Lehrerin oder als Lehrer für den Viabilitäts-Check des eigenen Unterrichtes? Es gibt eine Fülle von Möglichkeiten, woran man den eigenen Unterricht messen kann.

- Ist es das, was **nach** dem Unterricht beim Schüler, bei der Schülerin bleibt: der Lernerfolg aller Schülerinnen und Schüler, jener der am wenigsten begabten oder jener der begabtesten unter ihnen? Ist es das abfragbare Wissen, oder ist es das Verständnis und die Kritikfähigkeit der Schülerinnen und Schüler (das stand ja auf der Zielliste weit oben!)? Und wenn es letzteres ist: Wie kann man Verständnis und Kritikfähigkeit der Schülerinnen und Schüler erfassen? Mit den traditionellen Tests und Prüfungen geht das zumeist nur beschränkt.
- Aber man kann auch ganz andere Kriterien ansetzen, z. B. was **während** des Unterrichts geschieht; ich habe oben von Aufmerksamkeit gesprochen, man kann aber auch andere Schülervariablen nennen, etwa Interesse, Motivation, Freude, Gefallen an einer Herausforderung, oder auch soziale Faktoren wie Zusammenarbeit, gegenseitige Unterstützung u.dgl. Meist wird es eine Kombination verschiedener solcher Variablen sein, aber welche, und wie gewichtet?

Auch hier, scheint mir, ist eine **individuelle Entscheidung** sinnvoll. Jede Lehrerin, jeder Lehrer muss für sich selber finden, welche Kriterien in welcher Kombination angemessen sind. Herr Müller mag mehr Gewicht auf den Lernerfolg legen und die Freude am Lernen als weniger wichtig erachten. Frau Meier dagegen wird sich vielleicht sagen, ein besonders wichtiges Ziel ist es, dass die Schülerinnen und Schüler die Freude an der Schule und am Lernen nicht verlieren, dann werden sie auch später, nach Abschluss der Schule, weiter lernen wollen. Frau Schmidt legt demgegenüber besonderen Wert darauf, dass die Kritik der Schülerinnen und Schüler fundiert ist, während schließlich Herr Moser die Schule als Gelegenheit sieht, soziale Erfahrungen zu machen. Welches dieser Kriterien im Vordergrund steht, hängt natürlich auch von den Schülerinnen und Schülern ab: Die Freude an der Schule nicht zu verlieren wird wohl in der Volksschule bedeutsam sein, während es in der Sekundarstufe vielfach gilt, die Schülerinnen und Schüler dazu zu bringen, von der Abneigung gegen das Lernen wegzukommen. Kritisches Denken ist vielleicht in den höheren Klassen des Gymnasiums ein besonders wichtiges Anliegen, aber warum soll ein Volksschüler, eine Volksschülerin nicht auch kritisches Denken lernen? Man sieht, auch wenn es für bestimmte Gruppen Präferenzen geben mag, so sind doch alle diese Kriterien für alle Stufen überlegenswert – und es mag noch mehr davon geben. Wichtig ist, dass man als Lehrerin, als Lehrer entsprechende Überlegungen anstellt.

Dabei wird es sich schnell zeigen, dass es nicht möglich ist, alle Ziele gleichermaßen als wichtig zu betrachten. Sicher sind sie alle wichtig. Aber kann ich sie alle gleichzeitig umsetzen? Unsere Zielanalyse (vgl. oben) hat hier Probleme aufgezeigt. Offenbar ist es notwendig, **Prioritäten** zu setzen.

Diese Prioritäten haben dann auch wiederum Auswirkungen auf den Viabilitäts-Check der Schülerinnen und Schüler. Denn diese Prioritäten werden ein wesentliches Kriterium sein, das auch für die Schülerinnen und Schüler gilt. Nach wie vor gibt der Lehrer, die Lehrerin die wesentlichsten Hinweise darüber, was eine viable und was eine nicht viable Lösung ist. Schülerinnen und Schüler lernen sehr schnell, sich diesbezüglich an die Lehrerinnen und Lehrer anzupassen und solche Lösungen zu produzieren, die diese akzeptieren (vgl. Patry, 1989; Riffert, 2000) – Schülerinnen und Schüler verhalten sich nicht weniger situationsspezifisch als ihre Lehrerinnen und Lehrer.

„*Never venture out of your depth till you can swim*" gilt also für den Unterricht in mehrfacher Weise:

- Wenn man noch unsicher ist mit dem konstruktivistischen Unterricht, dann soll man **nur einzelne Versuche** machen, nicht aber von Vorne herein völlig auf den konstruktivistischen Unterricht umstellen.
- Es zeigt sich, dass es ganz unterschiedliche „Schwimmtypen" gibt; man soll sich also auch nicht ins tiefe Wasser wagen, bevor man den **eigenen Stil** des Unterrichtens **entwickelt** hat.
- Es zeigte sich ferner, dass es ganz unterschiedliche „Gewässer" gibt, in denen man schwimmen muss: Es gibt Schülerinnen und Schüler, die auf geringe Lenkung gut ansprechen, andere lernen schlechter, und je nach Schülerin, je nach Schüler wird man unterschiedlich handeln müssen. In der Klasse sind allerdings Schülerinnen und Schüler der verschiedenen Präferenzen gemischt. Eine Kombination und **situationsspezifisches Handeln** werden notwendig sein.
- Beim Schwimmen im tiefen Wasser gibt es zunächst einen essenziellen Viabilitäts-Check: Bleibe ich über Wasser? Beim Unterricht sind die Viabilitäts-Kriterien vielfältig und setzen entsprechende **Prioritätensetzungen** voraus, die bewusst geschehen und den Schülerinnen und Schülern auch transparent gemacht werden sollten.

Unterrichten gehört zu den komplexesten Tätigkeiten von Menschen. **Einfache Lösungen gibt es nicht.** Aber jeder Mensch, der sich dieser Tätigkeit widmet, kann versuchen, sie systematisch und rational zu verbessern. Weiterbildung in Richtung auf konstruktivistischen Unterricht ist eine Möglichkeit dazu – aber letztlich muss jeder seinen Unterricht selber „erfinden" und konstruieren. Dies ist eine aufwendige Aufgabe, aber sie ist lösbar. Wagen wir uns ins Tiefe – aber lernen wir zuerst situationsspezifisch zu schwimmen!

Literatur

Brunner, J.: Die Erziehungsziele der Primarlehrer und Probleme ihrer empirischen Erhebung, Basel 1980. (Beltz)

Corno, L., & Snow, R.E.: Adapting teaching to individual differences among learners. In: Wittrock, M.C. (Ed.): Handbook of research on teaching, third edition, 605-629, New York 1986. (MacMillan)

Cronbach, L. J., & Snow R. E.: Aptitudes and Instructional Methods: A Handbook for Research on Interactions, : New York 1981. (Irvington Publishers Inc.)

Dörner, D:. Denken, Problemlösen und Intelligenz. Psychologische Rundschau, 35, 10-20. 1984

Dubs, R.: Lehrerverhalten. Ein Beitrag zur Interaktion von Lehrenden und Lernenden im Unterricht, Zürich 1995. (Verlag des Schweizerischen Kaufmännischen Verbandes)

Folsom, T. (ed.): Dictionary of proverbs in American country music hits (1986-1993). De Proverbio 1997. URL: http://www.utas.edu.au/docs/flonta/DPbooks/FOLSOM/cmdictionary.html (23. August 2000).

Friedl, J.: Neue Wege im Mathematikunterricht – Eine Untersuchung zur Anwendung eines konstruktivistischen Modells im Mathematikunterricht. Universität Salzburg 2000. (Unveröffentlichte Diplomarbeit)

Gastager, A.: Wie viel Lenkung braucht der Unterricht? Eine Kontroverse zum optimalen Ausmaß an direktem Unterrichtsverhalten. Universität Salzburg: 1998. (Unveröffentlichte Diplomarbeit.)

Glasersfeld, E. v.: Worin besteht der Bezug vom Radikalen Konstruktivismus zur systemischen Psychotherapie? Seminar „Konstruktivismus und Systemtheorie" des Instituts für Erziehungswissenschaften der Universität Innsbruck – Fragebeantwortungen 7.5.1998. URL http://ezwi1.uibk.ac.at/konstrukt/ernstvg2.htm#1 (28. August 2000).

Hofer, M.: Sozialpsychologie erzieherischen Handelns. Wie das Denken und Verhalten von Lehrern organisiert ist, Göttingen 1986. (Hogrefe)

Hofmann, F., & Patry, J.-L.: Das Erziehungsziel Autonomie in der Unterrichtspraxis. Gründe für die Diskrepanz zwischen Ideal und Realität. Psychologie in Erziehung und Unterricht, 46, 126-135. 1999

Klaghofer, R., Oser, F., & Patry, J.-L. 1987: Der Lehrer – besser als sein Ruf. In: Bericht über die pädagogischen Rekrutenprüfungen, 169-279, Bern 1987. (EDMZ)

Klaghofer, R., Oser, F., & Patry, J.-L.: What distinguishes good from bad teachers? Former students' images of their teachers. In: Olechowski, R., & Svik, G. (Eds.): Experimental research on teaching and learning, 295-305, Frankfurt/Main 1995. (Lang)

Krampen, G.: Erziehungsleitende Vorstellungen von Lehrern. Zeitschrift für experimentelle und angewandte Psychologie, 26, 94-112. 1979

Meadows, G., & Howley, A.: The internet and the truth about science: We gave a science war but nobody came. Education Policy Analysis Achives, 6. 19. 1998 [WWW Dokument]. URL http://olam.ed.asu.edu/epaa/v6n19.htlm.

Miller, G. A., Galanter, E., & Pribram, K.H.: Strategien des Handelns. Pläne und Strukturen des Verhaltens, Stuttgart 1973. (Klett)

Molander, R. in Vorbereitung: Diplomarbeit. Universität Salzburg.

Patry, J.-L.: Verhalten, Emotionen und Ziele von Schülern: Unterschiede zwischen Situationen. In: Krumm, V., & Thonhauser, J. (Hrsg.): Beiträge zur empirisch-pädagogischen Forschung. Referate auf der Herbsttagung der Arbeitsgruppe für Empirische Pädagogische Forschung (AEPF) vom 25.-28. September 1988 in Salzburg. Braunschweiger Studien zur Erziehungs- und Sozialarbeitswissenschaft, Band 24, 161-179. Braunschweig 1989.

Patry, J.-L.: Transsituationale Konsistenz des Verhaltens und Handelns in der Erziehung, Bern 1991. (Lang)

Patry, J.-L.: Qualität des Unterrichts als Komponente von Schulqualität. In Specht, W., & Thonhauser, J. (Hrsg.): Schulqualität. Entwicklungen, Befunde, Perspektiven. 58-94, Innsbruck: 1996. (Studienverlag)

Patry, J.-L.: The lesson interruption method in assessing situation-specific behavior in classrooms. Psychological Reports, 81, 272-274. 1997

Patry, J.-L.: Transfer evaluation in educational processes: Models, results, and problems – a theoretical approach. Salzburger Beiträge zur Erziehungswissenschaft, Nr. 2, 23-40. 1998

Patry, J.-L. 2000: Kaktus und Salat – Zur Situationsspezifität in der Erziehung. In: Patry, J.-L., & Riffert, F. (Hrsg.): Situationsspezifität in pädagogischen Handlungsfeldern. 13-52, Innsbruck 2000. (StudienVerlag)

Patry, J.-L., & Hofmann, F.B.: Erziehungsziel Autonomie – Anspruch und Wirklichkeit. Psychologie in Erziehung und Unterricht, 45, 53-66. 1998

Patry, J.-L., Schwetz, H., & Gastager, A im Druck: Wissen und Handeln. Lehrerinnen und Lehrer verändern ihren Mathematikunterricht. erscheint in Bildung und Erziehung 2/2000.

Patry, J.-L., Weyringer, S., & Zotter, D.: Lenkung im Unterricht und Selbsteinschätzung von Schülern. In: Patry, J.-L., & Riffert, F. (Hrsg.): Situationsspezifität in pädagogischen Handlungsfeldern. 103-123, Innsbruck2000. (StudienVerlag)

Riffert, F.: Verhalten, Emotionen, Ziele – Zur Situationsspezifität in Unterrichtsfächern. In: Patry, J.-L., &

Riffert, F. (Hrsg.): Situationsspezifität in pädagogischen Handlungsfeldern. 167-189, Innsbruck2000. (StudienVerlag)

Schwetz, H.: Von einer didaktischen Monokultur zu einer Konstruktion von Wissens im Mathematikunterricht: Neue Wege in Unterricht und Lehrerweiterbildung – gehen die Lehrerinnen und Lehrer mit? Pädagogisches Handeln, 3, 59-73. 1999a

Schwetz, H.: Parrot – Mathematik und „Muttertags-Gedicht-Mathematik" sind didaktische Lösung erster Ordnung. Eine Annäherung an das neue Lernen in Mathematik aus konstruktivistischer Perspektive. URL http://www.pa.asn-graz.ac.at/publikat/inhalt/doc/parrot/index.htm (4. September 2000). 1999b

Skyhawk Radio Control,: Seminole. 1997 URL: *http://www.gbso.net/Skyhawk/seminole.htm* (23. August 2000).

Tabellen

	Krampen	ideale(r)	beste(r)	typische(r)	durchschnittliche(r)	durchschnittliche(r)
		Lehrer oder Lehrerin				
Ziel	N=180	N=306	N–295	N=238	N=1722	N=304
Eigenständigkeit und Selbständigkeit des Schülers fördern	1	1	1	3	2	12
ein vertrauensvolles Verhältnis zum Schüler herstellen	2	3	2	10	6	22
Selbstbewusstsein und Selbstvertrauen des Schülers fördern	3	2	3	8	10	21
den Schüler zu Aufrichtigkeit und Ehrlichkeit erziehen	4	5	4	4	5	8
den Schüler zu Mitgefühl und Hilfsbereitschaft erziehen	5	8	10	16	19	20
beim Schüler keine Angst erzeugen	6	4	8	12	13	23
den Schüler zu kritischer Haltung erziehen	7	13	15	19	17	14
Summe der Rangpunkte	28	36	43	72	72	120

Tabelle 1:
Ränge der nach Krampen (1979: aus Lehrersicht) wichtigsten Ziele aus der Sicht ehemaliger Schüler für verschiedene Lehrertypen (idealer, typischer Lehrer), für den/die beste(n) bzw. schlechteste(n) Lehrer(in), den sie je gehabt haben, sowie für den/die durchschnittliche(n) Lehrer(in), nach Daten aus der Stichprobe von Klaghofer et al. (1987); unterste Zeile: Summe der Rang-punkte für diese Ziele

Nicht zuviel und nicht zuwenig	
Extraversion	Lehrer sollen nach außen agieren – aber nicht zuviel.
Kognitiv-didaktische Fähigkeiten	Gute Didaktik im Unterricht ist wichtig – aber Perfektion ist nicht notwendig.
Lenkung	Zuwenig Lenkung ergibt Chaos, zuviel Lenkung verhindert Lernen.
Logotrop	Lehrer sollen den Stoff beherrschen, aber nicht als Wissenschaftler auftreten.
Menge der Hausaufgaben	Hausaufgaben sind wichtig, aber sie sollen die Schüler nicht überfordern
Strenge	Eine gewisse Strenge ist angebracht, darf aber nicht übertrieben werden.
Verstehen	Der Schüler will und muss nicht alles bis ins Letzte verstehen
Je mehr, desto besser:	
Achtung-Wärme-Rücksichtnahme	Ein Lehrer kann nie genügend wertschätzend sein.
"Agreableness"	Im sozialen Umgang sollte der Lehrer immer angenehm sein.
"Culture"	Es ist immer gut, wenn der Lehrer gebildet ist.
Einfühlendes Verstehen	Der Lehrer sollte sich so viel wie möglich in den Schüler einfühlen und eindenken.
Emotionale Beziehung	Eine möglichst positive emotionale Beziehung fördert das Lernen.
Gerechtigkeit	Lehrer sollen möglichst gerecht sein.
Paidotrop	Je kindorientierter ein Lehrer, desto erfolgreicher ist er.
Zusätzliche Anregung	Zusätzliche Anregungen sind immer zu begrüßen.
Unklare Zuordnung	
Echtheit	
Einfachheit	
Emotionale Stabilität	

Tabelle 2:
Verhaltensweisen, die typischerweise dem Prinzip „nicht zuviel und nicht zuwenig“ (weiß unterlegt) bzw. „je mehr (weniger), desto besser (schwarz unterlegt) folgen, sowie Verhaltensweisen, für die es nicht klar ist (grau unterlegt); nach Daten von Patry (1996); in der rechten Spalte sind normative Begründungen für die jeweiligen Prinzipien ange

	Prinzip	Hypothese
Lenkung	Opt	in K weniger als in T
gemeinsames Lernen	Opt	in K mehr als in T
Berücksichtigung von Schü-lerideen durch den Lehrer	Opt	in K mehr als in T
Erleben von Freiraum durch die Schülerinnen und Schüler	Opt	in K mehr als in T
Disziplin und Konzentration in der Klasse	Max	kein Unterschied, allenfalls Befürchtung von Disziplinlosigkeit in K
Angst	Min	kein Unterschied
Sorge	Min	kein Unterschied
Interesse und Neugier	Opt	kein Unterschied, allenfalls Erwartung höherer Motivation in K
Verständlichkeit	Opt	kein Unterschied, allenfalls Befürchtung, K führe zu geringerer Verständlichkeit
Anweisungen geben	Opt	kein Unterschied, allenfalls weniger Anweisungen in K

Tabelle 3:
Konstruktivismus-relevante (grau unterlegt) und irrelevante (weiß unterlegt) Verhaltensweisen und die angenommene Verhaltens-Auswirkungs-Beziehung (Opt: Optimierungs-Prinzip, nicht zuviel und nicht zuwenig; Max: Maximierungsprinzip, je mehr, desto besser; Min: Minimierungsprinzip, je weniger, desto besser); rechte Spalte: Hypothese für die Untersuchung (K: Konstruktivistischer Unterricht, T: Traditioneller Unterricht)

	M trad	M konstr	p	d	N
Lenkung	2.23	3.14	.000	-1.05	368
S-S-Kooperation	3.34	2.56	.000	.83	412
Berücksichtigung von Schüler-Ideen	3.12	2.77	.000	.38	403
Freiraum	3.23	2.40	.000	.81	413
Disziplin	2.21	2.16	.192	.05	408
Angst	4.05	3.90	.072	.09	408
Sorge	3.73	3.95	.000	.20	307
Interesse und Neugier	2.46	2.25	.000	.20	399
Verständlichkeit	2.00	2.18	.000	-.18	409
Anweisungen	3.93	4.01	.000	-.24	411

Tabelle 4:
Mittelwerte für den traditionellen (M trad) und den konstruktivistischen (M konstr) Unterricht, Signifikanz (p; t-Test, zweiseitig; signifikant bei $p < .05$), Effektgröße (d; negativ bedeutet, M konstr weist höhere Werte auf) und Anzahl Schülerinnen und Schüler; die grau unterlegten Variablen sind ansatzrelevant; höhere Werte: das Merkmal ist weniger ausgeprägt

Angela Gastager

Was macht mich frei zum konstruktivistischen Unterrichten?

Zur Befreiung von konzepteinschränkenden Handlungen[1]

„Sind wir Lehrerinnen und Lehrer fit im Hinschauen auf unseren Unterricht?" Wenn wir gleichsam wie auf einen Videofilm regelmäßig hinsehen, dann sind das vorab einmal günstige Voraussetzungen, um zu entdecken, wovon wir uns eigentlich **beim herkömmlichen oder traditionellen Unterrichten verabschieden** möchten. Zunächst: Was sind Handlungen, die die alltägliche Umsetzung konstruktivistischer Methoden verhindern? Oder anders herum: Was sind Handlungen, die die Umsetzung erleichtern? Was macht uns frei für den Einsatz von konstruktivistischen Methoden im Unterricht? Oft haben wir als Lehrerinnen und Lehrer mehr Freiheit und mehr Möglichkeiten in der Klasse als wir es für möglich halten (vgl. Gastager, 1999, 72).

1. Was sind zentrale (Handlungs-)Bereiche für das konstruktivistische Unterrichten?

Die „richtige" Form des Lehrens und Lernens wurde mit dem Auftauchen konkreter konstruktivistischer Unterrichtsmodelle zu Beginn der Neunziger Jahre stark in Frage gestellt. Es wird seither versucht, **psychologische Modelle** mit entsprechender Didaktik, die auch den aktuellen technologischen Realitäten[2] entsprechen, in der Praxis zu etablieren. Alte und neue Methoden werden analysiert, Vor- und Nachteile differenziert, und schließlich werden von Lehrerinnen und Lehrern neue methodische Gewichtungen im Unterricht vorgenommen.

Was sind in dieser Übergangssituation **zentrale Hindernisse** für die praktische Umsetzung konstruktivistischer didaktischer Vorschläge? ***Dubs*** (1993, 453) benennt die allgemeine Problematik etwa folgendermaßen: Sind Schülerinnen und Schüler, die Lernenden tatsächlich in der Lage, durch die Auseinandersetzung mit komplexen, lebens- und berufsnahen, ganzheitlich zu betrachtenden Problemkreisen Wissensstrukturen aufzubauen, die jederzeit verfügbar und in neuen Situationen anwendbar sind? Und weiter: Gelingt es ihnen, solche Strukturen aufzubauen, die sich für weitere Problemlösungen, besonders mit vernetztem Denken, eignen (vgl. Abbildung)? U. E. und in Übereinstimmung mit einem zurecht geäußerten Zweifel von Dubs (ebenda) ist es wahrscheinlich aus **Zeitgründen** im Unterricht nicht zu umgehen, ein genügendes **Orientierungswissen** möglicherweise mit **herkömmlichen didaktischen Methoden** zu vermitteln.

1 *Bericht zum Workshop „Einladung zur kritischen Ansicht" an der Tagung „Neues Lernen für die Informationsgesellschaft", Graz, 9.-11.Oktober 2000.*

2 *Im Anschluss wird es weniger um Perspektiven der digitalen Bildungsmedien in der Informationsgesellschaft gehen, sondern vielmehr um den zweiten Teil des Untertitels für diese Tagung: „schülerzentriertes, eigenaktives und selbstorganisiertes Lernen".*

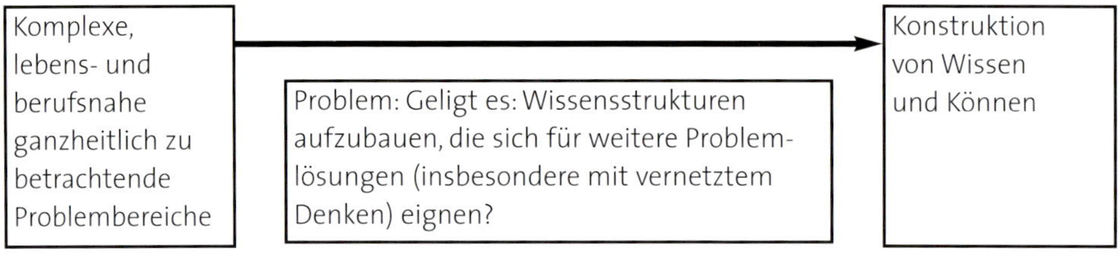

Die Auffassung der Konstruktivisten und ihr Problem (vgl. Dubs, 1993, 453)

Diese Problematik wird nachfolgend an **drei exemplarischen Handlungsbereichen** des Unterrichtens aufgezeigt. Es sind dies der **operative Bereich**, in welchem es um **Problemanalyse** geht, weiters der **interaktive Bereich,** in welchem **soziale Beziehungsabläufe** zentral sind, und schließlich der **Transfer-Bereich**, welcher die **Wissensanwendung** im Lebenskontext des Lernenden thematisiert.

1.1 Der operative Bereich

Dieser schließt jene Handlungen des Lehrers bzw. der Lehrerin und des Schülers bzw. der Schülerin ein, die **sogenannte operative Fähigkeiten** fördern oder stimulieren. Das kann bedeuten, dass Lehrende und Lernende Ziele und Teilziele formulieren, einzelne mentale Operationen je nach den Erfordernissen eines Problems entsprechend ordnen und umordnen, eventuell Konzepte vorstrukturieren, Lösungswege suchen, deren Vor- und Nachteile erwägen oder neue Alternativen vorschlagen. Die dabei notwendigen sogenannten „**Viabilitäts-Checks**" (vgl. den *Beitrag von Patry >> S. 73* in diesem Band) setzen voraus, dass die Vorstellungen zu einem bestimmten Problem formuliert werden. Das bedeutet beispielsweise, dass die Schülerinnen und Schüler versuchen zu eruieren, was die bisherigen Vorstellungen zu einem bestimmten Wissensbereich sind. Also: *„Was weiß ich schon zu dieser Sache? Welche Möglichkeiten habe ich schon früher mal kennen gelernt?"* usw.

1.2 Der Bereich der sozialen Interaktion

Dieser schließt Handlungen des Lehrers bzw. der Lehrerin und des Schülers bzw. der Schülerin ein, die **interaktive Fähigkeiten** fördern oder stimulieren. Fokussiert wird hier auf soziale Interaktionen auf der Person-Person-Ebene, auf der kommunikativen Begegnungsebene von Lehrer und Schüler bzw. von Schüler und Schüler: "(...) *knowledge develops as one engages in dialogue with others*" (Palincsar, 1998, 347). Kommunikation wird als Voraussetzung für einen effektiven Lernkontext angesehen (ebenda, 361). Zum Lernen in sozialen Systemen gehört auch, dass Menschen immer durch **Partizipation** an der Selbstorganisation von Systemen, die größer sind als das eigene System, wahrnehmen (d. h. konstruieren), handeln und lernen (vgl. Lemke, 1997). In solchen Entwicklungssystemen wird das Merkmal als wesentlich angesehen, dass *"(...) each stage sets up the conditions necessary for the occurrence of the next stage"* (Cobb et al., 1997, 216). Davon gehen beispielsweise Vertreter des Ansatzes der "**situated cognition**" aus; diese Forscher "*try to develop analyses of information structures of socially organized activity, using concepts and methods developed in cognitive science, as well as ecological psychology*" (Greeno, 1997, 15).

1.3 Der Transfer-Bereich

Dieser schließt Handlungen des Lehrers bzw. der Lehrerin und des Schülers bzw. der Schülerin ein, die **Konstruktionsfähigkeiten** fördern oder stimulieren. Intendiert sind Fähigkeiten der Konstruktion von Wissen und Können, die in authentischen Lebenssituationen der Lernenden zum Tragen kommen (vgl. beispielsweise Palincsar & Brown, 1984). Einbezogen werden alle neuen Anwendungssituationen in aktuellen Schul- oder Lebensbereichen, aber auch in späteren Berufsbereichen der Lernenden: "***Knowledge is contextualized, it is situated, it is enmeshed in webs of meaning***" (Berliner, 1992, 143). Wesentlich ist auch die Förderung der aktiven und selbstregulierenden Fähigkeiten in authentischen Lern- und Anwendungssituationen (vgl. Zimmerman, 1990, 13f).

Zugleich ist dies nochmals ein Hinweis auf die zentrale Problemstelle bei der praktischen Umsetzung konstruktivistischer didaktischer Vorschläge im alltäglichen Unterricht und bedeutet also eine besondere Herausforderung für uns als Lehrerinnen und Lehrer. Eine „operative und interaktive Lernkultur", sowie eine „Lernkultur, die Transfer-Fähigkeiten" fördert, wird in einer modellierten Lernumgebung (vgl. Kösel, 1995) im Klassenraum angeregt und sich step-by-step entwickeln können.

2. Welche einschränkenden und welche befreienden Bereiche kenne ich aus meiner alltäglichen Unterrichtspraxis?

Die drei dargestellten unterrichtlichen Handlungsbereiche, die sowohl Lehrerinnen und Lehrer als auch Schülerinnen und Schüler betreffen, werden nun an einigen selektiv aus einer Untersuchung herausgegriffenen Beispielen demonstriert (vgl. Tabelle). Diese entstammen einer Evaluierung eines zweijährigen Lehrerweiterbildungskurses zur konstruktivistischen Mathematikdidaktik, der hier in Graz und Umgebung durchgeführt wurde[3].

In der **Tabelle** sind in der linken Spalte die drei angesprochenen **Handlungsbereiche** angeführt, die mittlere Spalte enthält Beispiele für **einschränkenden Faktoren**, d. h. solche Lehrer- oder Schülerhandlungen, die die konkrete praktische Umsetzung konstruktivistischer Unterrichtselemente hemmen; die rechte Spalte enthält Beispiele für **befreiende Faktoren**, also solche Lehrer- oder Schülerhandlungen, die die konkrete praktische Umsetzung konstruktivistischer Unterrichtselemente fördern. (Siehe Tabelle!)

3. Was macht mich fit und frei für die Integration konstruktivistischer Unterrichtselemente?

Die in der Tabelle angeführten Beispiele (die ungleiche Anzahl ist keine Gewichtung) machen u.a. deutlich, dass für Lehrerinnen und Lehrer ein **moderater und langsamer**

---

[3] *Es ist uns ein Bedürfnis und eine Freude, an dieser Stelle nochmals jeder einzelnen Lehrerin und jedem einzelnen Lehrer für das Engagement herzlich zu danken. Die Untersuchung, deren Teilergebnisse in Gastager, A. & Patry, J.-L. 2000 und in Gastager, A., Patry, J.-L. & Schwetz, H. 2000 dargestellt sind, wäre ohne ihre Unterstützung, die oft mit großem Aufwand verbunden war, nicht denkbar gewesen. Ein Dank gilt auch dem Pädagogischen Institut des Bundes in Steiermark und der Pädagogische Akademie des Bundes in Graz, v. a. Herrn Dr. Herbert Schwetz für die Kooperation und das Management. Die Untersuchung wurde im Rahmen des COMENIUS-Projektes „Neue Wege im Mathematikunterricht – Mathematik konstruktivistisch beGreifen und verstehen" (Projektnummer 40982-CP-1-97-1-AT-Comenius-C31) realisiert und im Rahmen des Projektteils 5.2 des Spezialforschungsbereichs F012 des österreichischen Forschungsförderungsfonds unterstützt.*

	Handlungsbereich	einschränkende Faktoren	befreiende Faktoren
1.	**operativer Bereich** (Problemanalyse)	• Fragen, auf die es eine eindeutige Antwort gibt, stellen (L) • auf Rechenrezepte warten (S) und ein Rezept in die Hand geben (L) • präzise L-Äußerungen machen: "So, und jetzt schauen alle mal her!" "Das gehört so, das müsst ihr so machen!"(L) • einen Lösungsansatz vorgeben (L) • nicht denken müssen (S) • bezüglich Denkarbeit den Schülern viel abnehmen (L) • schwarz-weiß, richtig-falsch (L und S) • gar nicht weiterdenken wollen (S)	• das Nichtvorgeben, wie's geht (L) • schauen, was sich jeder dazu denkt (L) • Irrtum im förderlichen Sinne auslösen (L und S) • nichts vorgeben, ausprobieren lassen (L) • das Schritt für Schritt oder ein stufen weises Entwickeln, Minischritte des Arbeitens anregen (L und S) • gezwungen werden, Überlegungen anzustellen (S) • etwas mit eigenen Ressourcen lösen (S) • völlig neue Dinge herbeizaubern (L) • größtmöglich Raum und Zeit geben, eine Lösung zu finden (L) • freiwillig lösen (S) • eigenverantwortlich für den Lernprozess sein (S) • Alternativmodelle abwägen (S) • irgendwie probieren – analysieren (S) • sich nicht sicher fühlen (L) • sein Denken offenlegen (S) • etwas aufweichen müssen (L)
2.	**Bereich der sozialen Interaktion**	• im Gleichschritt marschieren (L und S) • Machtspiele ablaufen lassen (L und S) • unterschiedliche Niveaus von Vorwissen (S) • konsumieren wollen (L und S) • Angst haben, dass wer lacht (S) • den anderen bevormunden (L) • die Führung nicht aus der Hand geben wollen (L)	• Möglichkeiten zu sozialen Wechselbeziehungen schaffen (L) • den Weg, den ich mir denk, den anderen sagen (S) • ein enormes Potential in verschiedenen Schülern wahrnehmen (L) • respektvoll umgehen (L und S) • sich um die Gedanken der Kinder kümmern (L) • Stationenbetriebe organisieren (L) • Teamarbeiten anbahnen (L und S) • Aspekte der sozialen Wirklichkeit sehen (L und S) • Miteinander mit Meinungs-verschiedenheiten arbeiten (L und S) • sein Denken offenlegen (S) • es ist immer jemand da, der einem weiterhilft (S) • gerne Nähe zu den Kindern haben (L)
3.	**Transfer-Bereich**	• den Lernerfolg selten sofort ablesen können bzw. den Erfolg nicht sofort messen können (L) • Worthülsen ohne tieferen Inhalt verwenden (L) • auf "EINEN" Weg hinführen (L) • "Die Mathematik ist ungleich mit dem Leben." (S)	• Eine Problemstellung wird echt. (für S) • sich berufsbegleitende Ausbildung holen (L) • sehr beweglich (flexibel) sein (L und S) • Beispiele aus dem Lebensbereich der Schüler bearbeiten (L und S) • auf die Lebenssituation Rücksicht nehmen (L) • Tagebücher auf der Gefühlsebene anlegen (S) • Steckbriefe der Schüler kennen (L)

Konzepteinschränkende und -befreiende Faktoren (Beispiele aus drei zentralen Handlungsbereichen des Lehrers bzw. der Lehrerin **(L)** und des Schülers bzw. der Schülerin **(S)**)

Einsatz von konstruktivistischen Handlungselementen günstig ist. Dies erleichtert es, der äußerst anspruchsvollen und komplexen Aufgabe eines Lehrers bzw. einer Lehrerin als Lernvermittler bzw. Lernvermittlerin in neuer, konstruktivistischer Form gerecht zu werden. Die **Rolle eines Lehrers** bzw. einer Lehrerin wird sich mit dem vermehrten Einsatz von konstruktivistischen Unterrichtselementen verändern, sie wird **erweitert.**

Es kann auch einmal bedeuten, als Lehrerin bzw. als Lehrer Kumpel zu sein, dann wieder Ansprechpartnerin und Coach oder Animateur, u. s. w. Mit dieser einhergehenden Rollenveränderung öffnen sich, so sagten ebenfalls die Lehrerinnen und Lehrer des oben genannten Kurses, ganz neue Dimensionen der menschlichen Begegnung mit Schülerinnen und Schülern, das Vertrauensverhältnis wird enger, echter. Zugleich, so berichteten sie auch, bedeutet es einen manchmal lockereren, offeneren und flexibleren Umgang miteinander. Das **soziale Miteinander** in der Klasse, das geprägt ist von zunehmender Diskussionsbereitschaft und Dialogfähigkeit, bietet einen idealen Boden für die Förderung von Kompromissfähigkeit und dem Gelingen einer „Kultur des Aushandelns" (vgl. die Forderungen von Posch, 1996, 38ff). Eine sukzessive Integration konstruktivistischer Unterrichtselemente ***„fordert mich jeden Tag heraus"***, so eine Lehrerin, ***„mit unendlicher Geduld wieder neu anzufangen"***. Der Aufwand, die Mühe und die Energie, die von uns Lehrerinnen und Lehrern verantwortlich eingesetzt wird, wird Schülerinnen und Schüler schließlich befähigen, sich **auf neue Lerntechniken und Denkmöglichkeiten** einzustellen und sich in einer **verändernden Lernumgebung** wohl zu fühlen.

Literaturhinweise

Berliner, D. C. 1992: Telling the Stories of Educational Psychology. **Educational Psychologist**, 27/2, 143-161.

Cobb, P., Gravemeijer, K., Yackel, E., McClain, K. & Whitenack, J. 1997: Mathematizing and Symbolizing: The Emergence of Chains of Signification in One First-Grade Classroom. In D. Kirshner & J.A. Whitson (Eds.), **Situated Cognition. Social, Semiotic, and Psychological Perspectives.** Mahwah NJ: Erlbaum Ass., 151-233.

Dubs, R. 1993: Stehen wir vor einem Paradigmawechsel beim Lehren und Lernen? **Zeitschrift für Berufs- und Wirtschaftspädagogik, 89, 449-454.**

Gastager, A. 1999. The wider the choice, the greater the responsibility. Balancing between selfishness and altruism in daily school life. In: J.-L. Patry & J. Lethovaara (Eds.), **European perspectives on teacher ethics**, Tampere/FIN: Juvenes Print, 63-74.

Gastager, A. & Patry, J.-L. 2000: „Konstruktivistische" und „traditionelle" Elemente im Denken von Lehrerinnen und Lehrern (über Handlungen im Mathematikunterricht). Analyse koexistierender Paradigmen in Subjektiven Theorien rekurrierend auf eine Aktualisierung und (Re-)Konstruktion im Dialog-Konsens-Verfahren. Spezialforschungsbereich F012 Forschungsmitteilungen/ 5.

Gastager, A., Patry, J.-L. & Schwetz, H. 2000: Subjektive Theorien über Unterricht: Wie denken Lehrerinnen und Lehrer über Gegensätze zwischen „konstruktivistischer" und „traditioneller" Didaktik? In **Pädagogisches Handeln**, im Druck.

Greeno, J. G. 1997: Response: On Claims That Answer the Wrong Questions. **Educational Researcher**, 26/1, 5-17.

Kösel, E. 19952: Die Modellierung von Lernwelten. Ein Handbuch zur Subjektiven Didaktik. Elztal-Dallau: Laub.

Lemke, J. L. 1997: Cognition, context, and Learning: A Social Semiotic Perspective. In D. Kirshner & J.A. Whitson (Eds.), **Situated Cognition. Social, Semiotic, and Psychological Perspectives.** Mahwah NJ: Erlbaum Ass., 37-55.

Palincsar, A. S. 1998: Social constructivist perspectives on teaching and learning. **Ann.Rev.Psychol.** 49, 345-375.

Palincsar, A. S. & Brown, A.L. 1984: Reciprocal Teaching of Comprehension-Fostering and Comprehension Monitoring Activities. Cognition and Instruction, 1(2), 117-175.

Patry, J.-L. 2000: Die Qualitätsdiskussion im konstruktivistischen Unterricht. Vortrag an der Tagung „Neues Lernen für die Informationsgesellschaft" (Graz, 9.-11.Oktober 2000), in diesem Band.

Posch, P. 1996. Entwicklungstendenzen der Kultur des Lehrens und Lernens. In: W. Specht & J. Thonhauser (Eds.). Schulqualität. Entwicklungen-Befunde-Perspektiven. Innsbruck: Studien Verlag, 38-55.

Zimmerman, B. J. 1990: Self-Regulated Learning and Academic Achievement: An overview. Educational Psychologist, 25/1, 3-17

Britta Kohler

Problemorientiert lehren und lernen

Konstruktivistische Ansätze des Lehrens und Lernens

Der Begriff des **Konstruktivismus** hat in den letzten Jahren weite Verbreitung und auch viel Beachtung gefunden, so dass er derzeit – aller Kontroversität in der Diskussion zum Trotz – weder aus der **Erkenntnistheorie** noch aus der **Psychologie**, der **Soziologie** oder der **Pädagogik** wegzudenken ist (Gerstenmaier & Mandl, 1995). Dabei gilt, dass die **verschiedenen Richtungen des** *Konstruktivismus >> S. 24* sich bei einem Kern gemeinsamer Grundannahmen durchaus unterschiedlich zeigen und im Hinblick auf Lehr-Lern-Prozesse auch unterschiedliche Konsequenzen nahe legen. Zu unterscheiden sind unter anderem radikale und gemäßigte Varianten, wobei den ersteren vermutlich der höhere Bekanntheitsgrad zukommt. So wird auch dann, wenn von konstruktivistischen unterrichtlichen Ansätzen die Rede ist, häufig Bezug auf den Radikalen Konstruktivismus genommen (z. B. v. Foerster, 1994; v. Glasersfeld, 1992; Maturana, 1994; Roth, 1994; Schmidt, 1994; vgl. die kritischen Ausführungen bei Groeben, 1995; Hoops, 1998; Nüse, 1995). In diesem Beitrag wird jedoch von jenen Ansätzen ausgegangen, die von ihren Begründern als *„gemäßigt konstruktivistisch"* bezeichnet werden. Ihre **Kernüberzeugungen** lassen sich nach *Gerstenmaier* und *Mandl* (1995, 874) wie folgt zusammenfassen:

1. **Wissen** wird von den Lernenden immer **aktiv konstruiert**; Wissen kann nicht einfach übernommen werden.
2. Da jedes Individuum sein Wissen auf der Basis des jeweiligen Vorwissens selbst konstruiert, sind kognitive Strukturen notwendigerweise **individuell** verschieden.
3. Wissen wird immer **situationsabhängig** konstruiert. Die Lernsituation bestimmt also mit, in welchen Situationen auf das neu erworbene Wissen später zurückgegriffen werden kann
4. Lernen ist als **Sozialer Prozess** zu betrachten, innerhalb dessen die Lernenden in eine Gemeinschaft hineinwachsen.
5. Zur Reflexion und Kontrolle des eigenen Lernhandelns braucht es den **Einsatz metakognitiver Fertigkeiten**.

Inwieweit sich gemäßigte Konstruktivisten mit diesen Credi von Nicht-Konstruktivisten unterscheiden, wird häufig diskutiert und immer wieder in Frage gestellt. Insbesondere wird immer wieder darauf hingewiesen, dass die **Annahme von der kognitiven Konstruktivität** des lernenden Individuums keine genuin konstruktivistische Erkenntnis, sondern **instruktionspsychologisches** und auch **didaktisches Allgemeingut** ist (z. B. Ballstaedt, 1997). Die derzeit bekanntesten gemäßigt **konstruktivistischen Ansätze** sind **Anchored Instruction** (Cognition and Technology Group at Vanderbilt, 1992b), **Cognitive Apprenticeship** (Collins, Brown & Newman, 1989) und **Cognitive Flexibility** (Feltovich, Spiro & Coulson, 1991), wobei die ersten beiden Ansätze die elaborierteren darstellen.

Alle drei Ansätze sollen im Folgenden dargestellt werden:

Anchored Instruction

Der Anchored Instruction-Ansatz wurde von der Cognition and Technology Group at Vanderbilt unter Leitung von *J. D. Bransford* entwickelt und erprobt. Über die oben genannten gemäßigt konstruktivistischen Kernüberzeugungen hinaus ging es der Gruppe insbesondere um die **Entwicklung und Förderung von Problemlösefähigkeiten**. Die Lernenden sollten in die Lage versetzt werden, Probleme eigenständig und auch in Kooperation mit anderen zu erkennen und zu lösen.

Bei einem Lehr-Lern-Prozess, der den Vorstellungen der Cognition and Technology Group at Vanderbilt folgt, sehen die Schülerinnen und Schüler **zu Beginn einer Unterrichtsstunde** oder Unterrichtseinheit einen **Videofilm**, in dessen Verlauf sich eine komplexe und authentische Problemstellung herauskristallisiert, die es zu lösen gilt. Der Videofilm selbst ist sehr professionell gemacht, und die Geschichte, die erzählt wird, soll in doppelter Weise an reale Situationen erinnern. Zum einen werden nachvollziehbare Problemstellungen (ein verletztes Tier zum Tierarzt bringen, ein Boot kaufen, etc.) gewählt, und zum andern werden sämtliche Informationen, die zur späteren Problemlösung benötigt werden, wie im realen Leben beiläufig gegeben. Die Entwickler nennen dies „**Einbettung der Daten**". Die Absicht, die dieser Einbettung zugrunde liegt, besteht darin, dass die Schülerinnen und Schüler lernen sollen, herauszufinden, welche der gegebenen Informationen für die Problemlösung überhaupt relevant sind. Die Lernenden sollen also nicht wie bei typischen Textaufgaben die Möglichkeit bekommen, die gegebenen Zahlen ohne weiteres Nachdenken bzw. unter Nutzung bestimmter Randinformationen miteinander zu verknüpfen. Manche Schulbücher zeigen ja sogar mit der Seiten- oder Kapitelüberschrift an, was mit den vorhandenen Zahlen zu tun ist (Brüche multiplizieren – Brüche dividieren – vermischte Aufgaben). Bei der Lösung der komplexen Problemstellung müssen die Schülerinnen und Schüler weiterhin selbst herausfinden, mit welchen Rechenoperationen und Schritten sie beginnen möchten. Sie bekommen für den Lösungsweg auch keine Hinweise durch Aufgabenunterteilungen (z. B. von a. bis d.). Die Lösung der Problemstellung selbst soll dann in Kleingruppenarbeit über ein Diskutieren, Probieren und Argumentieren gefunden werden. Dabei sind die gestellten Probleme grundsätzlich so komplex, dass sie auch von leistungsstärkeren Schülerinnen und Schülern unmöglich auf den ersten Blick gelöst werden können.

Zusammengefasst folgen die „Jasper-Abenteuer" des Anchored Instruction-Ansatzes den folgenden, nicht unabhängig voneinander zu sehenden **Leitlinien** (Cognition and Technology Group at Vanderbilt, 1990, 1992a, 1992b):

Videobasiertes Lernen
Alle Abenteuer sind als Videofilme realisiert. Damit kommen sie nach der Überzeugung der Entwickler den Vorlieben der Schülerinnen und Schüler und ihrem oftmals nur geringen Lesevermögen entgegen, bieten auch größere Mengen an Informationen in noch übersichtlicher Weise an und machen auf diese Weise Komplexität handhabbar. Auch ermöglichen sie ein **multiples Kodieren** der Informationen im Gedächtnis, was zu einer höheren Verstehensleistung und zu einer besseren Reproduktion führen soll.

Narrative Struktur
Das narrative Format der Episoden wurde nicht nur gewählt, um den Bedürfnissen jüngerer Schülerinnen und Schüler nach Geschichten und Abenteuern entgegenzukommen. Es kommt auch zum Einsatz, um den Lernenden eine Möglichkeit zu bieten, **neues Wissen** so in bedeutungsvollen Kontexten **zu verankern**, dass es später auch genutzt werden kann.

Generatives Problemlösen
Im Gegensatz zu den üblichen Schulbuchaufgaben verlangt und übt die Bearbeitung der Jasper-Geschichten eine wichtige Teilfähigkeit zur Lösung von Alltagsproblemen: Die Schülerinnen und Schüler müssen, bevor sie zur tatsächlichen Lösung schreiten können, erst einmal das vorhandene **Problem** mit seinen Subproblemen **definieren** und die dafür relevanten Informationen erkennen.

Einbettung der Daten
Bei den Jasper-Abenteuern sind alle zur späteren Lösung notwendigen Daten – zusammen mit sich dann als irrelevant erweisenden Informationen – in selbstverständlicher Weise in das Geschehen eingebettet. Den Schülerinnen und Schülern werden die zur Problemlösung notwendigen Daten also nicht sauber aufgelistet, sondern es besteht die Notwendigkeit, relevante **Informationen** selbst zu **identifizieren**.

Komplexität der Probleme
Die Jasper-Abenteuer ähneln in ihrer Komplexität und Struktur unseren Alltagsproblemen und beinhalten auf diese Weise auch für die leistungsstärkeren Schülerinnen und Schüler eine echte Herausforderung. Denn eine Lösung besteht aus durchschnittlich fünfzehn Teilschritten und verlangt immer ein Nachdenken, Probieren und Kombinieren, das in der Regel drei bis vier Stunden in Anspruch nimmt. Auf diese Weise werden die Schülerinnen und Schüler auch in ihrem Durchhaltevermögen gefordert und gefördert.

Paare von Abenteuern
Würde neues Wissen nur innerhalb eines einzigen Kontextes erworben, so könnte es nur schwer aus diesem herausgelöst werden. Deshalb existieren zu jedem zu vermittelnden Konzept zwei unterschiedliche Abenteuergeschichten. Sie lassen klar werden, welches **Wissen** auf andere Situationen **übertragbar** und welches **kontextspezifisch** ist. Zudem existieren auf diese Weise zu jedem Konzept zwei Lern- und Übungssituationen, so dass die Schülerinnen und Schüler ihren Fortschritt bei der zweiten Geschichte selbst erfahren können.

Curriculare Verknüpfungen
Die Jasper-Abenteuer sind im Sinne eines **fächerübergreifenden Lernens** konzipiert. Sie beinhalten trotz ihrer grundsätzlichen Ausrichtung auf mathematische Konzepte Informationen aus anderen Disziplinen, zum Beispiel aus der Geschichte oder der Biologie, die zum Teil auch in Form zusätzlicher Materialien vorliegen.

Die Entwickler berichten von sehr **positiven Erfahrungen** bei der Erprobung des Ansatzes, und zwar sowohl in **motivationaler** als auch in **kognitiver Hinsicht**. Aus der Sicht praktizierender Lehrerinnen und Lehrer bestehen dagegen noch viele Fragezeichen und auch **Kritikpunkte** (vgl. Kohler, 1998, 2000b). Diese betreffen beispielsweise den **Umgang mit leistungsschwachen Schülerinnen und Schülern** oder die Nachteile und auch Konflikte, die sich bei der geforderten Kleingruppenarbeit durchaus ergeben können.

Darüber hinaus kann auch bezweifelt werden, ob die ausgearbeiteten Jasper-Abenteuer für ca. 12jährige Schülerinnen und Schüler wirklich authentische und **motivierende Probleme** beinhalten. Denn Jugendliche am Beginn des 21. Jahrhunderts beschäftigen sich in ihrer Freizeit und in ihren Gedanken wohl eher selten mit dem Kauf von Booten oder mit verletzten Raubvögeln. Die Frage nach dem **förderlichen Lehrerverhalten** schließlich wird bei diesem Ansatz eher am Rande thematisiert und wohl nicht wirklich befriedigend beantwortet.

Cognitive Apprenticeship

Der Cognitive Apprenticeship-Ansatz geht von den **Kennzeichen und Vorteilen einer traditionellen Handwerkslehre** aus. Es wird das Bild einer ursprünglichen Werkstatt gezeichnet, in der Meister, Gesellen und Lehrlinge bei der Arbeit sind. Die Lehrlinge sind in die üblichen Abläufe und den sozialen Kontext eines Handwerksbetriebes eingebunden. Sie bemühen sich, ganz anders als unsere Schülerinnen und Schüler, nicht um isolierte Teilfertigkeiten zum Zwecke der Übung, sondern sie werden von Anfang an mit authentischen und bedeutsamen Problemen konfrontiert. Am Beginn ihrer Lehrzeit sind sie noch in hohem Maße mit der Beobachtung ihres Lehrmeisters und anderer mehr oder weniger fortgeschrittener Mitglieder der Werkstatt beschäftigt, um dann unter der Anleitung des Meisters und mit seiner Unterstützung zunehmend selbstständig die beobachteten Handlungen auszuführen. Die Lehrlinge kennen bei jeder Teilhandlung die Zielhandlung, die ihnen eine interpretative Struktur gibt, um von der anfänglich notwendigen Fremdbeurteilung zu einer zunehmenden Selbstüberwachung und Selbstkorrektur zu gelangen. Im Hinblick auf den Wissenserwerb ergibt sich bei einer traditionellen Handwerkslehre für die Lehrlinge der große Vorteil, neues **Wissen immer situiert im Kontext zu erwerben**. Auf diese Weise reduziert sich ihr Wissen nicht auf den leicht explizierbaren Teil, sondern beinhaltet immer auch das implizite strategische Wissen eines Experten.

Ganz ähnliche Abläufe lassen sich aber nicht nur in der traditionellen Handwerkslehre, sondern auch bei der **Weitergabe von Kenntnissen und Fähigkeiten in ursprünglicheren Kulturen** und bei gelingenden Interaktionen zwischen einem Kind und einem Elternteil bzw. einem anderen Erwachsenen beobachten (Brown & Palincsar, 1989; Lave, 1991; Rogoff, 1992). Betrachtet man schließlich ganz allgemein Wissenserwerbsprozesse in lebensweltlichen Kontexten, so gilt, dass diese mehrheitlich in die Interaktion mit Spiel-, Arbeits- oder Forscherkolleginnen und -kollegen eingebettet sind. Ein individuelles, gemeinhin als rezeptiv gekennzeichnetes Lernen dürfte beim Erwerb von alltagstauglichem Wissen außerhalb des schulischen Unterrichts eher die Ausnahme sein (Reusser & Reusser-Weyeneth, 1994).

Bei dem Versuch, effektive Prinzipien einer traditionellen Handwerkslehre auf kognitive Domänen zu übertragen, stößt man auf einige **Probleme**, insbesondere auf jenes, dass bei der gedanklichen Lösung eines Problems die **internal ablaufenden kognitiven Prozesse** eines „Meisters“ vom „Lehrling“ **nicht beobachtet** werden können. Hier haben nun die Begründer des Cognitive Apprenticeship-Ansatzes mit ihrem modeling einen Ausweg geschaffen: Der Lehrende, der vor den Lernenden modellhaft ein authentisches Problem löst, verbalisiert möglichst alle bei ihm ablaufenden kognitiven und metakognitiven Prozesse, wodurch diese für die Außenstehenden zugänglich werden. Dieses als

modeling bezeichnete Kernelement des Cognitive Apprenticeship-Ansatzes ermöglicht also den Lernenden, **Heuristiken** und **metakognitive Strategien eines Experten**[1] im konkreten Anwendungsfall zu erleben. Besonders sinnvoll ist es hierbei, wenn der Lehrende keine im Voraus präparierten Strategien zur Anwendung bringt, sondern sie im Prozess selbst generiert (Bednar, Cunningham, Duffy & Perry, 1992). Anschließend setzen sich die Lernenden mit weiteren Problemsituationen auseinander und werden dabei von ihrem Lehrer oder ihrer Lehrerin durch Vorschläge, Hinweise und **Feedback (coaching)** sowie durch weitere adaptiv gegebene Hilfen, wie zum Beispiel die Übernahme einzelner **Teiltätigkeiten (scaffolding)**, unterstützt. Die dabei ablaufende Kommunikation zwischen Experte und Novizen wird als bedeutsam eingestuft. Dennoch ist es Teil des Ansatzes, dass sich der Lehrende mehr und mehr zurückzieht, sobald die Lernenden selbstständig zur Lösung zu schreiten vermögen und ihren **Lernprozess selbst steuern** und überwachen können (**fading**).

Diese Ausführungen zu den methodischen Handlungen des Lehrenden werden durch Hinweise ergänzt, die die anzustrebenden Lernprozesse der Schülerinnen und Schüler betreffen. Es handelt sich hierbei zunächst einmal um die **Prozesse articulation** und **reflection**. Damit ist gemeint, dass die Schülerinnen und Schüler beim Versuch der zunehmend eigenständigen Problemlösung ihre Denkvorgänge artikulieren und sie auch mit jenen anderer Novizen oder des Experten vergleichen sollen. Am **Ende eines Lernprozesses** erhalten die Schülerinnen und Schüler schließlich Gelegenheit zur **exploration**, d. h. zur eigenständigen Lösung einer Problemsituation, was in gewissem Sinne die **andere Seite des** weiter oben erwähnten **fading** bedeutet. Dabei gilt, wie in den Lernstufen zuvor auch, dass ein kooperatives Arbeiten, vor allem aber ein Diskutieren, Begründen und Hinterfragen verschiedener Problemlösestrategien, immer anzustreben ist. Von Seiten des Lehrenden ist dann dafür Sorge zu tragen, dass in multiplen Kontexten gelernt wird, was der Flexibilisierung und Dekontextualisierung des erworbenen Wissens dient.

Ein Lernen im Sinne des Cognitive Apprenticship-Ansatzes wurde bereits einige Male in der Praxis realisiert und evaluiert (z. B. Brown & Palincsar, 1989; Elting, 1995). Darüber hinaus war die Umsetzung des Elementes modeling schon Gegenstand mehrerer **Untersuchungen** (z. B. Gräsel, 1997; Kohler, 1998). In allen Studien konnte von positiven Effekten berichtet werden.

Dennoch kommt man auch bei diesem Ansatz nicht an **kritischen Einwänden** vorbei (Kohler, 2000a). Diese betreffen zunächst einmal die mögliche **Starrheit**, die feste Artikulationsschemata in der Regel mit sich bringen, sowie die Tatsache, dass der Cognitive Apprenticeship-Ansatz sicher **nur bei bestimmten Inhalten** möglich ist. Darüber hinaus wird schnell offensichtlich, dass der Cognitive Apprenticeship-Ansatz mit seinem Grundgedanken der Adaptivität beim **Unterrichten großer Gruppen** ohne geeignete mediale Unterstützung nur **schwer umgesetzt** werden kann und dass er zudem ein sehr **anspruchsvoller Ansatz** ist. Letzteres gilt sowohl für Lehrende (vgl. Dubs, 1995), die eine ganze Klasse zu unterrichten haben, als auch für die Entwickler von Lernprogrammen. Denn der Lernerfolg der Schülerinnen und Schüler hängt in hohem Maße von der

[1] *Inzwischen wird die Frage gestellt, ob die Modellierung von Expertenstrategien tatsächlich die günstigste Variante der kognitiven Modellierung darstellt. Denn zum einen fällt es Experten oftmals schwer, ihre Strategien zu explizieren, und zum andern – und vor allem – passen die Vorgehensweisen von Experten oftmals nicht adä quat auf die Möglichkeiten der Novizen (Gräsel, 1997; Mandl, Gruber & Renkl, 1993c).*

Fähigkeit des jeweils Lehrenden bzw. von der Güte des entsprechenden Lernprogramms ab. Nur dann, wenn gestellte Probleme in geeigneter Weise modellhaft gelöst, Strategien sinnvoll verbalisiert und Lernende gezielt und dosiert unterstützt werden, können diese die Chancen des Ansatzes tatsächlich nutzen.

Cognitive Flexibility

Kognitive Flexibilität meint die Fähigkeit, **in Problemsituationen spontan Wissen** in Anpassung zu den jeweiligen situativen Anforderungen zu **rekonstruieren** (Spiro & Jehng, 1990). Die instruktionspsychologische, gleichnamige Theorie von *Spiro* und seinen Mitarbeitern befaßt sich demnach mit der Frage, wie kognitive Flexibilität in Lernprozessen gefördert werden kann. Dazu werden Möglichkeiten angeboten und Annahmen getroffen, die die Komplexität und Irregularität der realen Welt betonen. Insbesondere wird darauf aufmerksam gemacht, daß **Übersimplifikationen** in früheren und mittleren Lernstadien, die zunächst hilfreich erscheinen, sich beim späteren Lösen komplexer Probleme als ausnehmend **hinderlich** erweisen können. Analogien beispielsweise, die aufgrund ihrer einfachen Handhabbarkeit und aufgrund ihrer Mächtigkeit in frühen Lernstadien gerne genutzt werden, haben den Nachteil mangelnder Adaptivität und hoher Reduktivität (Spiro, Feltovich, Coulson & Anderson, 1989): Eine einzelne Analogie wird kaum in der Lage sein, alle Aspekte einen neuen Konzeptes, auf das sie übertragen wird, in der richtigen Akzentuierung abzudecken (Feltovich, Spiro & Coulson, 1991).

Übersimplifikationen unterschiedlicher Herkunft können zu gravierenden und dauerhaften **Fehlkonzepten** führen. Dies gilt vor allem dann, wenn letztere Alltagserfahrungen widerspiegeln, der Intuition entsprechen – was beispielsweise bei korrekten physikalischen Konzepten häufig nicht der Fall ist –, leicht handhabbar sind und sich mit weiteren Fehlkonzepten zu einem ganzen System solcher Fehlkonzepte verbinden (Feltovich, Spiro & Coulson, 1991; Gardner, 1996; Resnick, 1989). Allerdings sind diese defizitären Wissensstrukturen nicht zwangsläufig problemlösebehindernd: Fehlkonzepte haben häufig einen hohen Erklärungswert und scheinen zu funktionieren. Dies ist beispielsweise von naiven Vorstellungen über den Lauf der Sonne bekannt.

Dabei negieren die Autoren der Cognitive Flexibility-Theorie keineswegs die Bedeutung reduzierter Komplexität und allgemein der Vereinfachung am Beginn von Lernprozessen und beim Erkunden wohldefinierter, klar strukturierter Domänen. Auch ihnen ist klar, dass eine **verfrühte Darbietung von Komplexität** ganz einfach **Konfusion** erzeugen kann (Spiro, Feltovich, Coulson & Anderson, 1989). Dennoch interessiert sie vor allem die Frage, **wie Expertise in schlechtdefinierten Domänen geförder**t werden kann. Die Antwort auf diese Frage führt zur Technik des **landscape criss-crossing** (Spiro, Feltovich, Jacobson & Coulson, 1992; Spiro & Jehng, 1990). Mit diesem *„Durchkreuzen konzeptueller Landschaften"* ist gemeint, dass ein **zu erwerbendes Konzept mehrmals**, d. h. in verschiedenen Kontexten, aus unterschiedlichen Perspektiven und mit mehreren Zielsetzungen **thematisiert** wird. So kann der Lernende einem Konzept immer wieder – an anderen Fällen und unter anderen Aspekten – begegnen, was zu multiplen und gut miteinander vernetzten Repräsentationen führen soll. Diese sind in der Cognitive Flexibility-Theorie von zentraler Bedeutung. Denn es wird davon ausgegangen, dass **Wissen** in einer Problemsituation nicht als unveränderte Ganzheit abgerufen, sondern immer wieder **aus den vorhandenen Wissensbeständen konstruiert** wird (Spiro, Feltovich, Jacobson & Coulson, 1992a).

Traditionelle Instruktionsmethoden und -medien linearer Art erscheinen den Vertretern der Cognitive Flexibility-Theorie ungeeignet. Sie vertrauen statt dessen den Möglichkeiten neuer Medien und propagieren insbesondere das **Lernen mit multidimensionalen und nonlinearen Hypertextsystemen**. Dabei bezieht sich der Ausdruck *„Hypertext“* *>> S. 22* eigentlich auf computergestützte Texte, die in einer nichtlinearen Weise gelesen werden, kann bei *Spiro* und seinen Mitarbeitern aber auch den **Einbezug weiterer Medien** bedeuten (Spiro & Jehng, 1990). Ein Beispiel hierfür stellt das Hypertextsystem „Citizen Kane“ dar. **Empirische Belege** im Hinblick auf die Effekte eines Lernens im Sinne der Cognitive Flexibility-Theorie liegen bislang kaum vor. Die wenigen durchgeführten Untersuchungen zeigten aber **verbesserte Transferleistungen** bei Anwendungsaufgaben – und geringere Erfolge bei Gedächtnisleistungen. Daneben ergab sich auch ein erwartungskonsistenter ATI-Effekt: Lernende, die sich gern mit komplexen und wenig strukturierten Aufgaben auseinandersetzten, profitierten von theoriegemäßen Lernumgebungen mehr als jene, die klar strukturierte Aufgaben präferierten (Elting, 1995).

Betrachtet man diesen Ansatz **kritisch**, so lassen sich auch hier wieder einige Fragwürdigkeiten benennen. Diese betreffen beispielsweise die Unterscheidung von einführendem und fortgeschrittenem Lernen (Jonassen, 1992), wobei ersteres durchaus mit Vereinfachungen arbeiten darf, während letzteres den Umgang mit Komplexität und Irregularität verlangt. Denn hier stellt sich unweigerlich die Frage, an welcher Stelle einführendes Lernen in fortgeschrittenes übergeht und wie dann dieser **Übergang** zu gestalten ist.

Ein Problem ihres Ansatzes, nämlich den **erhöhten Zeitbedarf**, sprechen die Autoren selbst an. Sie setzen aber dagegen, dass ein landscape criss-crossing bei klar strukturierten Konzepten gar nicht erforderlich ist und dass sich außerdem die einmal aufgewendete Zeit später mehrfach auszahlen kann.

Konstruktivistische Ansätze im Unterricht

Nachdem einige konstruktivistische Leitgedanken und drei konkrete Ansätze skizziert wurden, stellt sich nun die **Frage nach der Umsetzbarkeit** und Bedeutsamkeit eben dieser Gedanken und Ansätze im täglichen Unterricht (Kohler, 2000a, 2000b). Dabei ist unübersehbar, dass diese Gedanken und Ansätze – auch wenn sie bejaht werden – eher selten unmittelbar übernommen werden können. Von einzelnen Lehrkräften oder auch von ganzen Teams ist eine solche Umsetzung oftmals gar nicht leistbar, was insbesondere die Entwicklung von Videos im Sinne des Anchored Instruction-Ansatzes betrifft. Darüber hinaus ist davon auszugehen, dass sich die skizzierten **Ansätze nicht für alle Fächer und Inhalte** und auch **nicht für alle Schülerinnen und Schüler** gleichermaßen eignen und sie bei einer etwaigen Ausschließlichkeit bald an Akzeptanz bei den Schülerinnen und Schülern und ihren Eltern verlieren würden. Auch das immer wieder geforderte kooperative Lernen, das in den Schulen zumeist viel zu kurz kommt, kann „überstrapaziert“ werden. Ruhige Übungsphasen in Einzelarbeit und Zeiten stillen Nachdenkens werden von den meisten Schülerinnen und Schülern nicht ohne Grund gerne angenommen.

Doch mit diesen kritischen Gedanken im Hintergrund erscheint es durchaus lohnend, sich mit der **Umsetzung** konstruktivistischer Gedanken und Ansätze im Unterricht zu befassen.[2] Dabei lassen sich drei mögliche Felder benennen: die **Gestaltung des täglichen Unterrichts**, das **Erstellen von Aufgaben und Lernmaterial** und die **Entwicklung computerbasierter Lernprogramme**.

Problemorientierung im täglichen Unterricht

Problemorientierung im täglichen Unterricht bedeutet die weitgehende Abkehr von einem Unterricht, in dem die Schülerinnen und Schüler ständig in kleinen Schritten von Aufgabe zu Aufgabe und von „Erkenntnis" zu „Erkenntnis" gegängelt werden, in dem sie Lösungen erlernen, deren Nutzen sie nicht kennen, in dem sie also letztlich träges Wissen erwerben, welches außerhalb des ursprünglichen Lernkontextes weitgehend folgenlos bleibt. Die **Abkehr** von einem solchen Unterricht kann **Schritt für Schritt** erfolgen und verlangt in keinem Fall die perfekte Lehre an jedem Tag. Die nachfolgend aufgeführten Punkte erscheinen geeignet, um Problemorientierung im Unterricht zunehmend zu etablieren. Sie lassen sich selbstverständlich um weitere ergänzen:

Komplexe Problemstellungen einbringen

Es erscheint wichtig, zumindest hin und wieder komplexe Problemstellungen in den Unterricht einzubringen und sich Zeit für diese zu nehmen. Auf diese Weise üben sich die Schülerinnen und Schüler darin, Probleme zu strukturieren und auch Ausdauer zu zeigen, wenn die Lösung nicht sofort ins Auge springt. Aufgabe des Lehrers und der Lehrerin ist es dann, die vorhandene **Komplexität nicht vorschnell** zu **reduzieren** und nicht in simple Aufgaben klein zu arbeiten (Baumert, 1999).

Vorhandene Problemstellungen aufgreifen

Das Aufgreifen vorhandener Problemstellungen ist sowohl in kognitiver als auch in motivationaler Hinsicht sicher eine der besten Möglichkeiten, Lehr-Lern-Prozesse zu gestalten. Hier bleiben Schul- und Alltagswissen nicht getrennt; hier leuchtet der Nutzen des neu zu erwerbenden oder auch zu wiederholenden Wissens unmittelbar ein. Vor allem Klassenlehrerinnen und Klassenlehrer sollten deshalb bei den sich bietenden Gelegenheiten, wenn z. B. für eine gemeinsame Unternehmung geplant und gerechnet werden muß, den Mut zu einer entsprechenden unterrichtlichen Sequenz haben – auch dann, wenn sie gerade nicht zum Stoffverteilungsplan passt oder die Zeit bis zum Schuljahresende wieder einmal sehr knapp erscheint.

Modellhaft Aufgaben- und Problemstellungen lösen

Mit Blick auf den Cognitive Apprenticeship-Ansatz wird deutlich, weshalb Lehrende immer wieder versuchen sollten, Aufgaben- und Problemstellungen modellhaft vor der Klasse zu lösen. Geeignet für dieses kognitive Modellieren sind typische Schulbuchaufgaben ebenso wie Probleme, die sich im schulischen Alltag von Zeit zu Zeit ergeben. Eine geschickte und von den Schülerinnen und Schülern in der Regel positiv erlebte Möglichkeit eines modellhaften Lösens besteht außerdem darin, dass sich diese

[2] *Eine Forschergruppe aus Graz konnte mit einer Studie zeigen, dass es Lehrerinnen und Lehrern mit Hilfe eines Fortbildungsangebots gelingen kann, konstruktivistische Überzeugungen im Unterricht umzusetzen, ihr unter richtliches Handeln also „... nachhaltig in einem theoretisch abgesicherten und praktisch relevanten Sinne zu ver ändern" (Patry, Schwetz & Gastager, 2000, 13).*

Aufgaben, z. B. aus der Mathematik, überlegen und sie von ihrem Lehrer oder ihrer Lehrerin unvorbereitet an der Tafel lösen lassen. Dabei sollte der Lehrende im Sinne des modeling des Cognitive Apprenticeship-Ansatzes versuchen, alle Überlegungen – auch jene, die nicht zum Ziel führen – zu verbalisieren, um seine kognitiven und metakognitiven Strategien zu explizieren. Auf diese Weise können die Schülerinnen und Schüler ganz unmittelbar erfahren, dass auch Lehrerinnen und Lehrer nicht alles wissen – dass sie sich aber zu helfen wissen.

Lerngänge zu Experten unternehmen
Lerngänge zu Experten ermöglichen den Schülerinnen und Schülern, zu erleben, wie authentische Probleme tatsächlich gelöst werden. Weit ab von didaktisch inszenierten Als-ob-Aufgaben können sie einen „normalen" Arbeitsprozeß mit all seinen Unwägbarkeiten beobachten und dabei erkennen, wie Ausdauer und der Einsatz geeigneter Strategien und Arbeitsweisen zu einem Ergebnis führen, dessen Güte sich in der Regel unmittelbar zeigt. Damit Lerngänge die in ihnen enthaltenen Lernchancen tatsächlich entfalten können, sind allerdings immer Vorbereitungen und Absprachen mit den jeweiligen Experten erforderlich (Kohler, im Druck).

Projekte durchführen
Der Hinweis auf Projekte ist nicht neu und erscheint an dieser Stelle dennoch unverzichtbar. Denn Projekte beinhalten ein Lernen an komplexen und authentischen Problemen, das mit seinem Lebensweltbezug, seinem kooperativen Lernen, seinem Nachdenken über die gemeinsam geleistete Arbeit und mit weiteren Merkmalen (Frey, 1995; Gudjons, 1984) den Forderungen des gemäßigten Konstruktivismus in hohem Maße entspricht.

Schon beim Stoffverteilungsplan problemorientiertes Lernen einplanen
Wer ein Lösungsverfahren erlernt, ohne vor dem entsprechenden Problem gestanden zu haben, übt häufig etwas sinn- und nutzlos Erscheinendes mechanisch ein. Um diesem zu entgehen, ist es hilfreich, schon bei der Erstellung des Stoffverteilungsplanes darauf zu achten, dass möglichst viele Lösungsverfahren innerhalb eines nachvollziehbaren Kontextes erworben werden können. So erscheint es beispielsweise möglich, das Erlernen des Kartenlesens mit der Planung einer Wanderung zu verknüpfen oder den Dreisatz in Mathematik dann einzuführen, wenn in einem anderen Fach entsprechende Berechnungen notwendig werden (vgl. Scheufele, 1996).

Schulbücher kritisch betrachten
Schulbücher folgen oftmals einer systematischen Gliederung, die den Lernenden anzeigt, mit Hilfe welcher Operationen die gestellten – und dabei wenig komplexen und oftmals noch untergliederten – Aufgaben zu lösen sind. Um den Schülerinnen und Schülern die Möglichkeit zu geben, Aufgaben- und Problemstellungen nicht mechanisch, sondern durch eigenes Nachdenken zu lösen, ist es empfehlenswert, sich immer wieder vom Schulbuch zu lösen.

Auf das erarbeitende Gespräch verzichten
Ein sehr typisches Element unseres Unterrichts stellt das erarbeitende Gespräch dar, in welchem der oder die Lehrende kleinschrittige Überlegungen anstellt und zahlreiche Fragen formuliert. An diesem Gespräch, das kaum dem eigenständigen Nachdenken der Lernenden zugute kommt und häufig etwas zäh erscheint, beteiligt sich zumeist nur ein

kleiner Teil der Schülerschaft. Es empfiehlt sich, immer wieder auf das übliche erarbeitende Gespräch zu verzichten und beispielsweise – im Sinne von Anchored Instruction – die Schülerinnen und Schüler in **Kleingruppen** über die vorhandene Aufgaben- oder Problemstellung diskutieren zu lassen.

Partner- und Gruppenarbeit gezielt einsetzen
Die weiter oben skizzierten konstruktivistischen Ansätze propagieren alle ein Problemlösen im sozialen Kontext. Sie wollen von der unnatürlichen Situation wegkommen, in der es nicht erlaubt ist, jemanden zu fragen oder jemandem zu helfen. Außerdem machen sie darauf aufmerksam, dass das Vergleichen des eigenen Lösungsansatzes und der eigenen Vorgehensweise mit den Strategien der anderen große Lernmöglichkeiten beinhaltet. Insofern ist der – dosierte – Einsatz von Partner- und Gruppenarbeit immer wieder sinnvoll. Dass Partner- und Gruppenarbeit auch durchaus problematisch sein können, soll mit diesem Punkt jedoch keinesfalls negiert werden.

Unterschiedliche Lösungen ermöglichen
Selbstverständlich gibt es im schulischen Lehrplan zahlreiche Inhalte, die wenig Spielraum für unterschiedliche Lösungsmöglichkeiten bieten. Doch überall da, wo unterschiedliche Zugangs- und Vorgehensweisen möglich sind, sollten sie zugelassen bzw. geradezu herausgefordert werden. Denn das Lösen von Problemen lässt sich nicht über das Kopieren von Strategien erlernen, sondern nur in eigener, wenn auch unterstützter Auseinandersetzung.

Fehler zulassen
Im Anchored Instruction-Ansatz wird bewusst einkalkuliert, dass sich die Lernenden beim Versuch der Problemlösung zeitweise in eine falsche Richtung bewegen. Dies mag zwar oftmals ineffektiv sein, kann aber auf der anderen Seite auch wichtige Lernchancen bedeuten. Zudem sind Fehler eine ausgezeichnete Diagnosemöglichkeit für Lehrende, die ihre Schülerinnen und Schüler aufmerksam auf ihrem Lernweg begleiten möchten. Und schließlich sollte in der Schule nicht die unsinnige Vorstellung erzeugt werden, Fehler müssten generell vermieden werden. Fehler gehören zum Lernen dazu und sollten lediglich in Prüfungssituationen – die von Lernsituationen genau zu trennen sind – minimiert werden (Baumert, 1999; Weinert, 1999).

Aktives und konstruktives Lernen ermögliche
Auch wenn der Begriff des „aktiven" und „konstruktiven" Lernens aus kognitionspsychologischer Sicht leicht kritisiert werden kann, so soll ein solches Lernen hier doch mit pädagogischer Absicht propagiert werden. Mit einem aktiven und konstruktiven Lernen ist hier ein Lernen gemeint, das sich nicht im Beantworten kleinschrittiger Fragen oder im Nachrechnen von Aufgaben erschöpft, das Wissenserwerb also nicht als bloße Übernahme von Wissen begreift, sondern das z. B. ein selbstständiges Probieren, Diskutieren, Hinterfragen und Vergleichen auf der Basis individueller Wissensbestände beinhaltet.

Sich im Unterricht zurücknehmen
Mit einer straffen, konvergenten, kleinschrittigen und ständig bewertenden Unterrichtsführung ist problemorientiertes Lernen nicht wirklich möglich. Deshalb müssen Lehrende, die ihren Schülerinnen und Schülern Raum und Zeit für eine eigenständige Auseinandersetzung mit einem Lerninhalt und für eine individuelle Wissenskonstruktion geben möchten, vor allem sich selbst zurücknehmen.

Ein Beispiel: Das Entwickeln einer Formel

Lehrerinnen und Lehrer, die ihre Disziplin beherrschen, sind eigentlich nicht darauf angewiesen, Vorgehensweisen und Lösungsverfahren dem Schulbuch zu entnehmen. Dies dachte sich auch ein Mathematiklehrer und wagte es eines Tages, in einer Doppelstunde in einem 10. Schuljahr – unvorbereitet und ohne Buch – mit den Schülerinnen und Schülern die Formel für die Oberfläche eines Kegelstumpfmantels zu entwickeln. Er war damit durchaus erfolgreich und konnte mit seiner Klasse im Verlauf der Problemlösung erleben, wie ein Lernen aussieht, das nicht von vornherein unter straffer Führung auf das bereits bekannte Produkt zusteuern muss.

War dieser Mathematiklehrer nun besonders klug oder besonders mutig? Nun, vermutlich war er beides. Vor allem aber wusste er um die Bedeutsamkeit einer solchen Lernerfahrung für die Schülerinnen und Schüler, die immer wieder zu dem Glauben verführt werden, in der Mathematik und auch in allen anderen Disziplinen führe der Weg direkt von Problem zur Lösung, von der Vermutung zum Beweis, stromlinienförmig und ohne jeden Umweg (Sander, 1999).

Ein Beispiel: Die Gründung einer Firma

In einer Hauptschule am Fuße der Schwäbischen Alb kommt es immer wieder zu Firmengründungen: Zu dem dortigen Schulentwicklungskonzept gehört es, dass die Schülerinnen und Schüler des achten Schuljahres – wenn der Klassenlehrer und der Techniklehrer dazu bereit sind – eine schuleigene Firma gründen, die beispielsweise SYBOFA (Systemboxbaufirma), KKBF (Karteikastenbaufirma) oder ALTINA heißt. Diese Firmen produzieren unter marktwirtschaftlichen Bedingungen Waren und vertreiben diese. Die Produkte wechseln nach einer Marktanalyse von Jahr zu Jahr.

Zum Beispiel wurden in der „KKBF" 500 Karteikästchen für das Rechtschreibtraining an der eigenen Schule sowie an anderen Schulen in Serie gefertigt. In diesen Firmen wird wie in einem richtigen Betrieb gearbeitet:

In der Produktion und in der Technik gibt es Stellen vom Anzeichner, Nagler und Leimer bis hin zum Abteilungsleiter. Verschiedene Schulfächer beteiligen sich an den Firmengründungen und an der Arbeit in dieser Firma.

Und so werden im Fach Deutsch Bewerbungen verfasst und Bewerbungsgespräche um die Stellen geführt. Im Fach Mathematik werden Löhne berechnet und ausbezahlt. Die Schülerinnen und Schüler können in der Kantine kleine Gerichte, die im Hauswirtschaftsunterricht gekocht werden, essen, oder sie können am Kiosk Waren kaufen. Bezahlt wird mit dem im Kunstunterricht hergestellten Geld. Betriebsräte, Gewerkschafter, Designer, die Berufsberaterin und andere Experten von außen unterstützen und beraten die Schülerinnen und Schüler bei innerbetrieblichen Fragen, bei Betriebsratssitzungen, Betriebsversammlungen, bei der Gewerkschaftsarbeit und bei der Herstellung des Werbeprospektes.

Die Wirklichkeit der schulischen Firma und die eines echten Betriebes werden dann im zweiwöchigen Betriebspraktikum miteinander konfrontiert und verglichen, und so werden Erfahrungen aus dem wirklichen Leben in den schulischen Betrieb eingebracht (Heller & Scheufele, 1999; Scheufele, 1996).

Problemorientiertes Lernmaterial

Komplexe Problemstellungen sind in den Schulbüchern aller Fächer absolute **Mangelware**. Dasselbe gilt leider auch für Freiarbeitsmaterialien, denen im allgemeinen eher zugetraut wird, einen sinnvollen Gegensatz bzw. eine sinnvolle Ergänzung zu dem üblichen Schulunterricht zu bilden. Es ist ja tatsächlich so, dass Phasen der Freiarbeit mit zahlreichen Vorteilen aufwarten können, was beispielsweise die Förderung von Selbständigkeit, Rücksichtnahme oder Organisationsfähigkeit betrifft. Aus der Sicht des problemorientierten Lernens ist aber festzuhalten, dass die meisten Freiarbeitsmaterialien sehr kleinschrittige, klar strukturierte und nur wenig Bearbeitungszeit erfordernde Aufgabenstellungen beinhalten. Sie muten den Schülerinnen und Schülern häufig nur eine einzige kurze Aufgabenstellung zu, um diese sogleich stöpseln, klammern oder wickeln und sich selbst kontrollieren zu lassen. Letzteres entspricht durchaus einer Grundforderung der Lernpsychologie und macht den Schülerinnen und Schülern darüber hinaus auch Spaß, doch der Umgang mit authentischen und komplexen Problemstellungen wird auch hier nicht geübt. Wird also herkömmlicher Frontalunterricht „nur" um Phasen der Freiarbeit ergänzt, so bleibt das wichtige Lernziel „***Selbstständiges Lösen komplexer Problemstellungen***" bzw. „***Förderung der Problemlösefähigkeit***" wiederum unberücksichtigt.

Die Entwicklung von komplexen Problemstellungen für unsere Schülerinnen und Schüler steht noch ganz am Anfang und erscheint dringend erforderlich. Gleiches gilt für die Erstellung problemorientierter Lerntexte, die, wie eine Untersuchung erbrachte, zu vielversprechenden Lernergebnissen führen können (Kohler, 1998, 2000c; siehe Abschnitt „Ein Beispiel: Problemorientierte Lerntexte").

Natürlich sind **Lerntexte** oder in Textform festgehaltene Problemstellungen immer mit **Einschränkungen** behaftet. Dies gilt in besonderer Weise für jene Schülerinnen und Schüler, deren Leselernprozess noch nicht abgeschlossen oder wenig erfolgreich verlaufen ist und die deshalb Schwierigkeiten haben, einen längeren Text sinnerfassend zu lesen. Auch kann nicht darüber hinweg gesehen werden, dass beispielsweise die Videos der Anchored Instruction-Gruppe deutlich motivierender sein dürften als in Textform dargebotene vergleichbare Problemstellungen. Dennoch: Problemorientierte Lernmaterialien auf Textbasis für den Klassenunterricht oder die Freiarbeit stellen eine wichtige Möglichkeit dar, um Schülerinnen und Schüler den Umgang mit komplexen Problemstellungen üben zu lassen.

Ein Beispiel: Komplexe Mathematikaufgaben

„Parkway und City Center sind zwei angrenzende Gebiete im Gebiet einer Großstadt. In Parkway gibt es Einfamilienhäuser mit Bäumen und Gärten. City Center ist mehr städtisch, mit Appartementhäusern, Hochhäusern, Geschäften und Büros. Zwischen den zwei Gebieten liegt noch unbebautes Land, das der Stadt gehört. Der Stadtrat möchte das Land an denjenigen verkaufen, der die besten Vorschläge bringt, aber man ist sich nicht einig, was denn nun der beste Vorschlag zum Wohl der Stadt ist. Eine Gruppe von Leuten aus Parkway möchte, dass das neue Gebiet so wie ihr Viertel ausschaut und dass nur Einfamilienhäuser auf dem freien Land gebaut werden. Eine Gruppe von Leuten aus City Center möchte nur Hochhäuser hinbauen."

Mit dieser Einleitung beginnt – für schulisch Sozialisierte nicht sofort erkennbar – eine **Unterrichtseinheit zur Geometrie** (Comenius-Projekt). Wie aus dem einleitenden Text geschlossen werden kann, geht es unter anderem darum, Berechnungen für die Bebauung eines noch unbebauten Geländes anzustellen. Diese Berechnungen werden jedoch nicht isoliert und kontextlos vorgenommen, sondern sind Teil einer komplexen und durchaus nachvollziehbaren Problemstellung, für die unterschiedliche Menschen unterschiedliche Lösungen propagieren. Und auch dies ist ein wichtiges Merkmal authentischer Probleme: Es gibt häufig nicht die Lösung, sondern unterschiedliche Vorstellungen, wie das Optimum aussehen könnte. Dies ist auch dann der Fall, wenn es z. B. um die Frage verlängerter Ladenöffnungszeiten oder um die Einführung von Selbstbedienung an Marktständen geht – alles Möglichkeiten, die sich für die Entwicklung komplexer und authentischer Mathematikaufgaben eignen.

Ein Beispiel: Kriminalgeschichten zum Selberlösen

Die Jasper-Abenteuer des Anchored Instruction-Ansatzes zeichnen sich unter anderem durch das Merkmal „**eingebettete Daten**" aus. Dieses Merkmal ist typisch für Probleme im täglichen Lebensvollzug, bei denen es gleichfalls erforderlich ist, relevante Daten und Informationen selbst zu identifizieren und miteinander zu verknüpfen. Geübt werden kann dieses Identifizieren und Verknüpfen in ganz unterhaltsamer Weise auch beim Lösen von eigens zu diesem Zweck geschriebenen Kriminalgeschichten. Sie sind in der Regel nur wenige Seiten lang und werden als Anthologien im Taschenbuchformat und zum Teil auch in Sprachbüchern angeboten. Besonders spannend wird es natürlich dann, wenn die Schülerinnen und Schüler selbst entsprechende Kriminalgeschichten schreiben und sie ihren Mitschülerinnen und -schülern oder ihrer Partnerklasse zum Lösen geben.

Ein Beispiel: Problemorientierte Lerntexte

In unseren **Schulen und Schulbüchern** ist es noch weithin üblich, neue Inhalte strukturorientiert, d. h. logisch gegliedert und hierarchisch organisiert, zu vermitteln und erst nach erfolgter Vermittlung Anwendungsaufgaben anzubieten. Hierbei werden **Wissenserwerb und Wissensanwendung klar getrennt**. Manchmal werden dann zwar, so z. B. in Physikbüchern, den darstellenden Texten recht anschauliche Probleme vorangestellt, doch geht deren Funktion nicht über die eines Aufhängers hinaus, auf den im weiteren Verlauf nicht oder kaum mehr Bezug genommen wird.

Ein anderer Weg wurde in einer Untersuchung beschritten, in der ein problemorientierter und ein strukturorientierter **Lerntext zum Thema „Geldanlage"** erstellt wurden (Kohler, 1998, 2000c). Der problemorientiert gestaltete Lerntext beinhaltet Elemente der Ansätze Anchored Instruction und Cognitive Apprenticeship. Während also der strukturorientierte Lerntext in systematischer, hierarchisch gegliederter Weise zehn Anlageformen vorstellt, werden beim problemorientierten Text diese Anlageformen anhand von **sechs Problemstellungen** eingeführt. Dies geschieht in der Weise, dass zunächst eine Rat suchende Person ihre finanzielle Situation beschreibt und anschließend eine kritische Expertin auftritt. Diese führt mit der um Rat bittenden Person ein Beratungsgespräch. Sämtliche Beratungsschritte werden jedoch nicht nur benannt, sondern zusätzlich kommentiert. Damit soll das kognitive Modellieren des Cognitive Apprenticeship-Ansatzes umgesetzt und ein geleitetes Problemlösen angeboten werden (Stark, Graf, Renkl, Mandl & Gruber, 1995). Die Leserinnen und Leser erfahren also modellhaft, in welcher Weise ein entsprechendes Problem strukturiert und gelöst werden kann.
Am Ende des Beratungsgesprächs, in das auch Informationseinheiten über in Frage

kommende Anlageformen eingeschoben sind und Bezüge zu anderen Textpassagen hergestellt werden, entscheidet sich die um Rat fragende Person vor dem Hintergrund ihrer persönlichen Interessen und Bedürfnisse für eine der beschriebenen Anlageformen. Konkret sieht ein Textabschnitt beispielsweise wie folgt aus:

Situationsbeschreibung:
Erna: „***Meine Tochter Paula feiert morgen ihren achten Geburtstag mit allen Tanten und Verwandten. Von mir bekommt sie einen Schokoladenkuchen und eine Staffelei. Meine Mutter möchte ihr 3000 DM als Starthilfe für später schenken. Jetzt suche ich für sie eine Anlageform, bei der Paula das Geld mit 18 Jahren ausbezahlt bekommt. Von irgendwelchen unüberschaubaren und spekulativen Dingen hält meine Mutter aber nichts.***"

Wie würde eine Expertin hier bei der Beratung vorgehen?

1. Schritt:
Expertin: „***Sie suchen eine sichere, eher konventionelle Geldanlageform wie Sparbuch, Sparbrief oder fest verzinstes Wertpapier. Da gibt es verschiedene Möglichkeiten. Können Sie sich vorstellen, das Geld erst einmal nur für zwei oder drei Jahre anzulegen, um es dann auf eine höher verzinste Form umzuschichten? Ich vermute nämlich, dass die Zinsen in den nächsten beiden Jahren deutlich steigen werden.***"

	Vor allem bei langfristigen Anlagen kann nur dann ein optimaler Ertrag erwirtschaftet werden, wenn die allgemeine Zinslage beachtet wird. Dies macht natürlich Mühe.

Erna: „***Ich möchte mich auf keinen Fall um das Geld kümmern müssen. Deshalb suche ich eine Anlageform, die auch 10 Jahre hält.***"

2. Schritt:
Expertin: „***Sie suchen also eine Anlageform, die von vornherein auf 10 Jahre konzipiert ist. Kann es sein, dass Sie das Geld unter Umständen doch schon vorher benötigen?***"

	Informationen über die gewünschte Verfügbarkeit sind für eine Entscheidungsfindung immer notwendig.

In einer **Untersuchung** an insgesamt 260 Studierenden zeigte sich eine **deutliche Überlegenheit** jener Probanden, die **problemorientiert gelernt** hatten. Sie waren den Versuchspersonen, die einen „klassisch" strukturorientierten Text gelesen hatten, beim Bearbeiten von Problemlöseaufgaben eindeutig (eine knappe Standardabweichung), überlegen – ohne ihnen beim Erwerb von Faktenwissen unterlegen zu sein. Die Leserinnen und Leser des strukturorientierten Textes schienen von ihrem Textstudium im Hinblick auf die Bewältigung von Problemlöseaufgaben sogar überhaupt nicht profitiert zu haben: Sie unterschieden sich mit ihren Ergebnissen praktisch nicht von einer Kontrollgruppe, die ohne Treatment geblieben war. Offensichtlich konnten sie – ganz im Sinne der Forschung zum trägen Wissen – das neu erworbene Wissen bei der Bewältigung der Problemlöseaufgaben nicht nutzen. So griffen sie wahrscheinlich – wie auch die Studierenden der Kontrollgruppe – auf ihre ursprünglich vorhandenen Wissensbestände zurück und ließen das neu erworbene, vermutlich separat abgespeicherte Wissen unbeachtet. Damit kam es bei ihnen zu einer Kompartmentalisierung von Wissen – und das neu angelernte Wissen blieb träge (Mandl, Gruber & Renkl, 1993b; Renkl, 1996). Dieser Untersuchung, die natürlich noch um weitere ergänzt werden sollte, ist ein klares Plädoyer und auch ein mögliches Muster für die Erstellung problemorientierter Lerntexte zu entnehmen. Einzelnen Lehrerinnen und Lehrern wird es zwar kaum möglich sein, auf Anhieb ganze Unterrichtseinheiten in dieser Weise zu gestalten, doch können sie solche Lerntexte zumindest hin und wieder in ihren Unterricht einbringen. Ansonsten sind hier die Autorinnen und Autoren von Schul- und Lehrerhandbüchern sowie anderer didaktischer Materialien gefragt.

Problemorientierte computerbasierte Lernprogramme

Für die Gestaltung problemorientierter Lehr-Lern-Sequenzen eignet sich der Computer in besonderer Weise. Hier ist es möglich, Schrift und Bild und unter Umständen auch Ton miteinander zu verbinden, und hier ist ein nonlineares, individuelles Lernen viel eher möglich als beim Medium Text. Gleichwohl gelten die Ausführungen des vorigen Abschnitts auch für die Entwicklung problemorientierter *computerbasierter Lernprogramme,* *>> S. 237* die **Textsequenzen** schließlich **nicht ersetzen, sondern** lediglich **erweitern und ergänzen** können. Beispiele für problemorientierte Lernprogramme gibt es in der Medizin (z. B. „Bauchschmerz" von Eitel, Kuprion, Prenzel, Bräth, Schweiberer & Mandl, 1992), der Betriebswirtschaft (z. B. „Jeansfabrik" von Preiss, 1994) und in weiteren Domänen. Besonders interessant erscheint das Lernprogramm „THYROIDEA" (Fischer, Kittel, Gräsel & Mandl, 1994; Gräsel, Mandl, Fischer & Gärtner, 1994), das den Forderungen des gemäßigten Konstruktivismus in hohem Maße Rechnung trägt und die Möglichkeiten eines Lernens mit dem Computer in beispielhafter Weise ausschöpft (siehe Abschnitt „Ein Beispiel: THYROIDEA"). Noch nicht gelöst bei problemorientierten computerbasierten Lernprogrammen ist bislang die Frage, **welcher Grad an Komplexität noch lernförderlich** ist bzw. wieviel instruktionale Unterstützung bei komplexen Problemstellungen zu geben ist. Untersuchungen zu dieser Fragestellung erbrachten bereits mehrfach, dass der theoretisch begründete Verzicht auf Komplexitätsreduktion, Systematik und vorgegebene Lernspuren immer wieder dazu führt, dass die Lernenden die Möglichkeiten des jeweiligen Programms nicht nutzen können und sich insgesamt überfordert zeigen („lost in hyperspace"). Offensichtlich benötigen letztere instruktionale Unterstützung, um mit den hohen Anforderungen eines komplexen Lernprogramms zurechtzukommen (Stark, Graf, Renkl, Mandl & Gruber, 1995).

Ein Beispiel: Das Lernprogramm „THYROIDEA"

Das problemorientierte computerunterstützte Lernprogramm THYROIDEA wurde an der Ludwig-Maximilians-Universität München entwickelt (Fischer, Kittel, Gräsel & Mandl, 1994; Gräsel, Mandl, Fischer & Gärtner, 1994). Es beinhaltet einen komplexen, authentischen Fall aus dem Bereich der **Schilddrüsenerkrankungen** und soll von **Medizinstudierenden** des klinischen Studienabschnittes bearbeitet werden. Seine Gestaltung entspricht in hohem Maße den Forderungen des gemäßigten Konstruktivismus. Zunächst wird eine Patientin mit ihren Hauptbeschwerden anhand eines Bildes vorgestellt. Aufgrund dieser ersten Informationen muss der jeweilige Lernende weitere anamnetische Daten erheben. Im anschließenden Programmschritt „klinische Untersuchung" werden wichtige Befunde zur Diagnose einer Schilddrüsenerkrankung angeboten.

Laboruntersuchungen und technische Untersuchungen, die in diesem Fall relevant sind, können in den darauffolgenden Schritten des Programms abgefragt werden. Die Ergebnisse der technischen Untersuchung liefern den letzten Baustein zur endgültigen Diagnose und zur Therapie der Patientin. Damit orientiert sich der Ablauf der Fallbearbeitung an den Schritten, die in der täglichen diagnostischen Praxis von Ärzten üblich sind. Studierende, die mit diesem Programm arbeiten, werden zur Kooperation mit anderen aufgefordert. Sie sollen ihre Vorgehensweise und ihre Lösungsvorschläge mit denen ihrer Kommilitoninnen und Kommilitonen – und auch mit Expertenkommentaren, die abgerufen werden können – vergleichen. Zusätzlich zu den jederzeit abrufbaren Expertenkommentaren enthält das Programm eine Reihe von Interaktionsmöglichkeiten. Die Lernenden werden z. B. aufgefordert, Fragen zu beantworten und erhalten im Sinne eines coaching direkte Rückmeldungen auf viele Antworten. Dabei wird nicht nur die Richtigkeit rückgemeldet, sondern es wird auch jeweils eine korrekte Lösung mit einer kurzen Begründung angeboten. Der Expertenkommentar und der weitere Programmverlauf bieten den Lernenden immer die Möglichkeit abzuschätzen, inwieweit sie mit ihren Antworten, Hypothesen und Vorschlägen richtig liegen. Insgesamt bietet das Lernprogramm somit eine Vielzahl von Hilfestellungen bei der Fallbearbeitung. Diese Hilfestellungen sollen die Aktivität und die Konstruktivität der Lernenden anregen (vgl. Gräsel, 1998).

Abschließende Bemerkungen

Am Ende dieses Beitrags ist noch einmal darauf hinzuweisen, dass die immer wieder vorgenommene **Gegenüberstellung** von **problemorientierten** und herkömmlichen, **strukturorientiertem Lehr-Lern-Prozessen** einer idealtypischen Betrachtungsweise entspringt. **Konkrete Lehr-Lern-Prozesse** in unseren Schulen entsprechen eher selten genau einem der beiden Pole, sondern befinden sich weitaus häufiger irgendwo auf dem **Kontinuum** zwischen den beiden Endpunkten, enthalten also mehr Merkmale von der einen oder von der anderen Orientierung. Problemorientierung und Systemorientierung können also nicht im Sinne einer Dichotomie aufgefaßt werden. Trotz des erfolgten Plädoyers für mehr **Problemorientierung** im Unterricht soll hier noch einmal klar herausgestellt werden, dass auch problemorientierte Lehr-Lern-Prozesse ihre **Grenzen** haben. Sie können zwar mit einer Vielzahl von Vorteilen aufwarten, doch gibt es zahlreiche Inhalte und Situationen, bei denen sie nicht unbedingt indiziert erscheinen. Letzteres ist z. B. dann der Fall, wenn die Lernenden bereits über ein umfangreiches Vorwissen und reiche praktische Erfahrungen verfügen und große Stoffmengen zu bewältigen haben oder wenn sich Lernende bei geringem oder nicht vorhandenem Vorwissen einen ersten systematischen Einblick in kurzer Zeit verschaffen wollen (vgl. Mandl & Reinmann-Rothmeier, im Druck). Dies bedeutet, dass sowohl Problemorientierung als auch Strukturorientierung ihren jeweils eigenen Stellenwert und ihre jeweils eigenen Indikationen haben, eine Entscheidung für problemorientierte Lehr-Lern-Prozesse also letztlich immer nur vor dem Hintergrund der bestehenden Voraussetzungen und der ins Auge gefassten Ziele in sinnvoller Weise erfolgen kann.

Literatur

Ballstaedt, S.-P. (1997). Textverstehen als angeleitetes Denken. In H. Gruber & A. Renkl (Hrsg.), Wege zum Können. Determinanten des Kompetenzerwerbs (S. 105-115). Bern: Huber.

Baumert, J., Bos, W. & Watermann, R. (1999). TIMSS/II. Schülerleistungen in Mathematik und den Naturwissenschaften am Ende der Sekundarstufe II im internationalen Vergleich, 2. Auflage. Berlin: Max-Planck-Institut.

Brown, A. L. & Palincsar, A. S. (1989). Guided, cooperative learning and individual knowledge acquisition. In L. B. Resnick (Ed.), Knowing, learning, and instruction (pp. 393-451). Hillsdale, NJ: Erlbaum.

Cognition and Technology Group at Vanderbilt (1990). Anchored instruction and its relationship to situated cognition. Educational Researcher, 19 (3), 2-10.

Cognition and Technology Group at Vanderbilt (1992a). Technology and the design of generative learning environments. In T. M. Duffy & D. H. Jonassen (Eds.), Constructivism and the technology of instruction (pp. 77-90). Hillsdale, NJ: Erlbaum.

Cognition and Technology Group at Vanderbilt (1992b). The Jasper series as an example of anchored instruction: Theory, program description, and assessment data. Educational Psychologist, 27, 291-315.

Collins, A., Brown, J. S. & Newman, S. E. (1989). Cognitive apprenticeship: Teaching the crafts of reading, writing, and mathematics. In L. B. Resnick (Ed.), Knowing, learning, and instruction (pp. 453-494). Hillsdale, NJ: Erlbaum.

Dubs, R. (1995). Konstruktivismus: Einige Überlegungen aus der Sicht der Unterrichtsgestaltung. Zeitschrift für Pädagogik, 41, 889-904.

Eitel, F., Kuprion, J., Prenzel, M., Bräth, A., Schweiberer, L. & Mandl, H. (1992). Interaktives, rechnergestütztes Lernprogramm „Bauchschmerz“: Entwicklung – Implementierung – Evaluation. In U. Glowalla & E. Schoop (Hrsg.), Hypertext und Multimedia. Neue Wege in der computergestützten Aus- und Weiterbildung (S. 216-229). Berlin: Springer.

Elting, A. (1995). Das Lernprogramm „AVL“. Konzeption, Entwicklung und empirische Untersuchung eines auf der Grundlage des Cognitive Apprenticeship erstellten Lernprogramms. Unveröffentl. Diss., Ludwig-Maximilians-Universität, München.

Feltovich, P. J., Spiro, R. J. & Coulson, R. L. (1991). Learning, teaching, and testing for complex conceptual understandig. In N. Frederiksen, R. Mislevy & I. Bejar (Eds.), Test theory for a new generation of tests (pp. 113-172). Hillsdale, NJ: Erlbaum.

Fischer, F. Kittel, A., Gräsel, C. & Mandl, H. (1995). Diagnostische Prozesse in der Medizin. Ansätze zur Beschreibung und Förderung. (Forschungsbericht Nr. 43). München: Ludwig-Maximilians-Universität, Lehrstuhl für Empirische Pädagogik und Pädagogische Psychologie.

Foerster, H. v. (1994). Erkenntnistheorien und Selbstorganisation. In S. J. Schmidt (Hrsg.), Der Diskurs des radikalen Konstruktivismus, 6. Auflage (S. 133-158). Frankfurt a. M.: Suhrkamp.

Frey, K. (1995). Die Projektmethode. 6. Auflage. Weinheim: Beltz.

Gardner, H. (1996). Der ungeschulte Kopf. Wie Kinder denken, 3. Auflage. Stuttgart: Klett-Cotta.

Gerstenmaier, J. & Mandl, H. (1995). Wissenserwerb unter konstruktivistischer Perspektive. Zeitschrift für Pädagogik, 41, 867-888.

Glasersfeld, E. von (1992). Konstruktion der Wirklichkeit und des Begriffs der Objektivität. In H. von Foerster, E. von Glasersfeld, P. M. Hejl, S. J. Schmidt & P. Watzlawick. Einführung in den Konstruktivismus (S. 9-39). München: Piper.

Gräsel, C. (1997). Problemorientiertes Lernen. Strategieanwendung und Gestaltungsmöglichkeiten. Göttingen: Hogrefe.

Gräsel, C., Mandl, H., Fischer, F. & Gärtner, R. (1994). Vergebliche Designermüh? Interaktionsangebote in problemorientierten Computerlernprogrammen. Unterrichtswissenschaft, 22, 312-333.

Groeben, N. (1995). Zur Kritik einer unnötigen, widersinnigen und destruktiven Realität. In H. R. Fischer (Hrsg.), Die Wirklichkeit des Konstruktivismus (S. 149-158). Heidelberg: Auer.

Gudjons, H. (1984). Was ist Projektunterricht? Begriffe – Merkmale – Abgrenzungen. Westermanns Pädagogische Beiträge 36, 260-266.

Heller, A. & Scheufele, U. (1999). Bausteine für die Weiterentwicklung der Sekundarstufe. Das Altinger Konzept. In Hauptschulzentrum (Hrsg.), Praktisches Lernen in der Hauptschule (S. 13-36). Baltmannsweiler: Schneider.

Hoops, W. (1998). Konstruktivismus. Ein neues Paradigma für Didaktisches Design. Unterrichtswissenschaft, 26, 229-253.

Jonassen, D. H. (1992). Evaluating constructivistic learning. In T. M. Duffy & D. H. Jonassen (Eds.), Constructivism and the technology of instruction (pp. 137-148). Hillsdale, NJ: Erlbaum.

Kohler, B. (1998). Problemorientierte Gestaltung von Lernumgebungen. Weinheim: Deutscher Studienverlag.

Kohler, B. (2000a). Konstruktivistische Ansätze für den Sachunterricht. In G. Löffler, V. Möhle, D. v. Reeken & V. Schwier (Hrsg.), Sachunterricht. Zwischen Fachbezug und Integration. Probleme und Perspektiven des Sachunterrichts. Bd. 10. (S. 108-133). Bad Heilbrunn: Klinkhardt.

Kohler, B. (2000b). Problemorientierter Unterricht. 5 bis 10 Schulmagazin, 68 (3), 8-11.

Kohler, B. (2000c). Problemlöseaufgaben bewältigen und Kenntnisse erwerben: Lernen mit problemorientiert gestalteten Texten. Zeitschrift für Entwicklungspsychologie und Pädagogische Psychologie, 32 (1), 34-43.

Kohler, B. (im Druck). Lerngänge. Authentisches Lernen mit Experten. Grundschule.

Lave, J. (1991). Situating learning in communities of practice. In L. B. Resnick, J. M. Levine & S. D. Teasley (Eds.), Perspectives on socially shared cognition (pp. 63 – 82). Washington, D. C: American Psychological Association.

Mandl, H., Gruber, H. & Renkl, A. (1993b). Misconceptions and knowledge compartmentalization. In G. Strube & K. F. Wender (Eds.), The cognitive psychology of knowledge (pp. 161-177). Amsterdam: Elsevier (North-Holland).

Mandl, H., Gruber, H. & Renkl, A. (1993c). Neue Lernkonzepte für die Hochschule. Forum für Hochschulforschung, -praxis und -politik, 3, 126-130.

Maturana, H. R. (1994). Kognition. In S. J. Schmidt (Hrsg.), Der Diskurs des Radikalen Konstruktivismus, 6. Auflage (S. 89-118). Frankfurt/M.: Suhrkamp.

Nüse, R. (1995). Und es funktioniert doch: Der Zugang des Gehirns zur Welt und die Kausaltheorie der Wahrnehmung. In H. R. Fischer (Hrsg.). Die Wirklichkeit des Konstruktivismus (S. 177-194). Heidelber: Auer.

Patry, J. – L., Schwetz, H. & Gastager, A. (2000). Wissen und Handeln. Lehrerinnen und Lehrer verändern ihren Mathematikunterricht. Bildung und Erziehung, 4, 1-19.

Preiss, R. (1994). Planspiel Jeansfabrik. Betriebliche Leistungsprozesse. Wiesbaden: Gabler.

Renkl, A. (1996). Träges Wissen: Wenn Erlerntes nicht genutzt wird. Psychologische Rundschau, 47, 78-92.

Resnick, L. B. (1989). Introduction. In L. B. Resnick (Ed.), Knowing, learning, and instruction (pp. 1-24). Hillsdale, NJ: Erlbaum.

Reusser, K. & Reusser-Weyeneth, M. (1994).Verstehen als psychologischer Prozeß und als didaktische Aufgabe. In K. Reusser & M. Reusser-Weyeneth (Hrsg.), Verstehen. Psychologischer Prozeß und didaktische Aufgabe. Bern: Huber.

Rogoff, B. (1992). Social interaction as apprenticeship in thinking: Guidance and participation in spatial learning. In L. B. Resnick, J. M. Levine & S. D. Teasley (Eds.), Perspectives on socially shared cognition (pp. 349-364). Washington: APA.

Roth, G. (1994). Erkenntnis und Realität: Das reale Gehirn und seine Wirklichkeit. In S. J. Schmidt (Hrsg.), Der Diskurs des radikalen Konstruktivismus, 6. Auflage (S. 229-255). Frankfurt a. M.: Suhrkamp.

Sander, (1999). Was ist Mathematik, und wie sollte sie gelehrt werden? Antrittsvorlesung an der Pädagogischen Hochschule Schwäbisch Gmünd.

Scheufele, U. (1996). Weil sie wirklich lernen wollen. Bericht von einer anderen Schule. Das Altinger Konzept. Weinheim: Beltz.

Schmidt, S. J. (1994). Der radikale Konstruktivismus. Ein neues Paradigma im interdisziplinären Denken. In S. J. Schmidt (Hrsg.), Der Diskurs des radikalen Konstruktivismus, 6. Auflage (S. 11-88). Frankfurt a. M.: Suhrkamp.

Spiro, R. J., Feltovich, P. J., Coulson, R. L. & Anderson, D. K. (1989). Multiple analogies for complex concepts: Antidotes for analogy-induced misconceptions in advanced knowledge acquisition. In S. Vosniadou & A. Ortony (Eds.), Similarity and analogical reasoning (pp. 498-531). Cambridge: Cambridge University Press.

Spiro, R. J., Feltovich, P. J., Jacobson, M. J. & Coulson, R. L. (1992). Cognitive flexibilitiy, constructivism, and hypertext. In T. M. Duffy & D. H. Jonassen, Constructivism and the technology of instruction (pp. 57-75). Hillsdale, NJ: Erlbaum.

Spiro, R. J. & Jehng, J. C. (1990). Cognitive flexibility and hypertext. In D. Nix & R. J. Spiro (Eds.), Cognition, education, and mulitimedia (pp. 163-205). Hillsdale, NJ: Erlbaum.

Stark, R., Graf, M., Renkl, A., Mandl, H. & Gruber, H. (1995). Förderung von Handlungskompetenz durch geleitetes Problemlösen und multiple Lernkontexte (Forschungsbericht Nr. 55). München: Ludwig-Maximilians- Universität, Lehrstuhl für Empirische Pädagogik und Pädagogische Psychologie.

Weinert, F. E. (1999). Bedingungen für mathematisch-naturwissenschaftliche Leistungen in der Schule und die Möglichkeiten ihrer Verbesserung. In Ministerium für Kultus und Sport (Hrsg.), Weiterentwicklung des mathematisch-naturwissenschaftlichen Unterrichts (S. 21-32). Waiblingen: Druckhaus.

Aspekte
der Informationsgesellschaft

Heinz M. Fischer

Vom Anfang der Information zum Ende der Bildung

Information – Wissen – Bildung: Anmerkungen zu mehr oder weniger populären Begriffen unserer Zeit

Das beginnende 21. Jahrhundert hat seine Beschreibungen gesellschaftlicher Transformationen längst gefunden: Von **Informationsgesellschaft** ist allenthalben die Rede. Oder von **Wissensgesellschaft**. Von **Bildung** wird weitaus seltener gesprochen. Bildung taucht höchstens dann auf, wenn Politiker, Wirtschaftsleute oder Ökonomen turnusmäßig einfordern, das Bildungssystem müsse **effizienter**, Bildung **moderner** und **innovativer** werden. **Information** wird geradezu inflationär verwendet, hat Spitzenplätze in der Hitparade der bunten Plastikworte eingenommen und ist zu einem der „Worte des 20. Jahrhunderts" auserkoren worden. Ebenso wie der Begriff **Wissen** wird **Information** vielfach unreflektiert in den gesellschaftlichen Diskurs eingeworfen. Redet man der **Bildung** das Wort, gilt man als einigermaßen antiquiert, zählt beinahe schon zu den Ewiggestrigen. Daher: Einige kritische Anmerkungen zu den mehr oder weniger populären Begriffen der **Information**, des **Wissens** und der **Bildung**.

Zauberwort Informationsgesellschaft

Zukunftsforschung, Politik und Wirtschaft haben vor einiger Zeit das Zauberwort *Informationsgesellschaft* *>> S. 137* entdeckt. Gemeint ist damit eine Zivilisation, in der ein wesentlicher Teil des Lebens und Arbeitens mit der **Produktion, Nutzung, Speicherung, Verarbeitung und Vermittlung von Informationen** verbracht wird. Die Wirtschaft verspricht sich davon höhere Produktivität, hochwertige Arbeitsplätze und mehr Gewinn. Die Politik hofft auf eine Gemeinschaft wohlinformierter, aufgeklärter Bürger.

Eine Farce, betrachtet man vorerst einmal die Rolle der **Massenmedien**. Diese tragen durch rasante **Trivialisierung, Boulevardisierung** und **Kommerzialisierung** höchstens zu mehr nivellierender **Desorientierung** als zu übersichtlicher und nachvollziehbarer Informationsstrukturierung bei. Massenmedien sind in ihrer Entwicklung heute dort angelangt, wo sie durch permanentes **Skandalisieren**, den ständigen Zwang des Reports von **Sensationen** und dem unentwegten **Hochstilisieren** von Null-Nachrichten der Öffentlichkeit, der „Gesellschaft des Spektakels" (Werner Köster / Thomas Lischeid), am wenigsten dienen. War es doch ARD-Vorsitzender *Peter Voß* selbst, der anlässlich des 50-Jahr-Jubiläums des Zusammenschlusses öffentlich-rechtlicher TV-Sender Deutschlands von einer Gesellschaft sprach, *„die in anspruchsvolle intellektuelle Minderheiten, und einer Mehrheit, die um jeden Preis unterhalten werden will, zerfällt."*

Und der **Bildungsauftrag** des öffentlich-rechtlichen Fernsehens? *„Längst getilgt"*, stellt der deutsche Publizist *Jens Jessen* fest. Mit einem „Quotenzynismus" arbeite das

Fernsehen an der Entmündigung der Zuschauer, an der **Ablenkung** und **Manipulation** der Bürger (Jessen). In der Informationsgesellschaft rufen alle nach dem mündigen, verantwortungsbewussten Bürger. Die Medien, die einen Beitrag zu dieser vielzitierten Aufklärung und Mündigkeit leisten könnten, tun es nicht.

Aktuelle Informationen, schnelle Informationen, mehr Informationen dröhnt und hallt es an allen Ecken und Enden. „***Wir leben***", so der Konstanzer Philosoph ***Jürgen Mittelstraß***, „***mit mehr Informationen zusammen, als wir verarbeiten können. Immer schwerer fällt es, zwischen Wissen und Meinung, Wahrheit und Schein in Informationsform zu unterscheiden.***" – „***Heute ist Information so billig und reichlich***", nimmt der US-Soziologe ***David Shenk*** eine ebenso drastische wie realistische Bestandsaufnahme vor, „***dass der Großteil davon wieder abgestoßen und entsorgt wird. Wie wertloser Müll.***" Die Anforderungen an Konsumenten, User und Publikum, Wichtiges von Unwichtigem unterscheiden zu können, steigt immens. Das fällt vielen schwer.

Die Kluft zwischen jenen, die aus Informationen persönlichen Nutzen lukrieren, und denen, die dem multimedialen Gewitter aus Infotainment, Trash-TV und Werbung ausgeliefert sind, wächst unentwegt.

„Nicht surfen..., absaufen...",

titelte unlängst die „Financial Times". Informations- und Reizüberflutung wird zu einem ernsten Problem für den Einzelnen wie für die ganze Gesellschaft. Weil: **Information** – egal in welcher Form und Aufbereitung – wird zum **absoluten Wert** erhoben. Von **Verstehen und Erkennen,** von einem **Herstellen der Zusammenhänge** ist keine Rede mehr. Wie sagte doch der Physiker und Internet-Skeptiker ***Clifford Stoll*** so treffend: „***Der Zugang zu Information birgt noch lange nicht das Verstehen der Dinge in sich.***" Wird uns doch tagtäglich suggeriert, die mikroelektronischen Info-Speicher entlasten uns vom Wissen. Weit gefehlt: „***Wer selbst nichts weiß, muss alles glauben***", besagt ein altes Sprichwort, das ganz neue Aktualität erlangt hat.

Tatsache ist, dass noch keine Gesellschaft über gedruckte, elektrische und elektronische Medien eine solche Masse an Informationen unterschiedlichster Art hervorgebracht hat wie die postindustrielle. **Information** wird zur **Ware** wie jede andere. Sind Fernsehen und Radio in ihren Territorien noch überblickbar gewesen, bringt die Digitalisierung etwas bis vor kurzem Unvorstellbares mit sich: Die Möglichkeit der faktisch unendlichen Vervielfältigung und Distribution von Informationen in Sekundenbruchteilen. Information kennt **keine Grenzen**, keine Zeitzonen, keine quantitativen Einschränkungen – und oft auch keine **Qualitätsmerkmale**. Hysterisch preisen die Lobbyisten der Kommunikationsindustrie Informationen aller Art an, verkünden eine neue **Heilslehre**, die einzig und allein auf einem **Mehr von Informationen** basiert, und werken – nicht ohne Erfolg – an einem **Weltmythos**, wie es einen solchen noch nie gegeben hat. Information & Kommunikation als Metapher und Synonyme für eine zukünftige Zivilisation.

Von Informationsriesen und Wissenszwergen

Wir sind Informationsriesen und Wissenszwerge, hat *Jürgen Mittelstraß* schon vor Jahren konstatiert. Tatsächlich generieren die Wissenschaften stetig mehr Experten- und Spezialwissen, potenzieren sich dieses jährlich um ein Vielfaches. Ebenso wie es Tatsache ist, dass sich Wissen in unzähligen elektronischen Speichern bequem lagern lässt und mehr Menschen als je zuvor – zumindest theoretisch – darauf Zugriff haben. Aber ist deswegen der Einzelne klüger geworden? Wissen wir deswegen alle mehr, oder unterliegen wir nicht – geblendet von einer gigantischen globalen Medien- und Telekommunikationsmaschinerie – einer immensen Täuschung, um nicht zu sagen einem formidablen Schwindel? Das **Wissen über die Welt** hat explosionsartig zugenommen, nicht das **Wissen des Einzelnen**.

Übersehen wir nicht allzu leicht, dass nur **verdichtete, interpretierte, erklärte Informationen** zu **Wissen** werden können? Dass es eines – mitunter mühevollen und schwierigen – **Veredelungsprozesses**, wie es der Kommunikationswissenschafter *Peter Glotz* bezeichnet, bedarf, dass Informationen Wissen werden. Und dass Wissen um viele Stufen höher angesiedelt ist als Informationen.

Ein Wechselspiel von Information und Wissen, das wäre der Idealfall: Mit Informationen zum Wissen – durch Wissen zur Information.

Wir spielen mit allem, was Gesellschaft weiß. So sieht es der Philosoph *Jürgen Mittelstraß*. Und weiter: *„Wir bewegen uns auf hohem Niveau, auf dem sich eine neue Dummheit breit machen könnte. Dort, wo wir nicht mehr in der Lage sind, zwischen Wissen und Meinung zu unterscheiden, sind wir Meister der Information und Informationsverarbeitung, ohne dass wir wissen, was wir zu wissen meinen.“* Die Flut an Bildern und Information wird kein souveränes, selbstbestimmtes Ich hervorspülen. In den Strömen der Information, die alle Kammern des Bewusstseins besetzen, entfernt sich der Einzelne immer weiter von den Quellen des Wissens. *Mittelstraß*: *„Wir wissen immer mehr von immer weniger.“* Mündigkeit setzt Orientierung voraus, aber die moderne **Medienwelt** ist **keine Orientierungswelt**. Sie meint zwar, immer mehr zu wissen, wird aber gleichzeitig immer orientierungsschwächer. *„Der Überfluss macht uns zum Verlierer“*, so *Mittelstraß*.

Wer weiß, was Wissen ist?

Aber wer weiß, was Wissen ist? Haben wir es mit einer Vielzahl an Wissen zu tun, die Orientierung kaum mehr möglich macht? Fern von Experten hervorgebrachten **Wissenschaftswissen**, den Ansprüchen des **Alltagswissens**, dem aus Erfahrungen gewonnenen **Individualwissen**, dem **Wissen sozialer Gruppen**... Scheitern wir schon an der Definition von Wissen? Ist es bei all der technisch-technologischen Dynamik überhaupt noch möglich, Wissen zu fassen, begreifbar zu machen, sich zu positionieren und zu orientieren? *Jürgen Mittelstraß*: *„Die Flüchtigkeit der Information verdrängt die andauernde Gegenwart des Wissens.“* Der Computerwissenschafter *Joseph Weizenbaum* hingegen stellt den Kontext zu bisher Dagewesenem her: *„Alles Wissen ist das Ergebnis einer Einbettung von Informationen in die Schemata unseres Weltbildes, das wir zuvor schon besaßen.“*

Der Begriff der **Wissensgesellschaft**, so der Philosoph *Walther Zimmerli*, besitzt deswegen eine stark suggestive Kraft, weil er in einem Atemzug **Nürnberger Trichter** und blühende nachindustrielle Landschaften verheißt. Eine Ideologie, die suggeriert, dass wir uns in eine Gesellschaft hineinbewegen, in der Menschen mehr wüssten als früher, hat die Vorherrschaft übernommen.

Die **Wissensgesellschaft**, so der Pädagogikprofessor *Heinz Mandl*, rückt – im Gegensatz zur Informationsgesellschaft – den ganzen **Menschen** und seine Fähigkeiten **in den Vordergrund**. Wissen kann nicht bloß als Brennstoff der Globalisierung, als zentraler Produktionsfaktor der Wirtschaft verstanden werden. Erst der Mensch transferiert Wissen in Können. Die **Organisation von Wissen** kommt nicht ohne den menschlichen Faktor **Intelligenz**, nicht ohne **Lernen** aus. Und so ist, wie es der Kommunikationsexperte *Norbert Bolz* formuliert, zunehmend die Frage nach dem **Know Why** und nicht nur nach dem **Know How** zu stellen. In einer auf Effizienz und Dynamik ausgelegten Zeit wollen wir es aber nicht mehr wahrhaben, dass Wissen **Orientierung, Lernen und Nachdenken** verlangt, dass Informationen erst in ihrer **Bewertung** zu Wissen werden – und das braucht **Zeit**.

Bildung in Bilderwelten

Erst recht Bildung. Geht **Bildung** in den neuen, modernen Zeiten auf im Rauschen der **Bilder**? Ersetzt durch **Kult** statt Kultur, **Design** statt Inhalt, **Zeitgeist** statt Werte. Bildung ist ein für alle mal aus der Mode, ein Relikt an Tradition, schön, edel und wahr, aber von gestern. Bildung ist zu langwierig, mühsam und vor allem: an Menschen und nicht an Maschinen geknüpft. Bildung ist womöglich nicht sofort brauchbar, nicht gleich einsetzbar, nicht unmittelbar verwertbar, zu wenig effizient, ökonomisch zu vernachlässigen. Bildung ist verstaubt, sie wird von Turbo-Kapitalisten müde belächelt. Die „Fahne der Bildung“ hochhalten in Zeiten eines garantierten Fun-Faktors? – Eine Schimäre.

Bildung, erst recht **Allgemeinbildung, ist out**! Sie hat – getragen von der Idee einer kritischen Auseinandersetzung, der Suche nach hinterfragenden Argumenten oder dem Bemühen um selbstbestimmtes Urteil – keine Chance in einer marktorientierten Welt zwischen Börse, Spaßkultur, Events und Wirtschaftsdynamik. Bildung wird abgelöst von **Wissensmanagement**, das rationell, effizient und möglichst in **real time** Lösungen anbietet. Bildung, sistiert von schnellem, unterhaltsamen Lernen, von **Edutainment**. Nur noch wenige, merkt der Journalist *Manfred Jochum* an, denken an Menschenbildung durch Erziehung und Unterricht. Oder an Persönlichkeit, an die **Formung**, eben die **Bildung des Menschen**. Pädagogische Tagträumer, die so reden.

Es war einmal, da brauchte Bildung **Zeit, Motivation, Disziplin**. Bildung ist verbunden gewesen mit **Kultur, Reflexion, Persönlichkeit**. Aber genau von Identität oder Persönlichkeit wird in einer komplexen High-Tech-Welt kaum mehr gesprochen. Die **ICH AG**, die **ICH-Aktie** erlebt den Höhenflug. Flotte Spaßrhetorik ersetzt nachdenkendes Formulieren, der scheinbar weltgewandte surfende und zappende **User** ist das, was man früher emanzipiertes, mündiges Individuum nannte, **Welt-Populär-Mainstream** in der **McGesellschaft** das, was einst einmal Kultur. „Es scheint“, um noch einmal ARD-Chef *Peter Voß* zu zitieren, *„den Anschein, als habe die Spaßgeneration den kulturellen Eliten den Rang abgelaufen.“*

Bildung sollte, ja müsste stehen über: Zeitgeist, Moden, Schnelllebigkeit, Gewinnmaximierung. Die Inhalte eines klassischen Bildungskanons mitsamt seinen Tugenden und Werten passen aber nicht mehr in ein Weltgetriebe, das Effizienz über alles stellt, das Zeit im Takt statt im Rhythmus misst, Beschleunigung zur Maxime erhebt und mit Mediengewittern alle Aufmerksamkeitspotentiale überdeckt. Bildung – eine Veranstaltung für wenige? Für einen exklusiven Kreis? Eine Minderheit?

Bildung ist uncool und mega-out

Klingt nach **Kulturpessimismus**, nach **Bildungsapokalypse**, nach **Untergang des Abendlandes**. Ist es aber nicht. Es ist vielmehr die konkrete Beschreibung realer gesellschaftlicher Verhältnisse am Beginn des 21. Jahrhunderts. **Bildung** ist, weil sie nicht mit aktuellen Informationen handelt, **ökonomisch ohne Relevanz**. Und damit in Zeiten eines Turbo-Kapitalismus, einer fortschreitenden „Börsifizierung", die alles nur nach Marktfähigkeit kategorisiert, von nur geringer Bedeutung. Über den tradierten Bildungsbegriff wurde längst eine **Matrix der Information** (des Informationsabrufens), auf einem höheren Niveau jene des Wissens (des Könnens, des Know How, der expliziten Definitionen) gezogen. Die **kulturellen Paradigmen** von einst sind **Makulatur**. Die geisteswissenschaftliche Kultur hat ihr Deutungsmonopol endgültig verloren.

Worauf es in Zukunft ankommen wird, hat zu tun mit schnellem Bewerten, raschem Agieren, beschleunigter Entscheidung und cleverem Navigieren zwischen einer Unzahl von Optionen. Spezial- und Expertenwissen wird ebenso gefragt sein wie die Fähigkeit des Ordnens, Strukturierens und Bewertens. Es wird darum gehen, die **Verfallszeit** von Informationen rechtzeitig zu erkennen, die **Halbwertzeit** von Datenpaketen zu entziffern.

Bildung, wie man sie bisher kannte, ist **auf verlorenem Posten**. Bildung, verbunden mit der Anhäufung von Fachkompetenzen, gleichgestellt mit Ausbildung, vollgestopft mit Brauchbarkeitswissen, kann es aber auch nicht sein. Bildung sollte befähigen zur Kritikfähigkeit, Urteilskraft und dem Erkennen von Zusammenhängen in einer Welt, die immer mehr an **Fragmentierung** und **Konzentrationslosigkeit** leidet.

Bildung könnte (doch: **könnte**) ein innerlicher, **geistiger Kompass** sein für eine Zukunft, die althergebrachte Tugenden, Werte und Maßstäbe teils zu Recht (weil überholt und obsolet), teils unter Druck und Zwang angeblichen Fortschritts über Bord wirft. Bildung als soziales und persönliches Kapital mit qualifizierenden, kulturellen und medialen Kompetenzen – das könnte das Ideal sein. **Bildung als Stabilisator der eigenen Identität**. Bildung, die befähigt: Widersprüche zu durchschauen, Ideologien zu entlarven, Kritik konstruktiv und begründend einzusetzen.

Ein visionäres Szenario, das allerdings nur wenig Chancen auf Realisierung hat. Die Vektoren gesellschaftlicher Entwicklung weisen in eine andere Richtung. Verantwortungsbewusstes Leben, Kritikfähigkeit und kulturelle Selbstbestimmung werden überrollt von permanentem Erfolgsdruck, kommerziellen Zwängen, wirtschaftlicher, kultureller, politischer Globalisierung und Nivellierung. Der **Verlust des Musischen** in der Bildung ist ein Faktum. Immer lauter wird gefragt: Sind „Relikte vergangener Zeit" wie Latein, Bildnerische Erziehung oder Musik noch zeitgemäß? Immer vehementer wird verlangt: Mehr Wirtschaft in die Schulen!

Das Verschwinden der Bildung in der McGesellschaft

Zuerst der Spaß, dann das Vergnügen, wirbt *McDonalds* und hat Recht damit. Bildung für die Spaßgeneration – ein Anachronismus. Die **Optimierung des Erfolgs** ist der Maßstab; gefragt das Design eines Lebens, in dem man überall sein kann und nirgendwo sein muss; verlangt der **Access**, der Zugang zu allem, was der Markt uns bietet.

An Bildung, die geistige Unabhängigkeit forciert, wird kaum mehr gedacht. Die wechselnden Aktualitäten der Bild- und Info-Welten sind intensiver, die **Umwälzgeschwindigkeiten** scheinbar ständig Neuen prägnanter und faszinierender als jeglicher Bildungsprozess. Persönliche Erfahrungen außerhalb ökonomischer Funktionslogiken sind kaum mehr möglich. Filter zwischen Trivialem und Bedeutendem einzuziehen wird immer schwieriger. Könnte es aber nicht gerade Bildung sein, die **Sinnschneisen** durch den Informationsdschungel legt? ***Jürgen Mittelstraß:*** *„Die neuen Medien und Technologien setzen den selbständigen und urteilsstarken Verstand voraus. Sie bilden ihn nicht. Selbständig und urteilsstark zu sein ist die Voraussetzung, nicht das Resultat. Das ist möglicherweise unser großes Problem."*

> Die einst mühevoll zu besteigenden Stufen: Von Daten zu Information, von Information zu Wissen, von Wissen zu Bildung sind zusammengebrochen, wurden durch bequeme, fein designte Rolltreppen ersetzt. Doch führen sie zum gleichen Ziel?

Die e-Illusionen

Der Grazer Soziologe *Manfred Prisching* spricht von „e-Illusionen", der sich e-Euphoriker hingeben. Die angekündigte Bildungsexplosion in der e-world, so *Prisching*, wird nicht stattfinden. Denn es wird vorrangig um drei Dinge gehen: Um **Aufmerksamkeit**, um **Erlebnis**, um **Kommunikation**. Die @society ist keine Wissensgesellschaft, sondern bestenfalls eine Informationsgesellschaft mit mehr Daten und weniger Wissen. Es geht nicht um Neugierde, um Wahrheit, um Erkenntnis. Es geht um Brauchbarkeit, Verwertbarkeit, Marktorientierung und Gewinn.

Und Lernen? Was ist von Lernen außer dem unsäglichen Begriff des „Lebenslangen Lernens" übriggeblieben? Wenig. Außer, dass es, wie könnte es auch anders sein, unterhaltsam sein muss, also **Edutainment.** Lernen als Anstrengung, Plage, Mühe – das war einmal. *„Informationswelten"*, merkt Jürgen Mittelstraß polemisch an, *„versprechen ein paradiesisches Reich des Wissens ohne mühsame Lernprozesse."* Wozu auch? *„Raus aus der Kultur, hinein in die Szene"*, beschreibt die Jugendstudie 2000 das Bestreben österreichischer Jugendlicher. Oder: *„Österreichs Jugend surft im Trend: Auf dem Weg zur Spaßgesellschaft."* (Die Presse)

Kann das alles sein?

Wilhelm von Humboldt brachte vor 200 Jahren eine – in Zeiten wie diesen besonders nachdenkenswerte – Beschreibung des Bildungsbegriffes hervor: **Bildung bedeutet, soviel Welt wie möglich an sich heranzuziehen und mit sich selbst zu verbinden.**

Übrigens: Ist es Bildung zu wissen, dass Humboldt Sprachwissenschafter, Freund Goethes und Schillers sowie Gründer der Berliner Universität gewesen ist?

Literaturhinweise

Shenk, David: Datenmüll und Infosmog. (Lichtenberg, München 1998)

Virilio, Paul: Information und Apokalypse. (Hanser, München 1920)

Glotz, Peter: Die beschleunigte Gesellschaft. (Rowohlt, Reinbek 2001)

Maar Christa/ Obrist, Hans Ulrich/Pöppel, Ernst (Hg.): Weltwissen – Wissenswelt. (DuMont, Köln 2000)

Schwanitz, Dietrich: Bildung. (Eichborn, Frankfurt 2000)

Bolz, Norbert: Die Wirtschaft des Unsichtbaren. (Econ, München 1999)

Rötzer, Florian: Digitale Weltentwürfe. (Hanser, München 1998)

Postman, Neil: Die zweite Aufklärung. (Berlin Verlag, Berlin 1999)

Prisching, Manfred: Die McGesellschaft. (Styria, Kürten-B. 1998)

Heuser, Uwe Jean: Tausend Welten. (Berlin Verlag, Berlin 2000)

Vulner, Jo: Info-Wahn. (Springer, Wien 2000)

Gerolf Kirchmair

Die @Gesellschaft – Neue Wissenskluft oder Lernen total global?

Das Tempo der **Digitalisierung unserer Gesellschaft** schreitet atemberaubend voran. Noch nie vorher in der menschlichen Entwicklung vollzog sich der gesellschaftliche Wandel mit einer vergleichbaren Geschwindigkeit:

„Mit dem Bau des Datenhighways, mit der Verflechtung von Mikroprozessoren über das weltweite Glasfasernetz beginnt die Siliziumzeit. Nach der Mechanisierung und Elektrifizierung kommt nun die dritte industrielle Revolution, die Elektronisierung, das Informationszeitalter, das postindustrielle Zeitalter, die Freizeitgesellschaft, die digitale Welt, die Wissensgesellschaft, die Cybersociety, das globale Dorf, der Wechsel von Atom zu Bit."[1]

Diese **Siliziumzeit** stellt für das gesamte Bildungssystem eine **enorm große Herausforderung** dar. Ihm obliegt es, dafür zu sorgen, dass die soziale Kluft zwischen den „Usern" und „Losern" so klein als möglich bleibt. Die Feststellung, dass sich Lernen, Wissensvermittlung und Bildung im Zeitalter von Globalisierung, Internet und neuen Informations- und Kommunikationstechnologien ändern werden, scheint langsam im Bewusstsein der Gesellschaft Zustimmung zu finden.

Die **Arbeit der Erzieher** ist wie vielleicht keine andere so **auf Zukunft hin orientiert**, weil sie die ihnen anvertrauten jungen Menschen mit jenen Qualifikationen und jenem Basiswissen ausstatten sollten, das sie befähigt, die zukünftigen Anforderungen bestehen zu können. *Klaus Haefner* spricht vom **„Ende der Aufklärung"** und charakterisiert ein Trendszenario 2010 für den Bildungsbereich mit der Metapher vom **„Lehrer als ‚Anmischer' von medialen Angeboten.**[2] Kognitive Lernziele werden aufgrund eines breit angelegten multimedialen Infotainments an Niveau und Qualität verlieren:

„Wer kann schon erwarten, dass ein Schüler, der die Masse seiner Informationen in piktoraler Form angeboten bekommt, sich die Mühe macht, Inhalte differenziert sprachlich zu formulieren? Die Schule kann hier zwar ‚kompensatorisch' gegenüber der realen informationellen Umwelt antreten, aber ihr Erfolg wird begrenzt sein."[3]

Er betont – und meines Erachtens ist seine Aussage in vielerlei Hinsicht bereits Realität – das **Schule** zunehmend als **„Reparaturbetrieb"** in Erscheinung treten muss. Mit den Bestrebungen in Richtung „autonome Schule" erfolgt ihre Deregulierung bezüglich der Lernziele; der **Lehrer** wechselt mehr und mehr von der Rolle des kompetenten Vermittlers in jene des **Elternersatzes**, des **Entertainers** und des **Sozialarbeiters**. Er muss aufgrund seiner Ausbildung mit mangelnden Kompetenzen versuchen, mit den Problemen der Schülerinnen und Schüler fertig zu werden, die nur mehr zu einem geringen Teil aus geordneten Verhältnissen kommen. Der immer mühsamer werdende Weg bedarf auch des **radikalen Umdenkens** in unserem Aus- und Fortbildungssystem:

[1] *Nürnberger, Christian: Die Machtwirtschaft (1999), S. 41*
[2] *Vgl. http://www.uni-koeln.de/ew-fak/psycho/Petzold/material/haefner.htm (23.3.2000)*
[3] *Vgl. ebd.*

„In Zukunft führt kein Weg am Aufbrechen und Verlassen der überkommenen Hierarchie von Lehrer und Schüler vorbei. ... Permanente Weiterbildung darf nicht länger Stiefkind dieser Gesellschaft bleiben. Lernen muss als Lebensform entdeckt werden. ... In Zukunft wird es keine weiterbildungsfreien Zeiten mehr geben, die Gesellschaft wird sich von einer belehrten zu einer lernenden wandeln." [4]
Diese Sätze künden meines Erachtens einen fundamentalen Paradigmenwechsel an, dem Ausbildung und Lernen in Zukunft unterworfen sein wird. Um nicht falsch verstanden zu werden: Mein Plädoyer und meine Befürwortung für diese notwendige Richtungsänderung heißt nicht zwangsläufig, dass eine totale Abkehr von der Vermittlung von Faktenwissen erfolgen muß. Ganz im Gegenteil: Die **Bedeutung** der drei **Kulturtechniken Lesen, Schreiben und Rechnen** wird eher noch zunehmen. Daneben geht es aber verstärkt um die Vermittlung der **„kommunikativen Kompetenz."**[5] Sie hat sowohl eine technische, als auch eine soziale Dimension. Neben dem souveränen Umgang mit Hard- und Software gehört die Kunst des Ignorierens und Abschaltens dazu, die **Fähigkeit zum Medienwechsel**.

Es geht darum – um im Sinne von *Peter Glotz* zu sprechen – um das Zurechtlegen eines virtuellen Mediamix, das heißt, die Fähigkeit, mit Fernseher, Computer, Telefon und Internet, aber auch mit Zeitungen, Zeitschriften, Büchern und Comics emanzipiert umgehen zu können.[6] **Auswahl- und Filterfähigkeit** gehören ebenso dazu wie das instinktive Wissen, wann zwischen persönlicher und medial vermittelter Kommunikation zu wechseln ist.

Als durchaus nachvollziehbar und zukunftsweisend kann meines Erachtens das Modell von *Franz E. Weinert* bezeichnet werden, der von **vier Kompetenzbereichen** spricht, die unsere Kinder zukünftig in unseren Schulen erlernen müssen, wobei jeder der Bereiche einen spezifischen Teil des Wissens betrifft:

Wenn er vom Erwerb **intelligenten Wissens** spricht, meint er *„ein wohlorganisiertes, disziplinär, interdisziplinär und lebenspraktisch vernetztes System von flexiblen nutzbaren Fähigkeiten, Fertigkeiten, Kenntnissen und metakognitiven Kompetenzen."*

Damit schulisches Lernen nicht ausschließlich zum Erwerb trägen Wissens führt, ist es notwendig, dass die Lernenden die relevanten Informationen aktiv, kreativ und auch situiert erwerben. Es geht also um die Gestaltung von lebensnahen Lernarrangements.[7]
Beim Erwerb **metakognitiver Kompetenzen** führt er dezidiert den Erwerb von Schlüsselqualifikationen an. Als Beispiele seien dabei Arbeits- und Lerntechniken ebenso zu erwähnen wie Strategien der Informationsbeschaffung und der Umgang mit elektronischen Medien.

In letzter Konsequenz bedeutet die eben zitierte Forderung eine **Reorganisation des Unterrichts** in Schulen, und zwar in wesentlich stärkerem Ausmaß als es bis jetzt bereits geschieht. Der Frontalunterricht und der Lehrervortrag sollten wirklich nur mehr einen marginalen Teil des Unterrichtsgeschehens einnehmen, an seine Stelle müssen Gruppenunterricht, Projekte, offenes Lernen und frei geistige Tätigkeiten treten.

Die Umsetzung dieser Forderungen werden durch die momentan vorherrschenden

[4] *Dieckmann (1998),S. 6ff.*
[5] *vgl. Glotz Peter: Die beschleunigte Gesellschaft. Kulturkämpfe im digitalen Kapitalismus. (Kindler, München 1999. S. 215)*
[6] *vgl. ebd.*
[7] *vgl. Rüttgers (1999), S. 79ff.*

Bestrebungen in der Bildungspolitik nicht gerade gefördert: Bei Klassenschülerzahlen knapp um die Zahl dreißig herum sind manche dieser Lernformen schon aus organisatorischen Gründen kaum umsetzbar. Ein weiterer berücksichtigungswürdiger Faktor ist das Potential der derzeit im Beruf stehenden Lehrerinnen und Lehrer, die in ihrer Ausbildung mit diesen Methoden nicht konfrontiert wurden und teilweise nur schwer mit der Rasanz der Entwicklung der Kommunikationstechnologien mithalten können. Daher steht die Forderung nach einer **verbesserten Lehreraus- und – weiterbildung** der zentrale Schlüssel für zukünftige Bildungsreformen.[8]

Jürgen Rüttgers postuliert dazu **zehn Mindestanforderungen** an die Lehrerausbildung:

1. Verstärkte Anpassung der Lehreraus- und – fortbildung an die Aufgaben des Lehrers in der Zukunft einer Wissensgesellschaft
2. Den Lehrern muss in ihrer Ausbildung mehr pädagogische Kompetenz zukommen. Die Lehramtsstudenten müssen verstärkt auf ihre Doppelrolle als Vermittler von humanen, fachlichen und sozialen Kompetenzen einerseits und als Erzieher zu Toleranz, Mitmenschlichkeit, Hilfsbereitschaft und Eigenverantwortung andererseits vorbereitet werden.
3. Das Verhältnis zwischen theoretischem und praktischem Anteil in der Ausbildung muss nachjustiert werden.
4. Lehrer müssen verstärkt auf die Konsequenzen der neuen Medien vorbereitet werden, im speziellen auf das rasant zunehmende Tempo des Wissenswachstums.
5. Lehrerausbildung gehört zukünftig auch an Hochschulen lokalisiert, um dem jeweils aktuellen Stand der Fachwissenschaften angepasst zu werden.
6. Verstärkte Ausrichtung der Orientierungsphase im Studium an schulpraktische Studien, um einen besseren Einblick in zukünftige Berufsrealität zu ermöglichen.
7. Lehramtsstudenten müssen frühzeitig zur Organisation von Lernprozessen angeleitet werden, um in ihrem Beruf die Lernmotivation ihrer Klientel zu steigern.
8. Trotz „angeblich dringend notwendiger“ Sparmaßnahmen im Bildungsbereich müsse auch dafür gesorgt werden, dass kontinuierlich junge und modern aus gebildete Lehrkräfte in Schulen aufgenommen werden können.
9. Kontinuierliche Fortbildung ist unabdingbar und muss nötigenfalls obliga torisch verordnet werden, wenn deren Notwendigkeit nicht eingesehen werde.
10. Kinder müssen angeleitet werden, mit neuen Medien umzugehen.

Informationen sind der **Rohstoff** zum Lernen, zum Lehren, für die Arbeit und auch für die Forschung. Es ist daher primäre Aufgabe aller darin Involvierten, für einen **raschen Informationsfluss** zu sorgen.

[8] *vgl. ebd.*

Das Internet mit seinen Diensten stellt meines Erachtens dafür ein gut geeignetes Werkzeug dar. Die Vermittlung einer neuen Kompetenz ist notwendig, um mit Information als neuem Machtfaktor umgehen zu können.

„Unsere Kinder und Jugendlichen müssen in der Lage sein, sich in einer rasch verändernden Welt zu orientieren. Sie müssen mit einem rasanten technologischen Wandel z. B. in den Bereichen Biotechnologie und Informationstechnik zurechtkommen. Sie müssen mit Menschen überall in der Welt kommunizieren und kooperieren können. ... Deshalb haben wir eine Initiative zur Verstärkung der Zusammenarbeit zwischen Schulen, Hochschulen und Forschungseinrichtungen gestartet, um Wissenschaft und Forschung attraktiver zu machen. Und wir haben noch eine zweite Initiative gestartet, um die Zusammenarbeit zwischen Unternehmen und Schulen zu fördern. Denn Schüler und Lehrer müssen lernen, wie Unternehmen und Verwaltungen funktionieren." [9]

Informationen sind lediglich die Rohmaterialien, aus denen bedeutungsvolles, praxisrelevantes **Wissen** entstehen kann. Wissen beinhaltet eine Kenntnis von Daten und **Fakten** (**to know what**), aber auch Einsicht in Ursachen und **Zusammenhänge (to know why)**, sowie einen souveränen Umgang mit Medien und Experten und nicht zuletzt eine **Handlungsfähigkeit angesichts von Nichtwissen**. Denn mit dem Wissen wächst zwangsläufig unser Nichtwissen. Aber im Unterschied zum Arbeitnehmer der Industriegesellschaft ist Wissen sowohl Quelle als auch Ergebnis, sowohl Rohmaterial als auch Endprodukt, das nicht nur dem Betrieb gehört, der den Wissensarbeiter beschäftigt.

Jedenfalls kann das idyllische Bild von Schülern oder Studenten, die im Licht einer Schreibtischlampe ganz auf sich gestellt, lernen – für die Zukunft nicht aufrecht gehalten werden. **Lernen** muss mehr denn je **in Gruppen** erfolgen, um Ressourcen zu bündeln und dadurch effiziente Ergebnisse erzielen zu können. Die zukünftige Rolle von den Bildungsinstitutionen unserer Gesellschaft ist auf jeden Fall zu überdenken. Der Staat kann – oder will – die Lerngesellschaft der Zukunft nicht mehr alleine finanzieren. Entscheidend ist, wie der Fortbestand gesichert wird. Meines Erachtens ist eine **Kooperation mit wirtschaftlichen Unternehmungen** auf jeden Fall der bessere Weg, als mittels Studiengebühren, Beiträgen und finanziellen Beteiligungen durch Eltern und Erzieher einen sozialen Numerus clausus aufkommen zu lassen. Das Argument, nur jene in den Genuss kostenloser Ausbildung kommen zu lassen, die nicht über die notwendigen finanziellen Ressourcen verfügen, könne aus administrativen Gründen nicht realisiert werden, ist im Zeitalter von Computernetzwerken nicht logisch nachvollziehbar. Hier könnte einerseits effizient gespart und andererseits ebenso wirksam gefördert werden – allerdings unter der Voraussetzung, dass dafür der politische Wille vorhanden ist. Meines Erachtens wurde diesbezüglich „Chancengleichheit" mit „Chancengerechtigkeit" verwechselt.

Der Weg ist vorgezeichnet: Es geht nicht um ein „Entweder – Oder", sondern um ein „Sowohl – als auch". das heißt, dass zwar auch noch in Zukunft Faktenwissen gelehrt und gelernt werden wird müssen, dass es aber **vorrangig um Implementierung der Fakten** in Systeme geht und darum, Kompetenzen zu vermitteln, die die Integration und Zusammenschau möglich machen können. Es ist ein Merkmal der modernen Arbeitswelt, dass das **Wissen** – neben dem Kapital, den Bodenschätzen, der körperlichen

[9] *http://www.bmbf.de/deutsch/veroeff/presse/pm00/pm021900.htm (04.05.2000)*

Tätigkeit – zu einer **eigenständigen Produktivkraft** wird. So wurde auch seitens der UNESCO-Konferenz zum „lifelong learning“ im Jahr 1997 als Programm für alle „one hour learning per day“ gefordert.[10]

Meines Erachtens darf es jedoch bei der Erfüllung dieser Forderung nicht dazu kommen, dass aus lebenslangem Lernen nicht „lebenslängliches Lernen“ in dem Sinne wird, dass Arbeitnehmerinnen und Arbeitnehmer dem permanenten Druck unterliegen, sich weiterzubilden, um beruflichen Anforderungen nachzukommen, sondern es muss die Entwicklung des Menschen mit seinen Möglichkeiten im Mittelpunkt stehen.[11] *In Zukunft wird Bildung und Lernen mehr denn je zuvor mit der Zukunft der Arbeit verbunden sein. Die Paradoxie der Situation zeigt sich im Umstand, dass zwar permanente Weiterbildung und ständige Lernbereitschaft eingefordert wird, dass Bildungsmaßnahmen mehr und mehr betrieblichem Outsourcing zum Opfer fallen und dadurch in den privaten Kompetenzbereich der Arbeitnehmerinnen und Arbeitnehmer verlagert werden und dass man aber andererseits von „Armut durch Bildung“ sprechen kann, weil man von einer „Inflation der formalen Bildungsabschlüsse“ sprechen muss und dadurch keinesfalls ein reibungsloser Übergang von Ausbildung in Berufsleben garantiert werden kann.*[12]
Bildung unterliegt gewissen Makrotrends und Wandlungstendenzen, die mit der Metapher *„von der Erstausbildungsgesellschaft zur Weiterbildungsgesellschaft“* [13] charakterisiert werden können. Aufgrund von Entgrenzungstendenzen in unserer Gesellschaft – bedingt durch Globalisierung und neue Technologien bedarf es einer Erweiterung der Bildung in Richtung Weiterbildung bzw. Kompetenzentwicklung.

Fachbildung galt lange Zeit als resistent gegenüber Bedeutungserosionen. Vielfach können spezielle Fähigkeiten von Datenbanken abgerufen bzw. durch Spezialroutinen automatisiert werden. In zunehmendem Ausmaß treten ergänzend zum **Fachwissen Schlüsselqualifikationen** wie **Teamfähigkeit**, **Selbständigkeit** u. a. Beim Lehr- und Lern–Paradoxon geht es um die Tatsache, dass Lernen selbstorganisiert geschieht und dass Lehren und Belehren nicht als Garant dafür gesehen werden kann, dass gelernt werden kann. Vielmehr muss Weiterbildung nach einem **„ermöglichungsdidaktischen“** Konzept realisiert werden.

Um den Herausforderungen der Zukunftsgesellschaft gewachsen zu sein, muss seitens Aus- und Weiterbildung reagiert werden. Ein Beharren auf die ausschließliche Vermittlung reinen Faktenwissens führt mit Sicherheit in eine Sackgasse. Aufgrund des Bildungsmediums **Internet** wird eine **neue Lern-Welt** [14] geschaffen. Im Vergleich zu anderen Medien bietet das Netz die Möglichkeit, dass sich Lernende in andere Lernumgebungen versetzen können, die das Gefühl vermitteln, mittendrin zu sein bzw. etwas miterleben zu können. Das Problem der Zuverlässigkeit der Informationen im WWW soll keinesfalls geleugnet werden, aber stellt nicht jede Weitergabe von Information eine **subjektive Auswahl der Fakten** dar?

Es ist nicht ein Problem des Netzes alleine, mit dieser Beschränkung haben viele anderen Medien ebenfalls zu kämpfen. Begrenzte Zeit für Nachrichten im Rundfunk und im Fernsehen, Vorgabe einer bestimmten Seitenzahl für eine Buchpublikation, Prägnanz

10 *Vgl. ebd.*
11 *Vgl. Hahn (1999) in [KURIER], S. 7.*
12 *Vgl. Hahn (1999), S. 12.*
13 *Arnold in Dieckmann (1998), S. 208.*
14 *Vgl.Fasching (1997), S. 71.*

und Kürze von Information eines Prospektes und die stets gleichbleibende Anzahl der Zeitungsseiten, die täglich gefüllt werden müssen, seien nur einige Indizien für ein ähnlich gelagertes Problem.

Trotz aller positiven Aspekte des Netzes dürfen Bildungsverantwortlichen nicht aufgrund euphorischer Stimmungen der Illusion erliegen, dass das Internet ein **grundlegendes Problem** auch nicht lösen kann:

„Das Internet ist ein großartiges Hilfsmittel, doch die altbekannten Probleme bleiben bestehen: Wie können wir Kinder zum Lernen motivieren? Wie können wir jedem Kind eine faire Chance bieten, ohne uns in die unterschiedlichen Familienkulturen und lokale Zuständigkeiten auf unzulässige Weise einzumischen? Wo liegt die Grenze zwischen Unterstützung und Einmischung?“ [15]

Esther Dysons Statement bringt es auf den Punkt, wie die neue Technologie des Datennetzes meines Erachtens für das Lernen in der Zukunft verwendet werden soll – als **effektives Werkzeug**. Und dieser Charakter eines Werkzeugs kann nicht oft genug hervorgehoben werden, was im Gegenzug jedoch klar zum Ausdruck bringt, dass durch das Medium keinesfalls zukünftige Lehrergenerationen verdrängt werden, denn das Netz vermag es nicht,

„ die individuelle Gegenwart und Zuwendung eines Lehrers zu ersetzen, allenfalls für eine sehr begrenzte Zahl von Schülern. Doch zuerst müssen die Kinder von einem Erwachsenen in ihrer Nähe die Liebe zum Lernen übernehmen.“ [16]

Diese Aussage von *Esther Dyson* müsste meines Erachtens allen Pädagogen Mut machen, weil es die Wertschätzung und Empathie als unumgänglich wichtiges Kriterium für das Lernen darstellt. Ein wesentlicher Motivationsfaktor des WWW liegt in der Aktivierung der Teilnehmerinnen und Teilnehmer, die Rolle des passiven Informationskonsumenten zugunsten der aktiven Auseinandersetzung und Aneignung von Informationen aufzugeben. Durch den interaktiven Prozess erfolgt selbstgesteuerte Wissensaneignung. Um es noch einmal zu unterstreichen: der **Werkzeugcharakter** des Mediums Internet ist – so wie bei allen anderen Medien auch – hervorzuheben, **keinesfalls** soll die Technologie an sich als **digitaler Heilsbringer** gesehen werden, dem alles andere unterzuordnen ist. Medien können Unterstützung und Hilfsmittel sein, um zukünftigen Anforderungen gerecht zu werden.

Wenn man jedoch vom Internet als Medium in Bildungsinstitutionen spricht, so ist auch auf den Umstand hinzuweisen, dass **neue Technologien** – und hier speziell das Internet – die **Gesellschaft spalten**. Die Menschheit wird in zwei Gruppen geteilt: die Internet-Nutzer und die Computer-Analphabeten, in die Gruppe, die online ist und in eine andere große Gruppe jener, die offline bleiben wollen – oder müssen. Das **Zauberwort** des neuen Jahrhunderts heißt **„Zugang.“** Im kommenden Zeitalter treten Netzwerke an die Stelle von Märkten, anstelle des Strebens nach Eigentum tritt das Streben nach Zugang, nach Zugriff auf all das, was die Netzwerke anbieten.[17] Und obwohl immer mehr Menschen mobil telefonieren und bereits Kids in der Schule per Handy ständig erreichbar sein wollen, obwohl tage- und nächtelanges Surfen im Netz und Chatten in manchen Kreisen zum guten Ton gehören, darf darüber hinaus nicht übersehen werden, dass der

[15] *Dyson (1997), S. 109.*
[16] *ebd.*
[17] *Vgl. [FAZ, 12.8.2000], o. S.*

Großteil der Menschen in unserer Gesellschaft von den Segnungen der modernen Informations- und Kommunikationstechnologien ausgeschlossen bleibt. Bereits **bestehende Unterschiede** zwischen arm und reich, gebildet und ungebildet, zwischen Männern und Frauen setzen sich im Internet fort, ja werden teilweise sogar noch **verstärkt**. So wie ganze Kontinente ins Hintertreffen geraten – man bedenke, dass derzeit lediglich 3,35 % der Weltbevölkerung Zugang zum Netz haben[18] – driften in den entwickelten Staaten gewisse Bevölkerungsgruppen ins Abseits – Arme, Behinderte, Rentner, Arbeitslose und mehr als die Hälfte aller Frauen. Dies geschieht aus **zwei Gründen**: Einerseits sind es mangelnde finanzielle Ressourcen, die den Zugang zum Web nicht ermöglichen, oder aber es ist das fehlende Wissen, das Knowhow, um mit dem Medium umgehen zu können. Obwohl seitens der Vertreter politischer Parteien immer wieder versichert werde, dass die Gefahr einer Spaltung droht und dass eine gewisse gesellschaftliche Verantwortung besteht,[19] Menschen mit einer informationellen Basisstruktur auszustatten, fehlen mir in der Debatte die konkreten Umsetzungsschritte.

In der pädagogischen Diskussion um eine zukunftsweisende Orientierung des Lernens herrscht Einigkeit über die Bedeutung des Lernens in Zusammenhängen und auf die Ausrichtung der Inhalte auf langfristige Problemstellungen der Gesellschaft. in diesem Zusammenhang wird von den **Dimensionen des Lernens** gesprochen, deren Sinn und Zweck es ist, dass eine Verknüpfung von fachlichen Wissensbeständen und methodischen Ansätzen erfolgen kann, im Hinblick darauf, intelligentes Wissen erwerben zu können. Sie sind nicht einzelne Fächer, Gegenstände oder Unterrichtsthemen, sondern sie sind

„dynamische, nicht streng voneinander abgesetzte Perspektiven, in denen Menschen ihre Wirklichkeit erfahren, sie erkennen, sich mit ihr auseinandersetzen, sie gestalten. Sie eröffnen bestimmte Denk- und Erschließungsmöglichkeiten von Welt, die sich wechselseitig ergänzen, aber auch in Frage stellen können. Sie sollen für die Unterrichtsgestaltung einen festen Bezugsrahmen bilden." [20]

Bezüglich der Ausgestaltung werden letztlich nur Vorschläge gemacht, die individuelle Ausgestaltung obliegt der jeweiligen Bildungsinstitution, die die ihr eigene Spezifikation im Leitbild dokumentiert. Wichtig dabei ist es auch, Bezüge herzustellen, an denen einsichtig gemacht werden kann, dass es sehr wohl notwendig ist, auf bestehende Ordnungen des Lernens wie beispielsweise die Beherrschung der Kulturtechniken hinzuweisen. Folgende **sieben Dimensionen des Lernens** werden präsentiert:[21]

- **Identität und soziale Beziehungen, eigene Körperlichkeit und Psyche:**
  Dabei geht es um die Positionierung der eigenen Persönlichkeit in bereits existierenden Sozialbezügen als Vorbereitung auf die Kooperation in verschiedenen Bereichen gesellschaftlichen Lebens.

- **Kulturelle Tradition: Weltbilder, Wissenschaften, weltanschauliche Gemeinschaften, Kulturen:**
  Die Toleranz gegenüber anderen Kulturen und Religionen gewinnt an Bedeutung. Es gilt, sich der eigenen religiösen Tradition und Geschichte bewusst zu werden

[18] *Vgl. http://viadrina.euv-frankfurt-o.de/~sk/diges/divide_the.html (31.8.2000)*
[19] *Vgl. [DER STANDARD], 2. Dezember 2000, S. A3.: „Gefahr einer Zwei-Klassen.-Gesellschaft"*
[20] *ebd.*
[21] *ebd.*

und sich mit anderen Strömungen in Religion, Natur- , Gesellschafts- und Geisteswissenschaften auseinanderzusetzen, um komplexe Anforderungen lösen zu können.

◆ **Natur, Kunst und Medien: Gestaltender Umgang mit Materialien, Konstruktion und Rekonstruktion, Informieren, Manipulieren, Inszenieren und Schaffen, Erleben von Natur und Kunst:**
Diese Dimension meint die Erweiterung des klassischen Kulturbegriffs und hat die Realisierung zum Ziel, dass kulturelle Bildung als Teil der Allgemeinbildung gesehen wird.

◆ **Sprache, Kommunikation: Sprache als Medium des Ausdrucks und der Verständigung, Wege und Medien der Kommunikation, Internationalisierung der Lebensverhältnisse:**
Mehrsprachigkeit wird als unabdingbare Schlüsselkompetenz angesehen, um sich in einem globalen Kommunikationsraum verständigen zu können. Es handelt sich um eine überaus dynamische Dimension, weil Sprache raschen Veränderungen unterworfen ist. Sprachkompetenz meint in diesem Zusammenhang das Erlernen zweier Fremdsprachen und berufsbezogenes Fremdsprachenlernen ebenso wie den Umgang mit den Kunstsprachen der Informationstechnologien.

◆ **Arbeit, Wirtschaftlichkeit, Beruflichkeit: Fremdbestimmung und Selbstverwirklichung in der Arbeitswelt, ökonomische Sachzwänge und Gestaltbarkeit wirtschaftlicher Verhältnisse, Beruflichkeit als Lebens- und Bildungsform:**
Unterricht, der auf die Realisation dieser Dimension ausgelegt ist, kommt ohne Praktika und anwendungsbezogenen Unterricht nicht aus. Wichtig ist vor allem, nicht so sehr den Blick auf den betrieblichen Arbeitsprozess zu lenken, als vielmehr auf dessen gesellschaftliche Implikationen einzugehen.

◆ **Demokratie und Partizipation: verantwortete Entscheidungen, Beteiligung an der Gestaltung der Wirklichkeit:**
Erziehung zu demokratischer Staatsbürgerschaft und zu Partizipationsfähigkeit am gesellschaftlichen und politischen Leben sind inhaltliche Orientierungspunkte dieser Dimension. Bildungsinstitutionen sollen dazu als Lern- und Lebensraum Gelegenheiten anbieten. Es würde aber zu kurz greifen, reduziert man die Umsetzung lediglich auf die Vermittlung von staatsbürgerlichen Rechten und Pflichten, Andere Leistungen anzuerkennen, mit anderen zusammenzuarbeiten, aktive Teilnahme am eigenen Lernen, an Reflexion über Erfahrungen und an organisatorischen Entscheidungen sind weitere Aspekte, die dabei zu berücksichtigen sind.

◆ **Ökologie: Umgang mit der Welt der heute lebenden und der folgenden Generationen:**
Die heute lebende Generation steht vor der großen Herausforderung, sich dafür zu engagieren, die ethische Komponente in der Ökologie zu forcieren, sodass natürliche Ressourcen für zukünftige Generationen geschont werden.

Neben den traditionellen Kulturtechniken Lesen, Schreiben und Rechnen muß jedenfalls der Umgang mit den IuK-Technolgien als wesentliche Kompetenz für das Lernen der Zukunft vermittelt werden, um die neuen Dimensionen des Lernens realisieren zu können. Dazu bedarf es der Vermittlung von Schlüsselqualifikationen, um zukünftigen Anforderungen gewachsen zu sein. Darunter versteht man

„generalisierbare Bildungsziele und - elemente, die einen hohen Abstraktionsgrad besitzen. Sie sollten den ‚Schlüssel' zur raschen und reibungslosen Erschließung von wechselndem Spezialwissen bilden.“ [22]

Das auf *Dieter Mertens* basierende Konzept umfasst allgemeine Fähigkeiten, Einstellungen und Strategien, um Probleme lösen zu können.
Aufgrund des Bildungsmediums Internet wird eine neue Lern-Welt [23] geschaffen. Im Vergleich zu anderen Medien bietet das Netz die Möglichkeit, dass sich Lernende in andere Lernumgebungen versetzen können, die das Gefühl vermitteln, mittendrin zu sein bzw. etwas miterleben zu können:

Die verschiedenen Dienste des Internet ermöglichen es den Nutzern, in verschiedenste Lernwelten einzutauchen und spezielle Erfahrungen zu sammeln. Das Problem der Zuverlässigkeit der Informationen im WWW soll keinesfalls geleugnet werden, aber stellt nicht jede Weitergabe von Information eine subjektive Auswahl der Fakten dar? Es ist nicht ein Problem des Netzes alleine, mit dieser Beschränkung haben viele anderen Medien ebenfalls zu kämpfen.

Begrenzte Zeit für Nachrichten im Rundfunk und im Fernsehen, Vorgabe einer bestimmten Seitenzahl für eine Buchpublikation, Prägnanz und Kürze von Information eines Prospektes und die stets gleichbleibende Anzahl der Zeitungsseiten, die täglich gefüllt werden müssen, seien nur einige Indizien für ein ähnlich gelagertes Problem.

Um es noch einmal zu unterstreichen: der Werkzeugcharakter des Mediums Internet ist – so wie bei allen anderen Medien auch – hervorzuheben, **keinesfalls** soll die Technologie an sich als **digitaler Heilsbringer** gesehen werden, dem alles andere unterzuordnen ist. Medien können Unterstützung und Hilfsmittel sein, um zukünftigen Anforderungen gerecht zu werden.

Während wir bis heute immer noch ziemlich klar die Zeit der Ausbildung von den Jahren der Erwerbstätigkeit abgrenzen können, wird **Lernen und Arbeiten** in der Zukunftsgesellschaft zu einer **untrennbaren Einheit** verschmelzen. Es wird die Bedeutung des selbstorganisierten und individualisierten Lernens zunehmen, aber ohne Lehrende werden auch Bildungsinstitutionen der Zukunft nicht auskommen. **Verschiedene Lehrplanmodelle** spiegeln die zahlreichen Wege wider, wie neue Technologien sinnvoll für das Lernen in der Zukunftsgesellschaft genützt werden können: [24]

[22] *Vgl. Kirchmair (1996), S. 82ff.*
[23] *Vgl.Fasching (1997), S. 71.*
[24] *Dieckmann, a. a. O. S. 144.*

Lehrplan-Modell	Technologie	Funktion des Lehrers	Geeignetste Anwendung	Problematik
Reales Klassenzimmer (angereichert durch Technologie)/ Gegenwärtige Praxis	Computer-Workstations/ Telekommunikation	Steuerung	Soziale Entwicklung	Zusätzliche Kosten
Fern-Klassenzimmer/ USA heute	Klassenzimmer durch Telekommunikations-Technologie verknüpft	Steuerung/ Wissensquelle	Neue Forschung/ Aktualisierung; kleine Schüleranzahl	Geringe Frontend-Kosten/ leicht, schnell
Ferne Datenbasis/ Internet heute/ Zukünftige Multimedia-Anwendung	Interaktive Informationsbanken	Anleitung/ Hilfe beim Verarbeiten der Information	Wissenslenkungs-Fähigkeiten	Urheberrecht, Zugang, Eigentumsrechte
Netzwerke (individuell und in Gruppen)/ Computer-Konferenzen heute/ Videokonferenzen in Zukunft	Computer-Workstations/ verknüpft durch Telekommunikation	Keine/ Anleitung/ Steuerung	Austausch von Informationen/berufliche Entwicklung/ Gemeinschaftsaktionen/ Problemlösung/ bedarf noch der Definition	Niedrige Kosten
Das Gerät als Lehrer/ Multimedia heute/ Virtuelle Realität in Zukunft	Workstations mit eigenständiger oder aus dem Netz geladener Lernsoftware	Gestalter von Lernmaterial/ Vermittler	Grundwissen, Fähigkeiten, die sich nicht rasch ändern/ Massenmärkte/ hochwertige Ausbildung	Hohe Frontend-Kosten
Lernmaschine in zehn Jahren	Workstations mit durch künstliche Intelligenz verbesserter Software/ verknüpft mit entfernter Datenbasis	Keine	Angepasst an den Bedarf der Lernenden/ Lernstil, Entwicklung kognitiver/ motorischer Fähigkeiten, Wissenszugang/ -verwaltung	Kann dies praktiziert werden? Sollte dies praktiziert werden?

Unterschiedliche Modelle für die Anwendung von Technologie für das Lernen

Welches Modell auch zur Anwendung gelangt, **Lehrende** werden vor allem als **Navigatoren im Informationsdschungel** gefragt sein. Um darauf vorbereitet zu sein, sollten Aus- und Fortbildungsinstitutionen rasch reagieren.

Das Bildungssystem der Industriegesellschaft war primär auf die Vermittlung sprachlicher, naturwissenschaftlicher, technischer und literarischer Inhalte ausgerichtet. Die Schulung von Kreativität, sozialer Kompetenz oder Teamarbeit war zweitrangig. Diese System war am bestens dafür geeignet, zukünftige Arbeitnehmer für das tayloristische Produktionssystem vorzubereiten. Für die **Informationsgesellschaft** der Zukunft werden jedoch zusätzliche Kompetenzen und Schlüsselqualifikationen in der Arbeitswelt immer wichtiger. Der entscheidende **Produktivitätsfaktor** der Informationsgesellschaft ist die Zusammenarbeit, die **Teamkompetenz**:

„Was in den europäischen Industriegesellschaften aber wirklich verlangt wird, zeigt eine Anzeige des Swiss Management Assessment Center: ‚Einzelkämpfer/innen verfügen über

hohe Intelligenz und ausgeprägte Belastbarkeit. Sie schaffen es, ihre Lebensziele ebenso zu packen und aktiv zu beherrschen wie die Leitung des ihnen übertragenen Verantwortungsbereichs. Leute, die sich nur um ihre persönlichen Belange sorgen, die in ständiger Angst um ihre Altersversorgung leben und mit mehr oder weniger schwerwiegenden Privatproblemen kämpfen, gehören heute nicht mehr in eine Chefetage. Prognosen besagen, dass die Rekrutierung solcher Einzelkämpfer/innen in den kommenden Jahren und Jahrzehnten das ganz große Problem in der Kaderpersonalarbeit sein wird." [25]

Wissen und Fertigkeiten, die so mancher erst vor zehn Jahren mühsam erworben hat, gelten nun nichts mehr, was jetzt wichtig ist, kann schon in fünf Jahren veraltet sein. Die fundamentalen Veränderungen in Arbeitswelt und Gesellschaft fordern ein Umdenken im Bildungsprozess. So kann man beinahe in jedem Stelleninserat die Forderung nach „**Flexibilität**", „**Sozialer Kompetenz**", „**Leistungsbereitschaft**", „**Teamkompetenz**" finden. Erfordernisse also, auf die im herkömmlichen Unterrichtsgeschehen nur ansatzweise Rücksicht genommen wird und werden kann. Wenn Schule auch Dienstleistungseinrichtung der Gesellschaft ist, so kann sie die an sie gestellten Aufgaben nur dann realisieren, wenn seitens der Bildungspolitik Rahmenbedingungen geschaffen werden, die dies ermöglichen.

Heißt also „Lernen" der Schlüssel zur Zukunft. Aber was und wie lernen? Welche Fähigkeiten werden gebraucht? Welche Wertvorstellungen gehören auch im kommenden Jahrtausend zum unabdingbaren Kernbereich und werden überdauern – oft in neuer Form, einige sogar mit viel stärkerem Einfluss als heute? Welche landen im Abseits und welche auf dem „Müllhaufen der Geschichte"? Die Jahrtausendwende ist somit nicht nur eine symbolträchtige Jahreszahl, sondern sehr viel deutet darauf hin, dass sie tatsächlich den Übergang in ein neues Zeitalter markiert, das sich in vieler Hinsicht gravierend von allen bisherigen unterscheiden wird. Dass sich der Wandel bereits in letzter Zeit enorm beschleunigt hat, spüren die Menschen, und das drückt sich unter anderem in den Ergebnissen von Meinungsumfragen aus, deren Veröffentlichung Gefühle der Angst und Ohnmacht aber oft nur noch weiter bestärkt. [26]

Es kann nicht sinnvoll sein, die jungen Menschen mit Detailwissen vollzustopfen, das in ein paar Jahren nicht mehr aktuell ist oder das sie ohnehin schon nach der letzten Prüfung vergessen haben.

In der Pädagogik wurde dafür in den letzten Jahren der Begriff „**Schlüsselqualifikationen**" eingebürgert. Er meint jene Fähigkeiten, die sich kaum in ein abgegrenztes Fachgebiet einordnen lassen, es aber erst ermöglichen, frei auf die dort abgelegten Inhalte zurückzugreifen, um sie beliebig zu erweitern, zu kombinieren, zu verwenden und zu verändern. Dazu zählt man – neben den vorhin angeführten – etwa die Fähigkeit zum selbständigen Handeln gezählt, weiters Kreativität, Wendigkeit und Anpassungsfähigkeit, die Fähigkeit zu planen und zu organisieren, sich selbst Informationen zu beschaffen und Wissen anzueignen, in abstrakten Zusammenhängen denken und sich sprachlich gut ausdrücken zu können. **Internet** kann diesbezüglich sehr viel verändern. Das Medium ist in der Lage, den **fundamentalen Paradigmenwechsel** zu bewerkstelligen, der dem Lehrer die Rolle des Wissensvermittlers nimmt und ihm dafür die des Programmgestalters und Moderators zuerkennt. Die **Arbeit des Lehrers** verlagert sich mehr in die

[25] *http://www.hg.hdh.bw.schule.de (26.04.1999)*
[26] *Vgl. ebd.*

Zeit der Vor- und Nachbereitung, in den Unterrichtsstunden ist er frei, um den selbsttätig aktiven Schülern als Helfer und Berater zur Seite stehen zu können.

Lernen bekommt mehr Dynamik, die virtuelle Klasse kann virtuell an verschiedene Schauplätze des Lerngeschehens „reisen", sie bekommen mehr Zugang zu Wissen aus erster Hand. Vor allem aber kann sich ein Rollentausch vollziehen und Schüler können zu Lehrern werden, da sie meist den Umgang mit dem Medium schneller und sicherer beherrschen als ihre Lehrer:

„Der Computer wird zur Universal-Maschine, die alles kann: Schreiben, Lesen, Rechnen, Telefonieren, Faxen, Fernsehen, Musik hören, Konstruieren, Komponieren, Zeichnen, Fotos und Filme betrachten und bearbeiten, Einkaufen, Geld überweisen, Briefe schreiben, in gelehrten Büchern nachschlagen und so weiter. ... Das Medium, in dem sich diese neue Welt menschlicher Informationsvermittlung im Augenblick am deutlichsten abbildet, ist das Internet."[27]

Der **Gebrauch von Medien** und im Speziellen der **Einsatz des Internet** mit all seinen Diensten wird zu einer **zentralen Aufgabe zukünftiger Bildungspolitik** werden. Dabei ist aber über den fachgerechten Gebrauch der Hard- und Software hinaus dafür Sorge zu tragen, dass zukünftige Generationen dazu befähigt werden, Inhalte kritisch und nutzbringend auszuwählen und zu bewerten.

Wenn vorhin von Schlüsselkompetenzen die Rede war, so darf im Zusammenhang mit dem Internet bzw. mit den neuen Medien nicht auf **Medienkompetenz** vergessen werden. Der Begriff wird zwar häufig gebraucht, es liegen ihm jedoch vielfältige **Definitionsmodelle** zugrunde. Unter Medienkompetenz sei folgendes zu verstehen:

„Medien haben in ihren Erscheinungsformen und Inhalten den Menschen zu dienen. Die Menschen müssen lernen, die medialen Botschaften und die Urheber dieser Botschaften bewerten zu können; denn nur so können sie auch beurteilen, ob die Medien die genannte Funktion erfüllen. Darüber hinaus schließt Medienkompetenz ein, Medien auch als Werkzeuge zur Teilnahme an der gesellschaftlichen Kommunikation nutzen zu können."[28]

Wenn es auch lobenswert erscheint, den Willen zu bekunden, jede Schule mit einem eigenen Internetanschluss auszustatten, wäre es um eine Dimension zu klein überlegt. Wesentlich dabei ist der Umstand, dass die Nutzung der Medien über den Werkzeugcharakter hinaus erfolgen muß. Junge Menschen dürfen **nicht** auf der Stufe des **kritiklosen Anwenders** stehen bleiben, sondern sich unter Anleitung von Pädagogen, die die Möglichkeit hatten, sich dafür in Weiterbildungsveranstaltungen zu qualifizieren, kritisch mit dem Medium, seinen Inhalten und deren Auswirkungen auf Gesellschaft auseinander zusetzen.

Um das Netz als Informations- und Kommunikationsquelle sinnvoll nutzen zu können, ist die Ausstattung jedes Klassen- und Gruppenraumes mit einem Netzanschluss als unumgängliche Forderung, wie es in vielen Bundesstaaten Amerikas bereits heute selbstverständlich ist.

Die Auseinandersetzung mit dem dynamischen Medium des Internet erfordert eine **solide Vorbereitung aller Lehrpersonen.** Es kann und darf nicht sein, dass die Handhabung dieser Technologie auf jene „Spezialisten" beschränkt bleibt, also auf jene, die

[27] *Broukal in Fuglèwicz (1996), S. 41.*
[28] *Schell (1999), S. 272.*

sich meist autodidaktisch das notwendige Wissen angeeignet haben. Die Kompetenz der Nutzung des Internets und all seinen Diensten, sowie die kritische Auseinandersetzung damit, muss integraler Bestandteil der Lehreraus- und Fortbildung sein.

Darüber hinaus ist seitens der Verantwortlichen in Politik und Gesellschaft mit geeigneten Maßnahmen dafür Sorge zu tragen, dass **öffentliche Zugangsmöglichkeiten** zum Internet geschaffen werden.

Beispielsweise wäre es meines Erachtens ein denkbarer Ansatz, öffentliche **Bibliotheken** mit Internetterminals auszustatten. **Postämter** und **Banken** böten ebenfalls gute Möglichkeiten, Zugang zum Internet für breite Bevölkerungsschichten schaffen zu können. Vor gar nicht allzu langer Zeit als ging man ins Postamt, um telefonieren zu können, was spräche dagegen, in einer Institution, mit flächendeckender Verbreitung im ganzen Bundesgebiet auf diesem Weg das neue Medium, das zahlreichen Chancen bringt und viele positive Optionen in sich birgt, den Menschen unseres Landes entgegenzubringen.

Die Realisierung dieser vorgeschlagenen Maßnahmen kann nicht ohne finanzielle Ressourcen geschehen. Es ist jedoch eine Frage der Wertigkeit, ob diese Mittel zur Verfügung gestellt werden wollen.

Das was sich heute **Bildung** nennt, versteht sich nach wie vor überwiegend als **Speicherung von Wissensbeständen**, die eben in verschiedenen „Fächern" – wie in einem großen Kasten mit einzeln auf- und zusperrbaren Laden – abgelegt werden. Ähnlich ist es mit Fähigkeiten und Fertigkeiten, wie etwa Schweißen oder Buchhaltung, in der praktischen Berufsausbildung. Wenn nun Arbeitgeber in Stelleninseraten immer mehr „Fach-Leute" fordern, die auch noch kreativ, kommunikationsfreudig, zielstrebig und verantwortungsbewusst sind, und Politiker Staatsbürger mit „Rückgrat" (Wollen sie das wirklich?!), wird es kaum möglich und sinnvoll sein, einfach zusätzlich entsprechende Fächer „Kreativität", „Zielstrebigkeit" oder „moralische Rückgrat-Bildung" zu schaffen. Um bei dem einfachen Bild mit den Fächern oder Laden zu bleiben: In Bildung und Erziehung muß es vor allem um die Art der Verwendung dieser Inhalte gehen.

Es handelt sich also bei den „**Schlüsselqualifikationen**" um mehr oder weniger **universelle Zentralschlüssel**. Wie fast jeder Vergleich, hinkt allerdings auch dieser. Worauf es nämlich wirklich ankommt, wenn die Schlüssel einmal da sind, ist die Fähigkeit ihres Besitzers, wertende Entscheidungen zu treffen, was wie zu verwenden, was wichtig oder unwichtig, brauchbar oder unbrauchbar ist.

Technische Machbarkeit stellt in vielen Bereichen kein echtes Hindernis mehr dar: Automaten und Roboter produzieren billig und mit gleichbleibender Qualität alles, was wir in Beruf und Freizeit brauchen. In der Freizeit steht uns die Wahl zwischen dutzenden Kabel- und Satellitenfernsehprogrammen, hunderter bunter Zeitschriften zu allen möglichen Themen und neuerdings – über Computer – die Verbindung mit der ganzen Welt und die Traumwelt der Multimediaprogramme zur Verfügung. Bei dieser Inflation an Wahlmöglichkeiten kommt es mehr denn je darauf an, **bewusst auswählen** zu können.

Im Privatleben und im Beruf trifft natürlich jeder immer wieder Entscheidungen – aber nach welchen Kriterien? Sind unreflektierte Sympathien und Antipathien oder vorgegebene Kriterien der geschäftlichen oder beruflichen Nützlichkeit ausschlaggebend? Vielleicht spielen sogar Gesichtspunkte der Schönheit oder der öffentlichen Verantwortung und des persönlichen Gewissens eine Rolle? Verantwortliches Entscheiden und

Gestalten will geübt sein, nicht nur was die Behandlung von Werkstücken oder Informationen, sondern vor allem auch was den Umgang mit Menschen betrifft. Neben Kriterien wie Nützlichkeit, Schönheit oder Logik müssen auch Gemeinschaftswerte, Verantwortungsethik, die die Folgen von Handlungen für andere bedenkt, und persönliche Moral, möglichst selbstverständliche Bestandteile der täglichen Entscheidungsgrundlagen sein.

Information ist der Rohstoff der Zukunft – dieser so banale Satz ist noch nicht genug im allgemeinen Bewusstsein verankert. Sie müssen für alle Bürger des Landes verfügbar sein. Tendenzen zur Spaltung der Gesellschaft in „User" und „Loser" sind erkennbar und werden von Experten auch nicht geleugnet. Daher sind Verantwortliche in Politik und Gesellschaft gefordert, den Menschen in Zukunft reelle Chancen in Schule und Beruf einzuräumen.

Pointiert formuliert lautet die Forderung: „*Wir sollten uns im Internet-Zug an der Spitze platzieren, nicht im Schlafwagen.*"[29]

[29] *Erwin Staudt, Chef von IBM Deutschland*

Johann Götschl / Wolfgang Schinagl

Lernen in der Wissens- und Informationsgesellschaft

(A)Theoretische Grundlagen

I Evolutive Rationalität als Grundlage für das neue dynamische kognitivistische Wissensparadigma der Selbstorganisation

Im 20. Jahrhundert sind mehr neue Wissenschaften, neue Theorien und völlig neue Wissenschaftsmethoden entstanden als in den letzten Jahrtausenden. Dies verursachte trotzdem kein unübersichtliches Chaos. Die neuen kognitiven und realisierenden **Wissenschaften** besitzen nämlich, wie die jüngste Geschichte zeigt, eine bisher noch nie gekannte **Vereinigungs- und Vernetzungstendenz zu größeren Theoriekomplexen**, die als das neue „**dynamische Forschungsparadigma**" der Wissenschaften des 21. Jahrhunderts bezeichnet werden kann. Dynamisch vor allem, weil sich die neuen Wissenschaften dieses Forschungsparadigmas mit der ständig sich durch Zufälle verändernden Welt der Evolution von Natur und Kultur befassen.

Für eine Bewältigung dieser Aufgaben erweisen sich axiomatisierte deduktive Theorien und Methoden als unzugänglich, wenn es gilt, Strukturen aller Wissenschaften begrifflich zu repräsentieren.

1. Charakteristika des neuen evolutiven dynamischen Wissensparadigmas

Dieses neue dynamische Wissensparadigma ist wesentlich durch folgende **drei Charakteristika** gekennzeichnet:

- der Konzentration von Analysen auf die **Dynamik** in Natur und Kultur,
- der Konzentration von Analysen auf die **Zusammenführung und Vernetzung** kognitiver und technischer Wissenschaften,
- der Konzentration von Analysen auf die **Erweiterung** des klassischen induktiven und deduktiven Denkens um die Dimension der „statistischen Regel".

Die eben skizzierte Veränderung hin zum dynamisch evolutiven Wissensparadigma lässt sich an einigen bekannten Entwicklungen in den Wissenschaften in der 2. Hälfte des 20. Jahrhunderts illustrieren.

- In den „**Kognitionswissenschaften**", u. a. durch die Zusammenführung von Naturwissenschaften, Neurobiologie, operativer Erkenntnistheorie (Kybernetik 11. Ordnung) und Psychologie.
- In den „**Grand Unified Theories**", u. a. durch die Zusammenführung von Mikro- und Makrotheorien in evolutionären, selbstorganisatorischen und chaostheoretischen Kategorisierungen.
- In der „**Modernen Evolutionstheorie**", u. a. durch die Zusammenführung von

Spieltheorie, Entscheidungstheorie und Theorie des Zufalls.

◆ In der „**Theorie des Künstlichen Lebens**", u. a. durch die Zusammenführung von Künstlicher Intelligenz mit Computertechnologie und Robotertechnologie (Robotik).

◆ In der „**Theory of Everything**", u. a. durch die technologisch basierte (= Superkolliders) Simulation des Beginns und Verlaufs des Universums.

Bestärkt wurde die Entwicklung hin zum dynamischen Forschungsparadigma insbesondere auch durch die **Krise in der Grundlagenforschung** der Mathematik und der Physik sowie durch die **kulturellen und politischen Katastrophen** in der ersten Hälfte des 20. Jahrhunderts. Durch die **soziokulturellen Transformationen** wurden neue Grundlagen bzw. Voraussetzungen herausgebildet, die zu einer neuen Art sowohl der Wissensproduktion als auch des Wissenschaftstypus geführt haben. Fast alle **neuen kognitiven Wissenschaften** besitzen dissipative, sich auch unter selektivem Druck adaptiv verändernde, dynamisch evolutive, sich **selbst organisierende Strukturen**. Damit wird die Komplexitätszunahme von realen oder empirischen Systemen verständlicher, wie etwa die Entstehung des Lebens, die Entstehung und Dynamik unserer demokratischen Gesellschaften mit ihrer immer besser erkennbaren evolutiven Stabilität. In der demokratischen Globalisierung der Weltwirtschaft, im Umbruch der traditionellen individuellen Arbeit zur gesellschaftlichen Arbeit, der Urbanisierung und Vereinigung von demokratischen Nationen durch offene, weltweite, wissenschaftlich technologisch basierte Kommunikation, spielt die weltweite Demokratisierung der Gesellschaften und Staaten eine entscheidende kulturevolutive Rolle: Die wissenschaftliche und praktische Alternative zwischen Machbarkeit, z. B. Verwirklichung von kleinen, praktischen Lösungen gesellschaftlicher Probleme einerseits, und dem Glauben an die Wirksamkeit traditioneller, deterministischer, universaler Gesetze oder Trends andererseits, spiegelt den Unterschied zwischen traditionell universellen und statischen Strukturen auf der einen Seite und den dynamisch dissipativen, evolutiven Strukturen bzw. evolutiven Wissenschaftsstrategien auf der anderen Seite wider. All dies führt zur vertieften Evidenz dafür, dass vor allem wissenschaftliche Kreativität und wissenschaftliche Erkenntnis zur alles entscheidenden Frage innerhalb der evolutionär selbstorganisatorischen Entfaltung der Gesellschaft wird. Es handelt sich um jenen Typus moderner Gesellschaften, der die innere Transformation von der materialverarbeitenden zur informationsverarbeitenden Gesellschaft ausmacht, der als **Informations- und Wissensgesellschaft** seine **passende Bezeichnung** gefunden hat

2. Vier Aspekte Kognitiver Kreativität als Grundlage für evolutive Entfaltung wissenschaftlicher und gesellschaftlicher Strukturen

Die gegenwärtige Informations- und Wissensgesellschaft besitzt als **Kern** ihrer evolutiven Entfaltung **kognitive Kreativität**. So komplex und dynamisch der noch zu wenig erforschte Zusammenhang zwischen Kognition und Sozialisation auch sein mag, so sind doch vor dem Hintergrund von Wissenschaftsgeschichte und Wissenschaftstheorie folgende vier Aspekte von hoher Plausibilität:

Aspekt 1: Der **soziokulturelle Kontext** ist von hoher Bedeutung für die wissenschaftliche Wissensproduktion (kognitive Kreativität), aber im kognitiven

Ergebnis (d. h. letztlich in wissenschaftlichen Theorien) ist der Produktionskontext nicht mehr beinhaltet, kaum mehr identifizierbar.

Aspekt 2: Die **Rekonstruktion des soziokulturellen Kontextes** der Wissensproduktion kann neue Einsichten in die Voraussetzungen der Wissensproduktion liefern, obschon die Adäquatheit der Rekonstruktion (des Rekonstruktionsergebnisses), also des Weges hin zum kognitiven Ergebnis offen bleibt.

Aspekt 3: Obwohl (1) und (2) als klassische Einsichten einzustufen sind, erhalten diese eine neue Funktionalität im Kontext von digitalen bzw. algorithmischen Kategorien unter besonderer Beachtung von **virtuellen Kontexten**. Die Virtualisierung der Grundlagen der Wissensproduktion verwischt die Grenzen zwischen realen und fiktiven Kontexten.

Aspekt 4: Diese drei Aspekte erhalten mittels der Konzeption der Wissensproduktion, aufgefasst als selbstorganisatorisch attraktorischer Prozess, eine wesentlich neue Dimension: **Kontextuelle Ausdifferenzierungen** hin zu kognitiver Kreativität erweisen sich tendenziell als **nichthierarchische multidimensionale Prozesse**.

Um die neuen Voraussetzungen der wissenschaftlichen Wissensproduktion (kognitiven Kreativität) schrittweise erarbeiten zu können, sind zumindest drei Wissenskategorien hervorzuheben, durch welche die Dimensionen von Wissen ganz allgemein und von Wissenschaft im Besonderen als Prozess expliziter werden. Auf der Grundlage solcher Modellkonturen wird dann eine **zentrale Hypothese mit Bezug auf evolutive Rationalität (ZHR)** formuliert werden. Einen ersten kategorialen Rahmen betreffend können zunächst folgende Differenzierungen vorgenommen werden, die als ein **spezifischer Begriffsrahmen** einzustufen sind: **Kreativität [K]**, **Wissensgenerierung [WG]**, **Wissensdistribution [WD]** und **Wissensrealisierung [WR]**. Die klassische Unterscheidung zwischen „Kontext der Entdeckung" und „Kontext der Rechtfertigung" – so fragwürdig eine streng kategoriale Unterscheidung mittlerweile auch geworden ist – hilft dabei noch immer kategorial voranzukommen. Denn es geht darum, den Begriffsrahmen zu verdichten, d. h. zwischen Wissensgenerierung [WG], **produziertem Wissen [PW]** und Wissensdistribution [WD] sowie folgend zwischen **distribuiertem Wissen [DW]**, Wissensrealisierung [WR] und **realisiertem Wissen [RW]** zu unterscheiden.

3. Das Prinzip der Dynamik als komplexe Stabilitätsbedingung evolutiver Strukturen

Wird von der gut fundierten These ausgegangen, wonach das Wesen kognitiver Kreativität (= wissenschaftlicher Erkenntnis) in den wissenschaftlichen Methodologien und wissenschaftlichen Theorien begründet liegt, so können – Wissenschaftsdynamik als zunehmenden Kern von Soziodynamik verstanden – aus dem Verhältnis von Methodologien zu Theorien grundlegend **zwei Stabilitätsbedingungen** als **Voraussetzung** für die Dynamik der auf Wissenschaft basierenden **soziokulturellen Evolution** abgelesen werden:

Stabilitätsbedingung 1: Eine Analyse des Verhältnisses zwischen Methodologien und Theorien zeigt ein bekanntes Bild: Methodologien verändern sich langsamer als Theorien. Trotz vieler methodologischer Erneuerungen insbesondere im 20. Jahrhundert zeigt sich, dass die Moderne im Grunde unverändert geblieben ist, jedenfalls was das dynamische Verhältnis von Theorie und experimenteller Erfahrung für die Repräsentation von Realitätsausschnitten betrifft. Insofern sind

Methodologien evolutionär stabile Regulative für die Produktion und Begründung von Theorien.

Stabilitätsbedingung 2: Wissenschaftliche Theorien, verstanden als spezifische begriffliche Instrumentarien, sind bekanntlich in vielerlei Hinsicht niemals abgeschlossen bzw. prinzipiell unvollständig. Dies zeigt sich z. B. in der Unmöglichkeit eines vollständigen Konsistenzbeweises, in der Unmöglichkeit einer vollständigen Homogenität der Bezugnahme von Theorien zur Wirklichkeit u. a.m. Hier ist der Aspekt wichtig, dass nicht nur die Produktion von Theorien, sondern auch deren Ausarbeitung gleichermaßen auf den immanenten nicht separierbaren Zusammenhang zwischen „Kontext der Entdeckung" und „Kontext der Rechtfertigung" hinweisen. Stabilitätsbedingung 2 ist demnach eine Repräsentation von wissenschaftlicher Erkenntnis.

4. Kognitive Kreativität als selbstorganisatorischer attraktorischer Prozess modelliert

Kognitive Kreativität wird somit als selbstorganisatorisches attraktorisches Geschehen modelliert, innerhalb dessen eine Verschränkung von „Kontext der Entdeckung" und „Kontext der Rechtfertigung" stattfindet. Als solches verändert kognitive Kreativität die **Zusammenhänge zwischen Wissensproduktion [WP], Wissensdistribution [WD] und Wissensrealisierung [WR]**. Um dies schrittweise zu explizieren, sei von folgender Charakterisierung von Kreativität ausgegangen, die dann als Basis für die Explikation einer **zentralen Hypothese mit Bezug auf evolutive Rationalität (ZHR)** dient. Demzufolge handelt es sich um kognitive Kreativität – verstanden als jeweilige Erstinstanz einer spezifischen attraktorischen, mentalen neuronanalen symbolischen Aktivität –, wenn sich in sozialen Systemen Subsysteme in Form von Attraktoren in soziokognitiven Prozessen ausdifferenzieren. Solche Ausdifferenzierungen resultieren in einem bestimmten Verhältnis von innerer zu äußerer Struktur von kognitiven und sozialen Subsystemen. Aus einem jeweils bestimmten Verhältnis von Innen und Außen kann Neues mit dem zentralen Merkmal von Kreativität hervorgehen. Demnach werden Elemente der äußeren Struktur eines sich auszudifferenzierenden soziokognitiven Subsystems stärker an dieses Subsystem angepasst als umgekehrt; d. h., dass bestimmte Muster bei der Kreation von Wissen auftreten, die sich als kognitiver Gehalt manifestieren. Die Suche nach einem neuen Verständnis von Wissenschaft und Forschung, von Forschungsstrategien impliziten und expliziten Charakters wird u. a. darauf ausgerichtet sein, die Möglichkeiten und Grenzen auszuloten, inwieweit Vernetzungstendenzen der neuen kognitiven Wissenschaften den Wissenschaftsprozess als spezifisches soziokulturelles Geschehen erklären können. Denn die am stärksten vernetzte kognitive Wissenschaft neuen Typs, die Neurowissenschaft, zeigt deutlich, dass neurobiologische, gehirnphysiologische, psychologische und mentale Prozesse als verschränkte begriffliche Systeme verstanden werden können, wobei die Verschränkung über statistische und revisionistische Regeln erfolgt.

5. Eine zentrale Hypothese mit Bezug auf evolutive Rationalität (ZHR)

Vor dem Hintergrund einer attraktorischen Charakterisierung von Kreativität als Voraussetzung für evolutive Rationalität ist es nun möglich, eine zentrale Hypothese mit Bezug auf evolutive Rationalität (ZHR) zu formulieren:

ZHR: Wissenschaftliche Wissensproduktion erfolgt innerhalb eines zunehmend interdependenten offenen Kategoriensystems. Der Nukleus besteht in attraktorischer Kreativität. Dadurch entsteht ein nichthierarchischer multidimensionaler Zusammenhang von Wissensproduktion [WP], Wissensdistribution [WD] und Wissensrealisierung [WR]. Dies konstituiert eine neue Grundlage für dynamische evolutive Stabilität und somit für evolutive Rationalität.

6. Veränderung der Beziehung zwischen Subjekt und Objekt

Damit ist bereits angedeutet, dass sich auf der Grundlage von evolutiver Rationalität auch die Konzeption der Beziehung zwischen Subjekt und Objekt verändern musste, die ihrerseits wiederum die Konzeption hin zu evolutiver Rationalität bestärkt. So bestärkten einerseits die veränderten Konzeptionen der Beziehung zwischen Subjekt und Objekt, und andererseits die neuen Konzeptionen der wissenschaftlichen Theorienbildung von den traditionellen linearen Strukturen hin zu nichtlinearen multidimensionalen Strukturen wesentlich auch die Veränderung der Konzeption von Rationalität als ein attraktorisch zu modellierender Prozess. Es sind **nicht mehr reproduktive lineare Lernstrategien**, die die **Voraussetzung für Rationalität** bilden, sondern es ist kognitive Kreativität. Es handelt sich um jene Form von Kreativität, die als attraktorische nichtlineare multidimensionale Konfiguration modelliert werden kann. Dieser Prozess des sich vollziehenden Paradigmenwechsels könnte im Rahmen einer interdisziplinären Erforschung der Wissenschaften rekonstruiert, modelliert und simuliert werden, der uns von der klassischen traditionellen „passiven Zuschauer-Methode" wegführt und uns mit der Erkenntnis der nichtlinearen, statistisch stochastischen Dynamik evolutionärer, selbstorganisierender und kybernetischer Prozesse immer mehr in die Mitwirkung und Verwirklichung einbezieht.

7. Parameter für eine attraktorische Simulation

Zunächst noch einige Bemerkungen zur attraktorischen Simulation von Wissenschaftsprozessen. Bevor mit einer Simulation begonnen werden kann, bedarf es einer **Untersuchung der Eigenschaften von Observablen**, die aus den soziodynamischen Prozessen in Form von eindimensionalen Zeitreihen beobachtet werden, und weiters einer Untersuchung auf ihre Tauglichkeit als Parameter für die Simulationen. Solche Observablen sind z. B. die Menge der Publikationen bzw. die am häufigsten zitierten Publikationen, die Anzahl der Kongresse, die über ein Thema bzw. Themenkomplex vorliegenden Publikationen, die Höhe der Forschungsmittel, die für eine Idee (Projekt) in der Wissenschaft genehmigt werden. Als besonders aufschlussreich könnte sich die **Patentstatistik** indirekter Parameter erweisen, die eine Verschränkung von Anwendungstechnologie und Grundlagenforschung darstellt. Mit Hilfe des Attraktors wäre es dann möglich, Rückschlüsse auf das dynamische Verhalten bzw. die dynamischen Gleichungen des Wissenschaftsprozesses zu ziehen. Vom Zeitpunkt des ersten Auftretens einer Idee in der Wissenschaft (Publikation, Vortrag, ...) bis zum Zeitpunkt, wo sich ein neuer Forschungszweig etabliert, sollen also die oben angeführten Parameter ermittelt und graphisch in den verschiedensten Formen dargestellt werden. D. h., die auf dem ersten Blick verborgenen Verschränkungen der betrachteten Parameter könnten auf diese

Weise explizit herausgearbeitet werden. Ein Wissenschaftsprozess, aufgefasst als ein über die Zeit hinweg verlaufendes soziokulturelles dynamisch kognitives Fortschreiten innerhalb systemischer Abhängigkeiten, verleiht der neuen interdisziplinären Forschungsmethode einen selbstbezüglichen Charakter. Wesentlich dabei ist, dass neben den klassischen Methoden der Wissens- und Wissenschaftserfassung insbesondere der Semiotik der Wissenschaften, den Netzwerkbildungen und den kognitiven Wissenschaften sowie der Wissenschaftsökonomie ein besonderer Platz einzuräumen sein wird. Daraus zu erwarten sind Einsichten in jene Zusammenhänge, die annähernd als ein induktives Verfahren beschrieben werden könnten. Methodologisch wird es dabei auch darum gehen, die inneren Zusammenhänge zwischen den Naturwissenschaften und den Wissenschaften vom Menschen zu beschreiben bzw. herauszufinden, ob diese Beziehungen als diskontinuierliche oder kontinuierliche konstituiert werden können.

8. Attraktorisch Modellierte Kreativität als nichtlineare Konfiguration

Der attraktorische kybernetische Zugang zu [K], [WG], [WD] und [WR] zeigt u. a. folgende wichtige Einsicht:
Kreativität bzw. Wissensgenerierung kann nicht linear, sondern nur nichtlinear dargestellt bzw. modelliert werden.

D. h., dass das klassische lineare Schema [K] → [WG] → [WV] → [WR]
zu verwerfen und durch eine nichtlineare multidimensionale Konfiguration zu ersetzen ist, die als ein **interdependenter Begriffsrahmen** repräsentiert werden kann:

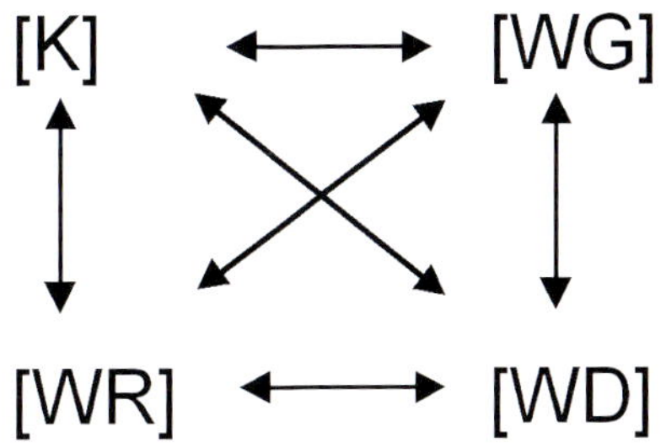

Fig. 1

Durch (Fig. 1) werden weitere Merkmale von kognitiver Kreativität veranschaulicht. Werden die soziokognitiven Prozesstypen berücksichtigt, so wird evident, dass nicht nur [WG] attraktorisch zu modellieren ist, sondern auch [WD] und [WR]. Das Auftauchen von kognitiver Kreativität ist in Bezug auf [WG], [WD] und [WR] eher als gleichverteilt einzustufen. Da des weiteren sowohl [WD] als auch [WR] wie [WP] in der Regel dieselben dynamischen soziokognitiven Netzwerke konstituieren und durchlaufen, sind [K]-Prozesse im Prinzip in [WD] und [WR] genauso möglich wie in [WG]. Darüber hinaus ist evident, dass dies auch für die Kategorien [GW], [DW], und [RW] im Prinzip gilt, weil auch diese Kategorien Strukturen bzw. Potentiale für Kreativitätsattraktoren darstellen. Etwas verkürzt können diese Zusammenhänge in einer Matrix (**Kreativitätsmatrix**) illustriert werden, die aus sechs Wissenskategorien besteht: (1) Wissensproduktion [WP], (2) Wissensdistribution [WD], (3) Wissensrealisation [WR], (4) Produziertes Wissen [PW], (5) Distribuiertes Wissen [DW] und (6) Realisiertes Wissen [RW].

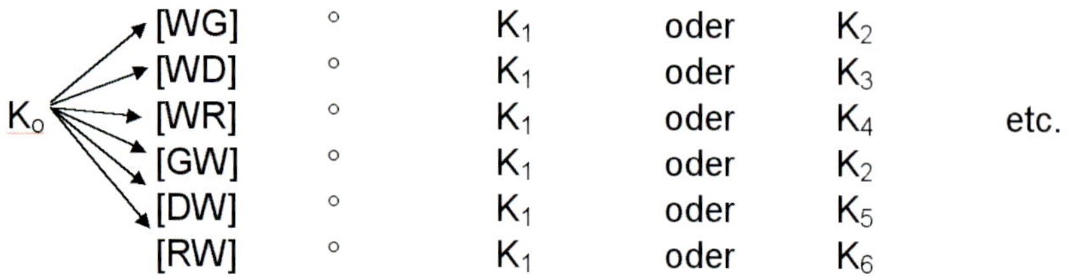

Fig. 2

Kreativität im Sinne der früheren Charakterisierung kann im Prinzip zu allen sechs Wissenskategorien hinführen bzw. sich innerhalb dieser bilden. Ebenso können sich gleiche **Kreativitäten als Attraktoren [K_1]**, wie auch verschiedene Kreativitäten als Attraktoren [K_2, K_3, K_4, K_2, K_5, K_6] etc. herausbilden. Das plausible Ergebnis ist, dass attraktorische kognitive Kreativität nicht an bestimmte Wissenskategorien exklusiv oder dominant gebunden sein kann.

Kreativität wird damit als ein konstitutives Element der Realität anerkannt, die in ihrer kognitiven Variante selber wiederum die Voraussetzung der Erkenntnis der Realität darstellt: Darauf basieren die Rückkoppelungsschleifen selbst-organisatorischer kognitiver Prozesse. Aufgrund der dynamischen Struktur der Prozesse der Realität sowie ihrer Repräsentation in dynamischen multidimensionalen Modellen wird die kategoriale Verschiebung der Beziehung zwischen Subjekt und Objekt deutlich. Auf ontologischer Ebene werden die traditionellen substanztheoretischen und die funktionalistischen Ontologien durch die Prozessontologie innerhalb einer umfassenden komplexen Theorie der Selbstorganisation abgelöst. Subjekt und Objekt erscheinen als eine kohärente Konstruktion. Somit sind Subjekt und Objekt weder kategorial verschieden noch bilden sie eine vollständige Einheit, sondern sie ergänzen einander gegenseitig im komplexen dynamischen Prozess. Vor diesem Hintergrund zeichnet sich aus erkenntnistheoretischer Perspektive das Subjekt durch evolutive Rationalität aus, was nichts anderes heißt, als dass das Subjekt als Konstituent der Realität sowohl die prozesshafte Struktur der Realität als auch jene der Theorienbildung unter Berücksichtigung der dynamischen Stabilitätsbedingungen in seinen Erkenntnisprozess einbezieht. Die Struktur des Erkenntnisprozesses unterliegt damit wiederum jener dynamischen Konfiguration, wie dies bereits in (Fig. 1) für attraktorische Kreativität skizziert wurde. Rationalität, die sich selber als ein Teil der Realität in Form eines erkennenden und generierenden Prinzips versteht, und die sich selber als mit der dynamischen prozesshaften Struktur der Realität korrelierend erkennt, wird **evolutive Rationalität** genannt. Evolutive Rationalität ist somit der gesuchte Attraktor im selbstorganisatorisch modellierten Erkenntnisprozess.

II. Kognitive Kreativität als Grundlage für evolutive Rationalität basiert auf der dynamischen Korrespondenzbeziehung

Wissen, insbesondere wissenschaftliches Wissen, das zu einem immer stärkeren Determinantenkomplex für die Entfaltung einer evolutionären selbstorganisatorischen Dynamik in offenen Gesellschaften wird, ist im Kern an einigen neueren Prozessen zu erkennen. Diese konstituieren sich durch die Symbiose von klassischen Determinanten mit der **Digitalisierung**. So vollzieht sich eine immer raschere Ausdifferenzierung von

Wissen zu Wissen und Information. Grundlage für diese **Ausdifferenzierung von Wissen und Information** oder der Transformation von Information zu Wissen stellt letztlich jedoch die außersymbolische Realität dar. Diese mit der symbolischen und virtuellen Realität in Verbindung zu bringen stellt eine erste empirische Minimalbedingung für kognitive Kreativität dar. Die gesuchte Relation zwischen außersymbolischer und symbolischer oder virtueller Realität, die durch den Kreationsprozess selbst hergestellt wird, ist eine dynamische Korrespondenzbeziehung.

1. Die dynamische Korrespondenzbeziehung als empirische Minimalbedingung für kognitive Kreativität

Ihre wesentlichen Merkmale werden in der dynamischen Korrespondenzhypothese folgendermaßen zusammengefasst:

a) Zwischen neurointernen Systemen, gespeicherten Daten, adäquaten Theorien und der außersymbolischen oder neuroexternen Wirklichkeit besteht eine ausgezeichnete Beziehung: **die dynamische Korrespondenzbeziehung.**
b) Sämtliche Medien der Informations- oder Datenspeicherung und der Simulation können **das entscheidende Experiment** zur Bestätigung der Richtigkeit einer Annahme oder zur Erzeugung von neuem Wissen **letztlich nicht ersetzen.**

c) Die **logische Beziehung der Kohärenz** zwischen den Sätzen einer Theorie bzw. einem Gleichungssystem als Theorie, selbst wenn sie durch atomare Daten oder Information gestützt sind, **ist unzureichend**, um eine neue Theorie zu rechtfertigen oder neues Wissen zu erzeugen.

d) Diese Korrespondenzbeziehung zeichnet sich dadurch aus, dass sie **dynamisch** ist. Diese Eigenschaft stellt die Grundlage dafür dar, dass sich u. a. die symbolische oder virtuelle Repräsentation aufgrund der Korrespondenzbeziehung bezogen auf natürliche Kontexte selbst korrigiert.

Eine umfassende Ausarbeitung der Korrespondenzhypothese im Zusammenhang mit digitalen Symbolsystemen als Informationsträger wird in dieser Arbeit nicht möglich sein; sie wird jedoch in weiterer Folge vorausgesetzt. Die skizzenhaft eingeführte dynamische Korrespondenzhypothese bildet jedoch die Grundlage für unsere Auffassung von Wahrheit und der Adäquatheit einer Theorie als Voraussetzung für die Produktion von neuem Wissen sowie für die Diffusion oder Distribution und Realisierung von Wissen.

2. Ausdifferenzierung von Wissen und Information

Entscheidend bei der Ausdifferenzierung von Wissen und Information auf der Grundlage der dynamischen Korrespondenzbeziehung ist das Auftreten folgender Symmetriebeziehung: Zunahme an wissensbasierter Modellierung von Information wie auch Zunahme an informationsbasierter Modellierung von Wissen. Dadurch werden die Transformation und Translationen zwischen Wissen und Information zu neuen Quellen von attraktorischer kognitiver Kreativität. Insbesondere auch deshalb, weil sie als einen Parameter das **Prinzip der Dynamik** bereits als Stabilitätsbedingung beinhaltet.

3. Drei Dimensionen als Grundlage für die Differenzierung von Kreativität

Vor dem Hintergrund des attaktorisch ausgerichteten Modells von Kreativität als Grundlage für eine Konzeption von evolutiver Rationalität können Differenzierungen von Kreativität in wesentlich drei ineinander zusammenhängenden Dimensionen vorgenommen werden. Diese Differenzierungen sind wichtig, weil so etwas wie eine „**Logik der Entdeckung**" oder „**Methodologie der Entdeckung**" offensichtlich **nicht zu existieren** scheint. Deshalb ist es hilfreich, sich der Problematik der kognitiven Kreativität über die attraktorische Modellierung zu nähern. Dies kann ein Stück weit durch eine Analyse auf der Grundlage folgender dreifacher Differenzierung erreicht werden.

> **Dimension 1:** Kreativität und Kontexte des neurosysteminternen und neurosystemexternen Bereiches.
>
> Entscheidend ist hier der komplexe dynamische Zusammenhang zwischen den neuronalen Systemen als informationsverarbeitende Systeme einerseits und den symbolischen bzw. virtuellen Repräsentationen andererseits. Hier ist wie bei Dimension 3 davon auszugehen, dass Kreativität – verstanden als impliziter Wissensprozess bzw. Erstinstanz von Wissensgenerierung – oder der Prozess der Entstehung von neuem Wissen von nichtlinearem multidimensionalen Charakter ist.
>
> **Dimension 2:** Kreativität und Kontexte der Disziplinarität und Interdisziplinarität.
>
> Entscheidend ist hier der Aspekt, dass Ähnlichkeiten oder Analogien für die Zunahme an Kreativität als heuristische Funktionen fungieren, sofern die Evolution der Wissenschaftsdisziplinen gewisse offene nichthierarchische demokratische Charakteristika aufweist.
>
> **Dimension 3:** Kreativität und Kontexte des Natürlichen, Symbolischen und des Virtuellen.

Hier ist die Tatsache entscheidend – was ebenso, wenn auch anders gelagert, bei der Dimension 1 auftritt –, dass nämlich soziokulturelle Phänomene nicht primär den Charakter einer apriorischen wissenschaftslogischen Matrix aufweisen.

Die Analyse der kognitiven Kreativität im Kontext von neurosysteminternen und neurosystemexternen Phänomenen wirft ein neues Licht auf die Frage nach Wissen als Kern der Soziodynamik. Wird die attraktorische Modellierung von Kreativität einer strengeren analytischen und – sofern überhaupt möglich – einer empirischen Betrachtung unterzogen, so müssen stützende Argumente für zumindest zwei Aspekte gesucht werden. Erstens für den Aspekt, wonach **Kreativität nicht a priori wissenschaftslogisch erklärbar** ist, und zweitens für den Aspekt, wonach insbesondere **kognitive Kreativität** vor allem **im Netzwerk** von [KP], [KD] und [KR] **gesteigert** wird. Als eine Art Forschungsregulativ könnte, wie erwähnt, in einem ersten Schritt Kreativität als „implizites oder subsymbolisches Wissen", als „implizite oder subsymbolische Wissensgenerierung (Wissensproduktion)" zu erfassen versucht werden. Der Terminus „implizites oder subsymbolisches Wissens" kann dann folgende, wenn auch partielle Operationalisierung erhalten: Auf der Suche nach einer Antwort auf die Frage nach den relevanten Zusammenhängen zwischen neurosysteminterner und neurosystemexterner Repräsentation für die

Modellierung von Kreativität und Wissensgenerierung lässt sich implizites oder subsymbolisches Wissen als versteckter Parameter explizieren.

4. Wichtige Ergebnisse gegenwärtiger Forschung

Ein Blick auf wichtige – hier zusammengefasste – Ergebnisse gegenwärtiger **Neuroforschung**, der **Künstlichen Intelligenzforschung** und der **Wissenschaftsforschung** zeigt Folgendes:

1. Neurosysteme verhalten sich in höchstem Maße entsprechend einer selbstor ganisatorischen Dynamik hin zum **dynamischen Gleichgewicht**;
2. Neurosysteme beinhalten als stabilisierenden Faktor ein dynamisches Prinzip in Form einer **dynamischen Korrespondenzrelation**;
3. Neurosysteme organisieren sich selbst im Sinne der modernen Theorie der **Selbstorganisation** tendenziell antihierarchisch, wahrscheinlich hochdifferenziert demokratisch;
4. Neurosysteme sind durchwaltet von **Zufallsgeneratoren** und **versteckten Parametern**, (damit werden sie auch über z. B. Quantentheorie und Chaostheorie verständlicher erklärbar).

Was lässt sich daraus für die Frage nach den Parametern und Determinanten von kognitiver Kreativität gewinnen? Unmittelbar offensichtlich wenig. Jedoch mittelbar ist ein Gewinn zu erkennen. Denn wenn die zentralen Erkenntnisse moderner Theorien sozialer Systeme oder moderne ökonomische Theorien betrachtet werden, so ergeben sich die obigen vier Charakteristika ebenso für sozioökonomische Systeme. Dabei ist eben für Neurosysteme die Entsprechung im neuroexternen System einzusetzen, nämlich sozioökonomische Systeme.
Damit werden zumindest zwei Aspekte mit einer wichtigen Konsequenz für die Frage nach den **Determinanten und Parametern von Kreativität** hervorgehoben:

a) Es ist zumindest nicht überraschend, dass in Bezug auf kreative Akte sowohl für neurosysteminterne als auch für neurosystemexterne Bereiche gleichartige bis identische Charakteristika auftauchen;
b) Was aber wichtiger ist: Die neurosysteminterne Welt erweist sich unter Berücksichtigung der dynamischen Korrespondenzrelation als Projektion der neurosystemexternen Welt und umgekehrt.

Eine wichtige Implikation von (a) und (b) ist erkennbar: Kognitive Kreativität im Individuum und im Kollektiv vollzieht sich innerhalb derselben natürlichen, symbolischen und virtuellen Kontexte. Des weiteren ist von versteckten Parametern als Determinanten von Kreativität in Kultur und Natur auszugehen, die sich durch das **dynamische Stabilitätsprinzip (D)** oder **(D*)** scheinbar auf derselben ontischen Ebene befinden.

Durch die in den vorangehenden Abschnitten gewonnenen Einsichten und Argumente wird evident, dass die Parameter und Determinanten für kognitive Kreativität keine geheimnisvollen Entitäten bleiben müssen, da die verborgenen Determinanten bzw. versteckten Parameter explizit gemacht werden könnten. Dies könnte zu einem besseren Verständnis von kognitiver Kreativität führen. Wahrscheinlich besteht das **größte Problem** darin, die Konturen **herauszufinden**, wann und wie der **Übergang von bloßer Wissensreproduktion zu Kreativität** sowie von **Kreativität hin zu einer gegebenen wissenschaftsdisziplinären Matrix** stattfindet. Ebenso offen ist, wann und wie es zu einer neuen wissenschaftsdisziplinären Ausdifferenzierung kommen kann. Worauf wir uns jedoch als empirische Minimalbedingung für kognitive Kreativität stützen können, ist die dynamische Korrespondenzrelation. Diese ist allerdings in Bezug auf die unterschiedlichen Arten von Kontexten im Folgenden noch zu präzisieren.

5. Natürliche, künstliche, symbolisch/virtuelle Kontexte

Information zur Generierung und Distribution von Wissen kann aus allen möglichen Arten von Kontexten, wie natürlichen, künstlichen, symbolischen und virtuellen, gewonnen werden. Problematischer ist es, anzugeben, wie die für neues Wissen relevante und richtige Information in einem bestimmten Kontext herauszufinden ist, um den evolutiven Charakter von Rationalität – die auf attraktorischer Kreativität basiert – zu modellieren. So einfach die empirische Minimalforderung für die Gewinnung von relevanter Information für neues Wissen auch aussieht, so schwierig ist eine wissenschaftsdisziplinäre Umsetzung und Begründung der empirischen Minimalforderung als Voraussetzung für kognitive Kreativität.

Um dem Problem des engen Zusammenhanges zwischen Information und Datenträgern näher zu kommen, werden im Folgenden methodisch zwei sich gegenseitig auszuschließen scheinende Kontexte und ein dritter **Kontext als Träger von Information** unterschieden, nämlich

- natürliche,
- künstliche, und
- symbolische/virtuelle Kontexte.

Worin unterscheiden sich diese drei Arten von Kontexten? **Natürliche Kontexte** zeichnen sich durch genuine Eigenschaften und Prozesse aus, die in ihrer genuinen Form nicht durch Artefakte verändert wurden oder sich selbst unter Druck verändern ließen. **Künstliche Kontexte** entstehen durch das bewusste Einwirken von mehr oder weniger gezielten Methoden zur Veränderung der natürlichen Prozesse. So konstituieren z. B. die Produktion von künstlichen chemischen Elementen, die Genmanipulation oder Umweltverschmutzung künstliche Kontexte.

Symbolische/virtuelle Kontexte können natürliche oder künstliche Kontexte repräsentieren: ein symbolischer Kontext ist dann natürlich, wenn er die dynamische Korrespondenzforderung erfüllt; er ist künstlich, wenn er sie verletzt. Ein virtueller Kontext ist eine spezifische Form eines symbolischen Kontextes, der sich durch ein digitales Speichermedium auszeichnet. Innerhalb symbolischer/virtueller Kontexte ist der Übergang von natürlichen und künstlichen Kontexten fließend oder gradmäßig, wobei für eine Bewertung die Erfüllung der dynamischen Korrespondenzforderung ausschlaggebend ist. Virtuelle Kontexte sind besondere symbolische Systeme, die als Hilfsmittel der Kommunikation und der Speicherung von Information und Wissen in der alltäglichen Wirklichkeit und in der Wissenschaft nicht mehr wegzudenken sind und zunehmend Bedeutung gewinnen. Eine präzisere Abgrenzung zwischen natürlichen, künstlichen und den verschiedenen Formen von symbolischen/virtuellen Kontexten kann erst nach der Ausarbeitung der Korrespondenzhypothese im Zusammenhang mit virtuellen Symbolsystemen erfolgen.

Gemäß traditioneller Auffassung wird nur der **natürliche Kontext** als ein **realer Kontext** anerkannt. Selbstverständlich zählen dazu auch experimentelle Laborbedingungen, obschon diese mitunter einen Kontext in seiner Natürlichkeit verändern. Man denke hier nur an physikalische Entitäten wie Quarks. Sie sind theoretische Grundelemente der Physik und nicht ohne Experimente, also in der Natur, nachweisbar. Der natürliche oder experimentelle Kontext stellte die einzig anerkannte empirische Grundlage für die Beschreibung und Erklärung von Prozessen in der Wirklichkeit dar. Die auf diese Weise generierten Erkenntnisse und Theorien galten unter der Voraussetzung als adäquat oder wahr, wenn sie mit der außersymbolischen Wirklichkeit übereinstimmten. Diese klassische Forderung wird hier in der modifizierten Form einer dynamischen Korrespondenzrelation berücksichtigt. Damit wird zumindest mit einem Grundelement der traditionellen Auffassung übereingestimmt. Worin jedoch der **wesentliche Unterschied** besteht, ist, dass die **dynamische Korrespondenzhypothese auch künstliche und virtuelle Kontexte als reale Kontexte zulässt**, d. h. als Teile einer komplexen Wirklichkeit.

Wie gelangt man nun von natürlichen und künstlichen zu virtuellen Kontexten? Nach traditioneller Auffassung sind die **Menschen** die **natürlichen Datenträger** und damit die Kulturträger. Zunächst wurde die natürliche **Speicherkapazität durch schriftliche Aufzeichnungen** in Büchern **erweitert** – die Bücher selber schweigen und bleiben passive Speicher von Information und Wissen. Die **virtuelle Speicherung** von Daten und komplexen Wissenssystemen ist eine Errungenschaft des zwanzigsten Jahrhunderts. Digitale Systeme eignen sich jedoch nicht nur zur Speicherung von Daten, sondern insbesondere auch zum interaktiven Eingreifen in die Prozesse der Wirklichkeit. Dies wurde durch die nach Regeln oder Algorithmen funktionierende symbolische und subsymbolische Organisation und Struktur der in digitalen Systemen ablaufenden Prozeduren möglich. Die symbolische Struktur baut wiederum auf Entitäten der natürlichen symbolischen Systeme auf und die Implementierung in künstliche Systeme – Hardware – beruht auf physikalischen Prinzipien. Auf diese einfache Weise zeichnet sich der Weg in gradueller Abstufung von natürlichen Entitäten zu symbolverarbeitenden virtuellen Entitäten ab, die dann wiederum zu Entitäten der natürlichen Wirklichkeit werden. In diesem Zusammenhang kann von der Kultivierung der Natur und der Naturalisierung der Kultur gesprochen werden, und in dieser Dynamik bewegen sich alle Prozesse unserer alltäglichen Welt wie der Wissenschaft.

6. Vier Thesen zur Erklärung der Entstehung von neuem Wissen

Den Kern der Wirklichkeit bilden die natürlichen Kontexte, mit welchen die natürlichen symbolischen und virtuellen Kontexte innerhalb einer dynamischen Struktur korrespondieren. Künstliche Kontexte sind Derivate aus natürlichen Kontexten. Künstliche symbolische und virtuelle Kontexte sind lose Derivate oder Rekonstruktionen aller Versionen von Kontexten. Der vielfachen Iteration von derivativen künstlichen Kontexten ist nach außen keine Grenze gesetzt. Vor dem Hintergrund dieser Differenzierung von

Kontexten sowie aus der dynamischen Korrespondenzrelation lassen sich vier Thesen für die Entstehung von neuem Wissen ableiten:

> **These 1:** Die relevante Beziehung als Voraussetzung für die Entstehung von neuem Wissen ist die Korrespondenzbeziehung zwischen natürlichen Kontexten und natürlichen symbolischen und virtuellen Kontexten. Alle anderen möglichen Beziehungen sind aus dieser dynamischen Korrespondenzbeziehung ableitbar.
>
> **These 2:** Die grundlegende Korrespondenzbeziehung zwischen natürlichen und symbolischen Kontexten ist eine dynamische, von welcher die Kriterien für Adäquatheit und Wahrheit ableitbar sind. Mit Hilfe von These 2 können alle Theorien und virtuellen Rekonstruktionen mit Bezug auf ihre Adäquatheit evaluiert werden, da hiermit zur besseren Evaluierung sowohl die logische Eigenschaft der Kohärenz zwischen den Sätzen einer Theorie verwendet wird als auch die dynamische Korrespondenzforderung in ihrer empirischen Fassung.
>
> **These 3:** Virtuelle Kontexte können Teile der Wirklichkeit auf der Grundlage der dynamischen Korrespondenzbeziehung repräsentieren, nicht aber selbst die Kriterien gemäß unserer Korrespondenzforderung einlösen.
>
> **These 4:** Die Metastufe zu virtuellen Kontexten als Voraussetzung für die Erfüllung der Kriterien gemäß der dynamischen Korrespondenzforderung **sind** wiederum genuin natürliche Kontexte.

In diesem Sinne sind **virtuelle Systeme effiziente Hilfsmittel zur Produktion von neuen Erkenntnissen**, nicht aber können sie selber neue Erkenntnisse in der relevanten Form erzeugen. Virtuelle Systeme sind demnach Hilfsmittel zur Produktion von Wissen und insbesondere Medien der Wissensdistribution sowie der wissenschaftlichen und alltäglichen Kommunikation – sie begünstigen evolutive Rationalität.

7. Die Frage nach dem Zusammenhang zwischen Information und Informationsträgern

Damit gelangen wir zurück zur Frage nach dem Zusammenhang zwischen Information und Daten- oder Informationsträgern. Die Antwort darauf ist, dass die **in virtuellen Systemen gespeicherten Daten** und die gespeicherte Information unserer genuinen Wirklichkeit eine eigenständige **neue Form der Realität** hinzufügen. Neues Wissen entsteht demnach in der dynamischen offenen Interaktion zwischen virtuellen Informations- und Datensystemen, einer Person und konkreten Situationen in der Wirklichkeit. Virtuelle Systeme stellen eine methodisch völlig neue Voraussetzung und Möglichkeit der Produktion von neuem Wissen dar sowie der Wissensdistribution in Lernkontexten.

8. Evolutive Rationalität, Wissen und Kreativität als Kern der Soziodynamik

Wird von dem zuvor gewonnenen Ergebnis ausgegangen, wonach kognitive Kreativität nicht an eine der sechs Wissenskategorien primär gebunden werden kann, dann muss weiter gefragt werden, in welcher Weise Wissenschaft zum Nukleus der Soziodynamik zu werden im Begriffe ist. Gehen wir von folgender Skizze aus:

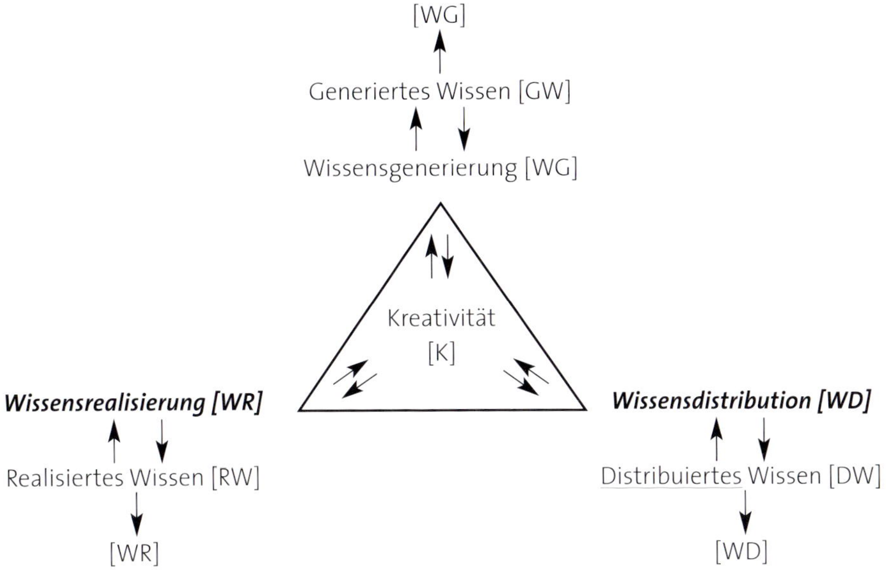

Fig.3

Trotz erheblicher analytischer und empirischer Anstrengungen insbesondere im 20. Jahrhundert gibt es eine weitgehend akzeptierte Einsicht: Über [K] und [WG] wissen wir nach wie vor am wenigsten, auch wenn durch die verallgemeinerte Evolutionstheorie bzw. die **Theorien der Selbstorganisation (TSO)** sich dieses Wissensdefizit immer rascher verringert. Die Theorie der Selbstorganisation mit der attraktorischen Darstellung von kognitiver Kreativität ersetzt und behebt Defizite in der „Logik der Entdeckung". Die „Logik der Entdeckung" stellt ein idealisiertes Konstrukt dar, das in Bezug auf empirische Gegebenheiten für Kreativität wesentlich unzureichend bleiben musste. Vor allem auch deshalb, weil sie die Bedingungen und Veränderungen des Produktions- oder Kreationskontextes durch die Produktion selbst nicht berücksichtigte. Über [WD] und [WR] wissen wir auf der Basis von z. B. Theorien der Sozialisation und Kommunikation vergleichsweise mehr, weil sich – methodologisch gesehen – die Indikatoren oder Parameter hierfür leichter identifizieren lassen als in bezug auf [K] und [WG].

Entsprechend der skizzenhaften Kategorisierung gemäß der (Fig. 3) gelesen vor dem Hintergrund der Theorie der Selbstorganisation bzw. Kybernetik 2. Ordnung – ist [K] im Zentrum zu positionieren, wenn Kreativität als attraktorischer Prozess, als gleichverteiltes Geschehen in Bezug auf die sechs Wissenskategorien verstanden wird. Die Suche nach einem neuen Verständnis von Wissenschaft und Forschung, von Forschungsstrategien impliziten und expliziten Charakters wird u. a. darauf ausgerichtet sein, Möglichkeiten und Grenzen auszuloten, inwieweit Vernetzungstendenzen der neuen kognitiven Wissenschaften den Wissenschaftsprozess als spezifisches soziokulturelles Geschehen erklären können. Denn die am stärksten vernetzte kognitive Wissenschaft neuen Typs – die Neurowissenschaft – zeigt deutlich, dass neurobiologische, neurophysiologische, mentale, subsymbolische und symbolische Prozesse rasch zunehmend als verschränkte begriffliche Systeme verstanden werden können. Diese Verschränkung erfolgt insbesondere über statistische und revisionistische evolutive Regeln.

III. Moderne Gesellschaften mit verteilter Intelligenz, verteilter Kompetenz und verteilter Verantwortung

Bezogen auf moderne Gesellschaften im Zeitalter der Digitalisierung besagt der evolutive Ansatz, dass Wissensprozesse und demokratische gesellschaftliche Prozesse näher aneinander rücken. Insbesondere auch deshalb, weil traditionelle Formen der Produktion von Wissen im allgemeinen und wissenschaftlichem Wissen im besonderen durch intelligente Maschinen weitgehend ergänzt werden, sich Kommunikation und Sozialisation zum Austausch von Information wesentlich beschleunigt haben und digitale Medien selbst aktiver Bestandteil unserer Wirklichkeit geworden sind. Diese evolutive Veränderung innerhalb moderner Gesellschaften konnte auf der Grundlage folgender neuer gesellschaftlicher Bedingungen vollzogen werden: verteilter Intelligenz, verteilter Kompetenz und verteilter Verantwortung.

Gezeigt wurde, dass sich sowohl **Wissensgenerierung [WG]** als auch **Wissensdistribution [WD]** und **Wissensrealisierung [WR]** innerhalb eines evolutionär dynamischen Netzwerkes gegenseitig bedingen, so dass **Kreativität [K] nicht mehr gekoppelt an eine einzige Wissenskategorie** in Erscheinung tritt. Des weiteren wurde gezeigt, dass die wesentliche Voraussetzung für die Entstehung von neuem Wissen und für die Verteilung von Wissen eine empirische Minimalbedingung ist, die als dynamische Korrespondenzrelation beschrieben wurde. Diese kann jedoch nur unter Berücksichtigung der Differenzierung von natürlichen, künstlichen und symbolischen/virtuellen Kontexten eingelöst werden. Dies deshalb, weil einerseits symbolische/virtuelle Kontexte selber aktive Bestandteile unserer gemeinsamen Realität sind und andererseits, weil sonst kein Kriterium zur Unterscheidung zwischen einer beliebigen Iteration eines virtuellen Kontextes ohne empirischen Gehalt und einer radikal neuen Theorie oder virtuellen Repräsentation der Wirklichkeit zur Verfügung stünde. In Bezug auf demokratische Gesellschaften könnten beliebige Iterationen eines symbolischen oder virtuellen Kontextes eine Ideologie darstellen, die nicht mehr als solche erkannt werden könnte, da die Grenzen zwischen Fiktion/Ideologie und Wirklichkeit in symbolischen/virtuellen Kontexten nicht mehr gezogen werden könnten. Mit Hilfe der dynamischen Korrespondenzrelation als empirischer Minimalforderung kann sich eine neue Theorie in Wissenschaft, Gesellschaft, Politik und Recht als adäquat qualifizieren bzw. kann sich eine Gesellschaft im gemeinsamen Netzwerk auf diese Weise qualitativ konstruktiv fortentwickeln. Dieser Qualifizierungsprozess entfaltet sich am besten in Gesellschaften mit verteilter Intelligenz, verteilter Kompetenz und verteilter Verantwortung, also im Netzwerk aller Wissenskategorien mit evolutiver Rationalität als Voraussetzung.

1. Evolutive Dynamik als Strukturmerkmal der Informations- und Wissensgesellschaft

Die Gesellschaft hat sich auf dieser Grundlage zur **Informations- und Wissensgesellschaft** transformiert, wodurch die strukturelle Koppelung der evolutionären dynamischen Prozesse in den Gesellschaften und in der Wissenschaft als Kern der Informations- und Wissensgesellschaft bereits vollzogen ist. Kognitive Kreativität wird damit zum aktiven Prinzip für jene dynamische Stabilität – die durch die **Stabilitätsbedingungen 1** und **2** beschrieben wurde –, die moderne, offene, höchst differenzierte, nichthierarchische Demokratien auszeichnet.

Demokratische Entfaltung basiert demnach zentral auf kognitiver Kreativität. Die gemeinsame Charakteristik für die Entfaltung individueller und kollektiver Kreativität ist evolutive Dynamik, die in **nichtlinear antihierarchisch strukturierten Demokratien** sowohl die besten Voraussetzungen findet als auch umgekehrt: Demokratien werden durch nichtlineare antihierarchische Organisationsstrukturen im Sinne der evolutionären Dynamik der Informations- und Wissensgesellschaft von vorwiegend **quantitativen Demokratien in qualitative Demokratien transformiert**. Das ist der Typus der Demokratie der Zukunft, der kognitive Kreativität als seinen Kern und des weiteren alle Formen von Kreativität als konstruktives Potential zur Verfügung hat, und der zu Akzeptanz und Entfaltung führen kann.

2. Evolutive Rationalität als Grundlage für qualitative demokratische Gesellschaften

Dieser konstruktive Schritt in Richtung qualitativer Demokratie ist durch einen **Anstieg von Autonomie und Souveränität des Individuums** gekennzeichnet. Der Einzelne verliert dadurch sein Bestreben, nur in der Masse anerkannt zu werden, also nur als ein Mitglied einer bestimmten Nation, Volksgruppe oder einer anderen Gruppierung. Eine qualitative Demokratie der Zukunft wird deshalb darauf Wert legen, eben diese **Autonomie des Einzelnen zu fördern**, da sie am besten das kreative Potential der Einzelnen und damit der Gesellschaft entsprechend der internen mentalen Dynamik fördert. Was vor allem wegen einer Negation der den Einzelnen innewohnenden mentalen Dynamik zu vermeiden ist, ist das Festhalten an einer Organisations- oder Kommunikationsstruktur, die den Einzelnen gewissermaßen paralysiert. Mit dem Zugeständnis zu einer mentalen und damit kreativen Paralyse des Einzelnen, stellt sich eine qualitative Demokratie selbst in Frage, da sie damit zulassen würde, ihre eigene offene nichtlineare mulidimensionale nichthierarchische Organisations- und Kommunikationsstruktur selbst zu reduzieren und auch zu eliminieren.

Ist Autonomie dem Einzelnen als auch der qualitativen Demokratie im Makrobereich gegeben, so können international strukturelle Ordnungen emergieren, die zu einem dynamischen Gleichgewicht in Bezug auf die Produktion von neuem Wissen und der innovativen Prozesse in der Technik, Wirtschaft und Recht führen. Dies bedeutet, dass sich als auf **Wissen basierende qualifizierende Demokratien** der Zukunft **gegen Wissensprotektionismus** entwickeln, so dass zunächst in Bezug auf die Produktion von neuem Wissen und Innovation sich international Chancengleichheit in Evolution befindet.

Die auf diese Weise kreierte Autonomie wird zur Folge haben, dass Kollektive auf der Grundlage nichtlinearer offener antihierarchischer Organisations- und Kommunikationsstrukturen wesentlich produktiver sind, weil sie eben die Kreativität des Einzelnen weder paralysieren noch innerhalb einer dominant quantitativen Demokratie – um nicht demokratisch organisierte **von oben nach unten Normierungen** zu sagen – zu verhindern trachten. Durch auf Wissen basierendes konstituiertes Ansteigen von Autonomie für den Einzelnen in einer qualitativen Demokratie wird es zur zunehmenden Konstitution bzw. zur Emergenz von koevolutionär organisierten Strukturen in allen Bereichen der Gesellschaft kommen. Des weiteren zeichnet sich dieser evolutionär dynamische Prozess durch eine offene Systemdynamik aus, was zum Abbau nationaler und internationaler Barrieren führen wird.

Damit entsteht die Frage, ob sich in qualitativen Demokratien auch die Verfassungen und Verfassungssysteme hin zu einer liberalen Ordnung verändern werden. Hier wird zunächst zu charakterisieren sein – da eine erschöpfende Abhandlung an dieser Stelle nicht möglich ist – was mit einer liberalen gesellschaftlichen Ordnung gemeint ist. Eine **liberale gesellschaftliche Ordnung** nimmt vor allem die grundlegenden Einsichten in die mentale Dynamik des Einzelnen und die daraus resultierende Dynamik der Kollektive als Grundlage für kognitive Kreativität und alle Formen von künstlerischer und sozialer Kreativität ernst. Damit erhöht sich die Autonomie des Einzelnen, womit sie gleichzeitig die Verteilung von Intelligenz/Kreativität fördert, was wiederum zu einer raschen Zunahme von verteilter Kompetenz und verteilter Verantwortung führt. Oder anders ausgedrückt, eine liberale Ordnung der Gesellschaft im Sinne der evolutionären Dynamik kann die Voraussetzungen für eine qualitative Demokratie garantieren helfen. Dies deshalb, weil sie nicht versucht, ihr eigenes kreatives Potential entgegen der evolutionären Dynamik zu verhindern oder gar zu vernichten. Nur eine Umsetzung dieses Anspruches innerhalb einer liberalen Gesellschaftsordnung auf der Grundlage von Verfassungssystemen könnte über lange Zeit hinweg die Entwicklung hin zu einer qualitativen Demokratie als auch deren zunehmende Entfaltung garantieren.

Wie man sieht, rücken vor diesem Hintergrund Menschenrechte, Freiheit und Autonomie enger zusammen. Bereits die Negation von Autonomie des Einzelnen und **Verhinderung von Kreativität** könnte als ein **Angriff auf Menschenrechte** gelesen werden, da damit der Einzelne mental paralysiert wird. Ist der Einzelne paralysiert, so verliert eine qualitative Demokratie die Grundlagen ihrer eigenen Existenz. Stärker ausgedrückt, vernichtet ein Gesellschaftssystem ihr eigenes kreatives Potential so vernichtet es nicht nur den Einzelnen, sondern auch sich selbst. Es erübrigt sich wohl, an dieser Stelle Beispiele aus der Geschichte zu nennen.

In einer qualitativen Demokratie der Zukunft lösen sich stark staatlich autoritär kontrollierte rechtliche und gesellschaftliche Strukturen durch die Selbsttätigkeit ziviler Strukturen im Sinne der evolutionären Dynamik mit kognitiver Kreativität als Kern ab. Durch verteilte Intelligenz und verteilte Kompetenz steigt jene Form von verteilter Verantwortung, welche die Autonomie des Einzelnen und damit der verschiedenen gesellschaftlichen Kollektive fördert. Diese Tendenz spricht dafür, dass militärische und autoritär staatliche Strukturen zugunsten ziviler Strukturen mit evolutionär selbstorganisatorischer Dynamik in qualitativen Demokratien sich in tendenzieller Reduktion befinden.

3. Ein dynamisches Gleichgewicht zwischen Wissensgenerierung, Wissensdistribution und Wissensrealisierung

Gibt es gute Gründe für einen derart gewaltigen Sprung in Richtung qualitativer Demokratie mit dem eben skizzierten sozialen Fortschritt? Wird evolutionäre Dynamik, wie sie mit Hilfe der beiden **Stabilitätsbedingungen 1** und **2** eingeführt wurde, als eine **komplexe Stabilitätsbedingung** (**D**) oder (**D***) anerkannt, so kreiert die Gesellschaft dadurch jene Voraussetzungen, die ihren eigenen evolutionär dynamischen Prozess zur qualitativen Fortentwicklung bedingen. Die dynamische Korrespondenzrelation als qualifizierendes Prinzip bewahrt vor einer Abweichung der evolutionär dynamischen konstruktiven Prozesse in das Gegenteil oder in ein Zerrbild einer qualitativen Demokratie. Konkret kann diese Forderung dadurch eingelöst werden, dass gesehen wird, dass zwischen den drei Wissenskategorien

- Wissensgenerierung [WG],
- Wissensdistribution [WD] und
- Wissensrealisierung [WR]

eine dynamische Balance besteht. Der auf diese Weise entstehende neue **Informations- und Wissensmarkt** der Informations- und Wissensgesellschaft reguliert sich im zunehmenden Ausmaße selbst, da Kreativität mit allen Wissenskategorien gekoppelt ist. Dies begünstigt wiederum die Tendenz zur symmetrischen sozialen Gleichverteilung zwischen den Trägern der Wissenserzeugung, der Wissensdistribution und der Wissensrealisierung. Die zuletzt erwähnte soziale Gleichverteilung zwischen den Trägern aller Wissenskategorien bedeutet ihrerseits wiederum die Garantie und sogar einen Anstieg der Freiheitsgrade von Individuum und Gesellschaft.

Welche Konsequenz ergibt sich nun daraus für das Verhältnis zwischen den neuen Formen des evolutionären dynamischen nichtlinearen Prozesses der Entstehung von Wissen und Demokratien? Ist das Verhältnis symmetrisch, asymmetrisch oder unentscheidbar? Vor dem Hintergrund der Ausführungen in den vorangehenden Abschnitten zeigt sich, dass eben dieses **Verhältnis zwischen der Produktion von neuem Wissen und demokratischer Gesellschaftsordnung asymmetrisch** ist. Dies liegt darin begründet, dass sich letztlich weder notwendige noch hinreichende Bedingungen für die Produktion von neuem Wissen angeben lassen. Auch in nicht demokratisch organisierten Gesellschaften entsteht neues Wissen. Wird jedoch zur Frage nach der **Wissensdistribution [WD]** übergegangen, so wird offensichtlich, dass hier ein **symmetrisches Verhältnis** notwendigerweise grundgelegt sein muss, damit relevantes Wissen für jeden Einzelnen in einer Gesellschaft zugänglich ist. Dies stellt jedoch noch keine hinreichende Bedingung für Wissensdiffusion dar. Somit erweist sich das Verhältnis zwischen Informations- und Wissensgesellschaft mit attraktorischer Kreativität als Kern und Demokratie als ein asymmetrisches in zweierlei Hinsicht: Erstens ist noch offen, in welchem Ausmaße attraktorische Kreativität demokratische Dimensionen zur Voraussetzung hat, und zweitens setzt eine qualitative Demokratie attraktorische Kreativität für ihre eigene Kreation bereits voraus. Daraus folgt, dass in letzter Konsequenz das **Verhältnis** von **attraktorischer Kreativität** und **qualitativer Demokratie** derzeit noch weitgehend als **unentscheidbar** einzustufen ist.

Das dynamische Gleichgewicht zwischen [WP], [WD] und [WR] vor dem Hintergrund von evolutiver Rationalität als attraktorische Kreativität modelliert, ist selber wieder durch die nichtlineare antihierarchische Organisations- und Kommunikationsstruktur innerhalb qualitativer Demokratien gesichert. Damit ist die strukturelle Rückkoppelung zur Kernproblematik dieser Abhandlung wieder hergestellt, d. h. nichts anderes, als dass der Kern für die Entfaltung einer Demokratie hin zur evolutionär dynamischen Demokratie, manifestierend als qualitative Demokratie, in ihr selbst liegt: Dieses in ihr selbst innewohnendes Entfaltungsprinzip nicht nur nicht zu zerstören oder zu vernichten, sondern es als evolutionär begründetes Regulativ zu erkennen, d. h. es als Attraktor einer partiellen Selbststeuerung der soziokulturellen Evolution anerkennen.

(B) Pragmatische Grundlagen

Neues Lernen im Kategoriennetzwerk mit integrierter Informations- und Kommunikationstechnologie

„Neues Lernen" ist das Lernen mit Informations- und Kommunikationstechnologien (IKT), d. h. Lernen im Internet mit Multimedia-Computer (derzeit ist das der Desktop-PC bzw. das Notebook). **Zukünftige Informations- und Kommunikationstechnologien** werden bestimmt durch:

- Miniaturisierung
- Modularisierung und Multi-Funktionalisierung
- Mobilität
- Omnipräsenz der Verfügbarkeit

Miniaturisierung

Im Zeitalter der fortschreitenden Miniaturisierung werden die Computer-Endgeräte immer kleiner, ja sie „verschwinden" nahezu. Damit ist gemeint, dass sie so verkleinert werden, dass sie leicht in Gegenständen eingebaut und damit „versteckt" werden können. Beispiele dafür sind: Palmtop, UMTS-Mobilfunk-Computerhandy, Computerkleidung (Wearable PC) und Konvergenzsystem (z. B. interaktiver Fernseher, Media Terminal). Die Technologie wird offensichtlich immer leistungsfähiger und ergonomisch dem Menschen angepasst (**Verschränkung von Mensch und Computer**).

Modularisierung und Multi-Funktionalisierung

Durch die Definition von Schnittstellen und zunehmender Höherintegration von Schaltungen können flexible Funktionselemente modularisiert werden. Geräte-Identitäten wie Mobiltelefon, Palmtop-Computer, MP3-Player, Radio, Voice-Recorder und andere Funktionen können durch die Modularisierung der Schaltungen in einem Gerät realisiert werden. Die Multi-Funktionalisierung von Geräten der Informations- und Kommunikationstechnologien generiert damit neue Identitäten, die auch zu begrifflichen und semantischen Innovationen führen (z. B. Palmtop, Communicator, etc.).

Mobilität

Artifizielle Objekte, insbesondere elektrische und elektronische Geräte, aber auch natürliche Objekte und Subjekte (beispielsweise Haustiere) werden in Zukunft zunehmend mit **Funkschnittstellen** ausgestattet werden, die es erlauben, bestimmte Funktionen fernzusteuern. Dies ermöglicht eine neue Form der Mobilität. Am Beispiel Mobiltelefon soll dargestellt werden, wie Fernsteuerung prinzipiell funktioniert: Das Mobiltelefon ist ein Telefon mit einer Funkschnittstelle zu einer Festnetzverbindung. Die Fernsteuerung besteht darin, dass ein Computersystem einer Telekom-FIrma bestimmte Funktionen des Mobiltelefons fernsteuert, z. B. das Durchschalten eines Telefongespräches. In Zukunft bekommen sämtliche Geräte eine Mobilfunkschnittstelle und damit eine fernsteuerbare Identität auch über das Internet. Bluetooth ist ein erster Ansatz der drahtlosen Kommunikation von Geräten untereinander in geringer Entfernung voneinander. Eine der ersten Bluetooth-Anwendungen ist ein Funk-Headset für das Telefonieren, bei dem Lautsprecher und Mikrofon im Ohr positioniert sind und per Funk mit dem Handy (Mobilfunkgeräte bestehend aus Sender, Empfänger, Telefonmanagement, Computer und Batterie) in der Hosentasche verbunden sind. Auch breitbandige Datenübertragung wird zunehmend drahtlos. Konnte man 1998 im Wireless Local Arean Network (WLAN) noch 2 Mbps (Megabit pro Sekunde, ca. 200 Kbyte pro Sekunde) im Umkreis von 150 Metern übertragen, so waren es 2000 bereits 11 Mbps – ab 2002 sind es 22 Mbps. Dies ermöglicht völlig neue Formen der Mobilität.

Omnipräsenz der Verfügbarkeit von Services (E-Services)
Stationäre Internet-PCs, drahtlose Internet-Palmtops und Notebooks stellen die ersten Vorboten für die Omnipräsenz von Services (E-Services) dar. Historisch könnte man Cybercafés als early adopters kategorisieren (vgl. Schinagl, 1996a). Wie können Geräte an ein weltweites Netzwerk angeschlossen werden, damit diese kommunizierbar werden (z. B. Condition Monitoring, Remote Diagnostics, Interactive Computing)? Der derzeitige Lösungsansatz heißt: Das Gerät bekommt eine eineindeutige Identifikationsnummer (z. B. Internet Adresse) und eine einfache Mobilfunkschnittstelle für eine Datenübertragung zu einem Empfangsgerät in geringer Entfernung. Der Empfänger und Sender ist ein „Tor für das Internet" und transportiert über optisches High-Speed-Netzwerk die Daten zu einem weit entfernten Gerät, z. B. einem Computer oder anderen Mobilfunkgerät: es entsteht eine Kommunikationsverbindung. Die Voraussetzung für die weltweite Nutzung dieser Art von scheinbar drahtloser Kommunikation ist die Verfügbarkeit von **öffentlichen Internet-Gateways**. Jedes Internet-Gateway bildet eine wabenartige Zelle. Für eine omnipräsente Verfügbarkeit von e-Services müsste die ganze Welt in dieses wabenartige Zellnetz eingebettet werden. Diese Zellen können über terrestrische und Satelliten-Gateways realisiert werden. Konzeptionen wie das Satellitenkommunikationssystem Teledesic verspricht eine Omnipräsenz der Mobilkommunikation mittels 288 Satelliten im Low Orbit mit 64 Mbps Downlink- und 2 Mbps Uplink-Datenübertragungskapazität. Die entscheidende Frage ist aber nicht, wie gut und schnell sich die Technologie entwickelt, sondern in welcher Weise sich dadurch das Lernen, die Bildung, das Wissen, die Kommunikation, die Sprache und das Denken verändern. Unser Zeitalter wird gerade aufgrund der Computer-Revolution als Informations- und Wissensgesellschaft bezeichnet. Terabytes an Daten werden täglich durch die weltweiten Netzwerke verschoben: als E-Mail, Web-Site, Telefonat, Videokonferenz, Video, Chat, etc. Die Art und Weise, wie wir mit diesen Daten umgehen, ist bekannt. Wir lesen die E-Mails wie Schrift in einem Brief, wir betrachten Multimedia, Bilder und Videos wie im Kino, wir hören MP3-Musik wie unsere Großeltern das Radio. Wo sind die großen Veränderungen? Eine **Revolution in der Methodologie für neues Lernen**, Wissenserwerb, Wissensreproduktion, Wissensdiffusion und Wissensproduktion hat bis heute **noch nicht stattgefunden**. Die Ansätze dafür sind aber da.

1. Leben und Lernen in der Informations- und Wissensgesellschaft

In der folgenden Geschichte soll ein anschauliches Bild für eine zukünftige Nutzung von Informations- und Kommunikationstechnologien dargestellt werden:

„Philippe ist 10 Jahre alt und geht in die 4. Klasse Volksschule. Er verwendet am liebsten seine **Computeruhr**. Er nennt sie „Taubsi" – nach der Figur des Pokémon Spieles. Taubsi ist gleichzeitig sein von ihm kreierter **digitaler Assissent**, ein **virtueller Charakter** und **persönlicher Assistent** für die Interaktion mit den Funktionen seiner Computeruhr:

- Mobiltelefon
- Digitalkamera für Bilder und Videos
- E-Mail-Client
- Videokonferenz-Client
- Web-Terminal
- Spielekonsole
- Funkfernsteuerung

Auch überwacht Taubsi seine **Vitalfunktionsdaten** wie Herzfrequenz, Temperatur und Blutdruck. Sollten die Sprachkommunikation und das kleine Farbdisplay der Uhr für die Mensch-Maschine-Kommunikation nicht ausreichen, so kann über die **22 Mbps-Funkschnittstelle die Datenbrille** bzw. das 17 Zoll Display drahtlos angeschlossen werden. Auch andere Geräte im Umkreis von 50 Metern werden über die Kommandozentrale „Taubsi" versorgt. In der Schultasche befindet sich die 500 Gigabyte-Festplatte, auf der die **Unterrichtsstunde in Wort und Bild** aufgenommen wird. Mehrere Kameras sind im Klassenzimmer montiert. Das gesamte Klassengeschehen wird auf Video aufgenommen und per **Funkstreaming** den Schülern mit ihren **„Festplatten-Schultaschen**" zur Verfügung gestellt. Philippe bzw. der digitale Assistant Taubsi steuert dabei Aufnahme und Bildregie. Zu Hause angekommen werden die Files der Unterrichtsstunden aus der Schultasche drahtlos auf den **Home Media Server** überspielt. Die Videos sind indiziert, kategorisiert und mit semantischen Netzen so aufbereitet, dass **beliebige Fragen** gestellt werden können, die Taubsi durch Vorführen der dazu passenden Videoausschnitten beantwortet. Taubsi managt für Philippe seine E-Mails, Telefonate und Videokonferenzen. Taubsi hat im Laufe des Jahres für Philippe folgende individuellen Hauptbereiche identifiziert: Schule, Klavier, Gesundheit/Fitness, Freunde, Eltern, Verwandte, Sport, Spiele, Video, Hobby und Freizeit. In den Bereichen Schule und Klavier sind die Lernziele besonders wichtig. **Lernziele** werden in Text, Grafik und Video dargestellt.
Zu jedem Lernziel gibt es:

- Definition und Begründung des Lernzieles durch den Lehrer
- Beispiele aus der Lebenswelt
- virtuelle Beispiele mit Computeranimationen
- Computerspiele
- eine oder mehrere konkrete Aufgaben
- multimediale Darstellung von Arbeits- und Lösungsschritten
- multimediale Präsentation der Ergebnisse und Einbettung der Ergebnisse in den Lebenszusammenhang
- Erörterung der Ergebnisse nach verschiedenen Aspekten (z. B. historisch, geo graphisch, soziologisch, philosophisch, ökonomisch, ökologisch, logisch-mathematisch, biologisch, psychologisch, technologisch, etc.)
- Information, welche Schüler gerade an der Lösung arbeiten
- Information über FAQs (Frequently Asked Questions) zum Lernziel
- Lerntracking (alle individuellen Lernschritte werden aufgezeichnet)
- Lernerfolgskontrollen in Form von Assessment- und Zertifizierungstest (Verstehenstracking)

Hinter dem virtuellen Freund Taubsi steht ein **Wissensmanagementsystem**, welches die Lernfortschritte an die an die Lehrer, Eltern, Lernberater und Klassenkameraden (virtuelle Teams), die bei Gruppenlösungen partizipieren, berichtet. Die meisten Lernziele sind komplexe Gruppenaufgaben. Das **totale Videorecording** ist auch insbesondere beim Klavierunterricht nützlich... Die Problemzonen bei bestimmten Stücken werden mit Markierungen versehen. Beim Üben weist Taubsi dann besonders auf diese Stellen hin und spricht den Fingersatz mit. Ein weitere Top-Anwendung der Computeruhr ist das Kommunikationssystem, das **Personal Information Center** oder auch **Universal Messaging System**: E-Mail, Fax, Anrufbeantworter, Videokonferenz und Videomail sind im Personal Information Center verfügbar.
Viele Lebensbereiche sind sehr eng durch statistisch ermittelte Parameter vorgegeben, wie z. B. Lernziele, Lernerfolg, Vitalkontrolle, Fitness und Ernährung. Das Informationsmanagement für die Persönlichkeitsbereiche Hobby, Selbst-Video, Freizeit und Freunde ist durch eigene Parametrisierungen gesteuert: Das Profiling von Taubsi ermöglich, dass Philippe in seinen Interessensgebieten umfassend informiert wird.
Philippe braucht zur Vorbereitung auf die Biologie-Stunde die Computersimulation der Informatonsverarbeitung von Pyramidalzellen im Gehirn anschauen, die sein Freund John gestern in der Nacht erstellt hat. Wie kommt er zu den 90 Mbyte Daten? Philippe kopiert im Breitband-Netz die Daten auf den ihm nächsten öffentlichen Media Server und überträgt von dort die Daten über Bluetooth auf seine Festplatte. Anschließend schaut er sich die Simulation auf der Datenbrille an." (vgl. Schinagl, 1998)
Diese Geschichte wird bis zum Jahr 2010 für die moderne Zivilisationsgesellschaft sehr realistisch werden. Im Jahr 2001 verfügt in den USA bereits jeder 2. Haushalt über mindestens einen Computer. Die Hauptanwendungen sind noch sehr einfach: Web-Surfen, E-Mail, Shopping, Banktransaktionen, Spiele, Web-TV, etc. Die Bereiche Telearbeit, Telelernen, Telemedizin und Fernwirkung (Remote Control) von Geräten sind stark im Kommen. Diese technologischen Entwicklungen finden insbesondere in der Anwendung des Telelernens einen Höhepunkt, da Telelernen die höchsten Anforderungen für Interaktion, Kommunikation, Verfügbarkeit und Multimedia fordert.

2. Charakteristika der Zunahme individuellen Lernens

Individuelles Lernen ist kurz gesagt: **Lernen alleine** (Selbstlernen) bzw. **Lernen im Einzelunterricht** (self-learning oder one-to-one learning). Das individuelle Lernen ist hauptsächlich dadurch gekennzeichnet, dass die Interaktionsdichte von Lernstoff (Content, Wissen) und Lerner im allgemeinen höher ist als beim Gruppenlernen. Individuelles Lernen im klassischen Sinn wäre beispielsweise Lernen aus Büchern, Lernen aus eigener Erfahrung und Lernen mit einem Privatlehrer. Beim individuellen Lernen im Einzelunterricht ist der Lehrer ein Interaktions-Manager, der die Lernschritte darstellt, erklärt, Experimente macht, Tests und Prüfungen abhält und Lernfortschritte kontrolliert. Beim Selbstlernen wird der Interaktions-Manager virtualisiert, internalisiert und in ein Lern-Ritual transformiert. **Nachteile** des Selbstlernens und Einzelunterrichts sind insbesondere die **fehlenden gruppendynamische Effekte** (Teambildung, Diskussion, Modularisierung des Lernstoffes, gruppenmotivationale Aspekte, etc.) von Lerngruppen wie Schulklassen, Kursgruppen oder Lerngemeinschaften.

Die Informations- und Kommunikationstechnologien ermöglichen ein individuelles Lernen in einer neuen Art und Weise: das **Telelernen**. Telelernen ist am ehesten zu vergleichen mit dem **individuellen Lernen im Einzelunterricht**. Content wird digital und multimedial aufbereitet, der Lehrer oder Interaktions-Manager (Lern-Manager) wird durch ein Telelernprogramm (einen digitalen Assistenten) ersetzt. Die individuellen Lernfortschrittsergebnisse werden in Datenbanken gespeichert und stellen die Basis für das aufbauende Lernen dar. Das neue, individuelle Lernen geht davon aus, dass der Lernmanager die individuelle Lerngeschichte kennt und weiß, was bereits gelernt und vergessen wurde und was nicht. Diese Eigenschaft ermöglicht insbesondere neue Formen des redundanzfreien und modularen Lernens. Eine **individuelle Lernerfolgsdatenbank** ist auch Ausgangsbasis für eine individuelle **Trainingsbedarfsanalyse**.

Die **Hauptcharakteristika für die Zunahme indivduellen Lernens** durch Informations- und Kommunikationstechnologien sind:

- Rasanter Anstieg der Verfügbarkeit von Multimedia-Computer und Internet im Haushalt
- Rasanter Anstieg von Multimedia-Dokumentation von Projekten und Publikationen im Web und auf CD-ROM
- Telelernen, Web Based Training und Web Based Testing werden integrativer Bestandteil in klassischen Lernorganisationen (Aus- und Weiterbildungsinstitution, Schule, Fachhochschule, Universität, etc.)
- Edutainment: Kommerzialisierung von Telelernen, Lernen als Freizeitbeschäftigung, insbesondere Lernspiele

3. Wissenserwerb durch IKT

Der Lernstoff (Content), die Inhalte des Wissens und Lernens sind **heute** noch vorwiegend in Büchern und Zeitschriften, Atlanten und Enzyklopädien als Zeichen, Graphiken und Bilder kodiert gespeichert. Die **Form der Speicherung** und damit des Zugriffs ist **linear**: Zeichen für Zeichen, Wort für Wort, Satz für Satz, Seite für Seite, Buch für Buch. Die **Beziehungen** der Inhalte zwischen den einzelnen Sätzen sind vorwiegend **linear** aufgebaut. Ein Satz ist meistens die Voraussetzung für den nächsten Satz. Nichtlineare Beziehungen zwischen Sätzen auf unterschiedlichen Seiten oder in unterschiedlichen Büchern werden im Printmedium kaum und für das menschliche Verständnis nicht adäquat repräsentiert. Diese genuinen Einschränkungen der Printmedien werden durch elektronische Medien aufgehoben. In **Hypermedia-Systemen** sind **Inhalte** als digitale Bitströme **nicht-linear** abgespeichert und zugreifbar. Diese Bitströme können alles repräsentieren, was digitalisierbar ist – und damit auch alles, was symbolisierbar ist.

Wenn alles Denkbare symbolisierbar ist, dann ist dieses auch digitalisierbar.
Text, Graphik, Bilder, Video, 3D-Welten, Sound, Sprache, Musik, kurz Multimedia ist in seiner digitalen Form nichts anderes als ein Bitstrom bestehend aus Nullen und Einsen. Diese **Multimedia-Inhalte** können beliebig untereinander **vernetzt** werden. Zu einem bestimmten multimedialen Inhaltselement wird ein sogenannter **Link** definiert, der auf ein anderes Inhaltselement verweist. Wird eine Interaktion mit diesem Inhaltselement ausgelöst (z. B. durch einen Mausklick), dann erfolgt ein Sprung zu diesem neuen Inhaltselement, welches visuell und akustisch dargestellt wird. Die Informationsquelle für dieses neue Inhaltselement kann sich auf jedem Ort der Welt befinden, wo ein Computer am Internet angeschlossen ist. Aufgrund des einfachen Zugriffs auf diese

bzw. in beiden Formen publiziert. Ein Endausbau dieses Programms würde bedeuten, dass alle Printmedien als Hypertext vom PC (oder auch e-Book) aus in nicht-linearer Form zugreifbar sind. In Zukunft werden Publikationen und Berichte als multimediale Bitströme auf World Wide Web Servern gespeichert werden. Dies sind Videoaufnahmen, Bilder, Sprachaufnahmen, Musik, Texte, etc.

Content in einer multimedialen Form ist eine wichtige Voraussetzung für den Wissenserwerb. Das Navigieren mit dem Computer in den multimedialen Content-Welten von Wissenschaft, Bildung, Wirtschaft, Unterhaltung, etc. ist eine neue Dimension der eigenmotivierten, interaktiven Wissensakquisition und Informationsbeschaffung. Die schnelle Verfügbarkeit von **weltweit verteilten Informationsressourcen** und deren multimediale Aufbereitung generieren bei einer Suche nach Problemlösungen mehr Lösungspotentialitäten als bei händischer Literaturaufarbeitung. Diese Lösungspotentialitäten entfalten eine **Katalysatorwirkung für kognitive Kreativität**. Der Cyberspace dient als Suchraum für bereits bestehende Problemlösungen aber auch als Generator für Heuristiken zur Entwicklung neuer Problemlösungsansätze. (vgl. Astleitner, Schinagl, 2000)

4. Speicherung der Lernprozesse (Lern-Tracking)

Der Lernprozess ist ein Aneignungsprozess, bei dem ein Individuum symbolisch konnotiertes Wissen aus Büchern, Lehrveranstaltungen, CD-ROMs, etc. in eine individuelle Wissensbasis transferiert. Dieser Transfer ist erfolgreich, wenn dieses neue Wissen mit neuen und bereits bekannten Wissenselementen an bereits vorhandene Wissenselemente ankoppeln kann. Die Ankopplung und Fixierung von neuen Wissenselementen an ein bereits bestehendes Relationengeflecht setzt Historizität des Gedächtnisses voraus. Die **Ankopplungsschnittstellen** für neues Wissen sind individuell historisch gewachsen. Lernen ist damit ein höchst subjektiver, individuell determinierter Prozess, der durch intellektuelle Steuerung (Methodenwissen-Interaktion) neue Wissenselemente an bestehende Relationenschnittstellen ankoppelt oder durch logische Schlussfolgerung Relationenschnittstellen für Ankoppelungen erzeugt. Standardisierte Relationenschnittstellen sind aufgrund einer personalen Geschichtlichkeit unwahrscheinlich, daher ist der **Lernprozess vorwiegend subjektiv**. Das Individuum speichert gleichzeitig mit den Elementen des Gelernten den historischen Einbettungsrahmen. Damit ist das Gelernte zeitlich vage parametrisiert (vgl. Schinagl, 1996c).

Der Computer ist in der Lage, Wissenszugänge historisch und nach Mehrfachkategorisierungen geordnet aufzuzeichnen. Dieser Vorgang wird als **Tracking** und **Monitoring** des Wissenszuganges bezeichnet. Ist das Wissen auf Web-Seiten abgespeichert, dann ist der Wissenszugang ein Link (z. B. URL: *http://www.wissenszugang.edu*). Moderne Web-Browser verfügen bereits über solche Funktionen, z. B. ab dem Microsoft Internet Explorer 5.0 wird diese Funktion als Verlauf bezeichnet. Dabei werden die Web-Seiten mit Lokation und Datum vom Computer mitaufgezeichnet. Das System weiß also, welche Informationen bereits einmal angeschaut bzw. gelernt wurden und welche nicht. Bei Erinnerungslücken führt eine Computerabfrage zu einer sofortigen Bereitstellung der bereits einmal konsumierten Information. Speziell anschauliche Beispiele und bereits durchlaufene Computersimulationen sind durch das Informationstracking sofort wieder zugreifbar. Die individuelle Historisierung des Lernens mit **Lernpfad-Tracking** (beim

Internet Explorer wäre das ein „Verlaufs-Tracking") impliziert die Verfügbarkeit des individuellen Wissens auf Knopfdruck und die Ideen- bzw. Wissensverifikation und -evaluierung. Die eigenmotivierte Kategorisierung der individuellen Lernpfade ermöglicht eine Selbstdiagnose von Wissensdefiziten und resultiert in einer effizienten Selbststeuerung zur Aneignung von relevantem Wissen für die Lösung von emergierenden allgemeinen und privaten Problemstellungen. Durch Veröffentlichung der individuellen Lernpfade nach Kategorien können die Menschen bereits erfolgreich radikal verkürzte Lernzyklen durchlaufen und damit ihre Lernperformanz verbessern. Dies erzeugt ein schnell wachsendes Wissenssystem, welches vermehrte Optionen für kognitive Kreativität bereitstellt.

Speziell im wirtschaftsorientierten Bereich der Aus- und Weiterbildung wird sich das **Lehren und Lernen grundsätzlich ändern** (vgl. Schinagl, 1996b). Denn anders als in der Schule ist in der Wirtschaft primär das **Können und nicht so sehr das Wissen wichtig**. Zwar muss man auch für das Können viel wissen – aber **Wissen in Können umsetzen** zu können, ist keine Selbstverständlichkeit. Es bedarf hierfür neuer Umsetzungsmethodologien bestehend aus einem Mix aus Training, Coaching, Simulation und multimedialen, interaktiven Lern- und Lehrtechnologien. Jugendliche und Erwachsene sollen damit **praxisorientiert** auf die neuen Herausforderungen einer komplex-technologischen Produktionsgesellschaft vorbereitet werden. Zusätzlich sollte das Lernen auch Spaß machen, d. h. **Lernen benötigt** in der Zukunft eine **Entertainment-Komponente**. Die Wirtschaft – gesehen als global operierendes, rationalistisches Wettbewerbssystem – produziert eine mitunter desaströse Eigendynamik für Mensch und Umwelt. Ständig müssen Produkte und Dienstleistungen entwickelt, verbessert, erneuert und verändert werden. Dafür ist es notwendig, durch organisiertes Handeln das Können vieler Mitarbeiter in einen rationellen Produktionsprozess zu lenken. Dies erfordert das Anwenden-Können von bestimmten Rezepten, Prinzipien, Regeln und Heuristiken. Fähigkeiten, diese theoretisch durchdringen zu können, sind sogar für kreative Job-Aufgaben nicht mehr so wichtig. Der Job-Performer der Zukunft ist ein **rationeller Anwender von praktischen Werk- und Denkzeugen**. Forschungen des Grazer Wissenschaftstheoretikers Johann Götschl weisen darauf hin, dass die früher eher grundlagenbetonte Wissensgesellschaft zu einer **pragmatischen Know-how-Gesellschaft** driftet. Das Know-how am letzten Stand wird wichtiger als Wissen in seiner gesamten Historizität. Aus Effizienzgründen ändert sich deshalb die Lernrichtung.

Startpunkt des Lernens ist nicht mehr ein einfaches Grundprinzip erläutert an einem Beispiel aus der Wissenschaftsgeschichte, sondern bereits ein komplexes Know-how-Element als anwendungsfreundliches Rezept.

5. Individualisierung des Lernens

Das Internet mit dem System des hypermedialen Webs ist eine Infrastruktur für multimedial (d. h. besonders anschaulich) dargestelltes Know-how. Lerngegenstände sind dort hyper- und multimedial aufbereitete Know-how-Elemente in Form von Anwendungsbeispielen und konkreten Problemlösungen, dargestellt in verschiedenen Erklärungstiefen. Eine Selbstlerneinheit könnte bald so aussehen: Interessiert einen Lernenden ein bestimmter Lerngegenstand, so sucht er diesen im Web, findet eine Liste mit passenden Links und beschreitet einen bestimmten Pfad durch ein hypermediales

Angebot an interaktiv aufbereiteten Web-Lernseiten. Dieser individuelle Pfad durch verschiedene Web-Lernseiten (der Lernpfad) wird in einer Datenbank gespeichert. Der Prozess des Speicherns eines Lernpfades in einer Datenbank wird als **Lerntracking** bezeichnet (vgl. Schinagl, 1996c). Wenn ein Lernender primär sein Wissen aus dem Web bezieht und seine Lernpfade in einer Datenbank getrackt werden, auf die der Lernende immer wieder zugreifen kann, dann bedeutet dies, dass das Lerntracking-System eine subjektive Geschichte der durchlaufenen Lerninhalte repräsentiert. Aus dieser Möglichkeit resultiert die Omnipräsenz aller im Web jemals durchlaufenen Lernpfade, vorausgesetzt:

a) alle Lehrinhalte sind im Web;
b) der Lernende hat permanenten Zugriff auf das Web;
c) der Lernende ist eineindeutig identifiziert und
d) das System trackt die individuellen Lernpfade der Lernenden in einer Datenbank.

Mit einem solchen System kann der Lernende einfach und praxisorientiert sein Wissen erweitern. In der Lerntracking-Datenbank sind die Lernpfade des Lernenden als **Student´s Achievement Vector (SAV)** abgebildet. Dieser SAV erlaubt dem Lernenden, das bereits Gelernte exakt zu wiederholen oder Alternativen von Lernpfaden zu einem bestimmten Gegenstand zu beschreiten. Lernen in individuell bestimmten Lerntiefen wird dadurch ermöglicht. Ähnliche Methoden werden bereits von der Informationstechnologie-Industrie eingesetzt (z. B. Microsoft Learning Road Maps).

Diese Methoden beinhalten auch völlig neue Möglichkeiten für die **Optimierung des Lernens**. Die Speicherung vieler Lernpfade in Datenbanken ermöglicht eine empirisch-wissenschaftliche Analyse dieser Lernpfad-Daten. Durch kollektive Lernpfadoptimierungen können statistisch optimierte Lernpfade für bestimmte Lernniveaus gewonnen werden (z. B. Einsteiger, Anwender, Wissenschafter, etc.). Eine wesentliche Rolle für die kollektive Lernpfadoptimierung spielen **Tests**. Durch die Verknüpfung von Testergebnissen mit den dazugehörigen Lernpfaden können erfolgreiche und weniger erfolgreiche Lernpfade identifiziert werden. Zukünftige Benutzer von anwenderspezifischen Lernpfad-hot-lists verfügen daher über effiziente Lernstrategien und damit über Wettbewerbsvorteile. Digitale Lernassistenten führen die Lernenden auf besonders effiziente Lernpfade, indem die individuellen SAVs mit statistisch ermittelten optimalen Lernpfaden kombiniert werden.

Ein wesentliches Kriterium für den Lernerfolg ist die **Anwendungskompetenz**. Diese ist ein Maximum, wenn das Gelernte verstanden wurde und in einem Realkontext zur Anwendung gebracht werden kann. Die Verstehensleistung kann in Tests gemessen werden. Daher sollen in die Lernpfade möglichst interessante, spielerisch und kreativ aufgebaute Verstehenstests eingebaut werden. Lerntracking und Verstehenstracking erzeugen individualisierte und zeitindizierte Einträge in der SAV-Datenbank und generieren damit eine subjektive Geschichte des Lernens und Verstehens von Lerninhalten. Diese Vektoren aus der SAV-Datenbank helfen digitalen Lernassistenten, Lernpfadniveaus vorzuschlagen, die dem Verstehensvermögen des Lernenden entsprechen. Die Industrie benutzt bereits ansatzweise solche Systeme. Der amerikanische Education-Konzern Sylvan hat im Bereich IT-Industriezertifizierung ein weltweites Testing Netzwerk mit über 1300 Testing Centers. Bei Sylvan Prometric ist der SAV das

Testergebnis in einer zentralen Datenbank.

Im **österreichischen WIFI Interactive Information Center Graz** (URL *http://www.iic.wifi.at*) (vgl. Foresta et al., 1993; Schinagl, 1995) wurde im Zuge eines von der EU geförderten Leonardo da Vinci Projektes mit dem Titel Information Technology Career Plan (ITCP) mit der Ausbildung für PC User, PC Administrator, Netzwerk-Koordinator und System Betreuer ein auf diese Erkenntnisse gestütztes System entwickelt. Ziel dabei ist, durch die Kombination von CD-ROM und Internet, ein Lernsystem aufzubauen, welches den Lernenden erlaubt, im Endausbau auf Präsenzlehrveranstaltungen zu verzichten und damit viele Parameter des Lernens (Dauer, Umfang, etc.) selbst zu bestimmen. Digitale Lernsysteme dieser Art werden translokal und transmobil, weil weder persönlicher Desktop-PC noch mobiler Notebook-PC notwendig sind, um auf Lerninhalte im Netzwerk zugreifen zu können, vorausgesetzt aber, dass private (z. B. sogenannte „Small Office Home Office") und öffentliche Multimedia Internet Infrastrukturen (Cybercafes, Bibliotheken, Schulen, etc.) existieren (vgl. Schinagl, 1996a). Die **SAV-Datenbank-Einträge** werden über das Internet **zentral** und nicht mehr lokal auf einem Rechner **gespeichert**. Die zunehmende Mobilität der Lernenden und Variabilität der Zugriffspunkte auf das Netzwerk (access points) macht eine zentrale Speicherung der SAVs notwendig. Durch die personale Identifikation im Netzwerk stehen dem Lernenden sämtliche individuellen Lern- und Verstehenspfade zur Verfügung. Dies ermöglicht dem Lernenden, ohne eigenen PC oder Notebook-Computer von jeder öffentlichen Internet-Infrastruktur zu lernen, z. B. von einem Cybercafe aus.

6. Individualisierung des Verstehens

Neben dem Lernpfad-Tracking kann auch ein **Verstehens-Tracking** mitaufgezeichnet werden. Dies besteht darin, nach bestimmten Lernlektionen Tests durchzuführen, die von einem Trackingsystem miterfasst werden. Beispiele, Testfragen, simulationsbasierte Tests und Testperformanzen werden gespeichert und kategorisiert. Werden Unsicherheiten und Unzulänglichkeiten mangels Verständnis (unvollständige Erklärungsleistung) im eigenen Kognitionssystem identifiziert, produziert eine Anfrage beim Verstehens-Tracking-System Verweise auf Verstehenstests und Lernlektionen. Das nochmalige Durchlaufen der Verstehenstests fungiert als Verstehens- und Performanzverifikation von Information und Wissen als wertvolle Problemlösungsinstanzen. Wie beim Lernpfad-Tracking kann auf das Verstehenstracking zurückgegriffen werden. Durch Rekurs auf bereits einmal gelöste Testaufgaben kann ein Lernwiederholungsprozess abgekürzt werden. Wissen wird durch diese individuelle, tentative und virtuelle Rezertifizierung verifiziert oder falsifiziert, aber auf alle Fälle evaluiert. Die Folge davon ist eine logisch argumentative Klarlegung von Wissen, welches für wissensbasierte Entscheidungen von besonderer Bedeutung ist. Der logisch-rationale Verstand mit der Unterstützung einer permanenten computerbasierten Verstehensevaluation ist ein großes Potential für kognitive Kreativität.

Zusammenfassung

Das gegenwärtige Zeitalter ist zunehmend geprägt durch die scheinbar unauflösbare **Verschränkung von Mensch und Maschine** – sprich, Mensch und Computer. Die technologische Entwicklung in den Gebieten von Informations- und Kommunikationstechnologie lässt erkennen, dass es zu einer **stärkeren Kybernetisierung** der Zusammenhänge zwischen Kognition und Sozialisation kommt. Der Zusammenhang von Kognition und Sozialisation repräsentiert ein Netzwerk innerhalb dessen Lernen neu verstanden bzw. modelliert werden kann. Neu daran ist insbesondere die **Entwicklungslinie** (Trajektorie) betreffend das Verhältnis **von individuellem Lernen und kollektiven Netzwerken**. Es lässt sich zeigen, dass die Verschränkung von Informations- und Kommunikationstechnologien mit kognitiven und sozialen Prozessen die Möglichkeiten vergrößern, individuellem Lernen eine neue Qualität zuordnen zu können: Dieser Aspekt betrifft vor allem auch das neue Verhältnis zwischen Lernen einerseits und Selbstlernen andererseits.

Literaturauswahl

Agnew, P., Kellerman, A. (1996). Distributed Multimedia. Technologies, Applications, and Opportunities in the Digital Information Industry. New York: Addison-Wesley

Astleitner, H., Schinagl; W. (2000). High-level Telelernen und Wissensmanagement. Grundpfeiler virtueller Ausbildung. Peter Lang. Europäischer Verlag der Wissenschaften, Frankfurt am Main, Berlin, Bern, Brüssel, New York, Wien, 1/2000, 205 Seiten

Europäische Kommission (1995). Grünbuch zur Innovation [WWW Dokument]. URL *http://europa.eu.int/en/record/green/gp9512/ind_inn.htm*.

Foresta, D., Götschl, J., Maurer, H., Schinagl, W. (1993). Interactive Information Center, in Proceedings of Educational Multimedia and Hypermedia Annual, ED-MEDIA 93, Orlando, Florida, USA, 23.-26. Juni 1993, 197-202

Götschl, J.: Theorie; in: Handbuch wissenschaftstheoretischer Begriffe, hrg. von Josef Speck; Vandenhoeck & Ruprecht, Göttingen, 1980, S.636-646.

Götschl, J.; "The Study of Nature and the Emergence of World-View. Philosophical Reflections on Erwin Schrödinger's Approach"; in: Götschl, J. (ed.); Erwin Schrödinger's World View. The Dynamics of Knowledge and Reality; Kluwer Academic Publishers, Dordrecht, 1992, S. 173-183.

Götschl, J.: „Das wissenschaftlich-rationale Denken. Elemente auf dem Wege zu einer Wissenschaftskultur", in: Mantl, W. (Ed.): Politik in Österreich. Die zweite Republik: Bestand und Wandel, Böhlau Verlag Wien-Köln-Graz 1992, 645-660

Götschl, J.; "Self-Organization: New Foundations Towards a 'General Theory of Reality'"; in: Götschl, J. (ed.); Revolutionary Changes in Understanding Man and Society (Scopes and Limits); Kluwer Academic Publishers, Dordrecht/Boston/London, 1995, S. 109-129.

Götschl, J.: „Offenheit und Selbstorganisation – Implikationen für Bildungsorientierungen in der modernen Informationsgesellschaft", in: Dobart, A.(Ed.): Schulentwicklung: Lernen in einer dynamischen und offenen Gesellschaft – die Rolle der Schule, Bericht über ein OECD/CERI-Regionalseminar, Dresden 1995, 25-43

Götschl, J.; "On Evolutive Dynamics of Knowledge Production. Some Implications for Democracy"; in: Götschl, J. (ed.); "Evolution and Progress in Democracies. Towards New Foundations of a Knowledge Society"; Kluwer Academic Publishers, Dordrecht/Boston/London, (im Erscheinen).

Götschl, J.; Self-Organization: Epistemological and methodological aspects of the unity of reality; in: Functional Models of Cognition. Self-Organizing Dynamics and Semantic Structures in Cognitive Systems, ed. Arturo Carsetti. Dordrecht: Kluwer 2000; S. 143-166.

Harsanyi, J., C.; "Games with Incomplete Information. Nobel Memorial Lecture, December 9, 1994";

in: Götschl J. (ed.); "Evolution and Progress in Democracies. Towards New Foundations of a Knowledge Society"; Kluwer Academic Publishers, Dordrecht/Boston/London, (im Erscheinen).

Kinsbourne, M; „Das Bewusstsein und die funktionelle Organisation des menschlichen Gehirns"; in: Baier, W. (ed.); Bewusstsein. Auf der Suche nach dem Selbst; Die Wissenschaft vom Bewusstsein und vom Denken; Protokollband zur Urania-Vortragsreihe, Leykam, Graz, 1999.

Kinsbourne, M.; "Dynamic Self.Organization of the Cerebral Network: Evidence from Neuropsychology"; in: Götschl J. (ed.); "Evolution and Progress in Democracies. Towards New Foundations of a Knowledge Society"; Kluwer Academic Publishers, Dordrecht/Boston/London, (im Erscheinen).

Leinfellner, W.; "The New Theory of Evolution – A Theory of Democratic Societies"; in: Götschl, J. (ed.); Revolutionary Changes in Understanding Man and Society (Scopes and Limits); Kluwer Academic Publishers, Dordrecht/Boston/London, 1995, S. 149-189.

Leinfellner, W.; "Game Theory, Sociodynamics, and Cultural Evolution"; in: W. Leinfellner/E. Köhler (ed.); Game Theory, Experience, Rationality; Kluwer Academic Publishers, Boston, 1998, S. 197-210.

Leinfellner, W.; "Game Theory, Sociodynamics, and Cultural Evolution"; in: W. Leinfellner/E. Köhler (ed.); Game Theory, Experience, Rationality; Kluwer Academic Publishers, Boston, 1998, S. 197-210.

Leinfellner, W.; "Towards a Theory of Self-Organization, Societal Evolution, Self-Organization and Creativity, and the Role of Randomizers in the Societal Evolution"; in: Götschl J. (ed.); "Evolution and Progress in Democracies"; Kluwer Academic Publishers, Dordrecht/Boston/London, (Im Erscheinen).

Powers, D.M.W./Turk, C.R.: Machine Learning of Natural Language, Springer-Verlag London, 1989

Quinn-Andry, T., Haller, K. (1998). Netzwerk-Design. Die komplette Anleitung für den Aufbau professioneller Netzwerke. Cisco Systems Cisco Press, Haar bei München: Markt und Technik Buch- und Software-Verlag.

Schinagl, W. (1995). "WIFI Interactive Information Center: A Real Cyberspace and Virtual Reality Infrastructure for Economy and Education", Virtual Reality World ´95, Stuttgart, invited lecture, publizierter Beitrag in den Proceedings dieser internationalen Konferenz, Mecklermedia, IDG, Fraunhofer Institute for Manufacturing Engineering and Automation (IPA) und Fraunhofer Institute for Industrial Engineering (IAO).

Schinagl, W. (1996a). „Das Cybercafe" in: Telematik. Zeitschrift des Telematik-Ingenieur-Verbandes (TIV) 1/96, S. 6, Verleger: Telematik-Ingenieur-Verband (TIV), Münzgrabenstr. 11, 8010 Graz.

Schinagl, W. (1996b). „Multimedia und Interaktivität für unsere Wirtschaft", Telematik. Zeitschrift des Telematik-Ingenieur-Verbandes (TIV) 3/96, S. 4-6 Verleger: Telematik-Ingenieur-Verband (TIV), Münzgrabenstr. 11, 8010 Graz .

Schinagl, W. (1996c). „Lern- und Verstehenstracking. Über transmobiles Lernen im Cyberspace" in: Grundlagen der Weiterbildung: Praxis, Forschung, Trends 5/96 7. Jahrgang, Oktober 1996, ISSN 0937-2172, S.251-252.

Schinagl, W. (1998). VRML als Werkzeug der Demiurgen im 21. Jahrhundert. In A. Schnider (Hrsg.), Cyberspace-Infrastrukturen für Jugendliche im Kontext einer Welt zwischen Realität und Virtualität (S. 72-74). Graz: Netburger-Schnider.

Smolensky, P.; "Constituent structure and explanation in an integrated connectionist/symbolic cognitive architecture"; in: Macdonald, C. & Macdonald, M. (ed.); "Connectionism: Debates on Psyological Explanation", Volume Two. Basil Blackwell, Oxford, 1995, S. 221-290.

Smolensky, P.; "Computational, dynamical, and statistical perspectives on the processing and learning problems in neural network theory"; in: Smolensky, P., Mozner, M. und Rumelhart, D. (ed.); "Mathematical Perspectives on Neural Networks", Lawrence Erlbaum Publishers, Mahwah, NJ, 1996, S.1-13.

Anwendungen
in der Fachdidaktik

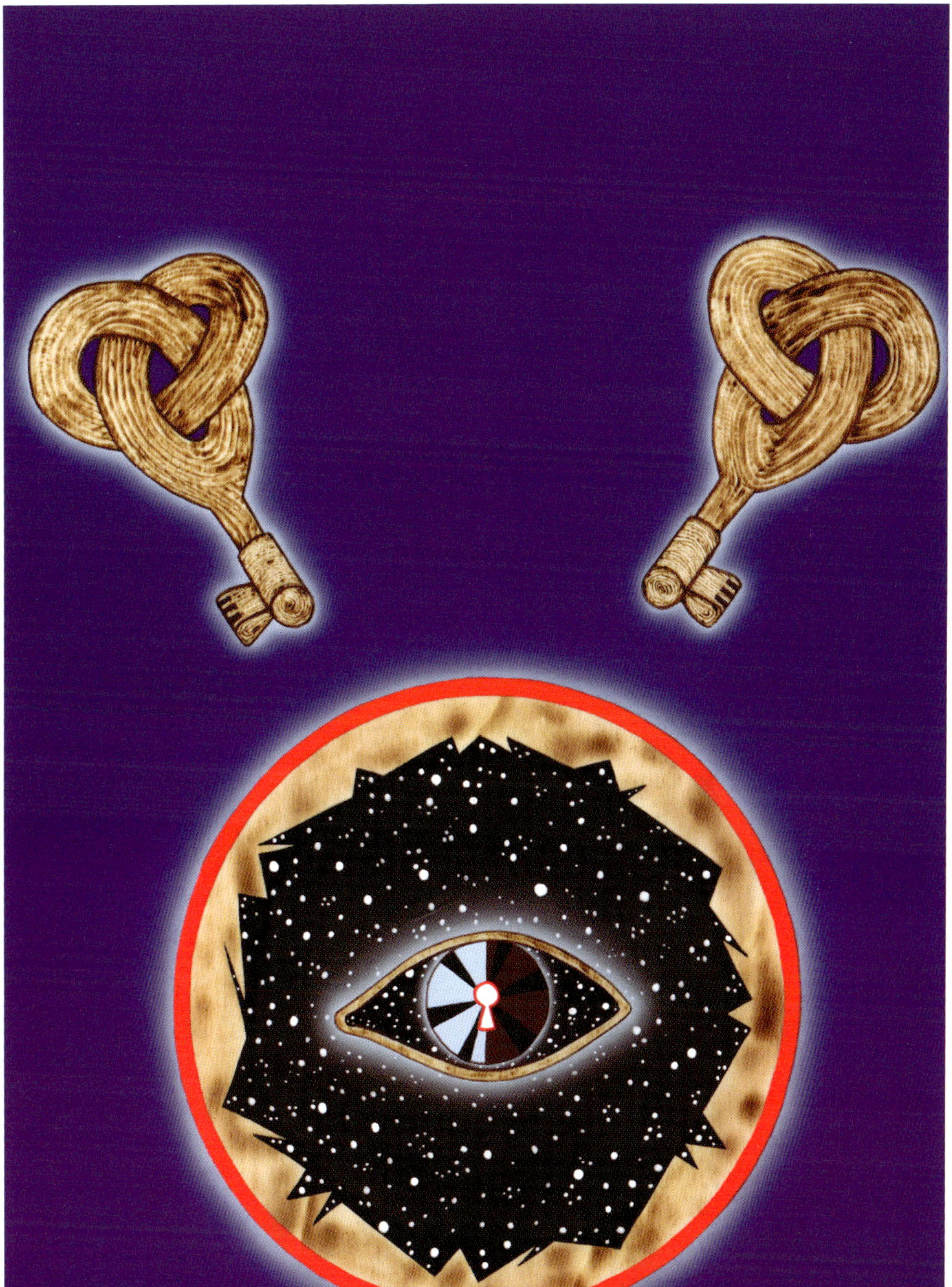

Reinhard Pristonig

Von der Idee über die Mind Map zur Homepage.

Kreatives Ideenmanagement

Einleitung

Die **Mind Map Methode** wurde in den 70er Jahren von dem Engländer *Tony Buzan*[1] entwickelt.

Normalerweise beschreibt man ein Blatt von links oben nach rechts unten.

Mind Maps werden anders entwickelt: In der Mitte des Blattes steht das Thema – der zentrale Begriff, von da aus verzweigen und verästeln sich die Gedanken. Mit dieser Methode kann man besser lernen, planen und organisieren sowie Referate, Seminararbeiten und Präsentationen strukturieren.

Mit Mind Maps kann man die für die Informationsgesellschaft **wichtigen dynamischen Fähigkeiten und Fertigkeiten** anbahnen. Ebenso kann man mit Mind Maps wesentliche Aspekte der Methodenkompetenz anbahnen und vertiefen (Klippert 1994).

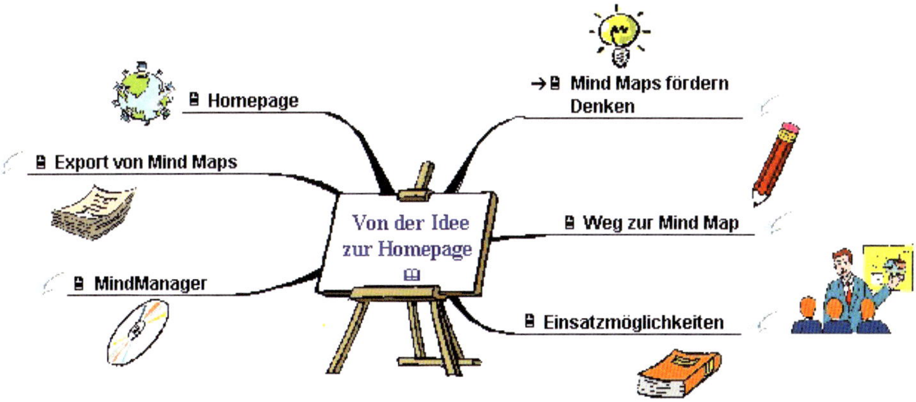

Mind Maps sind kognitive Werkzeuge

Wir kennen alle die Situation: Vor uns liegen viele Textseiten, die eng bedruckt in einer „monotonen" und linearen Form warten aufgenommen und verarbeitet zu werden. Wir werden von solchen Informationen überschwemmt. Unsere Gedanken entwickeln sich aber nicht linear und von links oben nach rechts unten, sondern sprunghaft und vernetzt in **Geistesblitzen**, **Schlüsselwörtern** und **Bildern** (Hertlein 1997, 14)

Unsere Entwicklung beruht darauf, dass einmal Gedachtes als Wissen erhalten bleibt. Lernen und Erinnern sind die Grundbausteine des geistigen Fortschritts. Die Umschreibungen „Wandelndes Lexikon" und „fotografisches Gedächtnis" für die perfekte

[1] *Tony Buzan hat Psychologie, Englisch, Mathematik und General Sciences studiert, ist der Präsident der „Brain Foundation", Gründer des „Brain Trust" und Gedächtnis- Weltmeisterschaften, Mit-Begründer der Mindsport Olympiade, diverser Intelligenz Akademien, Autor vieler BBC-Serien über Gedächtnis und Optimales Lernen usw.*

Erinnerung prägen die Vorstellung, das Gedächtnis sei in erster Linie ein Speicher, in dem so etwas wie Wissen und objektive Fakten abgelegt sind. Diese Vorstellung prägt noch immer das Ideal der Schulbildung zumindest in der Öffentlichkeit, man müsse den Kindern möglichst viel Wissen beibringen. Die Wissenschaft hat in den letzten Jahren sehr viel über die Vorgänge beim Lernen herausgefunden und die Idee vom **Gehirn als einfachem Informationsspeicher in Frage gestellt** (Calvin 1998; Roth 1997; Spitzer 1996).

Die Ergebnisse der Gehirnforschung zeigen, dass es ein wesentliches Charakteristikum der **Großhirnrinde** ist, möglichst alles mit allem zu **vernetzen**. Unsere **Erinnerung** sitzt folglich nicht in irgendwelchen Nervenzellen, sondern besteht im Wesentlichen aus einer verstärkten **Verknüpfung von Nervenzellen** – wobei die einzelnen Zellen zum Teil weit voneinander entfernt sind. Die Verstärkung der Nervenverbindungen, der Synapsen, ist heute das Standardmodell für Lernen und Gedächtnis (Paal 1998).

Eine Reihe von Forschern vermuten, dass vor allem solche Menschen in vernetzten Systemen erfolgreich handeln bzw. kreativ sind, bei denen **die linke und die rechte Gehirnhälfte** gut miteinander kommunizieren, wenn sich also im Gehirn systematisches Denken und Intuition verbinden (Springer u. Deutsch 1998). Denn das Erstaunliche ist, dass sich z. B. neue Wirklichkeiten oft dann in unser Bewusstsein drängen, wenn wir mit etwas ganz anderem beschäftigt sind.

Zwei Hirnhälften

Das Großhirn ist in zwei Hälften unterteilt (Hemisphären), die mit einem Nerverfaserbündel verbunden sind. So steuert die **linke Gehirnhälfte** alle Bewegungen, die die rechte Körperseite betreffen und umgekehrt. Die Beobachtungen von Patienten mit Schädigungen des Gehirns führten zu neuen Erkenntnissen über die Funktionsweise der Gehirnhälften (Geschwind 1988). Der linken Großhirn-Hemisphäre werden Sprache, Logik, Zahlen, lineares Denken,... zugeordnet. Zur **rechten Großhirn-Hemisphäre** gehören die Körpersprache, Intuition, Kreativität, Musik,...

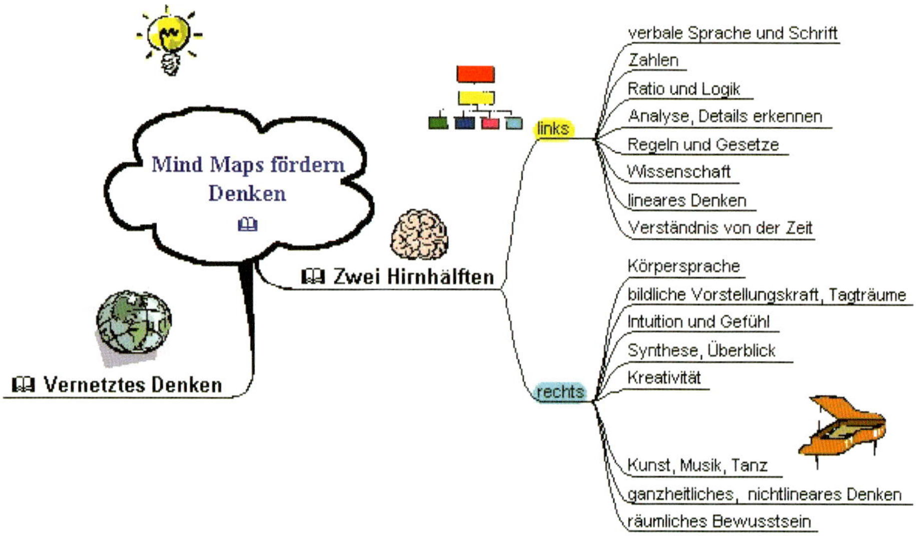

Linke Hirnhälfte
- verbale Sprache und Schrift
- Zahlen
- Ratio und Logik
- Analyse, Details erkennen
- Regeln und Gesetze
- Wissenschaft
- lineares Denken
- Verständnis von der Zeit

Rechte Hirnhälfte
- Körpersprache
- bildliche Vorstellungskraft, Tagträume
- Intuition und Gefühl
- Synthese, Überblick
- Kreativität
- Kunst, Musik, Tanz
- ganzheitliches, nichtlineares Denken
- räumliches Bewusstsein

Aus dem Wissen über die unterschiedlichen Arbeitsweisen der Gehirnhälften entwickelte *Tony Buzan* die Idee einer **„Gedankenkarte" (Mind Map)**.

Vernetztes Denken

Bevor das eigentliche Denken beginnt, muss bereits ein Gedankennetz zum Anknüpfen vorhanden sein. Mind Maps entstehen nicht nur in gezeichneter Form, sondern auch im Gehirn, wenn vorhandene Gedankenmuster mit neuen Zweigen und Ästen verbunden werden. Durch die Mind Map Methode werden die Kapazitäten beider Gehirnhälften genutzt.

Untersuchungen haben gezeigt, dass sich die „**denkenden Substanzen**" im Großhirn mit seiner **Benutzung vermehren** und dass vernetzte Lern- und Arbeitstechniken die Vernetzung des Gehirns fördern. Durch das Nachdenken vermehren sich die Synapsen, Teile des limbischen Systems werden schwerer und die Kapillaren erweitern sich. Durch die größere Anzahl von Synapsen und die zahlreicheren Verbindungen der Nervenbahnen wird die Netzstruktur von Informationen immer dichter**. Das Denken fördert somit Denken**. Je mehr man lernt, desto besser lernt man. Der Einsatz von kreativen und gehirngerechten Arbeitsweisen führt zum schnelleren Erkennen von übergreifenden Mustern und zum besseren Erinnern. (Hüholdt 1995)

Durch eine gehirngerechte Darstellung eines Vorganges, Plans oder einer Aufgabe aktiviert man das Potential des Unterbewusstseins. Die Schlüsselwörter einer Mind Map können zu den wichtigsten Punkten von Sachverhalten führen und Zusammenhänge aufzeigen. Das Arbeiten mit Mind Maps bedeutet ganzheitliches, gehirngerechtes Arbeiten.

„Mind Mapping ist der meines Wissens nach effektivste Mechanismus, um diese erhöhte Flexibilität des Denkens Wirklichkeit werden zu lassen. Ergänzen Sie die heute weltweit verbreitete verbale Form des Mind Mappings, um die Ressourcen des selten genutzten visuellen Denkens, und Sie haben ein Werkzeug, das bei wichtigen Projekten Monate wertvoller Zeit sparen könnte." (Kline 1995)

Eines ist jedoch klar: um effektiv zu sein, müssen wir das Potential unseres gesamten Gehirns nutzen. Diese Feststellung bildet die Grundlage für Kreativität und Mind Maps.

Weg zur Mind Map

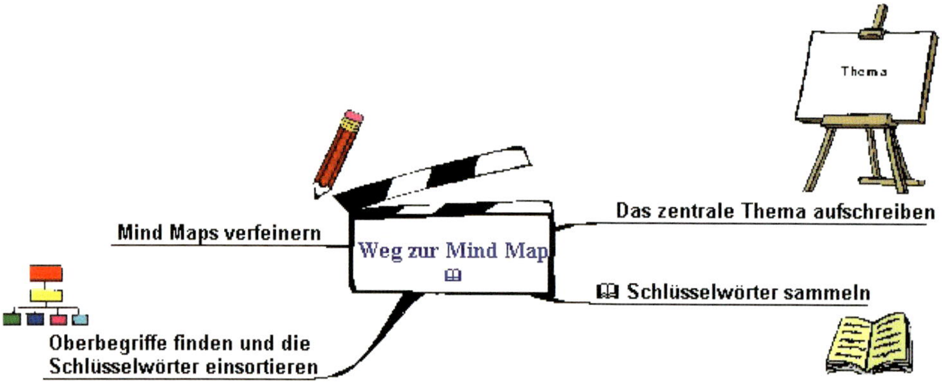

In vier Schritten zur Mind Map:

1. Das zentrale Thema aufschreiben
Eine Mind Map beginnt man, indem man das zentrale Thema in die Mitte eines leeren Blattes schreibt.

2. Schlüsselwörter sammeln

Anschließend sammelt man so viele Wörter, wie einem zum Thema einfallen und konstruiert damit die erste Mind Map.

3. Oberbegriffe finden und die Schlüsselwörter einsortieren
Um Ordnung in die Gedanken zu bringen, sucht man Überbegriffe und sortiert die Schlüsselwörter unter diese Überbegriffe ein.

4. Mind Maps verfeinern
Zum Schluss feilt man noch ein wenig an der Mind Map, damit Sie auch nach einiger Zeit noch verständlich ist.

Wenn man mit der Mind Map Methode vertraut ist und sie bereits einige Zeit einsetzt, wird man seinen eigenen Stil entwickeln. Man könnte zum Thema gleich die Oberbegriffe (Hauptäste) schreiben und darunter die jeweiligen Gedanken (Unteräste). Durch das Erstellen von Mind Maps wird man seinen eigenen Stil entwickeln.

Einsatzmöglichkeiten

Man sagt, ein Bild sagt mehr als tausend Worte. Diese Aussage bewahrheitet sich auch bei einer einfachen Mind Map. Bereits eine einfache Map enthält eine solche Fülle an Informationen, die, um sie ausführlich zu beschreiben, normalerweise einige Seiten an Text benötigen würde. Und damit ergeben sich eine Fülle von Einsatzmöglichkeiten.

Ausgehend von Planungen (Tagesplan, Kurse; Vorträge,...) können Mind Maps beispielsweise bei Gesprächen bei der Entwicklung von Ideen, bei der Lösung von Problemen, als Lernhilfe oder bei der Erstellung einer schriftlichen Arbeit eingesetzt werden. Auch der Aufbau einer Homepage lässt sich als Mind Map ausgezeichnet darstellen.

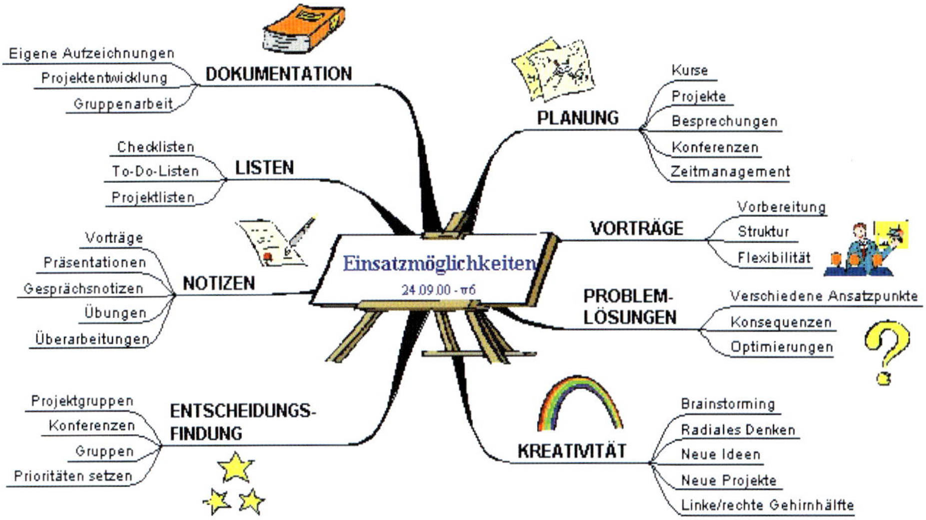

MindManager

Während man normalerweise die Äste und Zweige einer Mind Map per Hand auf das Papier zeichnet, fügt man diese in das PC-Programm MindManager (aktuelle Version MindManager 3.5) per rechter Maustaste ein.

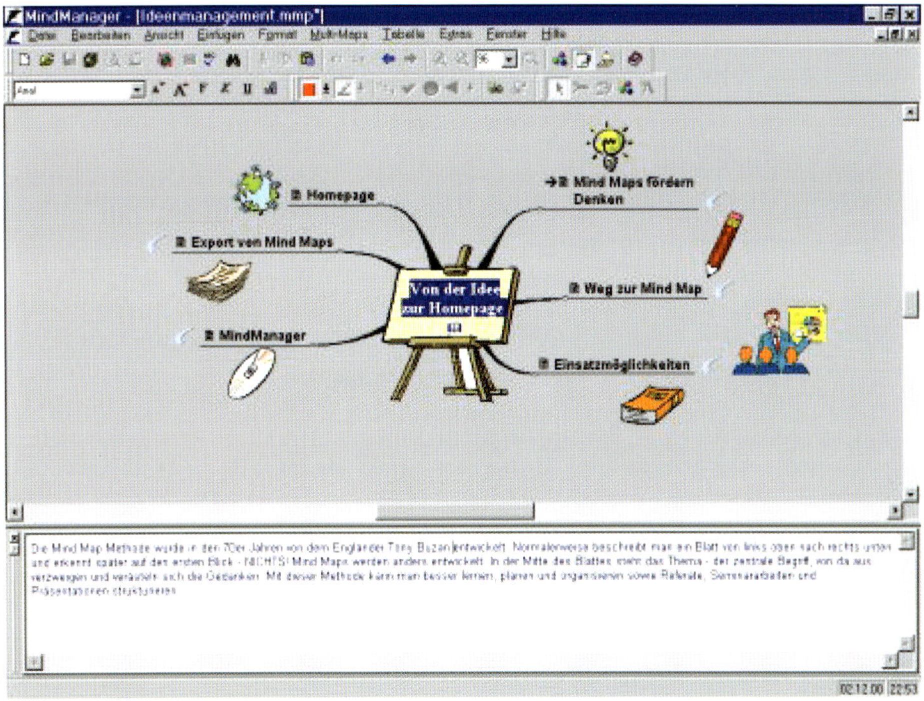

Bereits definierte Äste lassen sich nach Bedarf ändern und umorganisieren. Durch das Einfügen von Texten, Grafiken, Links und verschiedenen anderen Verweisen sind alle wichtigen Informationen schnell und übersichtlich zugänglich. Alle Informationen können schnell aktualisiert werden. Durch Links kann man die Mind Map mit anderen Dokumenten (weitere Mind Maps, Texte, Internetseiten) verbinden. Jede Mind Map kann auch direkt im Internet veröffentlicht werden. Das Programm bietet auch die Möglichkeit interaktiv über das Internet mit anderen Mitarbeitern eine Mind Map zu entwickeln.

Einfache Handhabung
Das Programm MindManager präsentiert sich in der gewohnten Bedieneroberfläche von Windows 95 und Office 97. Bei der Entwicklung dieses Programmes wurde auf die einfache Handhabung und den großen Anwendernutzen besonderen Wert gelegt. Es wurde bewusst auf überflüssige Funktionen und technische Spielereien verzichtet, um nicht von dem Grundgedanken der Software abzulenken.

Schnelle Kommunikation von Ideen
Mit MindManager können Sie Ihre Ideen klar und präzise strukturieren. Die Struktur des Mind Mapping ist leicht zu verstehen, so dass Ihre Ideen auch anderen schnell und verständlich mitgeteilt werden können. Durch die einfachen Änderungsmöglichkeiten von Mind Maps, wird auch die Zusammenarbeit im Team gefördert und die Kreativität gesteigert. Mit MindManager ist es ohne weiteres möglich über eine Internet-/ Intranetkonferenz in 'Echtzeit' mit Gruppen an einer oder mehreren Mind Maps zu arbeiten.

Moderne Forschung bildet die Basis
Basierend auf den Erkenntnissen der modernen Erforschung der Funktionsweise des menschlichen Gehirns, strukturiert und verdichtet MindManager Ihre Ideen klar auf eine einzige Seite. Ihre Ideen werden nicht künstlich in eine lineare Struktur gepresst. Sie können Ihrer Kreativität freien Lauf lassen und Ihre linke und rechte Gehirnhälfte mit der visuellen Arbeitsweise von MindManager optimal nutzen.

Mehr Gewichtung der Gedanken durch Hervorhebung
Sie können mit Farben arbeiten, Punkte hervorheben, Abbildungen einfügen, Verknüpfungen zu externen Programmen schaffen und Textnotizen einbauen um Ihre Gedanken die angemessene Gewichtung zu geben.

Verbindet die modernsten Technologien
MindManager wurde für die Nutzung modernster Computertechnologien, wie JAVA und OLE konzipiert. So können Sie zum Beispiel per Mausklick, aus jeder Mind Map automatisch eine moderne und ansprechende Webseite generieren.

Ergänzt Office Programme
MindManager integriert sich perfekt in Ihre bestehende Standardsoftware und bildet eine optimale Ergänzung zu den Microsoft Office Programmen Word, Excel und Powerpoint.

Produktivität
Da MindManager rein intuitiv erlernbar ist, können Sie bereits wenige Minuten nach der Installation produktiv mit dem Programm arbeiten. In weniger als einer Stunde werden Sie Ihre erste kreative und gut strukturierte Mind Map erstellt haben und nach 2 bis 3 Stunden werden Sie sich Fragen, was Sie getan haben bevor Sie Ihren kreativen MindManager kannten.

Viewer für Mind Maps
Um mit dem MindManager erstellte Mind Maps betrachten zu können, wird gratis ein Viewerversion des MindManagers angeboten. Mit diesem Programm kann man Mind Maps betrachten und drucken. So kann eine erstellte Mind Map an andere Personen weitergegeben werden.

Export von Mind Maps
Mit dem Programm MindManager 3.5 kann eine Mind Map nicht nur als MindManager Map gespeichert und gedruckt werden, sondern auch als **Grafik** (BMP, GIF, PCX), **Text** oder **HTML** bzw. **Imagemap** exportiert werden.

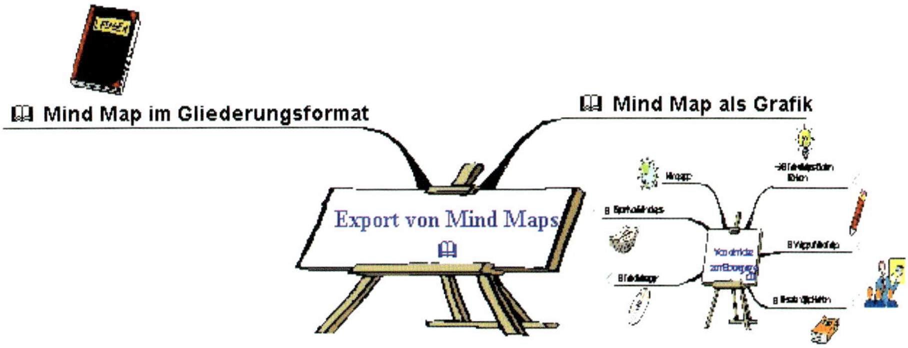

Zusammenfassung und Ausblick

Nach Schulz-Zander (2000, 112) lassen sich zwei Ansätze in Bezug auf den Einsatz von neuen Medien unterscheiden, nämlich Lernen mit neuen Medien (z. B. Fertigkeiten mit einem Drill-and-Practice-Programm erwerben) und Lernen durch neue Medien. Beim zweiten Ansatz werden vielfältige und mächtige Programme als kognitive Werkzeuge in konstruktivistischen Lernumgebungen eingesetzt. Mind Map-Programme eignen sich vorzüglich zur *„Stärkung des kognitiven Leistungsvermögens des Menschen bei Denkvorgängen und beim Problemlösen“* (Schulz-Zander 2000, 112). Lernende werden durch solche Werkzeuge zu „Architekten“ ihrer eigenen Bilder und lernen so, Information zu deuten und darzustellen. Damit kann Information zu Wissen werden, indem der

Lernende das "learning by doing" zum "learning by constructing" und „learning by designing" erweitert. Solche Werkzeuge standen in dieser einfach zu bedienenden Form nicht zur Verfügung; sie stellen in der Tat einen didaktischen Mehrwert dar.

Literatur:

Beyer, M.: BrainLand – Mind Mapping in Aktion. Paderborn 1996

Buzan, T.: Kopftraining. Anleitung zum kreativen Denken. Tests und Übungen. München 1984

Calvin, W.H.: Wie das Gehirn denkt. Die Evolution der Intelligenz. Heidelberg 1998

Geschwind, N.: Die Großhirnrinde. In: Gehirn und Nervensystem. Woraus sie bestehen – wie sie funktionieren – was sie leisten. Heidelberg, 1988

Hertlein, M.: Mind Mapping – Die kreative Arbeitstechnik. Reinbeck bei Hamburg 1997

Hüholdt, J.: Wunderland des Lernens. Lernbiologie, Lernmethodik, Lerntechnik. Bochum 1995.

Kline, P.: Das alltägliche Genie. Oder: Wie man sich in das Lernen (neu) verlieben kann. Paderborn 1995

Klippert, H.: Methodentraining. Beltz praxis 1994

Paal, G.: Erinnern und vergessen – Wie lernt der Mensch? Sendung vom 30.05.1998 in S 2 Kultur (Reihe: Welt im Kopf, Nr. 5)

Roth, G.: Das Gehirn und seine Wirklichkeit. Frankfurt/Main 1997

Schul-Zander, R.: Lernen mit neuen Medien. In.: Apflauer, R. u. Reiter, A. (Hrsg).: Schule Online. Das Handbuch zum Bildungsmedium Internet. Public Voice 2000

Senftleben, R.: Mind Mapping nach T. Buzan – eine Methode für kreative Aufzeichnungen. In: *http://zeitzuleben.de/inhalte/denken_lernen_kreativitaet/mindmapping/mmeinfuehrung.html* Hamburg 2000

Spitzer, M.: Geist im Netz. Modelle für Lernen, Denken und Handeln. Heidelberg 1996

Springer, S.P. u. G. Deutsch: Linkes / Rechtes Gehirn. Heidelberg 1998

Tausch, J.: Mind Mapping via MindManager. In: *http://www.tu-bs.de/institute/didaktikbio/MindManager.htm. Braunschweig 2000*

Anhang
Technische Daten

MindManager - aktuelle Version 3.513a	
Programmautor	Michael Jetter
Systemanforderungen	Pentium, Windows 95/98/NT 12 MB Festplattenspeicher + 20 MB für Symbole Grafikkarte mit 256 Farben Drucker mit Unterstützung für True Type Fonts Optional: Internet Explorer 3.0 oder Netscape Navigator 3.0 oder höher
Bezugsquelle	Softnomics Jeschke GmbH & Co. KEG Schulgasse 1a A-6020 Innsbruck Bestell-Telefon: +43 (0) 512-28 11 10 Bestell-Fax: +43 (0) 512-28 11 10-15
Preise	Einzellizenz: ca. ATS 1.800,- / Euro 131,7 Weitere Preise auf Anfrage Kostenlos: 21 Tage-Lizenz zum downloaden
Homepage	http://www.mindmanager.de/

Walter Baumgartner

Mathematik verstehen und begreifen

Lernen ist der Erwerb von Wissen. Das Wissen soll bei der Aufnahme möglichst unverändert bleiben und vom Lernenden reproduziert werden können. Die Leistung des **Lernenden** bleibt dabei auf die **Rolle des Empfängers** beschränkt.

Wenden wir dieses Schema auf unsere Schulen an, so haben wir die **typische Situation in der Klasse**. Eine allwissende, unangreifbare Hauptperson mit 90 Prozent Anteil am aktiven Geschehen in der Klasse und die unwissende, staunende Gruppe der Schüler. Betrachten wir die Mathematik in ihrer unantastbaren Rolle als objektive Wissenschaft, die alles berechnen kann, so erscheint dies der einzige Weg der Wissensvermittlung zu sein. Viable Wege zur Lösung von Problemen sind auszuschließen, da der beste Lösungsweg vorgegeben wird.

Gute Erfolge mit der verbal-abstrakten Unterrichtsform können dann erzielt werden, wenn die Schüler konzentriert zuhören und den Lernstoff überlegt aufnehmen und einspeichern. Schätzungen zufolge sind nur ungefähr **10 Prozent** der Schüler der Gruppe der **verbal-abstrakte Lernenden anzurechnen**. Alle anderen Schüler finden sich auf der Seite der praktisch anschaulichen Lernenden wieder. Nicht nur in der Volksschule, sondern hinauf bis zu den Erwachsenen sind die **Lernerfolge** weitaus **höher**, wenn ein kreativ – **aktiver Zugang** zum Lernstoff eröffnet wird.

Klippert sieht keinen Ausweg aus dieser Situation, durch das Festhalten an umfassender Belehrung. Die Frage nach der Sinnhaftigkeit des traditionellen Unterrichts stellt sich auch, wenn die Betriebe bei angehenden Lehrlingen **fehlende Eigeninitiative** und **geringe Methoden- und Sozialkompetenz** feststellen.

Gehen wir in der Geschichte etwas zurück, finden wir am Anfang unseres Jahrhunderts die Bestrebungen, das System des Unterrichtens zu überdenken und zu verändern. Als Beispiele seinen *William James: Instrumetalismus und Pragmatismus* (1907) und *Jean Piaget* angeführt. Die Forderungen nach einer Umgestaltung des Lehrens und des Lernen lassens wurden von *Heinz von Foerster* und *E. v. Glasersfeld* weitergetragen und finden in den neuen Formen des Lehrens und Lernens von *Heinz Klippert* aber auch in den konstruktivistischen Ansätzen von *S. J. Schmidt* (1987) *„Der Diskurs des radikalen Konstruktivismus“* seine Fortsetzung. Egal ob diese Ideen vom **Konstruktivismus** (Konstruieren des eigenen Bildes der Wirklichkeit) oder der Entwicklung von **Schlüsselqualifikationen** (Methodenkompetenz, Sozialkompetenz, persönliche Kompetenz und Fachkompetenz) getragen werden, auf alle Fälle ist unsere Unterrichtsarbeit einem Umbruchprozess unterworfen. Die herkömmliche **Arbeit des Lehrenden** wird immer mehr durch eine **Beraterfunktion** abgelöst. Damit ändern sich natürlich auch die Anforderungen an den Lehrer und seine Vorbereitung. Ein **Großteil** der Arbeit des Lehrers wird in die **Vorbereitungsphase** verschoben und der Unterricht bietet ihm die Möglichkeit auf Bedürfnisse einzelner Schüler einzugehen, die bei der selbständigen Bearbeitung von komplexen Problemstellungen auftauchen. Die Qualität und der Aufbau dieser Problemstellungen entscheidet dabei über den Ertrag für den Lernenden.

Als Beispiele dafür sei die Arbeit von *Cathy Fosnot >> S. 53* vorgestellt, die in der Grundstufe diese Ideen des Konstruktivismus konsequent anwendet. Zwei ihrer Leitsätze möchte ich hier anführen:

*"**Students learn mathematics at different levels of abstraction and thought modells**"*

*"**Valuing multiple strategies is important**"*.

Die Schüler arbeiten also in unterschiedlichen Ebenen und entwickeln ihre eignen Strategien. In einem *Math-Congress >> S. 63* werden die unterschiedlichen Ergebnisse von den Schülern und vor allem die Wege zu diesen Ergebnissen vorgestellt und auch verteidigt.

Das EU-Projekt „***Neue Wege im Mathematikunterricht. Mathematik begreifen und verstehen***", welches von ***Herbert Schwetz*** und ***Juliane Trafojer*** getragen wurde, brachte in unseren Mathematikunterricht neues Leben und bestätigte alle Lehrer, die sich neue Arbeitsmethoden für ihren Unterricht zurechtgelegt und auch entwickelt hatten.

Durch die Zusammenarbeit mit dem Freudenthalinstitut in Deutschland und der Kooperation mit spanischen und portugiesischen Schulen aber auch durch Vorträge ausländischer Gäste konnten völlig neue Ideen in die Unterrichtsarbeit einfließen.

Die **Entwicklung von Arbeitsunterlagen** ist schon sehr weit fortgeschritten und besonders die **BRITANNICA Unterlagen** für den Mathematikunterricht, die in einer amerikanisch-holländischen Allianz entstanden, sind hier ganz besonders hervorzuheben. Viele dieser englischsprachigen Unterlagen wurden im Zuge des Mathematikprojekts übersetzt und an unsere kulturelle Situation angepasst. Hier ein kleiner Querverweis auf *L. S. Vygotsky*, der die Einflüsse der Gesellschaft, Sprache und Kultur als wichtige Prinzipien des Lernens dargestellt hat.

Ein Beispiel aus der Hauptschule soll hier als Illustration dienen:

Ein Hobbyradfahrer schafft eine Strecke von 46 km in einer Zeit von 1 h 16 min und 20 Sekunden. Was glaubst du, um wieviel ein Radrennfahrer schneller sein kann?

Durch verschiedene Fragestellungen kann diese Geschichte unterschiedliche Fortsetzungen erfahren. Die **kommunikative Komponente** ist bei dieser Aufgabenstellung sehr wichtig um an weitere Informationen zu kommen.

Fährt der Hobbyradler schnell oder langsam? Welche Durchschnittsgeschwindigkeit erreicht der Hobbyradler? Welche Geschwindigkeit könnt ihr erreichen? Mit welchem Gerät wird die Geschwindigkeit beim Fahrrad gemessen?	*Schätzen* *Berechnen der Durchschnittsgeschwindigkeit* *Zurückgreifen auf eigene Erfahrungen* *Viele Schüler besitzen einen Fahrradcomputer*
Wie funktioniert ein Fahrradcomputer?	*Einstellungen des Fahrradcomputers (Radius und Durchmesser des Kreises)*
Welche Funktionen hat eine Fahrradcomputer noch?	*Weitere Auseinandersetzung mit dem Fahrradcomputer.*
Welche Durchschnittsgeschwindigkeit erreicht ein Profiradfahrer?	*Suchen von Informationen in Printmedien oder im Internet.*
Gibt es eine richtige Antwort?	*Was denken die Kinder darüber?*
Von welchen Faktoren ist die Antwort abhängig?	*Profil der Strecke* *Tagesverfassung* *Fahrrad* *Wetterbedingungen ......*
Suche eine mögliche Lösung mit Hilfe einer Tabellenkalkulation!	*Einsatz des Computers*
Präsentiere deine Lösung und verteidige sie!	*Darlegen der Überlegungen und Schulung der sprachlichen Kompetenz.*

In einem weiteren Europäischen Projekt mit dem Namen *„TITANIA“* *>> S. 70* wird jetzt ein Schritt in die Entwicklung neuer Lerntechnologien getan. Der Schwerpunkt in dieser Gruppe mit Teilnehmern aus Schottland, Dänemark, Slowenien und Österreich liegt in der **Integration von Informations- und Kommunikationstechnolgie (ICT)** in den Unterricht. Vom Kindergarten bis zur Universität beschäftigt diese Problematik derzeit die Erziehungsverantwortlichen. Ungeheure Geldmittel werden in die Hardwareaufrüstung gesteckt. Zur gleichen Zeit erfordert diese Integration der neuen Technologien aber auch eine grundlegende Weiterbildung der LehrerInnen. Verstärktes Training von schon im Dienst stehenden Lehrerinnen und Lehrern ist eine Forderung unserer Zeit. Nach dem Einstieg in die Computerwelt und dem Erkennen des Computers als Werkzeug, kann an eine weitere Verwendung im Unterricht gedacht werden. Ein Computer mit den dazugehörigen Programmen bringt noch keine Lösung. Erst die **Ideen der Lehrer** und der **Einsatz des Computers als zusätzliches Werkzeug** kann die Lernkultur in unseren Schulstuben verändern.

Gerhard Dinauer

Math Walk *Ein Beitrag zur Realistischen Mathematik*

Der Hintergrund

> *I feel even more certain than I did before that it needs to be explored that math is part of everything around us.*
>
> Albert Schweitzer

Der oben zitierte Ausspruch von *Albert Schweitzer* ist für jeden, dem die Mathematik am Herzen liegt, Wahrheit, Bestätigung, Rechtfertigung und Ermunterung. Aber warum tragen wir Lehrer dann im Schulunterricht der Allgegenwart der Mathematik so wenig Rechnung? Warum begeben wir uns der Chance, uns die Schülerfrage nach dem Sinn des Mathematikunterrichtes zu ersparen? Warum bewegen wir uns so ungern von abstrakt formulierten Problemstellungen weg zu Motivationen, die sich für die Lernenden aus dem Leben, aus täglichen Begegnungen ergeben?

Schulmathematische Tätigkeiten sollten aus Bedürfnissen der Schülerinnen und Schüler erwachsen, aus der Neugierde, aus der Freude am Entdecken und Stöbern, aus dem Wunsch nach Erkennen, Strukturieren, aus der Bereitschaft zum Erfassen und Verstehen von Phänomenen unserer Welt durch Beschreiben, Umgestalten, Modellieren und Simulieren.

Natürlich müssen wir Lehrer diese **Bedürfnisse wecken**, den Kindern die Augen für die uns umgebende Fülle an problematisierbaren Erscheinungen öffnen, wir müssen ihnen Wege zeigen, Problemstellungen zu mathematisieren und ihnen altersadäquate Instrumentarien zur Lösung der anfallenden Probleme zur Verfügung stellen.

Realistische Mathematik im Schulunterricht wurde schon vor einem Vierteljahrhundert sehr vehement von *H. Freudenthal* [1, 2] gefordert. Für ihn ist Schulmathematik mathematische Aktivität, ausgehend von Erlebtem, Erkanntem und Erfahrenem. Allerdings ist für *Freudenthal* **Mathematisieren** mehr als das Formalisieren alltäglicher Situationen. Er sieht darin die Hebung mathematischer Standards auf höhere Ebenen und das sinnhafte Operieren in der Mathematik unter Anwendung der Subdisziplinen

- Verallgemeinern, Klassifizieren, Strukturieren;
- Argumentieren, Reflektieren, Beweisen;
- Definieren, Modellieren, Formalisieren.

K. Gravemeijer [3] präzisiert 1995 die Ebenen schulmathematischer Standards:

- die Situationsebene,
- die Model-Of-Ebene,
- die Model-For-Ebene,
- die Formalisierungsebene.

In der **Situationsebene** geschieht die erste Begegnung mit einem Problem. Hier werden meistens von zu Hause mitgebrachte Erfahrungen als erste Strategien zur Problemlösung eingesetzt. In der **Model-Of-Ebene** wird versucht, andere, bereits bekannte Modelle mit ihren Problemlösungsstrategien zur Lösung des neuen Problems zu verwenden. In der **Model-For-Ebene** wird ein für das Problem spezielles Problemlöseverfahren gesucht und entwickelt und schließlich werden in der **Formalisierungsebene** die Ergebnisse in bekannter konventioneller Notation formal dargestellt.

Schülerinnen und Schüler begeben sich naturgemäß mit den unterschiedlichsten Voraussetzungen in die Situationsebene und verlassen sie mit verschiedensten Erkenntnissen und Lösungsansätzen. Aber auch in den höheren Ebenen wird selbst in derselben Schulklasse jedes Kind in seiner **individuellen Lernwelt** leben. Dem muss Rechnung getragen werden. *E. Glasersfeld* betont, dass es keineswegs möglich sei, Probleme durch „Laden" einer auswendig gelernten „richtigen" Antwort zu lösen [6, S14]. Hier kann **konstruktivistisches Lernen** helfen [1,2,5,6,8,9], das keinesfalls im Widerspruch zu den „realistischen" Lernanstößen steht, die ja ebenso von jedem Kind in individueller Eigenheit wahrgenommen werden.

Transfer

Auf dem Campus der Pädagogischen Fakultät der Universidad de Barcelona steht ein wunderschöner Turm *Nuria Rosich Sala*[1] stellte an siebzig Studenten die Frage: *„Wie würdest du die Höhe des Turmes auf der Plaza unseres Campus*' berechnen?"

37 % der Befragten gaben an, man könne zur **Turmhöhenbestimmung** die Größe einer Person verwendeten, 36 % würden zur Höhenbestimmung irgendwie den pythagoräischen Lehrsatz verwenden, 17 % würden den Strahlensatz und Ähnlichkeiten verwenden, 10 % wussten keine Antwort auf die Frage. Von den Studenten, die brauchbare Lösungsmethoden nannten, konnten etliche die genannte Methode selbst nicht anwenden.

Diese Frage nach Methoden zur Bestimmung der Turmhöhe war eine von vielen Fragen einer Untersuchung den Fähigkeiten der Studenten, Probleme der realen Umwelt zu mathematisieren und theoretisches mathematisches Wissen zur Problemlösung heranzuziehen. Es zeigte sich leider, wie auch bei gleichartigen Untersuchungen, die ich in Graz durchführte, dass viele Abgänger unserer Schulen den Zugang zur Mathematik des realen Lebens im Allgemeinen schwer finden und dass auch bei gutem theoretischen Hintergrundwissen der **Transfer** auf Alltagsprobleme **nicht zufriedenstellend verläuft**. Dieses Problem ist bekannt; allindes gibt eine Fülle an nationalen und internationalen Aktivitäten Hoffnung für eine Verbesserung der Situation in der Zukunft:

Herbert Schwetz[2] initiiert, organisiert und leitet an der Pädagogischen Akademie des Bundes in der Steiermark seit 1996 eine Reihe von Projekten mit prominenter internationaler Beteiligung zum Konstruktivismus im Mathematikunterricht, stark im Kontext der **Realistischen Mathematik**.

1 *Nuria Rosich Sala ist Professorin für Didaktik der Mathematik an der Pädagogischen Fakultät der Universidad de Barcelona. Sie hat umfangreiche Arbeiten auf dem Gebiet der Mathematik-Didaktiken für die Schule der Sechs- bis Zwölfjährigen und für Schülerinnen und Schüler mit Behinderungen verfasst.*

2 *Herbert Schwetz ist Professor für Humanwissenschaften und für Didaktik der Mathematik an der Pädagogischen Akademie des Bundes in Graz.*

Mieke Abels[3] hat als Mitglied der Research Group on Mathematics and Computing Science Education am Freudenthal-Institut in Utrecht entzückende realistische Einstiegsmodelle für eine Vielzahl algebraischer und geometrischer Themen für die Schule der 10- bis 14-Jährigen entwickelt. ***Carme Burgués Flamarich***[4] sammelt an der Pädagogischen Fakultät der Universität von Barcelona mit ihren Studenten Einstiegsthemen für realistische Schulmathematik bei besondern Anlässen, Festen und kulturellen Ereignissen. An derselben Universität zeigt ***Nuria Rosich Sala***, dass sehr oft mit einfachsten Methoden mathematische Probleme des täglichen Lebens gelöst werden können. Man muss nur die Methoden kennen und ihre Anwendung beherrschen.

Math-Walk

An der Pädagogischen Akademie des Bundes in Graz wurden in den vergangenen Studienjahren einige Versuche zur Erarbeitung von Kleinprojekten zur Realistischen Mathematik entwickelt und erprobt. Diese Projekte sollen den Studenten in Eigenerfahrung das Wesen realistischer Problemstellungen nahebringen und ihnen Mut zu selbstständigem Problemlösen ohne vorgegebene Standardalgorithmen machen. Einige der erarbeiteten Modelle wurden auch international vorgestellt. Eines davon ist der Math-Walk.

Math-Walks sind Spaziergänge besonderer Art. Es kommt nicht auf ein örtliches Ziel an, nicht auf Geschwindigkeit, Fitness, Kondition. Es kommt auf **offene Augen** an und auf **wache Sinne**. Math-Walks kann man bei Sonnenschein durchführen, bei Regen, Schnee; mit Schülern, Studenten, Freunden; zu zweit, alleine.

Ein bildender Künstler erkennt Farben, Formen und Motive, wohin er auch blickt. Warum sollte ein Mathematiker, der sehenden Auges durch die Welt geht, nicht **Mathematik sehen** können, da, dort, überall? Die Strecke eines Math-Walks kann alltäglich sein, kurz, scheinbar langweilend, scheinbar uninteressant, dennoch kann der Spaziergang zu einem durchaus spannenden Erlebnis werden. Wir müssen nur die Augen dem sonst Unbeachteten öffnen, dem sonst Uninteressanten, dem sonst Unsichtbaren und das Herz den vielen Fragen und Problemstellungen, mit denen uns die reale Umwelt in reichem Maße bedenkt. Die **Suche nach Antworten**, das Entdecken und Entwickeln von Lösungsstrategien kann spannend und erfüllend sein; faszinierend und erkenntnisreich.

Math-Walks können ausschließlich zum Sammeln von Fragen und Problemstellungen dienen, ohne die *Gravemeijer*'sche Situationsebene zu überschreiten; durchaus aber besteht auch die Möglichkeit der Modellbildung, Mathematisierung und Formalisierung vor Ort

An den Math-Walks der Pädagogischen Akademie in Graz beteiligen sich Studierende mit ihren Lehrern oder Schülerinnen und Schüler der Übungshauptschule mit Lehrern und betreuenden Studierenden. Die **Durchführung** erfolgt in der Regel unter **konstruktivistischen Rahmenbedingungen**. Jeder Beteiligte soll in seiner eigene Lernumgebung zur Problemlösung subjektiv passende Strategien und Algorithmen entwickeln und verwenden. Lehrende ziehen sich in die Rolle des Problemstellers und des durch wenige

[3] *Mieke Abels ist Sekundarschullehrerin und Mitglied der Research Group on Mathematics and Computing Science Education am Freudenthal-Institut in Utrecht.*

[4] *Carme Burgués Flamarich ist Professorin für Mathematik und Didaktik der Mathematik an der Pädagogischen Fakultät der Universidad de Barcelona. Sie bildet Lehrerinnen und Lehrer für die Schule der Sechs- bis Zwölfjährigen aus.*

Fragen Steuernden, manchmal in die Position des sachlich Provozierenden zurück, der allindes zur Beantwortung individueller Anfragen stets zur Verfügung steht. Sehr wichtig ist es, die **Lernenden** dazu zu bringen, nicht nur mit dem Lehrer, sondern vor allem **miteinander** in Frage und Antwort zu **kommunizieren**.

¿Cómo calcularías la altura de esta torre?

Desde un punto de vista socio-antropológico se ha tenido en consideración cuales son los aprendizajes fundamentales que ha de ir dominando un alumno de seis a doce años, para aumentar la comprensión del mundo que le rodea, dsarrollar sus capacidades de razoniamento y aprender de descifrar los códigos y mensajes que el entorno social y cultural le ofrecen.

Aus dem Lehrplan Kataloniens.

Dies ist ein Bericht über einen meinerseits völlig ungeplanten Math-Walk, den *Nuria Rosich Sala* überraschend mit mir veranstaltete, als wir, um von einem Gebäude in ein anderes zu gelangen, die Plaza im Campus der Pädagogischen Fakultät der Universität von Barcelona überschritten.

Wir schlenderten über den weiten Platz vor dem Edificio Levante. *Nuria* hatte mit mir eben noch über die endlich überstandene, ungewöhnich lange Regenperiode der vergangenen Tage gesprochen und mir drastisch die Riesenhaftigkeit der katalonischen Regenwürmer geschildert. Und plötzlich diese Frage:

„¿Cómo calcularías la altura de esta torre? – Wie würdest du die Höhe dieses Turmes berechnen?“

Der Turm ist beeindruckend. Er überragt, weithin sichtbar, den am Berghang liegenden Campus. Damals kam diese Frage für mich sehr überraschend. Später, als ich *Nuria* besser kannte, erwartete ich immer und überall ihre plötzlichen Fragen nach mathematischen Problemlösungen, die allen möglichen Augenblickssituationen entsprangen. Für *Nuria* ist die Motivation zu schulmathematischem Handeln fast nur in der Lebensbezogenheit und im realistischen Kontext zu sehen.

Die Turmuhr zeigte zehn Minuten vor neun Uhr morgens.

„Ich kenne die Uhrzeit“, begann ich. *„Ich kenne auch das heutige Datum. Die geografische Länge und Breite Barcelonas kann ich aus dem Atlas entnehmen. Somit kann ich den Höhenwinkel des augenblicklichen Sonnenstandes berechnen und wenn ich die Schattenlänge ...“*

Hier unterbrach mich *Nuria*. ***„Wie berechnest du den Höhenwinkel des augenblicklichen Sonnenstandes?“***

„Am Mittag des einundzwanzigsten Juni erreicht die Sonne ihren Höchststand. Sie steht dann 22,5 Grad, vermehrt um den Komplementärwinkel der geografischen Breite hoch.“

„Aber heute ist der vierzehnte April."

„Das weiß ich. Um das zu berücksichtigen, kann man davon ausgehen, dass die Höhenwinkel der Sonnenhöchststände über das ganze Jahr hindurch die Werte einer phasenverschobenen Kosinusfunktion ..."

Nuria blickte mich mit großen Augen an und fragte mich mit geduldigem Blick:

„Du sprichst von Sonnenhöchstständen. Aber es ist jetzt neun Uhr am Morgen. Und ich möchte wissen, wie du jetzt die Höhe des Turmes bestimmen würdest."

„Da muss ich nachdenken. Ich ..."

„Warum nimmst du nicht einfach einen Winkelmesser, um den augenblicklichen Höhenwinkel des Sonnenstandes zu bestimmen?"

Etwas beschämt musste ich zugeben: *„Du hast Recht, das ginge eventuell auch. Doch ..."*

„Hast du einen Einwand?"

Glücklicherweise fiel mir ein Einwand ein: *„Ich habe jetzt keinen Winkelmesser!"*

Nuria darauf, sehr sachlich: ***„Dann mach dir einen!"***

Ich nahm die Rechnung vom vortägigen Restaurantbesuch, die ich eigentlich zur Reisespesenabrechnung einreichen wollte, aus der Tasche, erledigte mühelos durch Falten die für den rechten Winkel exakt mögliche Trisektion, faltete zudem fünfundvierzig Grad, versuchte die Blattunterseite waagrecht zu halten, visierte, maß, interpolierte und verkündete triumphierend: *„Die Sonne steht zweiundvierzig Grad hoch!"*

Nuria lächelte. ***„De acuerdo! Und wie hoch ist nun der Turm?"***

„Diese Berechnung ist nun ein Kinderspiel! Ich messe nun erst einmal die Schattenlänge. Hast du ein Maßband?"

„Nein, aber du weißt sicher, wie groß du bist."

Ich wusste es, legte mich zu Füßen des Turmes in dessen Schatten auf die Plaza, *Nuria* stellte zur Markierung ihren Fuß vor meinen Kopf. Ich stand auf, legte mich wieder auf die Plaza, wieder und wieder. Der Schatten war achtunddreißig Meter lang.

„Und jetzt?", fragte *Nuria*.

„Nun berechne ich die Turmhöhe als Schattenlänge mal Tangens von zweiundvierzig Grad."

„Und wie groß ist der Wert der Tangensfunktion für zweiundvierzig Grad?"

„Hast du einen Taschenrechner?"

„Ja. Hier, in meiner Handtasche."

Ich nahm den Rechner, tippte, verkündete triumphierend das Ergebnis: *„Der Turm ist etwas mehr als vierunddreißig Meter hoch!"*

Nuria strahlte mich an. ***„Du hast die Aufgabe gut gelöst, ein kleines Bisschen ungenau, aber gut."***

„Ungenau?"

„Ja. Der Turm ist etwas weniger als sechsunddreißig Meter hoch."

„Warum weißt du das so genau?"

„Ich bestimmte gestern mit einer Seminargruppe die Turmhöhe. Wir kamen übereinstimmend auf fast sechsunddreißig Meter."

„Habt ihr es ebenso gemacht wie ich?"

„Nein, wir hatten keine Taschenrechner. Deshalb arbeiteten wir nach einer einfacheren Methode."

„Einfacher?"

„Ja. Wir verwendeten die Ähnlichkeit. Nimm zum Beispiel mich. Ich messe, wie oft meine Schattenlänge in der Turmschattenlänge Platz hat. Dazu muss ich mich nicht auf den staubigen Platz legen. Den Quotienten multipliziere ich mit meiner Körpergröße. Fertig."

Da stand ich am Rande des Turmschattens und fühlte mich nicht wohl. *Nurias* Methode war natürlich genial einfach. Ähnlichkeit. Ich hätte es eigentlich wissen können, denn *Nuria* bevorzugte für Problemlösungen in ihrer geliebten Matemática Realista die einfachsten Methoden. Und dazu gehörten für sie Semejanzas – Ähnlichkeiten. Mein Stolz allindes ließ die vermeintliche Niederlage nicht zu und so fragte ich:

„Aber meine Methode war doch auch richtig. Warum ist mein Ergebnis zu klein?", ***„Nun"***, sagte *Nuria*, ***„ich könnte mir vorstellen, dass sich der Höhenwinkel des Sonnenstandes während deines doch sehr lange dauernden Kriechens auf der Plaza vergrößerte und dass du anschließend mit der Schattenlänge am Ende des Messvorganges, jedoch mit dem Höhenwinkel zu Beginn des Messvorganges rechnetest."***

Ich versuchte, mir den Staub aus den Kleidern zu klopfen, was mir mit meinen schmutzigen Händen nicht gelang.

Was war zuerst da: die Milchpackung oder der Kühlschrank?

Die Idee zu diesem Projekt stammt von *Jürgen Maass*[5], der sie neben anderen Ideen für realistische Modelle in einem vielbeachteten Referat zu konstruktivistischer Lernkultur im Frühjahr 1997 in Graz vorstellte. Ich hoffe, *Jürgen Maass* verzeiht mir das Plagiat, das ich einleitete, als ich anlässlich eines Math-Walks meine Studentengruppe in einen Supermarkt führte und sie auf die eigenartige Übereinstimmung von Packungsgrößen verschiedenster Firmen für verschiedenste flüssige Produkte hinwies.

Wir sammelten auf diesem Math-Walk Probleme. Im Folgenden wird die Auswertung eines der gesammelten Probleme im Seminar beschrieben, also die Mathematisierung, Modellbildung, Formalisierung und Lösung. Diese Auswertung erfolgte zu großen Teilen durch die Seminargruppe in selbständiger Arbeit. Ich möchte aber nicht verhehlen, dass ich ein angestrebtes Ziel verfolgte, Materialien vorbereitete und mich in der Model-For-Phase der Problemlösung durch Fragen stärker einklinkte. Ich habe diese Steuerungen im folgenden Bericht durch die Angabe *Lehrerfrage* verdeutlicht.

Anschauungsmaterial und Hilfsmittel:

Einige Literpackungen Fruchtsaftgetränke und Milch, ein Computer mit einem Tabellenkalkulationsprogramm, Trinkgläser, eine Schere, Karton mit vorgezeichneten Quadernetzen, Klebestoff.

5 Jürgen Maass ist Dozent für Didaktik der Mathematik am Institut für Mathematik an der Johannes-Kepler-Universität in Linz, Österreich

Einleitung durch den Lehrer:

„Wir haben im Supermarkt gesehen, dass viele Literpackungen für Milch, Fruchtsaftgetränke, Spülmittel und dergleichen die Form von quadratischen Prismen mit den seltsamen Maßen 7,3 cm x 7,3 cm x 19 cm haben. Die Vorliebe für diese Packungsgröße ist unabhängig vom Hersteller und Verbraucherland, Packungen mit diesen Maßen finden sich in Spanien ebenso wie in Deutschland, Slowenien, England, Schweden, Österreich, Amerika. Wir wollen irgendwie diese seltsamen Abmessungen ergründen."

Frage:

„Enthält jede diese Packungen wirklich genau einen Liter?"

Antwort (nach eifrigem Messen und Rechnen):

„Ja."

Lehrerfrage:

„Warum haben so viele Packungen gerade die Abmessungen 7,3 cm x 7,3 cm x 19 cm?"

Antworten:

„Weil sie so genau einen Liter enthalten."

„Damit sie handlich sind."

„Damit sie gut in die Einkaufstasche passen."

„Damit man sie im Regal gut schichten kann."

„Damit sie ins Fach des Kühlschrankes passen."

„Weil sie gut proportioniert sind."

Nun wurde In Frage- und Antwortsequenzen erarbeitet, dass auch Quader anderer Abmessungen genau einen Liter fassen können, dass auch Quader anderer Abmessungen handlich sein können, dass alle untereinander gleichmaßigen Quader gut geschichtet werden können, dass auch Quader etwas anderer Abmessungen gut in die Fächer der Kühlschränke passen.

Feststellung und Frage (nach einigen Minuten der Ratlosigkeit)*:*

„Der Karton für die Verpackung ist innen kunststoffbeschichtet. Das ist sicher sehr teuer. Wie ist das mit dem Verbrauch an Verpackungskarton für so einen »Milchquader«?"

Antwort:

„Ein Milchquader ist wohl so bemessen, dass man möglichst wenig Karton für ihn benötigt!"

Frage:

„Können wir eigentlich feststellen, welche aller möglichen Packungen, die einen Liter enthält, am wenigsten Karton benötigt, also welcher Quader, der genau einen Kubikdezimeter fasst, die kleinste Oberfläche hat?"

Antwort:

„Das ist der Würfel!"

Frage:

„Warum?"

Antwort:

„Das haben wir in der Schule einmal gerechnet."

Frage:

„Wie?"

Antwort (nach anfänglichem Zögern und kleiner Diskussion):

„Das ist eine Extremwertaufgabe. Ich weiß aber nicht genau, wie man das durchführt. Man benötigt eine Extremalbedingung und die leitet man dann ab und setzt die Ableitung null."

Lehrerfrage:

„Warum rechnet man das so?"

Antwort:

„Keine Ahnung. Das tut man einfach so."

Feststellung durch den Lehrer:

„Unsere seltsamen Milchquader haben quadratische Grundflächen. Beschränken wir uns der Einfachheit auf die Betrachtung von Packungsmöglichkeiten, die quadratische Grundflächen haben."

Frage:

„Kann man auch ohne Differentialrechnung zeigen, dass der Würfel die kleinste Oberfläche hat?"

Antwort und Frage:

„Durch Probieren?"

Feststellung:

„Der Computer soll probieren. Das kann man mit einer Tabellenkalkulation machen."

Nun wurde sehr behutsam ein Kalkulationsmodell erstellt, dessen Ergebnis, nicht dessen Entwicklung, hier wiedergegeben ist. Dabei sind die Abmessungen des jeweiligen Quaders a x a x c; der vorgegebene Rauminhalt wurde mit V bezeichnet.

Damit wurde die Tatsache sichtbar gemacht:

Von allen Quadern mit quadratischer Grundfläche, die einen Liter fassen, hat der Würfel mit der Kantenlänge 10 cm den kleinsten Oberflächeninhalt, nämlich 600 cm².

a[cm]	c[cm]	V[cm³]	O[cm²]
2,000	250,000	1000,000	2008,000
4,000	62,500	1000,000	1032,000
6,000	27,778	1000,000	738,667
8,000	15,625	1000,000	628,000
10,000	**10,000**	**1000,000**	**600,000**
12,000	6,944	1000,000	621,333
14,000	5,102	1000,000	677,714
16,000	3,906	1000,000	762,000
18,000	3,086	1000,000	870,222
20,000	2,500	1000,000	1000,000

Frage:

„Da die Verpackungskosten zweifellos eine sehr wichtige Rolle bei der Gestaltung der Getränkeverpackungen spielen, müssten die Packungen vorzugsweise würfelförmig sein. Sie sind es aber nicht. Warum nicht?“

Antworten:

„Weil die Standardmaße von Containern, LKWs, Regalen, ... dies nicht zulassen.“

„Weil würfelförmige Verpackungen unhandlich sind.“

„Weil würfelförmige Verpackungen nicht gut aussehen.“

„Weil würfelförmige Verpackungen nicht so gut in die Türfächer der Kühlschränke passen.“

Hier entwickelte sich die fast schon in Bereiche der Ontologie passende Frage, ob sich nun eigentlich die Hersteller von Milchpackungen nach der vorgegebenen Kühlschrankfächerbreite oder ob sich die Hersteller von Kühlschränken nach der vorgegebenen Milchpackerlbreite zu richten haben. Was war also zuerst da: die Milchpackung oder der Kühlschrank?

Nun blieben zunächst alle Antworten als berechtigt im Raum stehen und es wurde auch die Milchwürfelfrage noch nicht beantwortet. Statt dessen tranken wir gemeinsam die mitgebrachten Köstlichkeiten aus und reinigten die leeren Packungen. Sodann lösten wir die Verklebungen der Verpackungsquader und verebneten die Päckchen.

Das Ergebnis dieser Verebnung ist in der nächsten Abbildung zu sehen. Die Grundkantenlängen des Prismas seien mit a bezeichnet, die Höhe mit c und die Breiten der Klebefalze mit f.

Frage:

„Warum verwenden die gerade solche Netze für ihre Milchquader?“

Antworten:

„Weil das Netz ein Rechteck ist und somit sehr einfach hergestellt werden kann.“

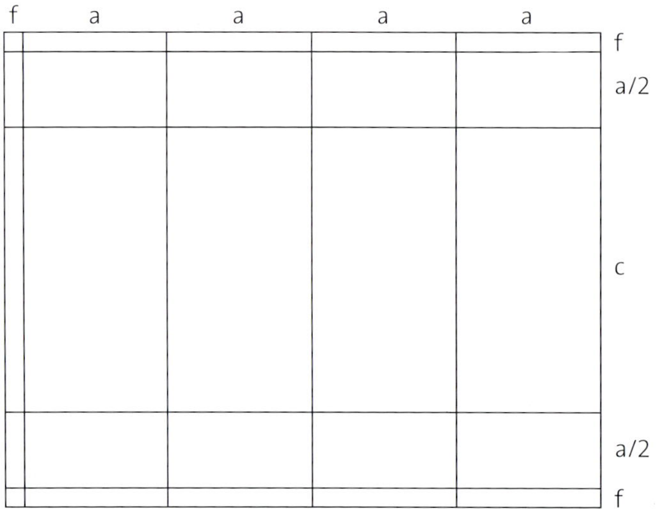

„Würde man die uns aus dem Geometrieunterricht vertrauten Würfelnetze verwenden, würde wahrscheinlich viel mehr Verschnitt entsteht, wenn man viele solcher Netze aus einem großen Karton stanzte."

„Weil Packungen, die aus herkömmlichen Würfelnetzen gebildet würden an den Ecken nicht dicht wären."

„Damit man die Milchpackung so formen kann, dass sie zum Ausgießen gut geöffnet werden kann."

Diese letzte Antwort war nicht allen klar. Um den Unterschied beim Öffnen und Ausgießen deutlich zu machen, wurden Milchpackungen hergestellt. Dazu wurden aus von mir mitgebrachtem Karton bereits vorgezeichnete Netze der herkömmlichen Art und Netze der neuen Art zu Quadern geklebt.

Um aus einem wie oben angegebenen Netz das Prisma herzustellen, muss man zunächst mit Hilfe des linken Falzes den linken Rand an den rechten Rand kleben, also eine Röhre herstellen.

Dann legt man (dies muss man viermal machen) nach dem auf der nächsten Seite dargestellten Schema die Fläche 1a auf die Fläche 1b und die Fläche 2a auf die Fläche 2b. Dazu muss man entlang der Kanten falten. Anschließend klebt man die Innenseiten von 3a und 3b und die Innenseiten von 4a und 4b zusammen. Schließlich klebt man die Außenseiten von 3a und 4a an einander. Wenn man ein fertiges Modell vor sich hat, ist es nicht schwierig, sich das vorzustellen. Für die Bodenfläche kann man schließlich den nach unten stehenden Falz um 90° drehen und am Bodenquadrat festkleben.

Frage:

„Wie viel Karton benötigt man nun für einen Milchquader der neuen Art?"

Zusätzliche Lehrerfrage:

„Ein Milchquader mit quadratischer Basis habe die Grundkantenlänge a und die Höhe c.

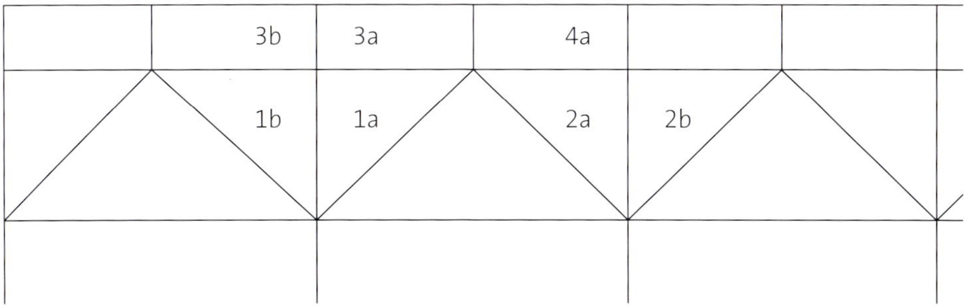

Die Breite f eines Klebefalzes soll 15% der Grundkantenlänge betragen. Wie groß muss das für den Milchquader benötigte Kartonstück sein?"

Antwort:

„Man sieht ja aus dem oben dargestellten Quadernetz:

Der Kartonverbrauch K für eine Packung beträgt $K = (4a + f).(a + c + 2f)$.

Beträgt f 15 % von a, vereinfacht sich die Formel: $K = 4{,}15a.(1{,}3a + c)$"

Lehrerfrage:

„Wie groß ist hier der Prismeninhalt V?“

Antworten:

„$V = a^2.c.$“

„$V = 1000\ cm^3$.“

Lehrerfrage:

„Kann man für V = 1000 cm3 bei vorgegebenem a die Länge von c bestimmen?“

Antwort:

„Ja. $c = 1000/a^2$“.

Lehrerfrage:

„Kann man irgendwie die Längen von a und c für den Literquader mit Rechtecksnetz bestimmen, für den der Kartonverbrauch minimal ist?“

Antworten:

„Es wird wohl auch mit einer Extremwertaufgabe gehen.“

„Wahrscheinlich kann man hier auch die Tabellenkalkulation verwenden.“

Nun wurde wieder die Tabellenkalkulation strapaziert, um aus verschiedenen Grundkantenlängen a zunächst die Milchquaderhöhe c und sodann den Kartonverbrauch K zu berechnen. Das Ergebnis ist nebenstehend zu sehen.

Hier erkannten wir die Tatsache:

Für die „neue“ Art der Netzbildung des Milchquaders hat nicht der Würfel die kleinste Kartonfläche K. Das Flächenminimum ergibt sich hier für einen Quader mit etwa a=7,5 cm und c=17,8 cm.

Eine genauere Tabelle zeigt:
a = 7,272 cm,
c = 18,910 cm,
Der Kartonverbrauch beträgt dort 855,980 cm^2.

a[cm]	c[cm]	V[cm³]	K[cm²]	
6,000	27,778	1000,000	885,887	
6,500	23,669	1000,000	866,400	
7,000	20,408	1000,000	857,212	
7,500	**17,778**	**1000,000**	**856,802**	**Optimum**
8,000	15,625	1000,000	864,030	
8,500	13,841	1000,000	878,024	
9,000	12,346	1000,000	898,106	
9,500	11,080	1000,000	923,741	
10,000	**10,000**	**1000,000**	**954,500**	**Würfel**
10,500	9,070	1000,000	990,037	

Summary

Seit langem wird für die Schulmathematik eine **stärkere Hinwendung zu lebensnahen Motivationen** gefordert. Schulmathematische Tätigkeiten sollten aus Bedürfnissen der Schülerinnen und Schüler erwachsen und sich an Themen orientieren, die aus der Lebenswelt der Kinder stammen. Wir Lehrer sollten Bedürfnisse zur mathematischen Problemlösung wecken, gemeinsam mit den Kindern Themen sammeln, bei einer altersadäquaten Mathematisierung helfend wirken und Instrumentarien zur Lösung der anfallenden Probleme zur Verfügung stellen.

Den Schulmathematikern ist der **hohe Stellenwert der Realistischen Mathematik** seit langem bekannt, leider vielfach nur als Argument zur Rechtfertigung des Unterrichtsgeschehens. Im folgenden Aufsatz soll der Versuch unternommen werden, anhand einiger Beispiele zu zeigen, dass aus der Realität motiviertes mathematisches Handeln reizvoll und spannend sein kann.

Die unterschiedlichen Voraussetzungen, mit denen sich – auch äußerlich gleich „vorgebildete" Kinder – an das Finden und Lösen von Problemen begeben, machen ein **Überdenken uniformer Unterrichtsstrukturen** notwendig. Auch objektiv gleiche realistische Lernanstöße werden von jedem Kind in individueller Eigenheit wahrgenommen und motivieren auch unterschiedlich. Es erscheint höchst sinnvoll, Realistische Mathematik in den Kontext einer konstruktivistischen Lernkultur einzubetten.

Literatur

[1] G. Brooks G. / Brooks M.: The Case for Constructivist Classrooms, Alexandria, Virginia 1993. (ASCD)

[2] Fosnot C.: Constructivism, New York 1996. (Teachers College Press)

[3] Freudenthal H.: Geometry Between the Devil and the Deep Sea. In: Educational Studies in Mathematics, 3, 413-435: 1971

[4] Freudenthal H.: Mathematics as an Educational Task, Dordrecht 1973. (Reidel)

[5] Glasersfeld E.: Aspekte des Konstruktivismus. In: Konstruktivismus-Geschichte und Anwendung, Frankfurt/M 1992. (Suhrkamp)

[6] Glasersfeld E.: A Constructivist Approach to Teaching. In: Constructivism in Education, Hillsdale, New Jersey 1995. (Lawrence Erlbaum)

[7] Gravemeijer K.: Developing Realistic Mathematics Education, Utrecht 1994 (Freudenthal Institute)

[8] Schifter D. / C. Fosnot C.: Reconstructing Mathematics Education; New York 1993. (Teachers College Press)

[9] Watzlawik P.: Die erfundene Wirklichkeit (9. Auflage); Piper: München 1995

Peter Angerer

Ein erster Blick zu den Fraktalen

Von der Formel zum Prozess

Einleitung

Die Mathematik, die wir in unserer Schule nutzen, ist eine **„alte" Mathematik**, die Objekte mit **Formeln beschreibt**. Im Gegensatz dazu werden in einer **neuen** Form der Mathematik **Prozesse beschrieben** und deren Ergebnisse in geeigneter Form dargestellt.

Die Entwicklung des Wissens um die Fraktale ermöglichten der kreative Geist von Mathematikern (z. B. Mandelbrot), das scharfe Auge des Künstlers (z. B. Escher) und die Einbeziehung des Computers, der neben dem Blick in den Mikrokosmos (Elektronen(raster)-mikroskope) und den Makrokosmos (Teleskope) nun auch den Blick in die Welt des mathematisch Unendlichen verständlicher werden lässt.

Dass das **Thema Fraktal** noch nicht unbedingt ein Thema des allgemeinen Wissens ist, beweist ein Blick in deutschsprachige Lexika. Erst im neuesten Brockhaus scheint das Wort auf, in den vorherigen Ausgaben ist der Begriff Fraktal nicht enthalten (Abb. 1).

Fraktalgeometrie, befasst sich mit bestimmten komplexen Gebilden **(Fraktalen),** die ähnlich in der Natur vorkommen (z. B. eine Küstenlinie). solche Fraktale besitzen 1) die Eigenschaft der Selbstähnlichkeit (jeder kleine Teil hat die gleiche Struktur wie das Gesamtobjekt) und 2) eine gebrochene (fraktale) Dimension (zw. einer Ebene und einem Körper). Die F. hilft, komplexe Naturerscheinungen mathematisch zu erfassen und am Computer zu simulieren.

Hinter Zahlenkombinationen können Muster versteckt sein

Wird das Thema Fraktale mit Liebe aufbereitet, können alle SchülerInnen an der Erkundung und Erforschung mitwirken. Der Blick in diese aufregende, viele Sinne ansprechende Welt ist schon mit ganz einfachen Mitteln möglich, die wir ohne Probleme in unserer Schule zur Verfügung haben. Für aufwendigere Prozesse ist der Computer ein williger Arbeitspartner, der unsere Anweisungen immer und immer wieder durchführt.

Freude an solcher Arbeit ist eine treibende Kraft, sich mit Wissenszuwachs auseinander zu setzen. Es bedeutet Motivation, ein Aha-Erlebnis zu haben, die Schönheit der Ergebnisse bestaunen zu dürfen. In unserem Kopf werden Eindrücke, Erfahrungen, Bilder komponiert, die uns Kraft für weitere, manchmal auch mühevolle Arbeit geben können.

In einem **Arbeitsblatt** werden in einem 6 x 6 Raster die Zeilen und Spalten durch die Zahlen von 1 bis 6 gekennzeichnet.

Im ersten Arbeitsschritt wird das Produkt von Zeilen- und Spaltenzahl in das entsprechende Kästchen eingetragen.

*	1	2	3	4	5	6
1	1	2	3	4	5	6
2	2	4	6	8	10	12
3	3	6	9	12	15	18
4	4	8	12	16	20	24
5	5	10	15	20	25	30
6	6	12	18	24	30	36

Abb. 2

Im zweiten Arbeitsschritt werden die Ergebnisse weiterbearbeitet. Das Produkt wird durch 7 dividiert, der Rest wird in die entsprechenden Kästchen eingetragen. Viele SchülerInnen benötigen bei der Rechnung 1:7 eine Hilfe. Es ist nicht klar, dass bei einem Quotienten 0 ein Rest von 1 bleibt, der einzutragen ist. Die weiteren Lösungen (z. B. 18:7 ergibt einen Rest von 4) bereiten keine Probleme.

1	2	3	4	5	6
2	4	6	1	3	5
3	6	2	5	1	4
4	1	5	2	6	3
5	3	1	6	4	2
6	5	4	3	2	1

Abb. 3

Im dritten Arbeitsschritt wird jedes Ergebnis des zweiten Arbeitsschrittes untersucht, ob er eine gerade oder eine ungerade Zahl ergeben hat. Für eine gerade Zahl wird 0, für eine ungerade Zahl wird 1 in die entsprechenden Kästchen eingetragen.

1	0	1	0	1	0
0	0	0	1	1	1
1	0	0	1	1	0
0	1	1	0	0	1
1	1	1	0	0	0
0	1	0	1	0	1

Abb. 4

Im vierten Arbeitsschritt wird jedes Ergebnis des dritten Arbeitsschrittes grafisch interpretiert. Für die Zahl 1 wird eine Diagonale von links unten nach rechts oben in das entsprechende Kästchen eingetragen (oder umgekehrt), für die Zahl 0 eine Diagonale von links oben nach rechts unten.

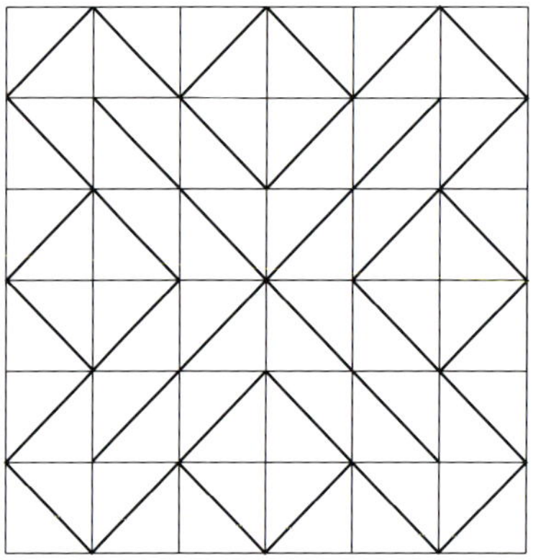

Abb. 5

Abb. 6

Die Freude ist groß, wenn sich ein **Muster** zeigt. Verwendet man Farbstifte, zeichnen sich oft Einzelelemente mit einem Zwischenraum ab.

Durch Ändern der Anzahl der Zeilen und Spalten des Rasters (z. B. 8x8 Raster und Divisor 9) oder Änderung der Rechenvorschrift (z. B. Produkt plus 1) lassen sich neue Muster erzeugen.

In einem Pilotprojekt des bm:bwk wird von mir der Vorschlag unterbreitet, solche Aufgaben als Rechentraining mit natürlichen Zahlen einzusetzen. Die Aufgabenstellung ist im **Internet** unter *www.fam.tsn.at* unter Beispiel 1f4 **abzurufen**. Man findet dort neben didaktischen Überlegungen auch das Arbeitsblatt als Excel-File zum Herunterladen.

Erweiterung zum Apfelmännchen

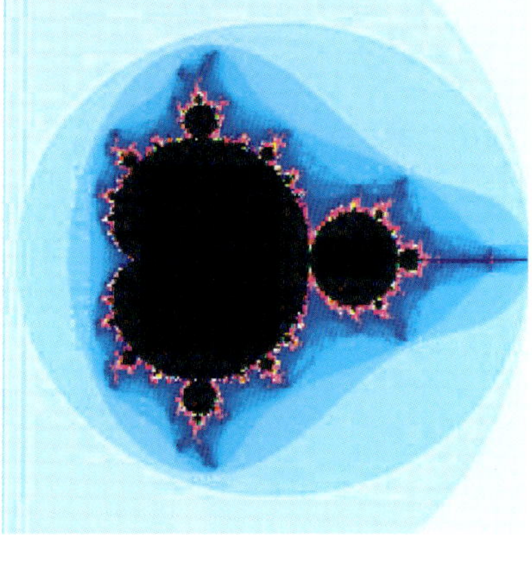

Für größere Aufträge bietet sich Computerunterstützung an. Durch Erweiterung des Rasters (z. B. 1024 Spalten und 768 Zeilen), andere Zahlen (z. B. komplexe Zahlen), neue Rechenvorschriften (z. B. mit Iteration) und anderer grafischer Interpretation (z. B. Farbinterpretation von Bildpunkten, Bildausschnitte) lassen sich traumhafte Bilder erzeugen, die unsere Sinne beflügeln können. Sie sind unter den Begriffen **Mandelbrotmenge**, **Juliamenge** und **Apfelmännchen** bekannt. Hinter ihnen steckt ein und

Abb. 7

dieselbe Formel. Die **Mandelbrotmenge** wurde nach *Benoit Mandelbrot*, einem aus Polen stammenden Mathematiker, benannt. Gefunden wurde sie erst im Jahre 1980. Seitdem wird ununterbrochen nach weiteren Ablegern gesucht. Eine deutsche Forschungsgruppe gab ihr den Spitznamen **Apfelmännchen**.

Der Rand der Mandelbrotmenge hat wieder einen besonderen Namen, die **Julia-Menge**. Die Julia-Mengen, die ihren Namen dem französischen Mathematiker *Gaston Julia* verdanken, haben einen zum Apfelmännchen analogen Aufbau mit einer klitzekleinen Veränderung.

Man kann neue Fragen stellen, z. B. welche Flächen, welche Figuren bilden am besten Dinge der Natur wie Berge, Küstenlinien, Blitze, Arterien, die Lunge, die Niere, Farne, Wolken und Flusstäler ab? Perfekte Flächen wie regelmäßige Dreiecke, Vierecke, Fünfecke, ... tun dies nicht!

Die fraktale Natur der Natur

Stellt man sich eine Schneeflocke oder einen Schwamm vor, so scheint aus der Entfernung der Rand oder die Oberfläche klein und glatt zu sein. Bei näherem Hinsehen öffnet sich jedoch eine immer feiner werdende filigrane Struktur. Bei physikalischen Objekten ist spätestens mit der Atomgröße Schluss, in der Mathematik kann man unendlich lange weitermachen. Die Oberfläche scheint mehr als zwei Dimensionen zu haben, man könnte sagen, sie liegt zwischen zwei und drei Dimensionen. Daher auch die Bezeichnung **Fraktale** für eine **gebrochene Dimension**.

Es scheint ein Funktionsprinzip der Natur zu sein, neue Dinge in der Entstehung erst einmal auszuprobieren. Fehler sind dabei offensichtlich kein Problem, fast sieht es so aus, als wären sie sogar notwendig, um wirklich Neues zu schaffen. Auch beim Lernen findet ein ähnliches Prinzip Anwendung: Ausprobieren, nochmals versuchen, wieder ausprobieren. Es scheint, dass **Erkenntnisprozesse auch eine fraktale Struktur** aufweisen, Fehler sind dazu da, um aus ihnen zu lernen. In der Natur ist dieses Prinzip noch komplexer. So sucht sich z. B. ein Fluss seinen Weg, er wirkt dabei auf seine Umgebung und die Umgebung wirkt auf ihn. Dieser **Rückkopplungsprozess** verändert immer weiter sein Flussbett.

Abb. 8

Bei der **Konstruktion von Fraktalen** ist in etwa der selbe Mechanismus am Werk. Die Ergebnisse der Berechnungen werden durch geeignete grafische Interpretation gedeutet, es wird dadurch vielleicht ein kleiner Ausschnitt aus den universellen Konstruktionsplänen der Natur sichtbar. Durch Änderung der Zahlen, der Vorschriften, der grafischen Interpretation und des Bildausschnitts verändert sich der Charakter der Bilder.

Abb. 9

Abb. 10

Iteration

Eine weitere Möglichkeit des Zuganges zu den Fraktalen ist die nach einer Vorschrift immer **wiederkehrende Berechnung**, die Iteration. Das Ergebnis einer ersten Berechnung fließt als Wert in eine zweite Berechnung ein, dieses Ergebnis wiederum in eine dritte usw.

Zwei Strecken bilden einen rechten Winkel. Sie werden durch zwei spezielle Vorschriften verändert: Drehung beider Strecken um 45° im Uhrzeigersinn um ein Schenkelende und Verkleinerung der Streckenlängen auf $1/2 \times \sqrt{2}$. Dieser Vorgang ist immer wieder durchführbar, die Streckenlänge wird ∞ klein. Mit einem Computer kann ein Programm erstellt werden, das diesen Vorgang durchführt und die Ergebnisse abbildet.

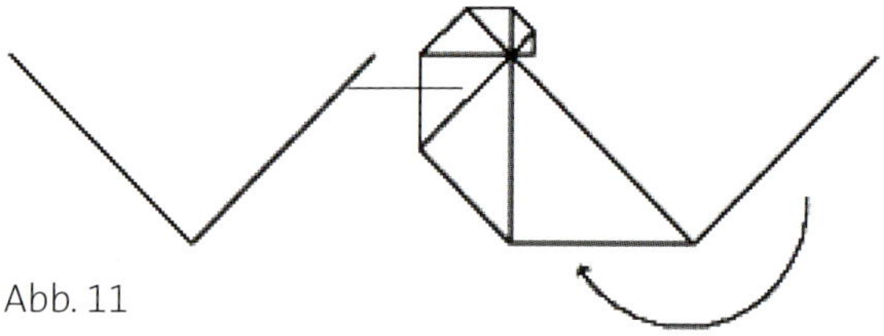

Abb. 11

In ähnlicher Weise werden Figuren erzeugt, die an Bäume wie z. B. Pinien erinnern. Ändert man ein wenig die Winkelangaben im Computerprogramm, scheint es, als würde der Wind von einer Seite die Äste und Zweige zur Seite neigen.

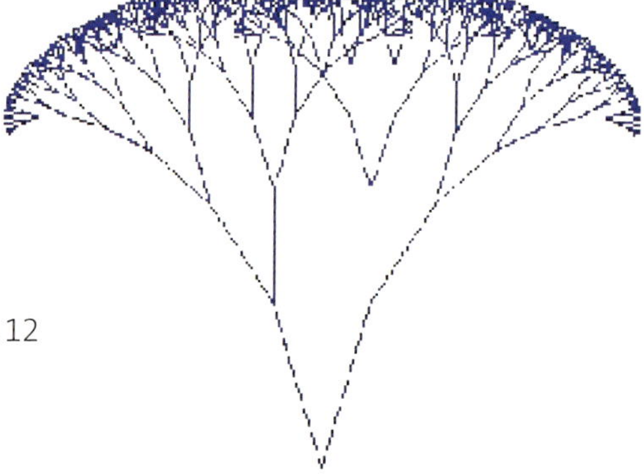

Abb. 12

Schon ein geringer Winkelfehler bringt das System aus dem Gleichgewicht, die Linien bilden kein vertrautes Gesamtbild mehr, es entsteht ein chaotisches Wirrwarr.

Durch wiederkehrende Berechnungen entsteht z. B. eine Folge von Stammbrüchen (Berechnungsformel 1/n, wobei n eine natürliche Zahl ist, also 1,2,3 ...). Das Ergebnis ist die Zahlenfolge 1, 1/2, 1/3, ... Bei solchen Folgen kann man relativ leicht vorhersagen, ob sie sich einer festen Zahl nähen, man spricht von **„konvergieren"**, oder eben nicht, was mit **„divergieren"** bezeichnet wird.

Eine andere Art von Folgen entsteht, wenn vorige Folgenglieder benutzt werden, um ein neues zu bestimmen. Diese Folgen heißen **rekursive** Folgen. Gerade dieser Typ von Folgen liegt den Apfelmännchen zugrunde. Es wird z. B. eine Zahl vorgegeben und die nächste wird aus der vorherigen berechnet, indem man sie quadriert und eine Konstante addiert:

$$z_{n+1} = z^2_n + c$$

Zähler n	Zahl z	Zahl z_	Konstante c	Summe
1	1,5	2,25	-2	0,25
2	0,25	0,0625	-2	-1,9375
3	-1,9375	3,75390625	-2	1,75390625
4	1,75390625	3,0761871337890625	-2	1,07618713
5	1,07618713	1,1581787387776369	-2	-0,84182126
6	-0,84182126	0,7086630337879876	-2	-1,29133697
7	-1,29133697	1,6675511700887809	-2	-0,33244883
8	-0,33244883	0,1105222245683689	-2	-1,88947778
9	-1,88947778	3,5701262811137284	-2	1,57012628

Ausgangszahl und Konstante bestimmen nicht unwesentlich das Ergebnis. Fraktale ergeben sich nicht nur aus der obigen Iterationsvorschrift, möglich sind diese und unzählige andere Iterationsvorschriften.

Unendlich groß und unendlich klein

Ebenfalls mit relativ geringem Aufwand kann das folgende kleine Projekt durchgeführt werden. Aus einem gleichseitigen Dreieck (auch andere Dreiecke sind möglich) wird nach einer Vorschrift eine Figur erzeugt, die der ersten Figur ähnlich ist und aus drei gleichseitigen Dreiecken besteht.

Abb. 13

Die Vorschrift wird auf die neu entstandene Figur immer wieder angewendet. In prakti scher Arbeit (wenn möglich im Team) lässt sich bald ein beeindruckendes Gebilde erzeugen. Spinnt man den Vorgang im Kopf weiter, sind der Größe keine Grenzen gesetzt.

Abb. 14

Es ist überraschend, wie schnell jedes neu entstandene Dreieck an Größe zulegt. Man verliert bald das Gefühl für die vertrauten Abmessungen und es bedarf einiger Interpretationshilfen, um sich zurechtzufinden. Ich habe dafür das Rathaus von Graz und Satellitenbilder von Graz, der Steiermark, von Österreich und Europa gewählt.

Abb. 15

Halbiert man die Seiten eines gleichseitigen Dreiecks und zieht Verbindungslinien, so wird das Dreieck in 4 ähnliche Dreiecke zerlegt. Wendet man die Teilungsvorschrift auch auf die Teildreiecke an, erhält man 16 Dreiecke. Dieser Vorgang lässt sich gedanklich in Richtung Mikrokosmos unendlich oft durchführen.

Abb. 16

Forschen im Pascalschen Dreieck

Es ist wirklich überraschend, dass man die selbe Figur auch auf anderen Wegen erhält:

1) Im Pascal'schen Dreieck werden die ungeraden Zahlen farblich markiert, man erhält das gleiche Muster!

2) Man erhält ebenfalls das gleiche Muster in einer Art Pascal'schen Dreieck, indem man eine Färbevorschrift entwickelt:
2 gleiche Flächen (2 farblose oder 2 farbige Waben) ergeben eine farbige Fläche (Wabe) als Ergebnis.

2 ungleich gefärbte Flächen ergeben eine farblose Fläche (Wabe).

3) Drei Punkte (T, L, R) und ein Startpunkt X werden definiert, ein Würfel wird geworfen.

Wenn man 1 oder 2 würfelt, setzt man eine Markierung am Halbierungspunkt der Strecke nach T.

Wenn man 3 oder 4 würfelt, setzt man eine Markierung am Halbierungspunkt der Strecke nach L, wenn man 5 oder 6 würfelt, genauso nach R.

Übergibt man diese Arbeit dem Computer (z. B. einem Tabellenkalkulationsprogramm), so ergibt sich nach vielen Durchgängen wieder das gleiche Muster!

Abb. 17

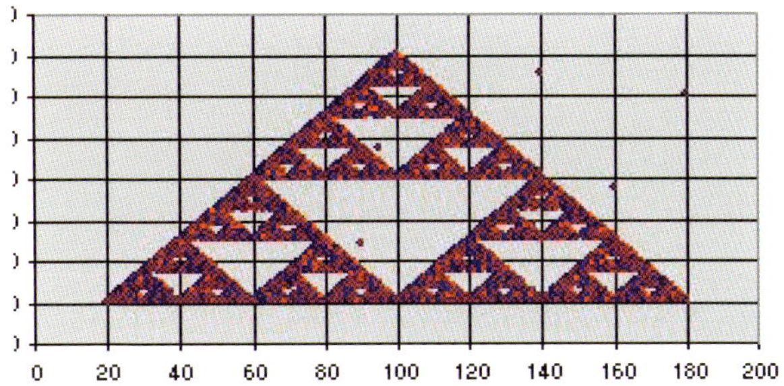

Viel Freude bei der Arbeit!
Eine Grenze des Experimentierens ist nicht gesetzt!

Peter Angerer / Helma Ochnitzberger

Workshop: „Arbeiten mit Cabri“

SchülerInnen lernen nach *Piaget* durch Assimilation und Akkomodation und es ist die Aufgabe der Lehrerin / des Lehrers, den SchülerInnen **Erfahrungsmöglichkeiten** zu **bieten**, die im Einklang mit dem Lehrplan die Lösung von Problemen erleichtern.

Es gibt eine Reihe von Gründen, die es sinnvoll erscheinen lassen, einen Computer im Unterricht einzusetzen. Man kann damit Aufgaben durchführen, die man ohne Computerhilfe nicht leisten kann, wie z. B. Simulationen. Problemstellungen können besser sichtbar und durchschaubar gemacht werden. Viele Arbeiten können mit Computereinsatz ökonomischer erledigt werden.

Warum Geometrie mit dem Computer?

Experimentelles oder anschauliches Arbeiten hat keine Tradition im Geometrie-Unterricht. Seit mehr als 2000 Jahren ist unser **Geometrie-Verständnis** durch das Werk *Euklids* geprägt. Auf **Axiomen** aufbauend gibt es ein Gebäude von Lehrsätzen, die durch logische Deduktionen aus den Axiomen oder schon bewiesenen Sätzen hergeleitet werden, ohne auf die Anschauung zurückzugreifen.[1]

Dies ist aber nicht der Weg, wie Erkenntnis entsteht und sich individuell Wissen aufbaut. Der **Geometrie-Unterricht** war **mehr wissenschaftstheoretisch als lernpsychologisch** und erkenntnistheoretisch konzipiert. In unserer Tradition ist der schulische Mathematikunterricht ein Paradigma dissoziierten Lernens, denn Mathematiklernen findet relativ abgeschieden von anderen Aktivitäten, geistigen wie körperlichen, statt und unsere Bildungskultur gibt MathematikschülerInnen wenig Hilfen, einen Sinn in dem Gelernten zu entdecken.[2]

Dynamische Geometrieprogramme sind ein Beispiel dafür, wie Lernen in Mathematik interessanter und vor allem effektiver sein kann. Nicht nur fachmathematisch wird neben dem Erstellen von Konstruktionen Behaupten, Argumentieren und Beweisen geübt, sondern auch im **sozialen Bereich** machen SchülerInnen bei dieser Form des Unterrichts enorme Fortschritte. Sie lernen, aufeinander Rücksicht zu nehmen, einander zu helfen, eigene Meinungen durchzusetzen und sachlich zu begründen.

Der Mathematikunterricht in der Sekundarstufe I ist derzeit vom Arbeiten mit Zahlen dominiert. Durch **kniffligste Konstruktionsaufgaben** wurde das **Interesse** für die Geometrie weitgehend **gemindert**.

Mit der zunehmenden Verbreitung von Computern gab es in den 80er Jahren Geometriesoftware der 1. Generation, mit der man wie mit Zirkel und Lineal konstruieren

[1] *Vgl. Orfeus 1998, CD: file:///J/ODLSite/GE/dynamic.htm.*
[2] *Vgl. Papert 1985, S. 56 f.*

konnte (z. B. *Kobesch*). Diese brachte aber keine wesentlichen Impulse und didaktischen Neuerungen und konnte sich nicht ganz durchsetzen. Die erste Faszination des Computers hatte daher rasch nachgelassen und es stellte sich zwangsläufig die Frage, warum man eigentlich solch einen Aufwand betreibt, wenn man mit Zirkel und Geodreieck das Gleiche erreicht.

Die **Geometrieprogramme der zweiten Generation** bieten nun aber die Möglichkeit, **dynamisch zu konstruieren** und werden damit der didaktischen Forderung nach **handlungsorientierter Exploration** gerecht. Der „Zugmodus“[3], erlaubt es, einmal konstruierte Figuren an den Basisobjekten zu variieren. Dabei werden die geometrischen Beziehungen zwischen konstruierten Objekten beibehalten, die geometrischen Konfiguration ist in sich beweglich. Durch **Methoden des interaktiven**[4] **Konstruierens** werden elementargeometrische Sachverhalte attraktiver, zugänglicher und für SchülerInnen besser durchschaubar.

Die Lernenden werden zum Handeln angeregt, können sich aktiv mit bestimmten Problemstellungen beschäftigen und damit mathematische Sachverhalte besser verstehen lernen.

Des Weiteren ist es möglich, die Programme Konstruktionen lernen zu lassen. Als Makros[5] abgespeichert, stehen einmal durchgeführte, **komplexe Konstruktionen** dann **als neue Befehle** zur Verfügung. Im Unterricht können nun auch Konstruktionsbeispiele durchgeführt werden, die früher aus Zeit- oder Komplexitätsgründen nicht möglich waren. Dadurch kann die Bearbeitung einer Aufgabe der Entwicklungsstufe der SchülerInnen oder einer besonderen Lernsituation angepasst werden.

Die Reihenfolge der getätigten Arbeitsschritte kann bei den meisten Programmen als eine Art Konstruktionsbeschreibung am Bildschirm abgerufen werden. Dies eröffnet weitere didaktische Möglichkeiten. Bei einigen Programmen ist es auch möglich, in einer Rückblende die **Konstruktion nochmals schrittweise ablaufen** zu lassen.[6]

Trotz der vielen didaktischen Vorteile solcher Grafiksysteme soll ihr Einsatz die Verwendung von Zirkel und Dreieck bei der Aneignung geometrischer Grundkenntnisse wohl ergänzen, nicht aber gänzlich ersetzen.

Trotz aller Befürwortung möchte ich die **Tücken** im Unterrichtseinsatz nicht verschweigen, die an LehrerInnen und SchülerInnen hohe Anforderungen stellen:

- Zunächst braucht man einen freien Computerraum mit genügend Computerarbeitsplätzen.
- In der Regel ist eine längere Arbeitsphase von Konstruktionen zu überwinden, bevor mathematisch Aktivitäten anhand der konstruierten Figuren stattfinden können.
- Es passiert häufig, dass einzelne SchülerInnengruppen nicht zeitgerecht fertig werden.

Hier setzt nun die Idee elektronischer Arbeitsblätter an:

„Weg vom Programmieren als Konstruieren von Figuren ist die Devise, hin zum Arbeiten

---

3 *Objekte können am Bildschirm durch Ziehen mit der Maus bewegt werden.*

4 *Ein Grafiksystem zum geometrischen Konstruieren heißt interaktiv, wenn eine geometrische Konstruktion schritt weise im Wechsel von Befehlseingabe durch den Benutzer und Befehlsausführung durch das System abgearbeitet werden kann.*

5 *Makro: Eine einmal erstellte Konstruktion kann in ihrer Gesamtheit unter einem bestimmten Namen abgespei chert werden und steht dann als Befehl für weitere, komplexe Konstruktionen zur Verfügung.*

6 *Vgl. Orfeus 1998, CD: file:///J/ODLSite/GE/dynamic.htm.*

mit geometrischen Figuren, zum Experimentieren, zum Deuten von Ortslinien, zum Aufstellen und Überprüfen von Vermutungen, zum Entdecken von Eigenschaften, in der Folge auch zum Herstellen von Querverbindungen und Begründungszusammenhängen“ [7]

Elektronische Arbeitsblätter enthalten vorbereitete Konstruktionen und integrierte Aufgabentexte. Sie verstehen sich als eine mediale Brücke zwischen der Welt der Mathematik (den geometrischen Sätzen) und der Welt der Dynamischen-Geometrie-Software (mit ihrer Objektphilosophie, ihren Konstruktionsbefehlen, dem Zugmodus und den Ortslinien). Elektronische Arbeitsblätter können ohne vertiefte Kenntnis des jeweiligen Programms eingesetzt werden.[8]

Neue Arbeitsformen werden ermöglicht

Jede Schülerin / jeder Schüler ist aktiv tätig statt passiv zuhörend. Durch ein interaktives Werkzeug wird individuelles und selbstgesteuertes Lernen ermöglicht; Experimentieren, Vermuten und Überprüfen wird selbstverständlicher Teil des Lernprozesses und erhält als Vorstufe zum Beweisen eine neue, bisher nicht gekannte Qualität.

Neben dem Lösen von Aufgaben können Computer-Lernumgebungen auch Möglichkeiten für **freies Experimentieren und Entdecken** bieten. Wie viel SchülerInnen dabei lernen, hängt natürlich vom Ausmaß und der Art ihrer Forschungsaktivitäten ab. Aber gerade in neueren Formen der Lernorganisation bieten sich Chancen für wirkungsvolles, individuelles Lernen an.

Durch den Einsatz interaktiver Grafiksysteme lassen sich bei geeigneter Aufgabenstellung die **Defizite der traditionellen Werkzeuge** – wie hoher **Zeitaufwand** oder **fehlende Visualisierung** – ausgleichen. Mit elektronischen Arbeitsblättern wandelt sich die Rolle der Sch,lerInnen. Vom Objekt der Belehrung werden sie mehr zum Subjekt eigenen Lernens. Individualisierendes Lernen mit eigener Arbeitsgeschwindigkeit, ökonomisches Arbeiten und das Entwickeln und Anwenden heuristischer Strategien wird damit einfacher durchführbar.[9] Durch ein höheres Maß an Eigenaktivität (als im herkömmlichen Geometrieunterricht) wird die Motivation zum Lernen positiv beeinflusst.

Die SchülerInnen lernen im Sinne der Grundbildung in den neuen Technologien, den Computer als geeignetes Werkzeug zu nutzen und einzusetzen. Sie haben Freude am exakten Aussehen der Figuren auf dem Bildschirm und im Ausdruck, an den graphischen Gestaltungsmöglichkeiten und an den gelungenen Lösungen.

Bei dieser Unterrichtspraxis kommt die neue Rolle der LehrerInnen deutlich zum Ausdruck. Akzeptiert man den derzeitigen Stand der Lernpsychologie, so konstruiert sich jede Schülerin / jeder Schüler auf der Basis ihrer / seiner Vorerfahrungen ihr / sein eigenes Wissen. Besteht schon im klassischen, lehrerzentrierten Unterricht die Gefahr eines „Puzzles“ aus unterschiedlichem Wissen, so kann es bei elektronischen Arbeitsblättern, die auf ein hohes Maß an Eigentätigkeit der SchülerInnen abzielen, noch eher passieren, lediglich **isolierte Wissensinseln** zu produzieren. Die **neue Rolle der LehrerInnen** wird deshalb darin bestehen, die im Einzelnen aufgebauten, subjektiven Erfahrungen und Deutungen der SchülerInnen zu sammeln, gegebenenfalls zu korrigieren, zu

[7] *Elschenbroich / Seebach 1999, S. 6.*
[8] *Vgl. ebd., S. 6 ff.*
[9] *Vgl. Ratzinger 1993, S. 23.*

Aufgabe 1:
Einige Beobachtungen an Dreiecken

a) Konstruiert ein Dreieck mit den Eckpunkten A, B, C. Messt die Größe der Winkel und die Länge der Seiten wie in Figur 1. (Eure Figur wird vermutlich andere Maße besitzen als die gezeigte.)

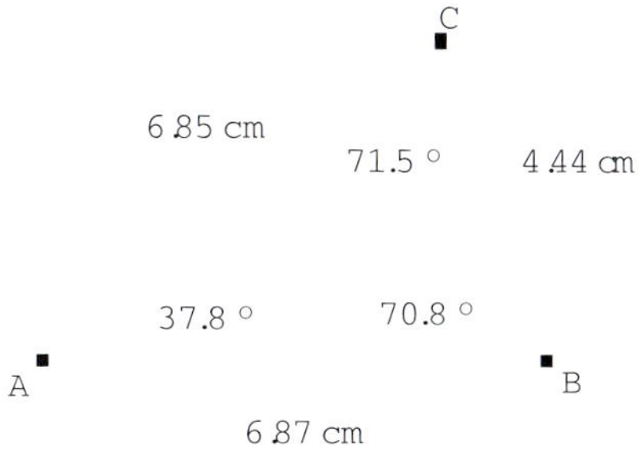

Figur 1

Zieht an den Eckpunkten und beobachtet, was geschieht.
Achtet auch auf Sonderfälle, in denen einige oder alle Maße gleich groß sind.

Durch erweiterte Fragestellungen kann man dem unterschiedlichen Lerntempo der SchülerInnen gerecht werden.

b) Könnt ihr irgendwelche Zusammenhänge zwischen der Größe der Winkel und der Länge der Seiten feststellen? Schreibt eure Beobachtungen auf und illustriert sie mit einer Skizze.

Schülererkenntnisse:

„Wenn ich an den Ecken zieh, wird das Dreieck größer oder kleiner. Die Winkel werden spitzer und dann verlängern sich die Seiten. Wenn ich eine Seite ganz lang zieh, wird der Winkel gegenüber größer.“

Diesen einfachen Konstruktionsaufgaben folgt die eigentliche Aufgabenstellung für die Arbeit mit den besonderen Punkten in einem Dreieck:

Lernziele

Die SchülerInnen sollen

- die Schnitteigenschaften jeder der besonderen Linien im Dreieck erkennen.
- den Zusammenhang zwischen der Gestalt des Dreiecks und der Lage von Umkreismittelpunkt und Höhenschnittpunkt entdecken.

Für leistungsstärkere SchülerInnen lassen sich die Lernziele ergänzen:
Sie sollen

- die Kollinearität[13] von dreien der vier besonderen Punkte im Dreieck unter suchen (Euler-Gerade).
- beobachten, dass der Schwerpunkt die Strecke zwischen Umkreismittelpunkt und Höhenschnittpunkt in einer besonderen Weise (im Verhältnis 1 : 2) teilt.

[13] *Kollinearität: Gleichgerichtetheit*
In jedem Dreieck liegen der Höhenschnittpunkt, der Umkreismittelpunkt und der Schwerpunkt auf einer Geraden (Euler-Gerade). Diese Eigenschaft hat Leonhard Euler (1701 –1783) herausgefunden.

Dazu lauteten die mündlichen Aufgabenstellungen:

Aufgabe 2:
Mittelsenkrechte

a) Konstruiert ein Dreieck mit den Eckpunkten A, B, C. Konstruiert dann die Mittelsenkrechten der Seiten und und ihren Schnittpunkt P wie in Figur 2.

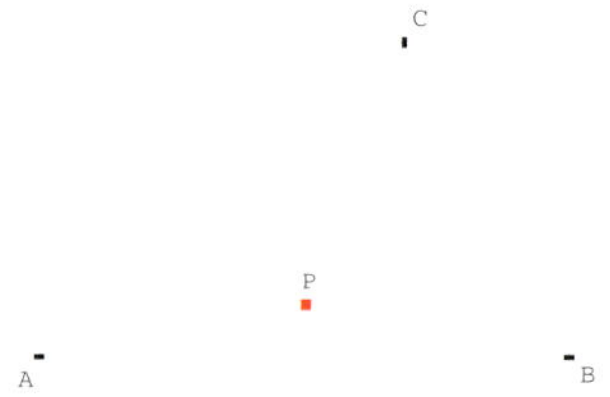

Figur 2

b) Zieht am Punkt C und beobachtet, in welcher Weise der Punkt P sich bewegt. Welche Art Linie scheint er zu beschreiben? Schreibt eure Beobachtungen auf.

Figur 3

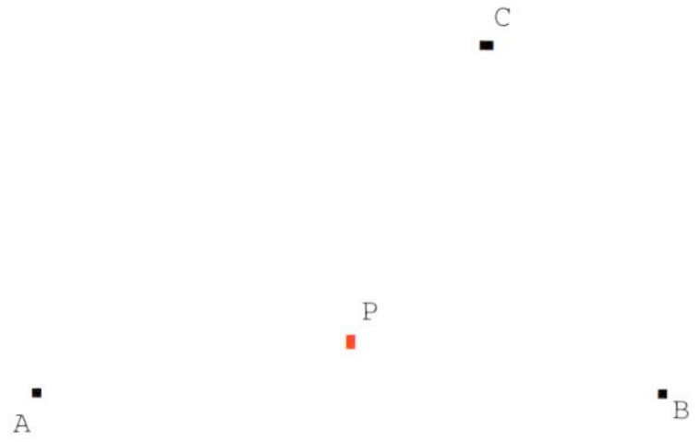

c) Versteckt nun die Mittelsenkrechten wie in Figur 3 und untersucht die Beziehungen zwischen dem Schnittpunkt P und den Eckpunkten des Dreiecks. Konstruiert damit einen Kreis, der eine besondere Beziehung zu dem Dreieck hat.

d) Bei welchem Dreieckstyp liegt der Punkt P im Inneren des Dreiecks, auf einer Seite, außerhalb des Dreiecks? Schreibt eure Beobachtungen auf und illustriert sie mit typischen Skizzen.

Im Anschluss an die Bearbeitung des Problems – den Umkreismittelpunkt betreffend – erhalten die Schülergruppen ähnliche Aufgabenstellungen für den Inkreismittelpunkt, den Höhenschnittpunkt und den Schwerpunkt.

Hochmotiviert arbeiten die SchülerInnen an den Aufgabenstellungen. Es ist interessant zu beobachten, wie sie „ihr Lernen“ selbst organisieren. Plötzlich setzten jene, die bis jetzt im herkömmlichen Mathematikunterricht nicht durch besonders großes Interesse aufgefallen waren, alles daran, die Problemstellungen gut zu bewältigen. **Eigenverantwortliches Arbeiten** fördert auf Schülerseite vor allem Motivation und damit auch den Wunsch nach Selbständigkeit; die alleinige Verantwortlichkeit des Lehrers wird stark reduziert.

Da die Lernorganisation von den SchülerInnen selbst übernommen werden kann, bleibt für den Lehrer/die Lehrerin genügend Zeit, sich jenen Kindern zu widmen, die einer speziellen Unterstützung bedürfen.

Meiner eigenen Unterrichtsarbeit entspringt die Erfahrung, dass die Nutzung des Computers bei der Schularbeit ungeheuer motivierend wirkt. Ein diesbezüglicher Versuch zeigte, dass das **Ergebnis** im Durchschnitt **innerhalb der erwarteten Leistungen** lag, die **Motivation** aller Schüler aber **ungemein höher** war als bei herkömmlichen Schularbeiten.

Dokumentation von Schülermeinungen zur Arbeit mit Cabri

Tagebucheintragungen im Anschluss an computerunterstützten Mathematikunterricht sollen zu einer exemplarischen Dokumentation *„Wie erleben Schüler Unterricht mit Computerunterstützung“* beitragen. Der Charakter der Eintragungen entspricht **kleinen Schüleraufsätzen**, wobei die Aufzeichnungen wörtlich übernommen und etwaige Rechtschreibfehler nicht korrigiert wurden. Mit dieser Vorgehensweise soll erreicht werden, dass die SchülerInnen wirklich ihre subjektiven Empfindungen und Gedanken niederschreiben ohne auf orthografische, stilistische oder grammatikalische Regeln achten zu müssen.

Ziel der Untersuchung war, die aus der Literaturanalyse gewonnenen Erkenntnisse exemplarisch zu untermauern und mögliche Handlungsansätze für den Computereinsatz zu gewinnen.

Auf Grund der Auswahl der untersuchten Schülergruppe bin ich mir bewusst, dass keine Repräsentativität gegeben sein kann, dennoch zeichnet der **exemplarische Charakter** der Ergebnisse ein Bild, welches mit dem in der verfügbaren Literatur nachgelesenen eine hohe Übereinstimmung aufweist.

Zusammenfassung der Eintragungen:

Die SchülerInnen erkannten sehr wohl, dass neben oft anfänglich auftretenden Schwierigkeiten auch Anstrengung nötig ist, um zu brauchbaren Ergebnissen zu gelangen.

Melanie: *„Ich war zuerst ganz Nervös weil ich dachte ich kann das nicht. Aber dann konnte ich es. Es war sehr lustig.“*

Nicole: *„Als erstes habe ich mich noch nicht so gut ausgekannt am Computer. Da fande ich es fad. Aber Heute war es sehr lustig finde ich denn heute habe ich alles alleine gekonnt.“*

Christian: *„Es war sehr lustig am Computer zu zeichnen. obwohl es nicht immer leicht war und ich mich nicht überall ausgekannt habe.“*

Nicht nur Befindlichkeiten wurden zum Ausdruck gebracht, sondern auch inhaltliche Aspekte angesprochen.

Jenny: *„Das Arbeiten auf den Computer ist sehr lustig. Man lernt spielend und leicht.“*

Den Schülerinnen war der Vorteil der Computernutzung im Vergleich zur Konstruktionsarbeit im Heft bewusst.

Sabrina: *„Am Computer konnte man die Winkel auf und ab schieben, daß größere Winkel werden. Das können wir in der Klasse im Heft nicht machen.“*

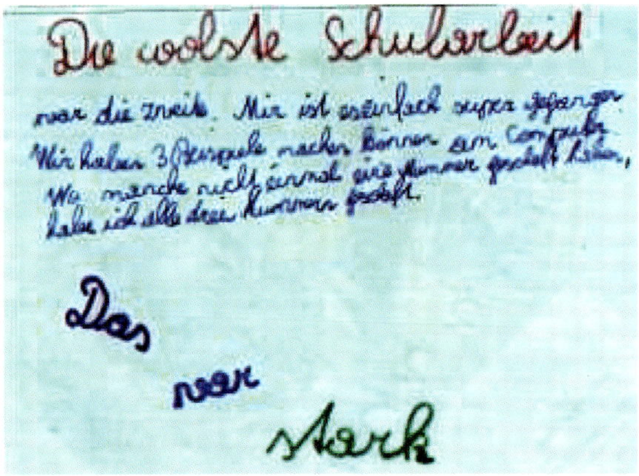

Tagebucheintragung des Schülers P. nach einer Mathematikschularbeit, bei der für einige Aufgabenstellungen ein Computer verwendet wurde.

Jenny: *„Man kann die Dreiecke und die Winkel und auch die anderen Sachen verdrehen und die Strecken übereiander ziehen. Im Heft müßte man viele Dreiecke zeichnen, beim Computer brauch ich nur eine Strecke woanders hinsetzen. Man braucht nicht so lang am Computer, denn im Heft müßte man zuerst zeichnen, dann den Winkelbogen zeichnen und dann alle Winkel messen.“*

Erhöhter Lernzuwachs wurde genauso registriert wie die Tatsache, dass man nicht nur mit dem Computer lernen kann, sondern auch handschriftliche Konstruktionen nötig sind.

Tanja: *„Denn man lernt bei manchen Sachen leichter und bei anderen schwerer. Aber meistens leichter kommt mir vor.“*

Jenny: *„Ich lerne aufzupassen, denn ein falscher glieck mit der Maus und die ganze Zeichnung ist falsch.“*

Romy: *„Beim Zeichnen muß man Auch viel genauer sein und richtig messen, sonst kommt leicht ein Fehler heraus. Wenn wir aber mit dem Computer arbeiten, lernen wir nicht wie alles händisch funktioniert. Aber das müssen wir auch lernen. Am Computer arbeite ich lieber.“*

Stark zum Ausdruck kam die gesteigerte Motivation und auch ein wenig die Faszination der Technik, die vor allem jene Schüler ansprach, die keine eigenes Gerät zu Hause hatten.

Romy: *„Wenn wir Zeichnen, ist alles anders. Beim Computer funktioniert alles auf Knopfdruck.“*

Sabrina: *„Wenn wir etwas zeichneten druckten wir es aus und es machte großen Spaß.“*

Romy: *„Das lustigste ist, finde ich, wenn der Ausdrucker ausdruckt. Dann fährt ein Gestell hin und her, daß sieht so lustig aus, wenn man nur ein Stück sieht, was bis nun getruckt wurde. Es sieht auch komisch aus wenn die Finger kommen, und man alles herum ziehen kann.“*

Hilfsbereitschaft wurde neben dem Stolz, selbst etwas erarbeiten zu können, sehr positiv erlebt.

Tanja: *„Ich fand es einfach toll ich bin immer noch ganz fasziniert. Die Hilfsbereitschaft meiner Mitschülern gegenüber wenn man etwas nicht konnte war einfach wunderbar.“*

Verwendete Literatur

Bundesministerium für Unterricht und Kunst (Hrsg.): Der Computer als Werkzeug und Medium im Mathematikunterricht 3. Wien 1993.

CD Orfeus: file:///J/ODLSite/GE/dynamic.htm. 1998.

Elschenbroich, Hans-Jürgen / Seebach, Günter: Geometrie – dynamisch entdecken. Elektronische Arbeitsblätter mit Euklid. Köln 1999.

Papert, Seymore: Gedankenblitze. Kinder, Computer und neues Lernen. Hamburg 1985.

Ratzinger, Wolfgang: Interaktives Konstruieren. In: Bundesministerium für Unterricht und Kunst (Hrsg.): a.a.O., 1993, S. 23-44.

Johann Schmied

Sinnvolle Integration des Computers im Fach „Geometrisches Zeichnen”

Die Hauptschule hat u. a. die Aufgabe, eine grundlegende Allgemeinbildung zu vermitteln sowie die Schülerinnen und Schülern je nach Interesse, Begabung und Fähigkeit auf das Berufsleben bzw. auf den Übertritt in weitere Schulformen vorzubereiten. In diesem Schulzweig wurden im Laufe der letzten Jahre im Fach „Geometrisches Zeichnen“ bis zu **50 % der Stunden gekürzt.** Da sich das Bild der Geometrie und folglich auch die Aufgaben und Zielsetzungen des Geometrieunterrichts durch den Einsatz modernster Technologien didaktisch und methodisch sehr geändert haben, sind **neue Anforderungen** auf allen Ebenen zu berücksichtigen. In den Informationsblättern für Darstellende Geometrie [1] findet sich folgender bemerkenswerte Satz: *„Geometrielehrer ohne CAD-Kenntnisse sollten jedenfalls in absehbarer Zeit der Vergangenheit angehören.“* Seit Februar 1998 befassen sich engagierte Lehrer aus allen relevanten Richtungen der Geometrieausbildung mit der Entwicklung von Möglichkeiten und konkreten Hilfen für eine didaktische Erneuerung dieses Fachbereiches. Nun steht eine **CD-ROM** [2] zur Verfügung, die Lehrerinnen und Lehrer bei der Vorbereitung und Gestaltung eines modernen Unterrichts unterstützt aber auch den Schülerinnen und Schülern reichhaltige Möglichkeiten zum Üben und Vertiefen geometrischer Inhalte bietet. Viele **neue Einstiegswege** in den Geometrieunterricht mit anwendungsorientierten und fächerübergreifenden Aufgaben wurde konzipiert und produziert. Das elektronische Medium enthält zahlreiche **multimedial aufbereitete Unterrichtsbeispiele**, die zur Schulung der Raumvorstellung und Vermittlung geometrischer Grundtatsachen verwendet werden können. Die einfache Bedienung ermöglicht den sofortigen Unterrichtseinsatz; alle dafür notwendigen Hilfsprogramme sind auf dieser CD-ROM enthalten. Interaktive 3D-Animationen, Präsentationen, Grafiken, Fotos, stereoskopische Bilder, Internet-Seiten sowie Sound und Video dienen zur Veranschaulichung geometrischer Zusammenhänge. Eine umfangreiche Beispielsammlung zur dynamischen Geometrie sowie **didaktische Hinweise** und andere nützliche Informationen (Anwendungsbereiche/Querverbindungen, Voraussetzungen, Lehrziele) ergänzen das Angebot.

Der **Lehrplan 2000** für die 1. – 4. Klasse der Hauptschulen und allgemeinbildenden höheren Schulen [3] ermöglicht den Lehrerinnen und Lehrern **größere Freiräume** bei der Gestaltung des Unterrichts; er verpflichtet aber auch, diese zu nützen. Als eines der wesentlichen Ziele und Inhalte sollen die Schülerinnen und Schüler durch Erwerb und Nutzung grundlegender Kenntnisse, Fertigkeiten und Fähigkeiten Einsichten in die Geometrie gewinnen.

Vielleicht können **Multimedia** und Hypermedia den Unterricht nicht nur im Fach „Geometrisches Zeichnen“ sondern auch im Kernbereich der „Mathematik“, wo sich viele Inhalte mit starkem Bezug zur Geometrie finden, durch **konstruktives, selbstgesteuertes Lernen** fördern und so zu einem „Neustart“ verhelfen.

Inhalte des Workshops

- Videofilm über die Notwendigkeit der Raumvorstellung
- Vorstellen und inhaltliches Präsentieren einer CD-ROM [2] für den Unterrichtseinsatz in GZ/TZ
- 3D-Animation (VRML), Show mit einem 3D-Programm [4] und Bau des Beispiels Impossible_1 aus Styroporwürfeln und Draht
- Vorstellen repräsentativer Beispiele aus den Bereichen Module und Serien für diverse Erklärungen:

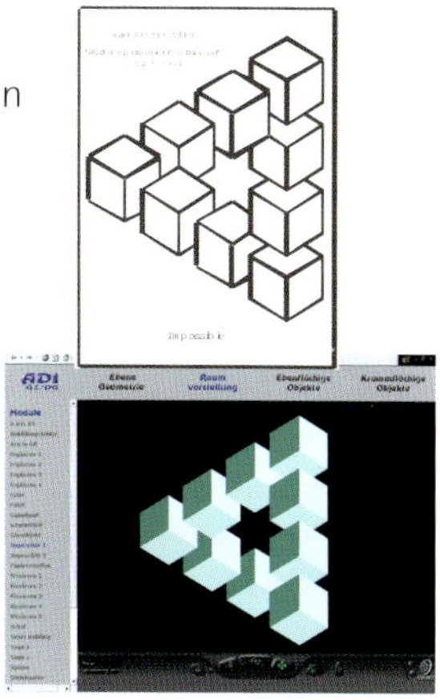

Module:

- Ebene Geometrie:
  Ramsau-Logo: Aufbau des Beispiels (Dokumentaufbau), Symbolerklärungen
- Raumvorstellung:
  Würfelauflösung: 3D-Animation, Modelleinsatz, Querverbindung zur Mathematik

  Geometrische Welten: Bearbeitung von Arbeitsblättern mit Unterstützung der 3D-Animation (VRML)
- Ebenflächige Objekte:
  Tor 2: ORF-Interview
  Reflexion: P/C-Querverbindung
  Hubschrauber: Mathematik- und Werken-Querverbindung (Bastelbogen)
- Krummflächige Objekte:
  Kegelrad 1: Videoeinsatz
  Kettentrieb: PowerPoint-Show
  Zylinderrisse: Differenzierungsmöglichkeiten

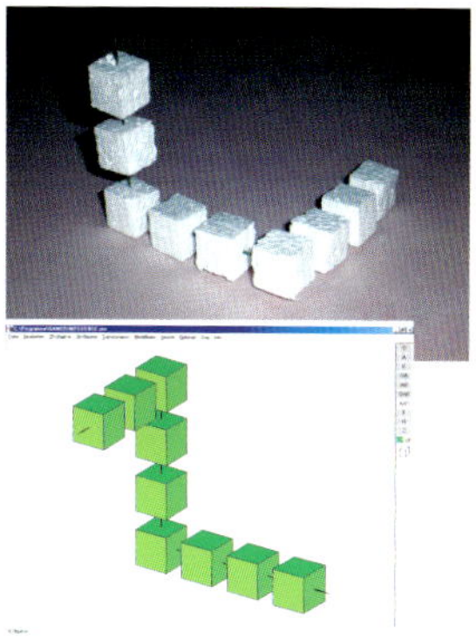

Serien:

- 3D-Modellieren: animiertes Vorschaubild, PowerPoint-Show
- Durchdringungen: VRML-Einsatz und Web-Site-Hinweise
- Dynamische Geometrie: Vorschaubild, EUKLID-Einsatz [5]
- Perspektive im GZ-Unterricht: Dokumentqualität und Quantität (32 Seiten!)
- Grundkonstruktionen:
  Beispiel für den Geometriebasisunterricht auch in Mathematik

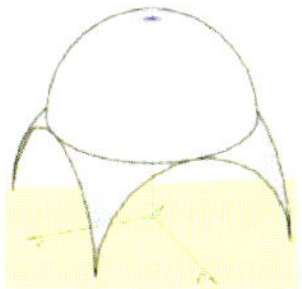
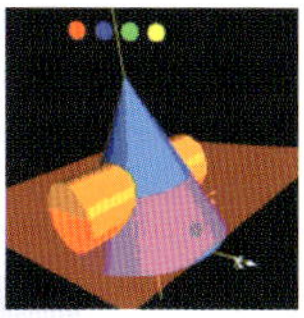

- Eigenständiges Arbeiten mit der CD-ROM durch die Teilnehmer des Workshops.
- Diskussion

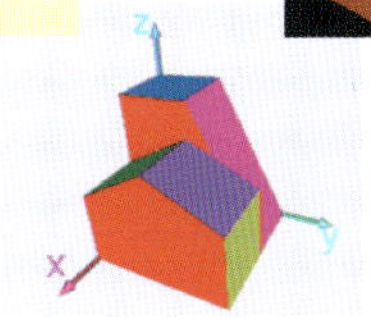
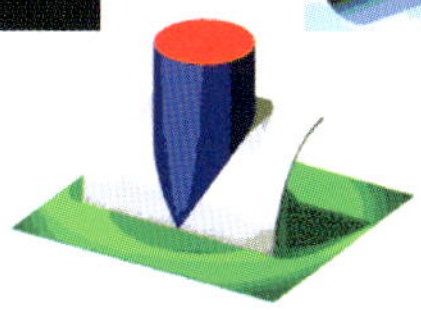

Die **CD-ROM** ist im Rahmen einer mit dem Bundesministerium für Bildung, Wissenschaft und Kultur getroffenen Lizenzvereinbarung **für den Unterricht kostenlos verfügbar**. Pro Schule können bis zu zwei Exemplare schriftlich (mit Schulstempel) beim Zentrum für Schulentwicklung des BMBWK, Abt. I, Kaufmanngasse 8, 9020 Klagenfurt, angefordert werden. Eine Demoversion mit vollständiger Benutzeroberfläche, aber eingeschränktem Beispielsumfang sowie weitere wichtige Informationen zur CD-ROM sind auf der Internet-Seite *http://www.geometry.at* abrufbar.

Literatur

[1] Informationsblätter für Darstellende Geometrie (IBDG); Artikel: „Ohne Lehrerfortbildung geht´s wohl nicht!“ von Mag. Gerhard Schröpfer, Graz; Seite 4, Heft 1/2000, Jg. 19.

[2] ARGE Didaktische Innovation GZ/DG, CD-ROM Beispiele und Anregungen für den Unterricht, Eigenverlag, Saalfelden 2000.

[3] REICHEL, H.-C. und GÖTZ, S., Lehrplan 2000 – Kern- und Erweiterungsbereich im Mathematikunterricht für die 1. – 4. Klasse der HS und der AHS, öbv&hpt VerlagsgmbH, Wien 2000.

[4] 3D-CAD-Software GAM (Generieren – Abbilden – Modellieren).
Programmautor: Mag. Erwin Podenstorfer, Berliner Ring 54/6, 8047 Graz.

[5] EUKLID DynaGeo ist eine zeitlich beschränkte Shareware-Version. (*http://www.mechling.de*)

Helmut Weber

„Deutsch online"

Der Wandel von Technologie und Sprache

Neue Technologien bedeuten nicht nur einen technischen Fortschritt, sondern bedingen immer auch einen **grundlegenden sozialen und ethischen Wande**. Wenn *Postman* (1997) von der Notwendigkeit der Technologie-Erziehung spricht, dann meint er nicht ein technisches Fach, sondern den humanwissenschaftlichen Aspekt gegen den faustschen Pakt, der immer auch einen erheblichen Nachteil birgt.

In jeder **Technologie** liege eine **mächtige Idee**. Wie die Sprache bringe auch die Technologie uns dahin, gewisse Personen und Leistungen zu begünstigen, andere zu vernachlässigen. Die Philosophie der Technologie drücke sich darin aus, wie sie die Welt kodifiziere und wie sie die Menschen in ihrem Denken, Handeln und Verhalten beeinflusse. Technologie-Erziehung heißt zum **kritischen Gebrauch** anzuregen und im Positiven eine **neue Welt zu schaffen**.

Der **Gebrauch der Sprache** bleibt in der Benennung des Abbildes von Welt **nicht wertneutral**, die logisch-mechanistischen Prinzipien der Informatik prägen die kulturellen Ausdrucksformen des Menschen. In der Physiologie mutiert das Gehirn von der mechanischen zur digitalen Maschine. Der Input der Umwelt wird in den Dendriten vorverrechnet, Wahrnehmungs- und Denkmuster bleiben nachgeschaltet.

Um die Welt in ihrer Wirkung notdürftig zu beschreiben, verwenden wir die **Sprache**. Sie erlaubt **Konzepte**, die wir über Ereignisse und Dinge der Welt konstruieren.

Die Auflösung von Zeit, Raum und Identität

Die Entwicklung der Medientechnologie wird unter dem Aspekt von Bote und Botschaft von *Peter Weibel* mit **drei paradigmatischen Entwicklungsphasen** unterschieden.

Die **Botschaft** erreicht uns durch die Steigerung der Datenübertragungsrate immer **schneller**. Wer es eilig hat, schreibt keinen Brief, er mailt seine Informationen. Durch die Beschleunigung des Botschaftstransfers werden **Raum und Zeit gleichgesetzt**. Videokonferenzen ermöglichen den Meinungstransfer ohne umständliches Reisen.

Doch die dritte Auswirkung trifft uns in unserem Innersten. Durch die Modulation von Zeichen in elektrische Signale wird die **Botschaft körperlos**, der binäre Code erzwingt eine radikale Immaterialisierung. Für die Alltags-Welterfahrung des Menschen schafft der Computer eine **zunehmende Verständnislosigkeit** durch die gesteigerte Komplexität. Immer mehr weichen aus und bezeichnen sich als einfache User. Was dahinter steckt, wird uns durch die undurchschaubare Blackbox verwehrt. Kinder sehen das wesentlich unkomplizierter. Sie fügen dem schnellen Medium eine beschleunigte Sprache ganz unbekümmert hinzu. Die **Cyber-Sprache**, ursprünglich von Insider-Freaks ersonnen, ist als neue Codierungsform gefragt, Höflichkeitsfloskeln beim Mailen werden durch Buchstabenkombinationen verschleiert, Sprache verkürzt sich somit.

Was in Amsterdam noch als gelungenes Sozialprojekt für Arbeitslose gedacht war, wenn sie sich beim kostenlosen **Interjetten** an öffentlichen PCs neue Identitäten geben konnten, mutiert bei unseren Schülerinnen und Schülern zum vergnüglichen Versteckspiel durch Nicknames. Sprache und Identität als wandelbare Beliebigkeit.

Um dem Anwender wieder Boden unter den Füßen zuzulassen, wählen die Verkäufer der neuen Technologien oft recht antiquierte Metaphern. **Internet Explorer** oder **Netscape Navigator** vermitteln nach *Glaser* (1992) ein **Kolumbus-Gefühl,** das den Forschenden in seiner Entdeckereuphorie durch die Zuverlässigkeit der Straßenmetapher des **Datenhighways** absichert. Die Bildlichkeit der Fenster-Technik von **Windows** impliziert eine immerwährende Sehnsucht in die jeweils andere Richtung. Fenster und Maus haben denselben Erfinder: *„Douglas Engelbart, dessen geniale Simplizität das scheinbar Unproblematische des universalen Zugriffs auf Welt in einer leichten Fingerbewegung"* (Polz-Heinzl 1999) ermöglicht.

Auch die Vorstellung von Welt wird universal. Denn die Vorstellung der linearen und historischen Entwicklung von Welt wird ersetzt durch eine **Gleichzeitigkeit**, die eine **Enträumlichung von Texten** ermöglicht; der **Link** bietet ein Sprungbrett in den literarischen Hyperraum. Der **Hypertext** wird somit zur Metapher für das nichtlineare Denken und Schreiben.

Die Veränderung der Kulturtechniken

De facto besteht eine Globalisierung von Kommunikation. Durch die **Information and Communication Technologies (ICT)** vollzieht sich ein gravierender Wandel der Beschaffung, Aufbereitung und Weitergabe von Information. So wurde die Speicherung von Informationen unterschiedlichsten Charakters vereinheitlicht. Immer mehr **Informationen** werden **auf immer kleinerem Raum gespeichert**. Sogar die Schnittstellen zwischen den Gedanken und der digitalisierten Kommunikation sind einer ständigen Veränderung unterworfen, die PC-Tastatur wird bald von einer immer perfekter operierenden **sprachgesteuerten Texteingabe** abgelöst. Die Zukunft ist der multimediale PC, der auf Zuruf beliebige audio-visuelle Programme über die **digitale Box** in die Wohnstuben transferiert.

Was fängt die Schule nun damit an?

> Erstens: Die Schulen müssen gemäß ihrem Bildungsauftrag die Schüler auf die neuen Paradigmen der Informationsgesellschaft vorbereiten. Eine ständige kritische Resonanz ist dabei unumgänglich.
>
> Zweitens: Der naturwissenschaftlich-spezialisierten Ausbildung hinsichtlich der neuen Technologien ist ein philosophisch-ganzheitlicher und musischer Schwerpunkt begleitend anzufügen.

Wolfgang Feller (1999) setzt den typischen Telematik-Anwendungen wie die Einführung in das Procedere von Textverarbeitungssystemen, Tabellenkalkulation, Datenbank, E-Mail und Homepage den projektorientierten Unterricht in Verbindung mit dem Referenzfach Deutsch in Form von kreativer Textgestaltung entgegen.

Doch zunächst eine kurze **Rückschau** auf die Anfänge der Verknüpfung von Schule und PC im Rahmen des Informatikunterrichts.

Das Zeitalter der Turtle

Eine der Aufgaben von Schule ist es, die Schüler auf die Anforderungen einer Mediengesellschaft durch eine konsequente **Medienerziehung** vorzubereiten. Das Fach Deutsch wurde neben weiteren Gegenständen zum Trägerfach erklärt und sollte die Anwendung moderner Technologien erweitern.

Die Zeit der **ersten Versuche** im Umgang mit neuen Informations- und Kommunikationstechniken ist vorbei. Das Betriebssystem MS-DOS gehört ebenso wie das Bewegen der Turtle ins EDV-Museum. In der Programmiersprache BASIC konnte man auf dem Bildschirm durch einfache Befehle mit dem **Cursor (Turtle)** in alle vier Richtungen Linien ziehen, einfache Spiele wurden als Pausenfüller genutzt. Heute hat der Großteil der PCs an den heimischen Schulen ein Windows-Betriebssystem installiert.

Die Bedeutung der neuen Technologien erkennend, haben die Schulpartner in der **Schulprofilentwicklung** diesem Trend Rechnung getragen. Viele Hauptschulen und allgemein bildende höhere Schulen bieten den Gegenstand Informatik als Schwerpunkt an. Da damit bereits in den ersten Klassen begonnen wird und manche **Schüler** wesentliche **Vorkenntnisse** aus ihrer Volksschule oder von Zuhause mitbringen, muss der Deutschunterricht im Hinblick auf die Informatik neu strukturiert werden.

Im neuen Lehrplan ist **Deutsch nicht mehr Trägerfach** der Informatik. Das heißt, wir Deutschlehrer und -lehrerinnen können uns darauf konzentrieren, den PC als modernes Medium unterrichtsbegleitend und unterstützend einzusetzen.

Vom Traum zum Leben

Als *Neil Postman* Amerika vor dem Experiment zur Anpassung an die Zerstreuung aus der Steckdose warnte, war dies vor allem als Warnung vor der Entmündigung und der gedankenlosen Anpassung an das Fernsehen zu verstehen. Den Computer erwähnte er nur am Rande. Sein deklarierter Hauptfeind war das Fernsehen. Er beschreibt in seinem Buch *„Wir amüsieren uns zu Tode“*, wie der **Geist einer Kultur beschädigt** werden kann. *Orwell*, so meint er, habe beschrieben, wie die Kultur zum Gefängnis, *Huxley*, wie sie zum Varieté verkomme.

> *„Menschen in ´Schöne neue Welt´ leiden nicht daran, dass sie lachen, statt nachzudenken, sondern daran, dass sie nicht wissen, worüber sie lachen und warum sie aufgehört haben, nachzudenken“*
>
> Postman 1988

„Eine Orwell-Welt ist leichter zu erkennen als eine Huxley-Welt, und es ist auch leichter, sich ihr zu widersetzen“ (Postman 1996, S. 192). Man müsse erkennen, dass **neue Technologien** ein ganzes Programm des **sozialen Wandels** in sich bergen, Technik sei eben nicht neutral. Nur durch eine **Entmystifizierung** der Medien sieht er die Chance, eine gewisse Kontrolle über die Medien zu erlangen. Doch wie lässt sich ein solches Medienbewusstsein entwickeln?

Welchen Einfluss die neue Medienwelt auf die Altersgruppe der 8- bis 14-Jährigen genommen hat, zeigt eine Untersuchung von *Böck* (1998): Zwei Drittel der Kinder und Jugendlichen besitzen Videospiele und einen Walkman, 75 % der Kinder geben an, einen Computer nützen zu können. **Computer** und Internet werden immer mehr zum **selbstverständlichen Bestandteil** des kindlichen Medienalltages. Meist jedoch beschränkt sich die Nutzung des Computers als **Schreibmaschinenersatz**, auf die Anwendung von

Computerspielen, das Herunterladen von Musikclips via MP3, den sinnlosen Meinungsaustausch im Chatgeschwätz und das Endlossurfen im Internet-Ozean.

„In Österreich sitzt jedes zehnte Kind täglich am Computer. Mehrmals pro Woche findet sich rund ein Drittel der Kinder ein. Elektronische Spiele sind dabei der absolute Hit.“ (Der Standard, 8. März 2000). Die Welt erobern Kinder meist spielerisch. Was in der Erwachsenenwelt oft noch Unbehagen bereitet, ist für die **Net Kids** kein Thema.

„Spielerisch die Welt erobern“ ist die Devise der **Generation N.** Was sich der Erwachsene umständlich mit dem Handbuch erarbeitet, schaffen die Kids einfach durch Probieren. Das Internet ist das erste Medium, das der User ziemlich einfach mitgestalten kann. Dabei können die Benutzer miteinander in Kontakt treten und die Inhalte bestimmen. Das Fernsehen wird ein Teil des Internets werden und der Multimedia-PC wird Standard in Kinder- und Wohnzimmern sein.

> Den Kindern von heute sind keine Grenzen mehr gesetzt. Sie können sich ihre Welt durch die Tastatur erschließen.

Das „WeltWeiteWarten“

Neben der **Überprüfbarkeit der Authentizität** von Kommunikator und Inhalt gilt es zwei weitere Phänomene zu berücksichtigen, die ungeheure **Datenflut** und den **Zeitfaktor**. Wer oft mit den Schülern und Schülerinnen online sein will, spricht nach dem wiederholten Anlauf verzweifelt vom „WeltWeitenWarten“. Solange nämlich die meisten Schulen am selben Serverknoten hängen und die Leitungen technisch nicht verbessert werden, bleibt jede noch so präzise vorbereitete Unterrichtseinheit in Verbindung mit dem Internet ohne entscheidenden pädagogischen Erfolg. Leider beginnen sich viele Pädagoginnen und Pädagogen nach einer gewissen Anfangseuphorie vom Informatikraum abzuwenden und haben auch nicht mehr die Energie Übungseinheiten entsprechend zu didaktisieren. Im Übrigen sollte ohnehin in jedem Klassenzimmer ein PC jederzeit benutzt werden können.

In einer sich beschleunigenden Welt, in der alte soziale Gefüge einem enormen Wandlungsprozess unterworfen werden, **gilt nicht die Frage, ob** wir uns als Lehrer/innen dieser pädagogischen **Aufgabe stellen** wollen oder nicht, sondern vielmehr, **wie** wir der Jugend helfen können, die Strategie einer sinnvollen Nutzung und die Strategie zur Bildung einer kritischen Distanz sowohl in Form als auch in Inhalt zu entwickeln.

Schulen ans Netz

Was können wir in der Schule tun? Wie ist das Internet sinnvoll im Deutschunterricht einsetzbar? Wie sieht Sprache in einer global und medial geprägten Welt aus?

Neben einer eingehenden Medienanalyse und einer ausgewogenen Medienkritik sind daher **folgende Bereiche** aus der Sicht der Deutschdidaktik **von Bedeutung**:

Kommunikation

- ✓ Beschaffung und Bearbeitung von Information
- ✓ Die Verkürzung der Sprache
- ✓ Die Vernachlässigung der Rechtschreibung
- ✓ Nonverbale Kommunikationsformen als neues Stilmittel – „Smileys“
- ✓ Die Entwicklung einer eigenen Fachsprache – Computersprache, Maschinensprache
- ✓ Szenesprachen – Szeneduden
- ✓ Elektronische Kommunikation – E-Mail, Chat

Sprachanalyse und Sprachkorrektur

- ✓ Das digitale Arbeitsblatt

Sprachliches Gestalten

- ✓ Recherchen im Internet – das entdeckende Lernen
- ✓ Tele-Lernen
- ✓ Hypertext: Vernetzen von Texten und Textelementen
- ✓ Hypermedia: Vernetzung von Texten mit Bildern, Grafiken, Animationen u.a.

Eine der wichtigsten Voraussetzungen für eine zielorientierte Suche ist die nötige Strategie und eine passende **Suchmaschine oder ein Stichwortkatalog**. Zu den bekanntesten Stichwortkatalogen in deutscher Sprache zählen *www.yahoo.de*. Auf dieser Webseite können Sie entweder über ein Stichwort oder über Kategorien suchen. In 14 Haupkategorien werden die wichtigsten Unterkategorien angeboten. Durch Weiterklicken erscheint schließlich auf dem Bildschirm die Zahl der **Links** und eine kurze Beschreibung der entsprechenden **Web-Sites**.

Stichwortkataloge:	Suchmaschinen:
www.yahoo.de	*www.altavista.de*
www.dino-online.de	*www.fireball.de*
www.web.de	*www.excite.de*
infoseek.go.com	*www.hotbot.com*

Im Gegensatz zu Stichwortkatalogen werden von Suchmaschinen so viele Web-Seiten wie möglich gesammelt und zwar nicht nur die Titel, sondern der gesamte Text.

Über die Homepage der Suchmaschine können diese Datenbanken abgefragt werden, indem ein oder mehrere Suchbegriffe eingegeben werden. Damit die Trefferliste nicht zu umfangreich wird, müssen die Suchbegriffe nach den **Bool´schen Regeln** eingeschränkt werden.

Mehrere Begriffe werden durch AND (+), OR oder NOT definiert. Sucht man nach den „Kinder und Hausmärchen“ der Gebrüder Grimm könnte die Eingabe lauten: „Grimm AND Märchen“. Will man Texte zur Rechtschreibung, heißt eine mögliche Eingabe: „Grimm NOT Märchen“.

Doch was macht man mit der gefundenen Information? Für eine kurze Recherche wird das genügen. Die Möglichkeiten sind vielfältig. Für eine kreative Form, das Internet innovativ zu nutzen, hier einige kurz beschriebene **Beispiele**:

Das entdeckende Lernen

Nach der Recherche im Internet sind bei den Schüler/innen dieselben Fähigkeiten und Fertigkeiten gefragt, wie sie zur Verarbeitung von Printmedien notwendig sind. Je nach Projektausrichtung müssen die **Informationen ziel- und adressatengerecht aufbereitet** werden. Dabei ist die Fähigkeit zu entwickeln, fremde Textbausteine mit eigenen Formulierungen zu verknüpfen und sprachliche Brücken als Überschriften oder Bildtexte zu formulieren. Ziel ist die Individualisierung von Textbausteinen zu einer neuen Darstellungsform.

Lernen im Stationenbetrieb:
Eine in den Ansprüchen schwierigere Aufgabe ist die Informationsbeschaffung im Stationenbetrieb. ***Franz Korinek*** (ÖBV 1998) zeigt am Beispiel von Goethes „Italienische Reise“, wie Schülerteams durch individuelle Arbeitsaufträge unter eigenen Internetadressen Detailinformationen sammeln, die sie in einem Gemeinschaftsprojekt präsentieren.

Station 1 *http://gutenberg.aol.de/goethe/italien/italien.htm*
Station 2 *http://home.t-online.de/home/Georg.Burkhard/besichtigung.html*
Station 3 *http://www.rz.uni-frankfurt.de/~timor/ende.htm*
Station 4 *http://www.snafu.de/~apawelz/ligura.htm*

Der Städteprospekt:
Die Schüler wählen sich eine Stadt in Europa oder die eigene aus und suchen im Internet passende Fotos. Dazu sollen sie fünf Sätze für einen Werbeprospekt formulieren. Die Formulierungen können unter dem geografischen oder soziologischen Aspekt gewählt werden.

Das Ergebnis kann auf der Homepage der Schule veröffentlicht werden.

Die digitale Zeitung

Als ausgezeichnete Grundlage für die Gestaltung von Berichten und Reportagen dienen die Webseiten von Zeitungen und Presseagenturen. Neben der Auswahl von eigenen Interessensgebieten oder auch dem Online-Lesen ergibt sich die Möglichkeit Fotos und Texte zu be- und überarbeiten. Doch Vorsicht: Copyright!

In einem **Redaktionsspiel** bekommen die Schüler/innen den Auftrag, für ihr eigenes Ressort Artikel und Bildtexte zu schreiben. Z. B. mit. dem MSPublisher lassen sich Zeitungsseiten mit einem ansprechenden Layout verfassen. Fortgeschrittene werden ihre Zeitung in MS-Frontpage erstellen. So können sie mit ihren eigenen Projektdokumentationen und Texten aus Schreibwerkstätten direkt im richtigen Format ins Internet gehen.

Zeitungen online

www.kleinezeitung.at
www.krone.at
www.salzburg.com/sn
www.diepresse.at
www.derstandard.at
www.sueddeutsche.de
www.welt.de
ww2.zeit.de/bda/int/zeit/
www.nzz.ch

Hypertexte

Die Idee ist faszinierend: **Viele schreiben** an verschiedenen Orten **eine gemeinsame Geschichte**. Die Handlung ist vielschichtig, die Verknüpfungsmöglichkeiten sind nichtlinear. Der Leser/Die Leserin klickt im Text auf Links und liest an einer neuen Stelle weiter. Die Gleichzeitigkeit von Geschehen wird dadurch spürbar.

Die Jugend-Literatur-Werkstatt Graz bietet Jugendlichen die Möglichkeit, Fortsetzungen für einen Netzwerkroman zu schreiben. Eine eigene Kritikerrunde überprüft die eingelangten Texte und beurteilt ihre Qualität in der Netzwerkstatt. Die interessantesten Äußerungen werden gemeinsam mit dem Text veröffentlicht. In Chatrunden kann online darüber diskutiert werden. Damit werden Arbeiten von Schüler/innen einem breiteren Kreis zugänglich gemacht und entkommen dem bloßen Charakter der reinen Textübung.

Das digitale Schulbuch

Die Meldung ließ aufhorchen. In einigen Klassen der Oberstufe der AHS ersetzt das Notebook Hefte und Schulbücher. Die Schüler/innen holen sich ihren Lernstoff aus dem Internet. Wird damit der Lehrer/die Lehrerin überflüssig? Wer beurteilt die Qualität des Angebots, wer bereitet auf und überprüft den Wissenstransfer? Wie kann man sicher sein, dass die Leistungen authentisch sind?

Und überhaupt, wer liefert wissenschaftlich fundiertes und didaktisch aufbereitetes Lern- und Übungsmaterial? Was derzeit an Übungs- und Kopiervorlagen angeboten wird, muss genau nach Autor, Lehrinstitution und Verlag überprüft werden. Sonst landet man meist bei einem E-Commerz-Anbieter, der seinen Obulus verlangt und den User in weiterer Folge mit Mailwerbung eindeckt. Für die Schulbuchverlage gibt es zwei Optionen. Zusätzlich zum Schulbuch werden **Arbeitsblätter zum Herunterladen** angeboten oder man liefert eine **CD-ROM**, auf der multimedial der im Schulbuch angebotene Lernstoff be- und verarbeitet werden kann. Die Grundsatzfrage *„Buch oder Bildschirm“* wird sich meines Erachtens nach nie in dieser radikalen Form stellen. Unter der Serviceadresse www.e-LISA.at kann man die Vernetzung von Schulbuchverlagen und digitalen Medien bereits sehr gut erkennen.

Wir Lehrer und Lehrerinnen sind aufgerufen, das **gläserne Medium** als einen weiteren Bestandteil unserer didaktischen Möglichkeiten zu sehen, die Auseinandersetzung muss auch im Deutschunterricht in einem stärkeren Maß stattfinden, denn die Begegnung findet auch ohne uns schon dauernd statt.

Literatur

Baurmann, Jürgen / Weingarten, Rüdiger (Hrsg.): Internet. Praxis Deutsch. Zeitschrift für den Deutschunterricht, Velber 1999. (Friedrich Verlag)

Bruck, Peter / Geser, Guntram (Hrsg.): X-rom. Multimediaproduktion mit Kindern und Jugendlichen, Innsbruck 1999. (Studienverlag)

Duden: Wörterbuch der Szenesprachen, Mannheim: Bibliographisches Institut 2000.

Günther, Johann / Hüffel, Clemens: Die Massenmedien in unserer Gesellschaft. Zahlen – Daten – Fakten, Krems 1999. (Donau-Universität Krems)

Falschlehner, Gerhard (Hrsg.): Lesen fördern im Medienzeitalter. Beiträge zum Grundsatzerlass

Leseerziehung, Wien 1999. (Buchklub der Jugend)

Grieser, Harald / McCready, Christine: Lernorte im Internet. Hilfreiche Adressen für Schule und Unterricht, Mühlheim 1998. (Verlag an der Ruhr)

Postman, Neil: Wir amüsieren uns zu Tode. Urteilsbildung im Zeitalter der Unterhaltungsindustrie, Frankfurt am Main 1996. (Fischer)

Postman, Neil: Keine Götter mehr. Das Ende der Erziehung, München 1997. (Deutscher Taschenbuch Verlag)

Postman, Neil: Die zweite Aufklärung. Vom 18. bis ins 21. Jahrhundert, Berlin 1999. (Berlin Verlag)

Rastner, Eva Maria (Hrsg.): Neue Medien. Informationen zur Deutschdidaktik. Heft 2/99, Innsbruck 1999. (Studienverlag)

Stangl, Werner: Internet@Schule. Insiderwissen für LehrerInnen, Innsbruck 2000. (Studienverlag)

Watzlawick, Paul / Beavin, Janet / Jackson, Don: Menschliche Kommunikation. Formen – Störungen – Paradoxien, Göttingen 2000. (Verlag Hans Huber)

Wimmers, Ralf: Lehrer-Kursbuch Internet. Einführung, Tipps, kommentierte Adressen, Berlin 2000. (Cornelsen Scriptor)

Wintersteiner, Werner: Lesen in der Medienwelt. Informationen zur Deutschdidaktik. Heft 2/00, Innsbruck 2000. (Studienverlag)

Martin Wiederhofer

Maus – Monitor – Musik

Der **Computer** bietet sich heute nicht nur professionellen Musikern, Komponisten und Tonstudios als unverzichtbares Werkzeug zum Speichern und Notieren von Musik an, sondern ist auch in der Lage, durch spielerischen Zugang dem musikalisch mehr oder weniger fortgeschrittenen Schüler sowie jedem Musikinteressierten eine **Plattform zum Experimentieren** zu bieten. Die Ergebnisse sind meist auf sehr ansprechenden Niveau, was zum Weitermachen und tieferen Eindringen in die „Materie" Musik einlädt. Es sind dafür weder besondere Vorkenntnisse am Computer noch am Musikinstrument (Keyboard, Gitarre, Schlagzeug) erforderlich.

Im großen Umfang fungiert der Computer als Lehrer mit einer sehr großen Menge an gespeicherten musikalischen und musiktheoretischen Wissen. Die Rede ist hier nicht von den zahlreichen bereits erhältlichen Multimedia-CD-ROM's, welche auch im Bereich Musik sehr verbreitet und ebenso beliebt sind. Diese sind zwar hervorragend dafür geeignet das Wissen in Bereichen wie Instrumentenkunde oder Musikgeschichte zu vertiefen, bieten jedoch nicht die Möglichkeit, die **eigene Kreativität** einfließen zu lassen oder sie zu fördern.

Genau dort möchte ich mit meinem Workshop ansetzen.

Drei Computer-Programme bieten sich hier am Weltmarkt an.

1. PG-Music BAND IN A BOX
2. Steinberg CUBASE-Score VST
3. Magix MUSIC MAKER

Diese drei Programme liefern Daten, die untereinander austauschbar sind und sich somit ideal ergänzen.

Als Rechnerplattform dienen IBM-kompatible Computer, die durch den Einbau einer professionellen Soundkarte, sowie dem Anschluss von Aktivboxen zum Multimedia-Computer erweitert wurden. Grundsätzlich wäre dasselbe Projekt auch auf Rechnern der Firme Apple MacIntosh möglich, was aber aufgrund der geringen Verbreitung dieser Plattform nicht sehr sinnvoll wäre.

PG-Music BAND IN A BOX

Dieses Programm gehört zur Gruppe der „**Arranger-Software**" und ist weltweit das beliebteste seiner Art. Zahlreiche „Award's for best music-software" bestätigen die Qualität und die geniale Idee dieses Programms. Zur Anwendung wird die aktuelle Version 9.0 kommen.

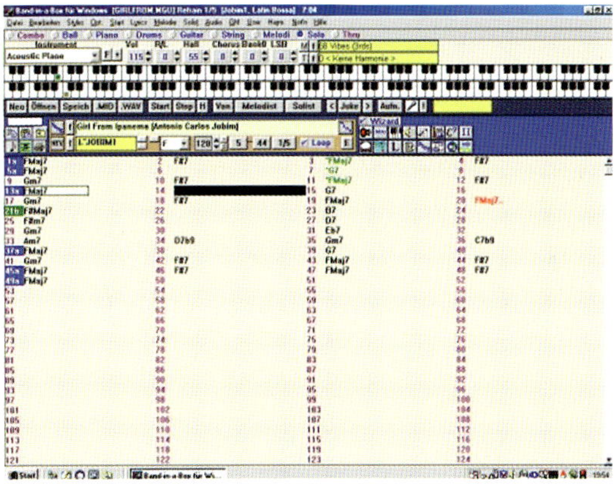

„Band In A Box" ermöglicht das **Erstellen von Begleitungen** in 150 verschiedenen Stilen der Popularmusik über die Eingabe von Akkordsymbolen. Dabei bleiben Parameter wie Tempo, Tonart und Instrumentierung stets offen und frei definierbar. Durch ein ausgeklügeltes System von Zugriffen auf eine große Anzahl von voreingespielten Phrasen (Patterns) klingt das Ergebnis nie steril oder„computerhaft".

Sind die Akkordfolge, Stil, Tempo, Tonart und Instrumentierung gewählt, so kann man daran gehen, eine **Melodie** einzuspielen. Dies kann über verschiedene Instrumente erfolgen. Das Schlüsselwort hierfür heißt **MIDI (Musical Instruments Digital Interface)**: Eine Schnittstelle zwischen verschiedenen Musikinstrumenten untereinander und dem Computer, die Anfang der 80er-Jahre entwickelt wurde.

Waren zunächst nur Tasteninstrumente (Keyboards) zur Einspielung verfügbar, so gibt es heute verschiedenste MIDI-Instrumente wie:

MIDI-Geige, MIDI-Gitarre, MIDI-Akkordeon, MIDI-Schlagzeug, MIDI-Schlagflächen. Auch über ein Mikrofon können die Klänge der Soundkarte angesprochen werden.

Neben der Möglichkeit die Melodie mittels eines Instruments einzuspielen, was natürlich einige Fertigkeiten voraussetzt, bietet „Band In A Box" die Möglichkeit eine Melodie nur über die Computertastatur zu spielen und aufzuzeichnen. Dabei werden nur Akkord und Skalentöne verwendet, was ein „Falschspielen" praktisch ausschließt. Lediglich die intensive Auseinandersetzung mit Rhythmus, Time und Phrasierung sind notwendig um zu einen ansprechenden Ergebnis zu kommen.

Ist der Einspielvorgang gelungen, so kann die Melodie im Anschluss daran **mehrstimmig** ausgesetzt werden. Hierfür bietet „Band In A Box" eine Auswahl von über 140 zwei- bis sechsstimmigen Möglichkeiten vom Bläsersatz bis zum Chor.

Weitere interessante Funktionen von „Band In A Box" sind das automatische Erstellen von Improvisationen und Kompositionen in über hundert verschiedenen Stilen. Das fertige Werk kann im vollen Umfang als Datei (MIDI-File) abgespeichert und in andere Programme importiert werden. Eines dieser Programme ist:

Steinberg CUBASE-ScoreVST

Das Programm "Cubase" gehört zur Gruppe der **MIDI-Sequenzerprogramme**. Diese sind programmiert, um MIDI-Daten aufzuzeichnen und zu manipulieren. CUBASE-Score VST gehört zu den professionellsten und weitverbreitetsten. Neben der Aufnahme und Bearbeitung von MIDI-Musik ist auch ein leistungsstarker **Notendruck** sowie ein komplettes Audio-Tonstudio integriert.

Eine weitere faszinierende Möglichkeit dieses Programms ist die Einbindung von sog. „VST-Instruments". Es sind dies Synthesizer und MIDI-Sampler in professioneller Qualität, die es ermöglichen eigene Klänge zu kreieren, zu verfremden und zu verformen.

Nachdem ein Stück aus „Band In A Box" in CUBASE importiert ist, können die selbst kreierten Klänge für eine Komposition verwendet oder auch neue Stimmen hinzugefügt werden. Darüber hinaus kann das Stück mit Audioaufnahmen (z. B Stimme) erweitert und zusätzlich mit **Effekten** (VST-Plug-In's) bearbeitet werden.

Seit der CUBASE 5.0 Version ist auch das **gemeinsame Arbeiten** an einem Werk **via Internet** möglich.

Dies wird zukünftig reizvolle Möglichkeiten für musikalische Kooperationen über Landesgrenzen hinweg eröffnen.

Die mit CUBASE erstellten Audio- und MIDI-Dateien können wiederum in andere Programme importiert werden.

Eines dieser Programme ist:

Magix MUSIC MAKER

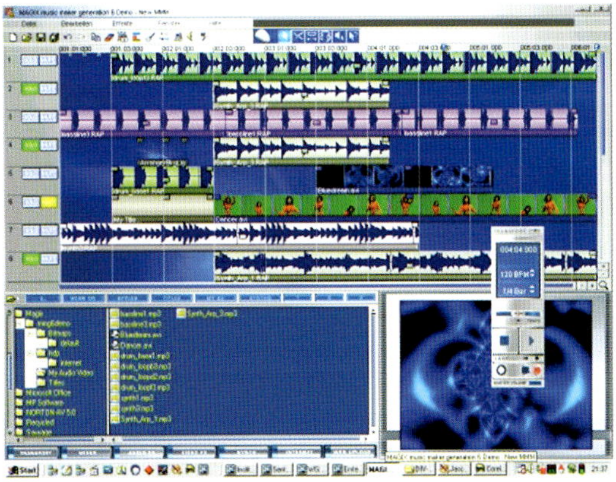

Auch dieses Programm gehört zur Gruppe der "**Arranger Software**".

Hier lassen sich fertig eingespielte Audioaufnahmen aller wichtigen Instrumente zu Arrangements zusammenfügen und sehr einfach in Tempo und Tonhöhe manipulieren.

Eine sinnvolle didaktische Nutzung wäre durch das **synchronisieren von Video** und Musik, sowie Ein- und Ausblendung von digitalisierten Bildern möglich. Auch das Unterlegen verschiedener „Grooves" aus allen Bereichen der Popularmusik (z. B. Rap, HipHop, Techno etc.) wäre denkbar.

So kann in relativ kurzer Zeit ein audio-visuelles Gesamtkunstwerk entstehen, dessen Erstellung nur wenig Wissen im Bereich Computer und Musik verlangt, dafür aber mit Spielfreude die Kreativität fördert und damit an Spannung einem der zahlreichen, von der Jugend geliebten, Computerspiele nichts nachsteht. Vielleicht ein Weg Schüler mit **M**aus und **M**onitor zur **M**usik zu bringen.

Astrid Sonnleitner

Freinet-Pädagogik mit PC und E-mail?

1 Einleitung – mein eigenes Differenzerlebnis

> *Die Wissensvermittlung ist also nicht mehr unser einziges Ziel. Sie diente zu oft nur der Zerstörung der Seele, das zumindest ist deutlich geworden. Sie hat den Menschen nicht besser gemacht und uns oft jenen gesunden Menschenverstand und jene Originalität geraubt, die wir bei „unwissenden" Völkern finden.*
>
> *Wirklich wichtig ist nicht das Wissen, sind nicht einmal die Entdeckungen: Wichtig ist das FORSCHEN.*
>
> Celestin Freinet

(Kohlberg 1997, 93)

Es stellt eine bekannte Tatsache dar, dass Menschen durch Erfahrungen in neuen Umgebungen (z. B. neuen Kulturen, Studium in anderen Ländern, Begegnung mit anderen Ideen, usw.) lernen und ihren Horizont erweitern. Aus systemischer Sicht stellen (Huschke-Rhein 1992, 76) neue Umwelten **Perturbationen** (= Störungen, neue Impulse, Lernchancen) für Individuen dar. Es ist die **Differenz** zwischen den aktuellen Erfahrungen und Erkenntnissen eines Individuums und der neuen Umgebung, **die Lernerfahrungen auslöst**. So gesehen regt das „Hinausgehen in die Welt", das Erlernen von Sprachen, das Studium neuer Ideen, das Diskutieren mit andersdenkenden Menschen, usw. eine Erweiterung des Horizonts des Individuums an. Durch Differenzerfahrungen lernen wir, gleichgültig ob diese Prozesse intentional oder nicht intentional ablaufen.

Vor etwa einem Jahr begann in Klagenfurt in Kooperation mit der Universität von Bremen ein Hochschullehrgang zur Freinet-Pädagogik. Als Teilnehmerin des Hochschullehrganges begann ich mich intensiv mit dieser **reformpädagogischen Strömung** und ihrer **Relevanz für die Informationsgesellschaft** zu beschäftigen. Nach meiner Einschätzung sind die Verantwortlichen und Vortagenden des Hochschullehrganges der Tradierung der **Freinet-Pädagogik** verpflichtet; sie stehen einer Neuinterpretation der Pädagogik Freinets sehr skeptisch gegenüber.

Ich bin hingegen der festen Überzeugung, dass Freinet, hätte er in der modernen Informationsgesellschaft gelebt, zeitgemäße „Werkzeuge" (z. B. PC, Email, Homepage) für seine Unterrichtskonzeption gewählt.

2 Grundzüge der Freinet-Pädagogik

Ich gehe von der These aus, dass die „Werkzeuge" (Druckerpresse, Briefwechsel, Schülerzeitung, etc.), die Freinet zur Umsetzung seiner Ideen im Unterricht einsetzte, die Möglichkeiten der Zeit, in der er lebte, widerspiegelt.

2.1 Freinet, der flexible und ideenreiche Veränderer von Schule

Das Leben Freinets zeigt sehr deutlich und in äußerst beeindruckender Weise, dass Freinet immer sehr schnell und präzise auf die verschiedenen, zum Teil sehr schnell wechselnden Rahmenbedingungen reagiert hat und sich sehr rasch an eine neue Bedingungen anpassen konnte. Er stellt den **Prototyp des flexiblen und ideenreichen Pädagogen** dar, der es verstand, einen neuen Bildungsbegriff zu etablieren und dafür auch Sorge trug, dass diese neuen Ideen im Unterricht auch realisiert wurden.

Ein großes Problem stellte für Freinet die **Begrenztheit seiner persönlichen Ressourcen** (z. B. Kriegsverletzungen, Sprechprobleme, Atmung, usw.) dar. Dies regte ihn in besonderer Weise an, nach für ihn schonenden Wegen der Unterrichtsgestaltung zu suchen (z. B. Rücknahme der damals weit verbreiteten und üblichen hohen Lehrerdominanz und -steuerung).

All diese Fakten trugen schlussendlich dazu bei, dass Freinet seine eigene Pädagogik konzipiert hat.

2.2 Sein Lebenslauf, die Zeit und gesellschaftliche Umbrüche formten sein Leben

Freinet wurde 1896 in Gars, einem kleinen abgelegenen Dorf an der Grenze der französischen Seealpen geboren. Er war ein recht guter Schüler und kam mit 16 Jahren an das staatliche Lehrerseminar in Nizza. Das Prägende aber war für Freinet seine direkte Umgebung, die Natur und das Leben der Leute in dieser Natur und um ihn herum. Im Alter von ca. 18 Jahren wurde er 1915 zum Kriegsdienst einberufen und mit 21 Jahren sehr schwer verletzt. Er war zu **70 % kriegsbehindert** und konnte erst nach einer langen Genesungspause im Jahr 1921 Lehrer werden. Freinet begann sich sehr vehement gegen die traditionelle Schule zu wenden und verlegte Zeitschriften über die emanzipierte Schule heraus. In seiner Klasse führte er die Schuldruckerei ein und gab regelmäßig Schulzeitungen heraus. Im Jahre 1928 wurde er Lehrer in Saint Paul und publizierte die Zeitschrift *„Der proletarische Erzieher"*. Dadurch entstanden große Probleme mit der Schulverwaltung und so eröffnete er 1935 eine eigene Schule auf den Höhen von Vence.

Freinet wurde festgenommen, 18 Monate interniert, dann von der Gestapo gesucht; hernach tauchte er unter. Aktiv und leitend nahm er am Widerstand teil.

Nach dem Krieg eröffnete er seine Schule wieder und veröffentlichte seine **grundlegenden Schriften**, die er während des Krieges geschrieben hatte:

- Die Arbeitspädagogik.
- Das psychopädagogische Essay.

Er setzte sich für **kleinere Klassen** ein und gründete die „Internationale Föderation der Freinetbewegung". In seinen späten Lebensjahren interessierte er sich für das „Tastende Entdecken" und den „programmierten Unterricht". Im Jahre 1966 starb Freinet und wurde in seinem Geburtsort beigesetzt.

Die Tatsache, dass Freinet sich auch für den Programmierten Unterricht interessiert hat, kann als Beleg dafür genommen werden, dass Freinet den Möglichkeiten der jeweiligen Epoche immer offen und interessiert gegenüberstand.

2.3 Kernaussagen der Freinet-Pädagogik

Bezug am Lebe	Berichte, Untersuchungen, Unterrichtsgänge, Arbeitsateliers
Arbeit/ Selbsttätigkei	Feldarbeit und Tierpflege, Schmiede und Schreinerei, Spinnen, Weben, Schneidern, Kochen, Hauswirtschaft, Konstruktion, Mechanik, Handel, Nachschlagkiste für Unterrichtsvorhaben, Wissensstoffe, Dokumentensammlung, Experimentieren in Naturkunde, Physik, Chemie, Meteorologie, Schulmuseum, Schöpferische Betätigung, Graphische Gestaltung und Korrespondenz, Künstlerisches Schaffen, Ausdruck und Mitteilung.
Sinn	Freier Text/ Freier Ausdruck, Schuldruckerei, Schülerzeitung, Korrespondenz.
Freiheit	Freier Text/ Freier Ausdruck, Freie Wahl der Arbeitsschwerpunkte, Freie Untersuchungen, Freies Experimentieren.
Kooperation	Gemeinschaftsarbeiten, Auswertung der Unterrichtsgänge, Auswahl der freien Texte, Korrespondenz, Gruppenarbeit, Druckerei, Experimentieren.
Verantwortung	Verantwortlichkeit (Ämter), Arbeitspläne, Disziplin, Klassenversammlung.

Diese Kernaussagen stecken den Rahmen für didaktisches Handeln ab. Sie waren die Grundlage für eine neue Lernkultur in den 20er Jahren des letzten Jahrhunderts.

3 Umrisse einer zeitgemäßen Freinet-Pädagogik

Die Flexibilität und Offenheit Freinets nehme ich zum Ausgangspunkt um die Prinzipien der Freinet-Pädagogik auf die Anforderungen der modernen Informationsgesellschaft zu adaptieren.

Ich versetze mich in die Lage von Freinet in den 20er Jahren und überlege, in welcher Weise Freinet

- den Computer anstatt der Druckerpresse,
- das Internet anstatt der Briefkontakte und Briefe,
- die Homepage anstatt der Schulzeitung eingesetzt hätte.

Besonders betonen möchte ich aber, dass mir an einer oberflächlichen Modifikation, dem Austausch der Mittel selbst, nicht gelegen ist. Vielmehr geht es mir darum, die **tieferliegenden Prinzipien** der Freinet-Pädagogik mit den neuen Möglichkeiten des Informationszeitalters so zu vernetzen, dass **modernes, selbstständiges und eigenverantwortliches Lernen** möglich ist.

Nach zahlreichen Phasen des Literaturstudiums, der Teilnahme an verschiedenen Freinet-Treffen im Zuge des Hochschullehrganges, nach der Absolvierung eines

Praktikums an zwei verschiedenen Schulen (in welchen zu einem bedeutenden Teil nach dem Freinet Modell unterrichtet wird) sowie eines Aufenthaltes zur Fort- und Weiterbildung in Bremen begann ich verschiedene Aspekte der Freinet Pädagogik im eigenen Unterricht umzusetzen.

Aus dem Studium und der Umsetzung der Ideen Freinets stellten sich mir folgende **Fragen**:

1. Ist es didaktisch sinnvoll und theoretisch vertretbar angesichts der Existenz von Rechtschreibprogrammen fehlerhafte Schülertexte zu publizieren?
2. Ist der Umgang mit der Schuldruckerei heute in der Zeit der modernen Informationstechnologien noch zeitgemäß?
3. Ist der herkömmliche Briefwechsel und die von Hand gedruckte Schülerzeitung angesichts der neuen Herstellungs- und Kommunikationsmöglichkeiten (z. B. Layoutprogramme, E-Mail, etc.) noch sinnvoll?
4. Wie können die Prinzipien des selbständigen Bildungserwerbs (z. B. Erkunden, Erforschen, Nachschlagen. Informationen suchen, Informationen auswählen und bewerten, Dokumentieren und Reflektieren) im Informationszeitalter adäquat umgesetzt werden?

Wenn vor rund 80 Jahren zeitliche, gesellschaftliche, politische und persönliche Rahmenbedingungen die Pädagogik Freinets formten und beeinflussten, so ist seine Reformpädagogik auch im Kontext mit den heutigen Bedingungen neu zu interpretieren.

3.1 Der sinnvolle Einsatz von Rechtschreibprogrammen

Das Verfassen von Texten und das Publizieren zählen zu wichtigen Prinzipien der Freinetdidaktik. Bei der Durchsicht von Schülerarbeiten stößt man immer wieder auf grobe Verstöße gegen die Rechtschreibung. Neueren Erkenntnissen zufolge sollten falsche Wortbilder nicht unkorrigiert bleiben und schon gar nicht publiziert werden.

„Der Text kann auf verschiedenste Arten vervielfältigt werden. Dies kann mit der Druckpresse, dem Limogafen, dem Matrizenapparat, dem Kopiergerät oder mit dem Printer geschehen. Mit Linolschnitt, Siebdruck, Kartondruck und ähnlichem können die Illustrationen zum Text gedruckt werden.

Der größte Vorteil (Gewinn) ist die Haltung, die die Kinder gegenüber gedruckten Texten bekommen. Das Vorurteil, dass etwas Gedrucktes auch unbedingt richtig sein muss, wird widerlegt. Die Kinder lernen, Zeitungen und Bücher als Kommunikationsmittel zu sehen. Denkbilder, die von anderen Menschen kommen, sind somit kritisierbar und widerlegbar."

(Minnegal, 1997, 110)

Winter
Der Winter ist schön .
Ich freue mich.
Winter du dist groß.
Du bist kalt.
Winter du bist weiß.
Du bist der Winter.
von Moritz

(Merz 1999, Sternschnuppenbuch)

Im Beispiel von Merz (siehe Sternschnuppentexte) wird die **typische Schwierigkeit beim Drucken** klar ersichtlich. Dadurch, dass die Kinder mit dem Negativ der Buchstaben arbeiten, entsteht für manche Kinder ein großes Problem. Sie vertauschen allzu leicht die Buchstaben, wie in diesem speziellen Fall „d“ und „b“. Auch die eindeutige Festigung des einzelnen Buchstabens ist somit bestimmt nicht leicht durchzuhalten.

Die Grenzen zwischen exaktem Schreiben und legasthenen Zügen verschwimmen auf diese Weise natürlich umso leichter. Das Wortbild wird durch diese Art des Erlernens nicht eindeutig festgelegt, sondern es entstehen immer wieder Abweichungen. Daraus resultieren schließlich Schreibschwächen, die sich leicht einschleichen, jedoch schwer auszumerzen sind.

Für mich persönlich entsteht daraus und im Zusammenhang damit, dass nicht oder selten korrigiert wird, ein schwerwiegendes Problem. Darüber hinaus bin ich der Ansicht, dass bereits gefestigte Fehler wiederum sehr schwer zu korrigieren sind.

Aus den genannten Gründen halte ich es für besser, eine Klasse mit einem Computer auszustatten. So stehen dem Kind Monitor, Tastatur, Drucker und zudem ein Korrekturprogramm zur Verfügung. Es können auf diese Art **fehlerhafte Wörter sofort als solche erkannt** werden und das Kind ist so relativ leicht in der Lage eigenständig Korrekturen am selbst geschriebenen Text vorzunehmen. Darüberhinaus ist jede Freiheit in Bezug auf die graphische Darstellung und Präsentation vorhanden.

Gemeinsames Arbeiten am PC ist leicht durchführbar und der Kreativität des einzelnen Kindes sind bei der Darstellung keine Grenzen gesetzt.

3.2 Computertechnologie anstatt Schuldruckerei

Freinet ist der „Erfinder“ der Schuldruckerei. Diese wird von ihm als wesentliches Element in der Pädagogik des Lesen- und Schreibenlernens erachtet. Zu seiner Zeit galt die Druckerei als das modernste Herstellungsmittel und die hergestellten Produkte als adäquate Kommunikationsmittel.

In der **modernen Freinetbewegung** zeichnen sich **mehrere Lager** ab. Die „Fundamentalisten“, die jeder Weiterentwicklung ablehnend gegenüberstehen, moderate Veränderer und radikale Vertreter, die eine Modifikation verlangen. *Jörg* (Baillet 1993, 243) der Gründer des AKS (Arbeitskreis Schuldruckerei) und zugleich Übersetzer von Schriften von Freinet, besteht auf der Authentizität der Pädagogik Freinets und lehnt jegliche Auslegung strikt ab.

Die Art der **Schuldruckerei** nach Freinet ist nicht mehr zeitgemäß. Im 21. Jahrhundert stehen viel effizientere und modernere „Werkzeuge“ zur Verfügung. Ein einziger gut ausgestatteter PC (mit einem **schülergemäßen Layoutprogramm**) erfüllt die Funktion einer kompletten Schuldruckerei (Hofbauer E. und Zwieauer M. 2000; Hohenauer, M. 2000). Eine Vervielfältigung und Verbreitung von geschriebenem Material ist ungleich einfacher und umfassender. Mit einer PC-Ausstattung können weitere interessante Möglichkeiten (z. B. Lexika, Datenbanken, usw.) für die Prinzipien des selbständigen Bildungserwerbs genutzt werden.

Eine weitere Möglichkeit der PC-Nutzung stellt das „**virtuelle Klassentagebuch**“ dar. Dies ist die laufende Dokumentation wichtiger und typischer Ereignisse eines Schultages. Wenn man dieses Tagebuch über ein Schuljahr hinweg führt, entsteht eine wertvolle

Dokumentation, die für Qualitätssicherung und Evaluation verwendet werden kann (Specht u. Thonhauser 1996; Altrichter u. Posch 1997; Thonhauser u. Patry 1999).

3.3 Internationale Vernetzung mit E-Mail anstatt mit Briefwechsel

Einen hohen Stellenwert bei Freinet hatte zweifellos der **Briefwechsel**. Mit dieser, zu seiner Zeit einzigen Möglichkeit der Kommunikation zwischen Ländern, versuchte Freinet, seinen Schülern Einblicke in andere Gesellschaften, Kulturen und Sitten zu geben. Mit dem Aufzeigen, Wahrnehmen und dem Erfahren von Differenzen zwischen eigenem Umfeld und anderen Lebensbedingungen und Gesellschaften wollte Freinet einen Beitrag zur Völkerverständigung und Friedenserziehung leisten.

Es stellt sich heute die Frage, ob der herkömmliche Briefwechsel angesichts der Möglichkeiten des E-Mails noch sinnvoll ist?

Der Austausch von Erfahrungen, Arbeiten und Entdeckungen unter Gleichaltrigen ist überaus sinnvoll. In der Freinet-Pädagogik ist es üblich, **Partnerklassen** zu haben, damit eine rege schriftliche Kommunikation stattfinden kann. Es ist fester Bestandteil der Freinetdidaktik, Schüler zu einem regen Austausch von Texten, bildnerischen Arbeiten, Kassetten, Videobändern und anderen Dokumenten mit Partnerklassen anzuleiten.

Eine weitere Begründung der **Vernetzungsarbeit** liegt im wichtigen Bildungsziel der **multikulturellen Erziehung**. Dabei wird nicht nur fachspezifisch, sondern auch menschlich sehr viel dazugelernt. Das Verständnis für das „Anders sein" wird angebahnt und vertieft. Durch Kooperationen über Staats- und Kulturgrenzen hinweg sollen gravierende interkulturelle Missverständnisse vermieden werden. Auch soll die soziale Kompetenz des Einzelnen weiter erweitert und vertieft werden. *Sykora* (2000, 184ff) berichtet dazu im Buch „Schule Online" von seinen Erfahrungen, die er mit seiner Klasse in diesem Zusammenhang mit einem Kollegen in Schottland gemacht hat. Ein schottischer Kollege sandte die Schularbeitenbeispiele seiner eigenen 4. Klasse an Sykora. Das gegenseitige Lösen der Beispiele war für die Kinder eine interessante Herausforderung. Es entstand ein reger E-Mail-Austausch von unterschiedlichen Aufgaben. An diesem Beispiel ist gut zu erkennen, mit welch geringem Aufwand ein doch sehr intensiver multikultureller Austausch stattfinden kann.

3.4 Umsetzung eines selbsttätigen und interaktiven Unterrichts

Das Erkunden, Erforschen, Nachschlagen, das Suchen und Auswählen von Informationen, das Bewerten, Dokumentieren und Reflektieren haben in der Freinet-Pädagogik einen sehr hohen Stellenwert. Damit ist aber auch eine neue Lernkultur verbunden. Freinet-Pädagogik steht auch für sehr viel **weniger Lehrerdominanz** und **mehr Schülerverantwortung** im Lernprozess.

Zur Zeit Freinets war die Möglichkeit des Zuganges zur Fachliteratur oder zu speziellen Themenkreisen ungleich schwerer als heute. Man musste Bibliotheken aufsuchen oder aber selbst umfassende Literatur zur Verfügung haben, um an bestimmte Informationen zu gelangen Heute ist es kein Problem, auch aus entlegensten Orten gleichsam per Maus-Klick via Internet an eine beinahe unüberschaubare Menge von Informationen zu kommen. Das Problem ist heutzutage nicht mehr, wie man an Informationen herankommt, sondern wie man die erreichbare Information auswählt, gewichtet und weiterverarbeitet.

Im Informationszeitalter sind **alte Bildungsziele** (z. B. Auswählen – Begründen – Reflektieren) **wichtiger denn je**. Das war auch das Anliegen von Freinet, nämlich die Heranbildung und Förderung von mündigen Bürgern.

Hätte Freinet zu seinen Lebzeiten Medien wie Internet, Suchmaschine, Homepage, Computer, Drucker, E-Mail zur Verfügung gehabt, so hätte er diese Mittel adäquat genutzt.

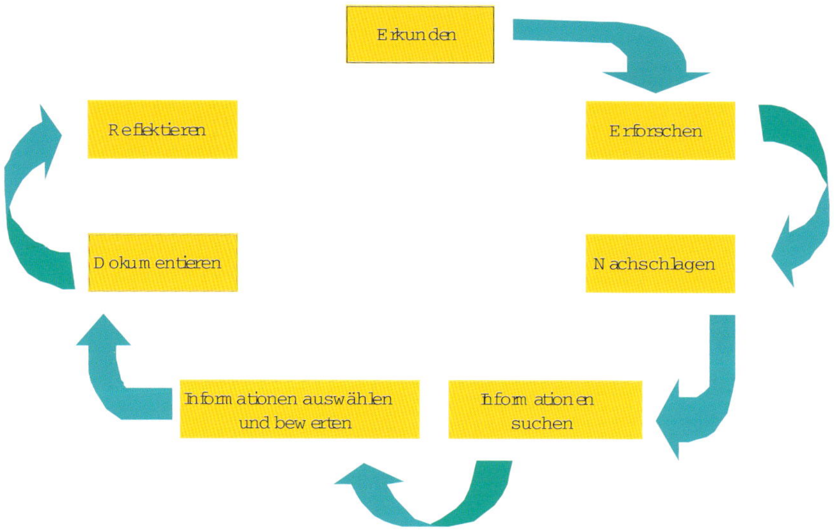

4 Zusammenfassung und Ausblick

Aus den oben genannten Gründen ergeben sich für mich konkrete Folgerungen für einen modernen Unterricht nach Freinet.

4.1 Freinet dachte und konzipierte seine Pädagogik aus dem damaligen Zeitgeist

Freinet war das „Kind" einer völlig anderen Gesellschaft. Seine Jugend verbrachte er in der Zeit der europäischen Monarchien. Erziehung und Bildung im Sinne unserer heutigen Auffassung war zu seiner Zeit kaum denkbar. Durch sein Aufwachsen in der Natur, im geschützten gesellschaftlichen Klima eines kleinen Dorfes in den französischen Alpen, seine Teilnahme am ersten Weltkrieg, seine schwere Verwundung und den großen Umbruch des Staates von der Monarchie hin zur Republik, aber auch durch seinen erbitterten Widerstand gegen das Hitlerregime in der Resistance hatte er einen neuen und differenzierten Zugang zu Bildung und Erziehung gewonnen. Der Titel seiner Zeitschrift *„Der proletarische Erzieher"* gibt Aufschluss über den Zugang Freinets zu Schule, Bildung und Gesellschaft. **Frei sollten seine Schüler schreiben können.** Es war nicht so wichtig, ob dabei Fehler entstanden, das Grundziel war vielmehr die Aussage und Artikulation des Einzelnen. Der freie Gedankenaustausch und die daraus entstehende Diskussion waren erwünscht. Eine **demokratische und herrschaftsfreie Erziehung**, an dessen Ende mündige und wachsame Bürger stehen, waren Freinet sehr wichtig.

4.2 Mit „Mitteln der damaligen Zeit" zur freien Kommunikation

Die „Schuldruckerei" stellt neben anderen didaktischen Prinzipien ein wesentliches Medium zur Verwirklichung der Bildungsziele dar. Der Umgang mit den Druckereiutensilien sollte eine Selbstverständlichkeit werden. Spätere Kommunikation in Zeitschriften und eine kritische Auseinandersetzung mit anderen Meinungen sollten gelernt werden. Das Bildungsziel war die **freie Meinungsäußerung** in Schrift und Diskussion. Die Grundsätze Freinets gelten heute ebenso wie zu seinen Lebzeiten.

Ein Aspekt muss allerdings heute unbedingt beachtet werden. Die Möglichkeiten der Medien haben sich im Laufe der Zeit sehr verändert. Verwendete man früher bei der Herstellung von Lesestoff Drucksätze, so benutzt man heute Computer, Scanner und Kameras für das moderne Layout. Es ist ohne Zweifel so, dass jede Epoche ihre speziellen Medien hat und die Schule diese auch nützen sollte.

DAS MEDIUM UNSERER ZEIT IST DER COMPUTER UND SEINE ANWENDUNGEN.

Dieses Medium bietet unglaubliche Möglichkeiten für den Unterricht und ist daher in einer Schulklasse der modernen Informationsgesellschaft nicht mehr wegzudenken

Deshalb trete ich für eine **Modifikation der Pädagogik Freinets** ein wohl wissend, dass bestimmte Hüter der Tradition dieses nicht akzeptieren werden.

Es ist bestimmt im Sinne der Pädagogik von Freinets, alle zeitgemäßen sowie sinnvollen Möglichkeiten im Unterricht, die den Schülerinnen und Schülern zum Vorteil oder aber zum Nutzen gereichen, auszuschöpfen.

Abschließend bleibt noch festzuhalten, dass Freinet immer die **Bildungsziele wichtiger waren als Fragen der methodischen Umsetzung.** Deshalb soll noch einmal an Freinets Interesse am Programmierten Unterricht der späten 50er und 60er Jahre erinnert werden und damit seine Neugier am Neuen dokumentiert werden.

Ich bin überzeugt, hätte Freinet noch eine Weile gelebt, er hätte eine Platz für diese neue Form des Unterrichtens in seinem Konzept gefunden.

Für eine zeitgemäße Interpretation und Modifikation der Freinet-Pädagogik gilt, dass die Diskussion nicht von den methodischen Mitteln her zu führen ist, sondern von den Bildungszielen ihren Ausgangspunkt nehmen muss. „**Bildungsziele first**" und das Ermöglichen von möglichst vielen Differenzerfahrungen sollte das Motto der Fortschreitung der Freinet-Pädagogik sein und nicht „fundamentalistische" Auseinandersetzungen um den Stellenwert der Druckerpresse.

Literatur

Altrichter, H. / Posch, P.: Möglichkeiten und Grenzen der Qualitätsevaluation und Qualitätsentwicklung im Schulwesen, Innsbruck 1997. (StudienVerlag)

Apflauer, R. / Reiter, A.: Schule Online, Wien 2000. (Public Voice Verlag)

Atelier Schule – Freinet-Pädagogik – Initiative (Hrsg.) (1999). Integration. Zeitung Nr. 6. Kremsmünster.

Atelier Schule – Freinet-Pädagogik – Initiative (Hrsg.) :. ...und außerdem. Zeitung Nr. 8. Kremsmünster. 2000

Atelier Schule – Freinet-Pädagogik – Initiative (Hrsg.) : Kommunikation und Korrespondenz. Zeitung Nr. 9. Kremsmünster. 2000

Baillet, D.: Freinet – praktisch, Basel 1995. (Beltz Verlag)

Eichelberger, H.: Lebendige Reformpädagogik, Innsbruck 1997. (Studienverlag)

Hagstedt, H.: Freinet – Pädagogik heute, Weinheim 1997. (Deutscher Studienverlag)

Hellmich, A. / Teigeler, P. (Hrsg.): Montessori-, Freinet-, Waldorf-Pädagogik, Weinheim 1992 .(Beltz Verlag)

Hohenauer, M.: Nicht schon wieder schreiben. In: Lehner, K. und Seiter J. (2000). Im Netz der Neuen Medien; Unterrichtswelten in Veränderung1. Schulheft 1999/2000, Wien 2000

Höfbauer, E. / Zwieauer, M.: EDV unterstützte Lernwerkstatt. In: Lehner, K. und Seiter J.: Im Netz der Neuen Medien; Unterrichtswelten in Veränderung1. Schulheft 1999/2000, Wien 2000

Huschke-Rhein, R.: Systemisch-ökologische Pädagogik. Band III: Systemtheorien für die Pädagogik, Köln 1992. (Rhein-Verlag)

Kohlberg, W.-D.: Wie modern ist die ecole moderne. In: Eichelberger, H. (1992). Lebendige Reformpädagogik, Innsbruck 1997. (Studienverlag)

Lehner, K./ Seiter J.: Im Netz der Neuen Medien; Unterrichtswelten in Veränderung1. Schulheft 1999/2000, Wien 2000

Merz, M.: Sternschnuppentexte Nr 15. Publikation der VS Kirchberg, Oberösterreich 1999

Specht, W. / Thonhauser, J.: Schulqualität. Entwicklungen, Befunde, Perspektiven, Innsbruck 1996. (Studienverlag)

Thonhauser, J. / Patry, J.-L.: Evaluation im Bildungsbereich. Wissenschaft und Praxis im Dialog, Innsbruck 1999. (Studienverlag)

Manuela Zeyringer

Lernen mit multimedialen Systemen

In verschiedensten Publikationen wird der Frage nachgegangen, ob mit Hilfe neuer Informationstechniken die zunehmend auswegloser scheinende Lernsituation bewältigt werden kann.

Es ist offensichtlich, dass wir uns in einem Zeitalter des „lebenslangen bzw. lebensbegleitenden Lernens" befinden, in dem das **individuelle oder offene Lernen zunehmend an Bedeutung** gewinnt.

„Multimediales Lernen" wird fast immer mit der Situation des individuellen, selbständigen Lernens in Zusammenhang gebracht. Das kommt vor allem daher, dass interaktive Lernsysteme über Eigenschaften verfügen, die einer autonomen Lernform stark entgegenkommen.

Demnach wird den **Lernenden** in Zukunft ein **breiter Handlungsspielraum** zur Verfügung gestellt werden, wo sie ihre eigenen Lernstrategien und Kompetenzen mit Hilfe von Computerprogrammen entfalten sollen.

Betrachtet man allerdings viele Lernprogramme, so stellt sich die Frage, warum sich überholte lerntheoretische Konzepte gerade im Bereich der Neuen Medien fortsetzen.

Gerade der **Lernprogrammtyp Drill&Practice** ist in der Praxis am häufigsten anzutreffen, vermutlich weil er die **Prinzipien des Programmierten Unterrichts** weitgehend unverändert übernimmt.

Wenn mit Drill&Practice-Programmen eine neue Technologie veralteten pädagogischen Konzepten folgt, wird klar, dass die **technologische Entwicklung allein gar nichts ändert** (vgl. Strohmeyer/Sturm 1997, S. 52).

Der **Begriff** *„Multimedia"* *>> S. 21* ist heutzutage in aller Munde, wobei in den verschiedensten Publikationen eine eindeutige Klärung des Begriffes bzw. eine gemeinsame Schreibweise zu vermissen ist, obwohl das Wort „Multimedia" 1995 von der Gesellschaft für deutsche Sprache zum Wort des Jahres gekürt wurde.

Oft werden Programme als multimedial bezeichnet, weil sie Texte, Graphiken, Videos und Ton enthalten. Eine solche, direkt aus den Wortbestandteilen abgeleitete Definition ist jedoch kaum ausreichend.

Durch die Überbetonung des Medienaspekts wird meist auf die **Rolle der Interaktivität und der Parallelität** – bezogen auf die parallele Medienpräsentation – **vergessen**.

Diese beiden **technischen Aspekte** müssen schließlich noch um eine weitere wichtige Dimension **ergänzt** werden, nämlich die **Anwendung**. Denn erst durch die Anwendung der multimedialen Technik wird der Begriff konkretisiert, wodurch eine kontextbezogene Analyse möglich wird (vgl. Klisma 1995, S. 7 f).

Ein wesentliches Kennzeichen von Multimedia-Anwendungen ist also die erweiterte Möglichkeit der **Interaktivität**. Die BenutzerInnen können die Präsentation der Inhalte steuern, gegebenenfalls sogar verändern und sind demnach keine passiven Empfänger mehr, sondern nutzen die Inhalte aktiv. Fast jedes neu auf den Markt gebrachte Softwareprodukt wird mit dem Attribut „interaktiv" versehen, unabhängig davon wie unterschiedlich die Eingriffs- und Handlungsspielräume der BenutzerInnen tatsächlich aussehen.

„Obwohl es derzeit keine von allen Fachdisziplinen und Anwendergruppen akzeptierte Klassifikation der Grundformen der Interaktivität gibt, lassen sich doch für Lernprogramme bestimmte Stufen der Interaktion unterscheiden. Ein nur geringes Maß an Interaktivität ist bei sogenannten impliziten (covert) Interaktionen eines Lernenden durch rein passives Rezipieren, Lesen, Zuhören und Anschauen von Lernstoffen in einer vom Programmautor festgelegten Reihenfolge zu verzeichnen. Eine schrittweise zunehmende Interaktivität lässt sich durch die Implementierung folgender Merkmale erzielen:

- *Zugreifen auf bestimmte Informationen, Auswählen, Umblättern;*
- *Ja/Nein- und Multiple-Choice-Antwortmöglichkeiten und Verzweigen auf entsprechende Zusatzinformationen;*
- *Markieren bestimmter Informationsteile und Aktivierung entsprechender Zusatzinformationen;*
- *freier Eintrag komplexer Antworten auf komplexe Fragestellungen mit intelligentem tutoriellem Feedback (Sokratischer Dialog);*
- *freier ungebundener Dialog mit einem Tutor oder mit Lernpartner mithilfe von Multimedia- und Hypermediasystemen.*" (Haack 1995, S. 153)

Bei herkömmlichen Medien wie Film oder Tonband werden die Informationen in starren Sequenzen angeordnet und dementsprechend ist auch der Zugriff mittels Spulen sequentiell.

Bei einem Medium wie **CD-ROM oder DVD** hingegen besteht die Möglichkeit diese **starre Struktur** bei der Wiedergabe **aufzubrechen**.

Die Vorteile von interaktiven Lernsystemen im Zusammenhang mit individuellem Lernen sind das **individuelle Lerntempo**, die weitgehende **Selbststeuerung** des Lernprozesses und die **freie Wahl der Präsentationsform** der Lerninhalte.

Im Fall des selbstgesteuerten Lernens liegt also der Schwerpunkt der Einflussnahme bei den Lernenden selbst, während beim fremdgesteuerten Lernen der Schwerpunkt eher bei der externen Instanz (Lernprogramm) liegt. Für derartige Lernprozesse gewinnen die **Ansätze des Konstruktivismus** zunehmend an Bedeutung.

Dieser Ansatz wird durch einige **Prinzipien** repräsentiert, welche auch zugleich als kleiner Anforderungskatalog an moderne Lern- bzw. Bildungssoftware verstanden werden können:

- Die Einbettung des Gegenstandes in authentische und komplexe Situationen;
- die Konfrontation der Lernenden mit mehreren Perspektiven und Kontexten eines Sachverhalts;
- eine vorwiegend explorative und assoziative Vorgehensweise bei der Erschließung neuer Informationen;
- „Learning by doing";
- die Möglichkeit zur Konstruktion eigener Inhalte;
- die Möglichkeit zur Artikulation und Selbstreflexion über eigene Lern- und Lösungsstrategien;
- die sofortige Anwendung des Gelernten auf lebensnahe Problemsituationen.

(Vgl. Strzebkowski 1995, S. 271)

Situiertes Lernen in multimedialen Lernumgebungen

Im Rahmen des Konstruktivismus ist der Begriff der „**Lernumgebung**" von großer Relevanz. Lernen umfasst verschiedene Faktoren innerer und äußerer Lernbedingungen. Der Begriff der Lernumgebung umfasst in erster Linie die **äußeren Bedingungen**. Dabei geht es vor allem um die Lernmaterialien, die Lernaufgaben und deren Gestaltung, womit erwünschte Lernprozesse ausgelöst werden sollen (vgl. Strittmatter/Mauel 1995, S. 50).

In den letzten fünfzehn Jahren wurden Unterrichtsmodelle entworfen, die sich zum Ziel setzten, Wissen zu vermitteln, das auf komplexe Problemstellungen des Berufs- und Alltagslebens anwendbar ist. Diese Modelle fallen unter den Begriff des „**situierten Lernens**".

Die wissenschaftstheoretische Ausrichtung von situierter Kognition ist im Konstruktivismus anzusiedeln, da für die VertreterInnen der situierten Kognition Wissen nicht einfach von einer Person auf eine andere weitergereicht werden kann, sondern für sie entsteht Wissen immer durch einen **aktiven Konstruktionsprozess der Lernenden** (vgl. Mandl/Gruber/Renkl 1995, S. 168).

Dadurch, dass Wissen nicht einfach transportiert, sondern individuell konstruiert wird, spielt die **Situation**, in welcher der Lernprozess stattfindet, eine **wichtige Rolle.** Mit dem Begriff „**Situation**" sind nicht nur materielle Aspekte gemeint, sondern auch die soziale Umwelt der Lernenden und somit auch andere Personen.

Da Wissen als stark kontextgebunden angesehen wird, fordern die VertreterInnen situierten Lernens, Lern- und Anwendungssituationen möglichst ähnlich zu gestalten.

In der **Instruktionspsychologie** wurden seit den 80er Jahren verschiedenste Ansätze entworfen, die sich auf die theoretischen Annahmen zur Situiertheit von Wissen und Lernen beziehen. Ein wesentliches Merkmal der meisten dieser Modelle ist, dass sie speziell im Einsatz von multimedialen Lernumgebungen geeignete Möglichkeiten für die Umsetzung situierten Lernens sehen.

Für die **Gestaltung von Lernumgebungen** lassen sich folgende **Forderungen** zusammenfassen:

- **Komplexe Ausgangsprobleme**: Ein interessantes und intrinsisch motivierendes Problem soll den Ausgangspunkt darstellen. Um Wissen in einen Anwendungskontext zu bringen, soll das „Lösen-Wollen" des Problems im Vordergrund stehen.
- **Authenzität und Situiertheit**: Die Lernumgebung sollte so gestaltet sein, dass die Lernenden mit realistischen Problemen und authentischen Situationen umzugehen lernen.
- **Multiple Perspektiven**: Die Lernumgebung soll so gestaltet werden, dass Wissen nicht auf einen Kontext fixiert bleibt, sondern auch auf andere Problemstellungen übertragen werden kann. Zudem wird Lernenden die Möglichkeit gegeben, Probleme aus multiplen Perspektiven zu betrachten, wodurch erreicht wird, dass die Inhalte unter variierenden Aspekten bzw. von verschiedenen Standpunkten bearbeitet werden können.

- **Artikulation und Reflexion**: Problemlösungsprozesse sollen von den Lernenden artikuliert und reflektiert werden, um die Abstrahierung des Wissens zu fördern. Abstrahiertes Wissen unterscheidet sich von abstraktem Wissen darin, dass es mit Situationsbezügen verknüpft und daher anwendbar ist.
- **Lernen im sozialen Austausch**: Lernumgebungen sollen kooperatives Lernen und Problemlösen in Lerngruppen, sowie gemeinsames Lernen und Arbeiten von Lernenden und ExpertInnen fördern.

(Vgl. Mandl/Gruber/Renkl 1995, S. 171)

Gerade **Simulationen** ermöglichen es, den genannten Anforderungen an Lernumgebungen gerecht zu werden.

Die Gestaltung der Lernumgebungen wird durch den Einsatz multimedialer Technologien erheblich erleichtert. Allerdings erfordert das Erstellen von Lernmedien, die den Anforderungen situierten Lernens entsprechen sollen, sehr **großen Aufwand**.

Der Einsatz von Hypertext und Hypermedia in multimedialen Lernumgebungen

„Seitens der Hypertext-Forschung wird angenommen, dass die intellektuellen Prozesse beim Menschen nicht-linear organisiert sind und daher die hypertextspezifische nicht-lineare Repräsentation von Wissen kognitiv plausibler erscheint als die Wissensdarstellung in Dokumenten mit vorwiegend linearer Struktur. Daraus wird die Vermutung abgeleitet, dass durch die nicht-lineare Wissensdarstellung und des daraus resultierenden flexiblen Zugriffs auf relevante Informationen die Integration neuer Wissenselemente in schon im Gedächtnis bestehende Netzstrukturen erleichtert und so höhere Lern- und Gedächtnisleistungen erzielt werden können als mit traditionellen linearen Wissensdarstellungen." (Hahn/Künzel/Wazel 1996, S. 57)

Die allgemeinen Begründungen für den Einsatz von Hypertext/Hypermedia in Lern- bzw. Bildungssoftware beziehen sich vor allem auf deren Möglichkeit, **selbstgesteuertes und problemorientiertes Lernen** zu unterstützen.

Hypertext/Hypermedia-Systeme eignen sich aufgrund ihrer offenen Struktur besonders zum **entdeckenden und konstruktiven Lernen**, da hierbei der Wissenserwerb mittels aktivem Lernen erfolgt.

Die meisten AutorInnen sind sich darüber einig, dass Hypertext/Hypermedia-Systeme den Lernenden komplexe Lernumgebungen bieten, die es ihnen ermöglichen, sich möglichst „natürlich" zu verhalten.

Schulmeister (1996) versteht in diesem Zusammenhang unter dem **Begriff „natürlich"** zweierlei:

- Erstens repräsentiert das Lernmaterial in einem Hypertext/Hypermedia-System eine Umgebung, die StudentInnen – wenn sie gut recherchieren – auch sonst vorfinden. Eine Umgebung, die aus vielen Büchern, Bildern, Originalliteratur, Sekundärliteratur und anderen Materialien besteht.
- Zweitens können sich StudentInnen in dieser komplexen Lernumgebung so verhalten, wie sie es auch sonst gewohnt sind. Sie können ihre eigenen Lernstrategien einsetzen, wild blättern oder gezielt suchen, auswendig lernen oder Hypothesen bilden usw. (vgl. Schulmeister 1996, S. 250 f)

Da allerdings Hypertexte aus Hunderten oder sogar Tausenden Knoten bestehen können, fehlt den BenutzerInnen oft der **Überblick über den aktuellen Standort** innerhalb eines Dokuments.

In diesem Netzwerk können Lernende im räumlichen Sinn verloren gehen. Dieses **Problem der Desorientierung** wurde ursprünglich von *J. Conklin* als *„lost in hyperspace"* bezeichnet.

„Um mit Hypertext/Hypermedia-Systemen effektiv zu lernen, ist es erforderlich, dass man im Gedächtnis behält, welche Informationsknoten schon aufgesucht wurden, auf welchen Wegen man zu ihnen gelangt ist, welchen Inhalt diese hatten, welche Informationen noch aufgesucht werden sollten, welche Möglichkeiten der Navigation zur Verfügung stehen, welche Funktion einzelne Navigationsmittel erfüllen usw. Dies erfordert zusätzliche Gedächtniskapazität, Aufmerksamkeit und Fähigkeiten zur metakognitiven Kontrolle, die häufig nicht zur Verfügung stehen. Lernende können durch eine derartige kognitive Überlast [...] von einer tieferen Informationsverarbeitung abgehalten werden." (Tergan 1995, S. 134)

Erfahrungsgemäß **bevorzugen viele Lernende äußere Unterstützung** und stufen daher offene Lernumgebungen oft als frustrierend, unmotivierend und ineffizient ein.

Zum anderen profitieren nicht alle Lernenden in gleichem Maße von der Verwendung multimedialer Lernumgebungen. Lernende mit eher konstruktivistischen Lernauffassungen verbuchen meist einen größeren Lernerfolg in Hypertext-Lernumgebungen als Lernende, welche andere Lernstile bevorzugen
(vgl. Mandl/Gruber/Renkl 1995, S. 176).

Beim Arbeiten mit Lern- bzw. Bildungssoftware wird von Lernenden ein hoher Grad an **Eigenaktivität gefordert**, um Informationen zu sammeln, Situationen zu erkennen, Fähigkeiten zu entwickeln und Probleme zu lösen.

„Damit wird beim Lernenden eine hohe Aktionsbereitschaft vorausgesetzt, die auf einer entsprechenden intrinsischen Motivation basiert. Die Motivation ist – bezogen auf einen Lernprozess – das Ergebnis eines positiven emotionalen Zustands des Lernenden. Es ist gerade die Kunst und Aufgabe der Lernsoftware-Didaktiker, den Lernenden emotional an die Aufgabe zu binden und in ihm eine Passion für den Lerngegenstand und in unserem Fall für die Arbeit mit Computer-Lernprogrammen zu wecken, so dass er bestenfalls in diese virtuelle Umgebung mental vollständig 'eintaucht'." (Strzebkowsi 1995, S. 271)

Die Ansätze zur **Erklärung extrinsischer Motivation** fragen nur nach dem Anreiz der Folgen von Handlungen, nach Emotionen, welche sich nach Tätigkeiten einstellen.

Gerade bei der Frage nach der Motivation bei der Arbeit am Computer muss jedoch nach dem Reiz gefragt werden, der das Tun selbst verursacht. Die Theorie der intrinsischen Motivation stellt dieses Phänomen in den Mittelpunkt und bezeichnet das „Aufgehen" des Menschen in einer Tätigkeit als „**Flusserleben**".

Dieses spezifische Erleben wird charakterisiert durch:

- eine Art vorübergehenden Ich-Verlust;
- eine Art Immunisierung gegenüber Außenreizen;
- eine Art Aufhebung des Zeitbewusstseins.

(Vgl. Süssenbacher 1992, S. 287)

Je komplexer nun eine Software ist und je mehr Wahrnehmungskanäle aktiv miteinbezogen sind, desto stärker ist die Bindung an das Programm, wodurch das sogenannte Flusserleben möglich wird.

Was nun die Frage angeht, mit welchen Methoden Lernsoftware die motivational-emotionale Seite der Lernenden ansprechen kann, so gibt es dafür einige **globale Design-Prinzipien**. Grundsätzlich ist es wichtig, die **Neugierde** der Lernenden zu wecken. Sei dies nun durch die Bereitstellung eines interessanten Problems auf der Makroebene des Programms oder auf der Mikroebene, wo Inhalte durch entdeckende Vorgehensweisen erschlossen werden sollen.

Erklärungsversuche zur Wirkung von Multimodalität auf Lernleistungen

Unter dem Begriff „**multimodal**" werden Angebote verstanden, welche die **unterschiedlichen Sinnesmodalitäten** (z. B. das visuelle und auditive System) bei den BenutzerInnen **ansprechen**.

Es gibt unterschiedlichste kognitive Theorien, welche die Lernvorteile bei Multimedia-Anwendungen gegenüber herkömmlichen Medien (z. B. Bücher) aufzuzeigen versuchen.

Wenn es nun aber um wissenschaftliche Begründungen geht, die multicodale und multimodale Präsentation von Inhalten zu rechtfertigen, werden meist **zwei Theorien** angeführt: Die **Doppelcodierungstheorie** von *Paivio* und die **Theorie der Hemisphären-Spezialisierung.** Beide Theorien gehen von der Annahme aus, dass Informationen je nach Codierung von unterschiedlichen kognitiven Systemen verarbeitet werden.

Die Doppelcodierungstheorie

Die Doppelcodierungstheorie von *Paivio* (zit. nach Schnotz/Zink/Pfeiffer 1996, S. 196) besagt, dass das menschliche kognitive System **zwei selbständige, jedoch interagierende Subsysteme** enthält: ein **verbales System für die Verarbeitung** von Sprache und ein **imaginales System für die Verarbeitung** von Bildinformationen.

Worte, Sätze und Texte werden normalerweise nur im **verbalen System verarbeitet** und enkodiert. Nur wenn ein konkreter Sachverhalt beschrieben wird, der auch der Vorstellung zugänglich ist, findet eine zusätzliche Kodierung im imaginalen System statt.

Bilder hingegen werden grundsätzlich im **imaginalen System** und im verbalen System enkodiert. Das gute Behalten von Bildern ist demnach auf die Vorzüge einer doppelten gegenüber einer einfachen Kodierung zurückzuführen (vgl. Schnotz/Zink/Pfeiffer 1996, S. 196).

Eine Untersuchung von *Paivio* (zit. nach Klisma 1995, S. 11 ff) ergab, dass die **Gedächtnisleistung in bezug auf Bilder wesentlich ausgeprägter** ist als für konkrete oder abstrakte Begriffe. Bilder, die beiläufig gelernt wurden, blieben auch noch nach einer Woche besser im Gedächtnis als abstrakte Substantive nach nur fünf Minuten.

	Absichtlich gelernt		Beiläufig gelernt	
	5 Min	**1 Wo**	**5 Min**	**1 Wo**
Bilder	33	19	36	16
Konkrete Substantive	24	10	14	8
Abstrakte Substantive	14	5	11	2

(vgl. Klisma 1995, S. 11)

Die Theorie der Hemisphären-Spezialisierung

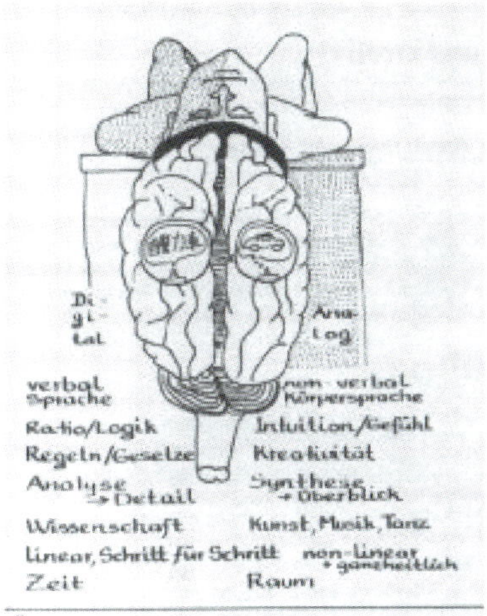

ÜBERBLICK: ZWEI HEMISPHÄREN L+R

Die Theorie der *Hemisphären-Spezialisierung >> S. 174* besagt, dass **Sprache von anderen Großhirn-Systemen verarbeitet wird als Bilder**.

Die **rechte Gehirnhälfte** verschafft uns den Überblick, sie **erkennt Formen und Strukturen** und ermöglicht es uns, Personen oder Dinge wiederzuerkennen, die wir einmal gesehen haben.

Die **linke Gehirnhälfte** steht für die **Analyse, die Logik, die Ratio** und den „nüchternen" Verstand. Ferner steht sie für lineares, detailliertes, sequentielles Vorgehen (vgl. Birkenbihl 1995, S. 31).

Wenn nun also eine Information links (z. B. ein Wort) mit einer Information rechts (z. B. einer bildlichen Darstellung) gleichzeitig im Gehirn „ankommt", so können diese Informationen besser im Gedächtnis behalten werden, als wenn sie einzeln aufgenommen werden (vgl. Birkenbihl 1995, S. 47).

Die beiden vorgestellten Theorien werden gerade beim Lernen mit **Multimedia** herangezogen, um darauf hinzuweisen, dass aufgrund des gleichzeitigen Angebots von Sprache und Bildern die Lern- und Behaltensleistung erhöht werden kann.

Indem man das **Informationsangebot auf unterschiedliche Sinnesmodalitäten** verteilt und verschiedene Codierungen benutzt, kann verhindert werden, dass die menschlichen Sinne Überbelastungen ausgesetzt werden.

Wenn allerdings das **Informationsangebot schlecht koordiniert** bzw. synchronisiert ist, so kann eine **Diskrepanz** zwischen gleichzeitig präsentierten verbalen und visuellen Botschaften entstehen, ein Effekt, der auch unter dem Begriff „Text-Bild-Schere" geläufig ist.

Abschließend muss festgehalten werden, dass das Zusammenspiel von visuellen und auditiven Reizen, wie es bei Multimedia der Fall ist, bei **manchen** und eben **nicht bei allen** Menschen zu **besseren Erinnerungsleistungen** führt, und dass diese Erinnerungs- bzw. Behaltensleistung auch von der konkreten Aufgabe und dem individuellen Wahrnehmungsfaktor abhängt.

Interface-Design

Jede Software stellt sich den BenutzerInnen mit einem bestimmten Interface (Benutzeroberfläche) dar. Wie im Alltag, wo sich in der „face-to-face"-Interaktion der Leib des Gesprächspartners als Ausdrucksfeld für seine subjektiven Erlebnisse darstellt, so präsentiert sich das Interface als Anzeichen für die Funktionen der Software, die von den BenutzerInnen entsprechend gedeutet und interpretiert werden (vgl. Baumgartner/Payr 1994, S. 119 f).

„Das ideale Ziel eines ambitionierten Computer-Interface-Designers ist die Situation, in der der Benutzer nicht mehr merkt, dass er bei der Nutzung einer Anwendungssoftware mit einem Computer arbeitet. Das heißt, der Benutzer habe dann das Interface und die Repräsentation der virtuellen Welt derart verinnerlicht, dass er nur damit beschäftigt ist, seine Aufgabe zu lösen und sein Ziel zu erreichen als ob er direkt in der 'virtuellen Welt' agieren würde. Bis heute ist diese Situation leider ein immer noch unerreichtes Ideal, dem sich die Software-Ergonomie jedoch stetig nähert." (Strzebkowski 1995, S. 290)

Strzebkowski fügt – um Missverständnissen vorzubeugen – hinzu, dass es hier nicht um die Realisation von „Virtual Reality"-Systemen geht, wo die Lernenden mit einem speziellen Sichtgerät, Handschuhen und einem Overall ausgerüstet werden, um in eine Computer-Landschaft einzutauchen. Sondern hier geht es darum, die **Lernenden** so gut wie möglich in ein Anwendungs- oder Lernprogramm **einzubeziehen** (vgl. Strzebkowski 1995, S. 291).

Um in Lernprogrammen Aufmerksamkeit zu wecken, Interesse und Motivation aufzubauen und sich mit der gestellten Problemsituation zu identifizieren, sind **dramaturgische Prinzipien** unerlässlich.

Strzebkowski führt an, dass Theater und Interface-Design einige Ähnlichkeiten aufweisen, da sich beide mit der Repräsentation von Aktion beschäftigen.

Tief in uns verborgen schlummert ein **spielerischer Instinkt** und in den kulturellen Konventionen des Theaters, des Films und der Erzählkunst befinden sich uns gut vertraute Quellen des Wissens und der Erfahrung.

Die **zentrale Aufgabe von ProgrammdesignerInnen** besteht nun darin, diese **Ressourcen zu aktivieren** und für die Arbeit mit dem Computer nutzbar zu machen. In den neuen Ansätzen des Interface-Designs wird durch den Einsatz der Erzählung, des Films und des Konzepts der direkten Aktion versucht, diese Ressourcen zu aktivieren (vgl. Strzebkowski 1995, S. 295).

Für die Übertragung der Arbeits- und Lernwelt mit Hilfe bestimmter Repräsentations-Metaphern, liefert das Konzept der „**direkten Manipulation**" einen entscheidenden Beitrag zur Realisation von Interaktionsformen, die den BenutzerInnen aus ihrer realen Lebensumgebung und Erfahrung vertraut sind.

„Mit dem Begriff direkte Manipulation (DM) werden Interaktionstechniken bezeichnet, die der Modalität des gegenständlichen Handelns zuzurechnen sind.“ (Oberquelle 1994, S. 133)

Nach *Schneiderman* (1992) (zit. nach Oberquelle 1994) gibt es **drei grundlegende Prinzipien**, welche die **direkte Manipulation** ausmachen:

- Ständige Darstellung der interessierenden Objekte und Aktionen;
- physische Handlungen oder Drücken beschrifteter Knöpfe an Stelle von komplexer Syntax;
- schnelle, inkrementelle und reversible Operationen mit sofort sichtbarem Effekt an den interessierenden Objekten.

(Vgl. Oberquelle 1994, S. 134)

Die Funktion von Abbildungen

Für informative Multimedia-Angebote stellt sich die Frage, wie Bilder zum Wissenserwerb beitragen können.

Bilder können verwendet werden, um Inhalte von Texten zu zeigen, die Aufmerksamkeit zu erhöhen, Textaussagen zu ordnen, zu erklären oder leichter verständlich zu machen.

Letztendlich ermöglichen Bilder eine Verbindung zwischen dem äußeren Tun und dem inneren Denken, was heißen soll, dass beispielsweise der Eiffelturm durch ein Bild schneller und präziser beschrieben werden kann, als dies mit sprachlichen Mitteln möglich ist (vgl. Bäumler 1991, S. 72).

Für die Entwicklung von Lern- bzw. Bildungssoftware ist es von Bedeutung zu wissen, wie man informierende Abbilder am besten gestaltet und durch Texte so kommentiert, dass die BenutzerInnen die codierten Informationen effektiv aufnehmen.

Aus der Analyse von Abbildern in Lernprogrammen erscheinen **drei Funktionen** als besonders wesentlich:

Die Zeigefunktion: Abbilder können einen Gegenstand oder einen Ausschnitt eines Gegenstandes zeigen.

Die Zeigefunktion zielt darauf ab, dass die BetrachterInnen mit Hilfe von Abbildungen ein deutliches und zutreffendes Bild von etwas entwickeln. Die BetrachterInnen sollen anhand dieser Vorstellung Fragen beantworten können wie: **Was ist typisch für x? Woran erkannt man x ? Was unterscheidet x von y?** usw.

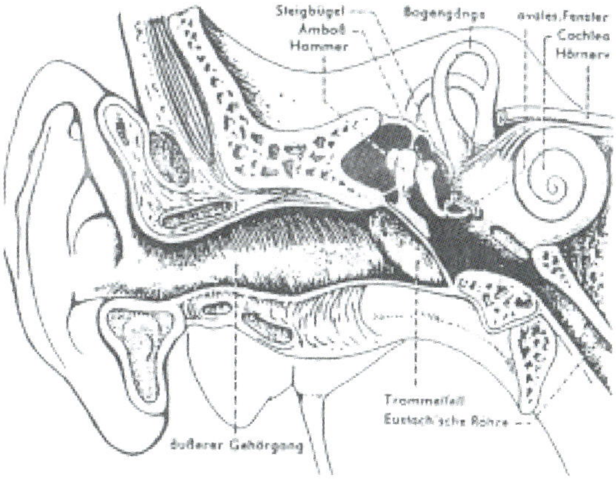

(Weidenmann 1995, S. 109)

Instruktionspsychologisch ist die Aufgabe des Zeigens anspruchsvoller, als es erscheinen mag. Es gilt die Aufmerksamkeit der Lernenden auf die kritischen Merkmales des Gegenstandes zu lenken. Einerseits soll der Lernende eine möglichst vollständige Vorstellung vom Gegenstand entwickeln, andererseits soll Wichtiges von Unwichtigem, Charakteristisches von Uncharakteristischem unterschieden werden.

Für die Gestaltung von Abbildungen zur Zeigefunktion stellen sich interessante Fragen wie: **ist das realistische Abbild auch das wirkungsvollste? Mit welchen Mitteln lässt sich die Aufmerksamkeit des Betrachters steuern? Wann ist das Standbild, wann das bewegte Bild besser?**

(Vgl. Weidenmann 1995, S. 108 f)

(Weidenmann 1995, S. 110)

Die Situierungsfunktion: Die Situierungsfunktion erfüllt ein Abbild dann, wenn sie den BetrachterInnen hilft Informationen in einen Rahmen einzubetten. In Sprachlernprogrammen findet man z. B. häufig Abbilder als Situationsrahmen. Abbilder können ein Szenarium bereitstellen und aktivieren bei den BetrachterInnen eigene Alltagserfahrungen, die meist reicher als die gezeigte Bildvorlage sind. Die emotionalen Wirkungen, die Abbildern zugeschrieben werden, hängen mit dieser Aktivierung mit persönlichen Erfahrungen zusammen. Bei der Situierungsfunktion in Lernprogrammen hat sich wiederholt gezeigt, dass sehr realistische und detaillierte Darstellungen zwar am wirkungsvollsten situieren, aber oft nicht mit den Erfahrungen der BetrachterInnen übereinstimmen.

(Vgl. Weidenmann 1995, S. 110)

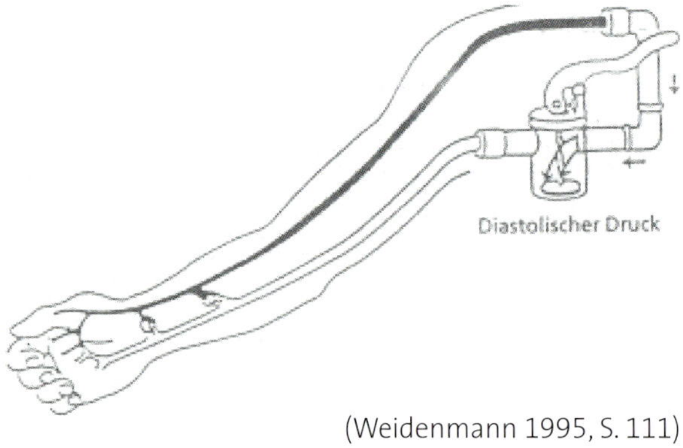

(Weidenmann 1995, S. 111)

Die Konstruktionsfunktion: Abbilder können den BetrachterInnen helfen, ein geistiges Modell zu einem Sachverhalt zu konstruieren. Sie können daher also auch Unvertrautes oder Unanschauliches verständlich machen. Abbilder, die zur Konstruktion eines mentalen Modells dienen sollen, bedürfen in besonderem Maß einer sprachlichen Unterstützung. Der Grund liegt darin, dass sich durch die Sprache Beziehungen zwischen den Elementen eines Modells präziser und differenzierter ausdrücken lassen als mit piktorialen Mitteln.

(Vgl. Weidenmann 1995, S. 111)

Für das Design von Abbildungen zu Informations- und Lernzwecken nutzen erfahrene BildgestalterInnen eine Vielfalt von Codes. Dabei ist die **Unterscheidung** von **Darstellungscodes** und **Steuerungscodes** von Bedeutung.

- **Darstellungscodes** sollen den BetrachterInnen helfen, den abgebildeten Gegenstand im Bild zu erkennen. Typische Darstellungscodes sind Schattierungen, Perspektive oder Lokalfarbe.
- **Steuerungscodes** hingegen sollen den BetrachterInnen helfen, das Bildangebot optimal zu verarbeiten. Mit diesen Codes versuchen BildautorInnen zum Beispiel den Blickverlauf zu steuern, Bilddetails hervorzuheben oder zu kognitiven Operationen anzuregen. Typische Steuerungscodes sind Pfeile, Größenverzerrungen, Umrandungen, Signalfarben usw.

(Vgl. Weidenmann 1995, S. 112)

Für die **Zeigefunktion** ist es wichtig, per Darstellungs- und Steuerungscodes und auch mit eventueller zusätzlicher Textunterstützung, die Wahrnehmung der relevanten Gegenstandsmerkmale zu sichern. Dabei ist es vorteilhaft die Beschriftung möglichst nahe am entsprechenden Bilddetail zu platzieren.

Bei der **Situierungsfunktion** in Lernprogrammen hat sich wiederholt gezeigt, dass sehr realistische und detaillierte Darstellungen zwar am wirkungsvollsten situieren, aber oft nicht mit den Erfahrungen der BetrachterInnen übereinstimmen.

„Sehr detaillierte Situationsbilder veralten rasch (Mode usw.), sind kulturgebunden und provozieren manche selbsternannten Experten unter den Betrachtern zur Fehlersuche. Der erwünschte positive Effekt auf die Involviertheit der Betrachter bleibt dann aus." (Weidenmann 1995, S. 115)

Bei der **Konstruktionsfunktion** gilt es das Komplexitätsproblem zu lösen. Hierfür muss das Bildmaterial zur Konstruktion eines mentalen Modells so portioniert und sequenziert werden, dass die BetrachterInnen es optimal nutzen können.

Abbilder, die zur Konstruktion eines mentalen Modells dienen sollen, bedürfen in besonderem Maß einer **sprachlichen Unterstützung**. Der Grund liegt darin, dass sich durch die Sprache Beziehungen zwischen Elementen eines Modells präziser und differenzierter ausdrücken lassen als mit piktorialen Mitteln (vgl. Weidenmann 1995, S. 116).

Beim **Einsatz von Bildern** sollte allerdings beachtet werden, dass das Behalten von Texten mit Hilfe von Bildern nur erreicht werden kann, wenn zwischen ihnen eine „**semantische Diskrepanz**" besteht. Damit ist gemeint, dass eine Bildinformation mehr als eine Wiederholung der zugeordneten Sprachinformation enthalten sollte. Wenn diese entfällt, so ist es nicht unbedingt zu erwarten, dass die Text-Bild-Kombination zur Erhöhung der Behaltensleistung beiträgt (vgl. Issing, Haack 1985, S. 114).

Hypertext-Gestaltung

In Hypertext-Systemen gibt es nach *Schulmeister* (1996) **zwei extreme Interaktionsformen**, die gleichermaßen zu einem Absinken der Motivation bei den BenutzerInnen führen können.

Einerseits ist dies die rigorose **Einschränkung der Navigation auf das Blättern**, das ein Gefühl der Kontrolle durch das Programm hervorrufen kann und andererseits kann die **freie Navigation** bei einer ungeheuren Informationsmenge bei den BenutzerInnen das Gefühl hervorrufen, dass ihnen zu viel zugemutet wird (vgl. Schulmeister 1996, S. 273).

Wie bereits erwähnt, entsteht bei den BenutzerInnen von Hypertext-Systemen oft ein Gefühl der **Desorientierung** ("lost in hyperspace"). Damit eng verbunden ist das Problem der „**kognitiven Überlast**", weil die BenutzerInnen das Material auswählen, es gleichzeitig organisieren und die Systemfunktionen beherrschen müssen. Beiden Problemen kann mit Hilfe von **Orientierungshilfen** und wirksamen **Navigationsverfahren** begegnet werden.

„Zu den Orientierungshilfen sind solche hypertextangepassten Verfahren wie Inhaltsverzeichnisse, Register, grafische Übersichten, Backtracking-Angebote (Möglichkeit des Rückverfolgens der bisherigen Navigationsschritte) und sogenannte 'guided tours', d. h. thematisch strukturierte vorgegebene Pfade durch das Hypertext-Dokument, zu zählen." (Hahn, Künzel, Wazel 1996, S. 51)

Grundsätzlich sollte die Struktur eines Hyperdokuments so angelegt sein, dass die BenutzerInnen immer in der Lage sind die Fragen: „Wo bin ich? Wie bin ich hierher gekommen? Was kann ich hier tun? Wohin kann ich von hier aus gehen? und Wie komme ich dorthin?" zu beantworten.

„Design in Hypertext-Umgebungen sollte vier Funktionen im Auge haben: Die Orientierung des Benutzers, die Navigationsmethode, den semantischen Mehrwert des Systems für den Lernerfolg und die Unterstützung aktiver Lernprozesse." (Schulmeister 1996, S. 266)

Haack (1995) stellt einige **Navigationswerkzeuge** vor, die zum Teil gezielt für Hypertext- und Hypermedia-Systeme entwickelt wurden:

- **Graphische Browser** geben in Form von Netz- oder Baumstrukturen einen globalen Überblick oder einen Überblick über einen Ausschnitt einer Hypermedia-Basis.
- **Fischaugenansichten** geben analog zu einer Linse mit großem Winkel (Fischauge) eine detaillierte Sicht der nahen Umgebung und eine weniger detaillierte Sicht der weiteren Umgebung.
- **Leseprotokolle (Backtrack-Funktionen)** beinhalten eine Aufzeichnung der bisher angesteuerten Seiten und ermöglichen daher ein schrittweises Zurückverfolgen des eigenen Pfades.
- **Lesezeichen (bookmarks)** kennzeichnen subjektiv wichtige Bereiche der BenutzerInnen.
- **Thumb tabs (Autorenhinweise)** können von Lernsystem-AutorInnen eingefügt werden, um relevante Lernbereiche gesondert hervorzuheben.

(Vgl. Haack 1995, S. 156 f)

Literatur

Bäumler, Claus E.: Lernen mit dem Computer, Weinheim, Basel 1991. (Beltz)

Baumgartner, Peter / Payr, Sabine: Lernen mit Software, Innsbruck 1994. (Österreichischer StudienVerlag)

Birkenbihl, Vera: Stroh im Kopf. Gebrauchsanleitung fürs Gehirn. 23. Aufl., München/Landsberg am Lech 1995. (mvg-Verlag)

Haack, Johannes: Interaktivität als Kennzeichen von Multimedia und Hypermedia. In: Issing, Ludwig J. / Klisma, Paul (Hrsg.): Information und Lernen mit Multimedia, S. 151-166, Weinheim 1995 (Psychologie Verlags Union)

Hahn, Martin / Künzel, Sebastian / Wazel, Gerhard: Multimedia – eine neue Herausforderung für den Fremdsprachenunterricht, Frankfurt am Main 1996. (Europäischer Verlag der Wissenschaften)

Issing, Ludwig J. / Haack, Johannes: Bildverarbeitung und Bildrepräsentation im dialogischen Lernen. In: Mandl, Heinz / Fischer, Peter M. (Hrsg.): Lernen im Dialog mit dem Computer, S. 106-117, München, Wien, Baltimore 1985. (Urban und Schwarzenberg)

Issing, Ludwig J. / Klisma, Paul: Multimedia – Eine Chance für Information und Lernen. In: Issing, Ludwig J. / Klisma, Paul (Hrsg.): Information und Lernen mit Multimedia, S. 1-4, Weinheim 1995. (Psychologie Verlags Union)

Mandl, Heinz / Gruber, Hans / Renkl, Alexander: Situiertes Lernen in multimedialen Lernumgebungen. In: Issing, Ludwig J. / Klisma, Paul (Hrsg.): Information und Lernen mit Multimedia. S. 167-178, Weinheim 1995. (Psychologie Verlags Union)

Oberquelle, Horst: Formen der Mensch-Computer-Interaktion. In: Eberleh, Edmund / Oberquelle, Horst / Oppermann, Reinhard: Einführung in die Software-Ergonomie. Gestaltung graphisch-interaktiver Systeme: Prinzipien, Werkzeuge, Lösungen. 2. Aufl., S. 95-143, Berlin, New York 1994. (de Gruyter)

Schnotz, Wolfgang / Zink, Thomas /Pfeiffer, Michael: Visualisierungen im Lehr-Lern-Prozeß. In: Zeitschrift für Pädagogik, 42. Jg, Heft 2, S. 193-213. 1996

Schulmeister, Rolf: Grundlagen hypermedialer Lernsysteme: Theorie – Didaktik – Design, Bonn 1996. (Addison-Wesley)

Strittmatter, Peter / Mauel, Dirk: Einzelmedium, Medienverbund und Multimedia. In: Issing, Ludwig J. / Klisma, Paul (Hrsg.): Information und Lernen mit Multimedia. S. 47-61, Weinheim 1995. (Psychologie Verlags Union)

Strohmeyer, Heidrun /Sturm Karin: Neue Medien – Neue Lernkultur. In: MEDIEN IMPULSE. Beiträge zur Medienpädagogik, 6. Jg., Heft 21, S. 49-54. 1997

Strzebkowski, Robert: Realisierung von Interaktivität und multimedialen Präsentationstechniken. In: Issing, Ludwig J. / Klisma, Paul (Hrsg.): Information und Lernen mit Multimedia. S. 269-303, Weinheim 1995. (Psychologie Verlags Union)

Süssenbacher, Gottfried: Motivation und computerunterstützter Unterricht. Didaktische Fallen, kommunikative Chancen. In: Zeitschrift für Hochschuldidaktik. Beiträge zum Studium, Wissenschaft und Beruf, 16. Jg., Heft 3/4, S. 284-292. 1992

Tergan, Olaf-Sigmar: Hypertext und Hypermedia: Konzeptionen, Lernmöglichkeiten, Lernprobleme. In: Issing, Ludwig J. / Klisma, Paul (Hrsg.): Information und Lernen mit Multimedia. S. 123-137, Weinheim 1995. (Psychologie Verlags Union)

Weidenmann, Bernd: Abbilder in Multimedia-Anwendungen. In: Issing, Ludwig J. / Klisma, Paul (Hrsg.): Information und Lernen mit Multimedia. S. 107-121, Weinheim 1995. (Psychologie Verlags Union)

Erich Pammer

... und wer lernt mit uns?

> *Es ist schon so:*
> *Die Fragen sind es,*
> *aus denen das,*
> *was bleibt, entsteht.*
> *Denk an die Frage*
> *deines Kindes:*
> *„Was tut der Wind,*
> *wenn er nicht weht?"*
> Erich Kästner

Eine **moderne Behindertenpädagogik** ist eine Pädagogik, die sich mehr als alle anderen pädagogischen Richtungen **dem Fragen verpflichtet** fühlen muss.

Lesen, Schreiben, Rechnen usw. laufen in der Regel in einem bestimmten Zeitrahmen ab, der umso besser gelingt, wenn er optimal, also beim Eintritt in das Schulsystem, einsetzt. In ein oder zwei Jahren haben die meisten Kinder diese grundlegenden Kulturtechniken erlernt, das eine Kind mit mehr das andere Kind mit weniger Problemen, abhängig sicherlich von der Methode, abhängig von der häuslichen Unterstützung und einigen anderen Faktoren. Jedenfalls braucht man sich nach diesen elementaren Lernjahren keine größeren Gedanken mehr zu machen, wie denn diese überaus komplexen Lernprozesse abgelaufen sind ...

Und jetzt kommen Kinder in die Schule, bei denen das alles nur mit größten Problemen gelingt, wo es sehr, sehr mühsam ist, ja wo es oft überhaupt nicht gelingt, schon gar nicht in der Zeit, die der Lehrplan dafür vorsieht. Ein immer größerer Reparaturbetrieb muss her, Sonderpädagogische Zentren werden aktiv und das Kind scheint (schwerst)-behindert zu sein, was immer auch das in der exakten Terminologie oder Abgrenzung (wozu?) bedeuten mag.

Der **Lernprozess** muss nun **analysiert** werden, was fehlt diesem Kind, wo liegen die Ursachen, dass diese Kulturtechniken, meist auch noch eine Menge anderer Fertigkeiten sich nicht einstellen wollen.

Die **Medizin** tritt auf den Plan, jede Menge Experten versuchen Wege zu finden und immer mehr stellt sich heraus, dass **jedes Kind seine Eigenart** hat, warum es nicht funktionieren will.

Es ist für alle ein heilsamer Prozess, dem allem nachzugehen, die Fragen auszudifferenzieren, im Sinne einer positiven Förderdiagnostik die **Ausgangslage exakt bestimmen** zu wollen.

Nicht allein kognitives Lernen, auch alle anderen Aspekte des sozialen und emotionalen Lernens, die sonst im üblichen Unterricht gröblich vernachlässigt werden, obwohl sie (über alle Altersstufen) so hilfreich wären, treten auf den Plan.

Und es ist naheliegend, dass diese minutiöse Analyse auch sehr bald **„digitale" Bildungsmedien auf den Plan** rief. Es war kein gemeinsames Vorgehen, sondern in den USA schon zu Beginn der 80er Jahre (auf „Apple"-Systemen) und dann unabhängig voneinander immer mehr auch im deutschsprachigen Raum gab es **einige unentwegte Pioniere**, die die **Kombination zwischen „neuen Medien" und Behinderung** wagten.

Es gab natürlich gewaltige Einflüsse aus der Medizin, die immer rasanter verlaufende

Entwicklung der Hardware, die Verbesserung der Mensch-Maschineschnittstellen trug dazu bei, dass es immer bessere Systeme gab, die eine auch heute noch ungeahnte Hilfe für Kinder mit Handicap darstellen.

Die nach wie vor anhaltende **Motivation mit EDV zu arbeiten** oder auch die Multimediafähigkeit mit den Möglichkeiten Klang, Texte, Animationen, Film (vielleicht einmal auch Geruch oder taktile Reize) sind die Grundingredienzien, die den Siegeszug des Mediums ermöglichten.

Dr. Wetzel von der Universität Salzburg hat zu Beginn der 90er Jahre eine **Einteilung** vorgeschlagen, derer sich (in Abwandlung) auch heute noch viele bedienen.

Computer als Lehr- und Lernhilfe

Ein großer Anteil der Kinder mit Sonderpädagogischem Förderbedarf hat diesen Förderbedarf aus Gründen der Lernbehinderung. Eine Lern- und Informationsgesellschaft liefert offensichtlich auch immer mehr Kinder an den Rand, die nicht mehr mitkönnen. Überforderung und die Gefahr des Auftretens von Sekundärproblemen wie Verhaltensauffälligkeiten machen es notwendig, individuelle Antworten darauf zu geben.

Diese **Individualisierung der Lernproblematik** ist zugleich auch der richtige Ansatzpunkt mit guter Lernsoftware an die Sache heranzugehen. Es gibt keine Lernsoftware, die rezeptartig eine Schwäche des Lesens oder Rechnens beheben kann. Vielmehr steht im Vordergrund, die genaue Analyse, warum das Kind diese oder jene Lernschwäche zeigt. Oft ist dies ein aufwendiges und mühsames Verfahren, das sich aber letzten Endes lohnt.

Warum kann ein Kind nicht so gut lesen, wie seine Klassenkameraden? Es stellen sich Fragen nach der akustischen und optischen Differenzierungsfähigkeit, Fragen nach Raumorientierung, nach Serialität, nach Figur-Hintergrunddifferenzierung u. a. m. Erst wenn abgeklärt ist, wo die Probleme liegen inklusive des Erforschens, wie dieses Zusammenwirken funktioniert oder eben nicht korrekt abläuft, ist ein sinnvolles Vorgehen angebracht.

Es gibt inzwischen eine Vielzahl von wirklich guter Software, die diesen Korrekturprozess hervorragend unterstützen. Vielfach sind es Perlen, die aus der Sharewareszene kommen, Programme, die nicht genuin für den Behindertenbereich geschaffen wurden, sich aber mit wenigen Handgriffen dafür adaptieren lassen.

Multimediale Lösungen, die dem Kind in seiner Individualität des Lernens entgegenkommen und gleichzeitig auch sehr motivierend sind, haben schon manches Lernprogramm lösen können. Eine **umfangreiche Sammlung** dazu findet sich am Sonderpädagogischen Zentrum Freistadt in Unterweißenbach, A-4273 Unterweißenbach 91, Oberösterreich und wird auf der Homepage auch laufend dokumentiert (*http://www.eduhi.at/schule/spzfreistadt/lernwerk.htm*) .

Direkt elektronisch am vordergründigen Lernproblem zu lernen, ist eher mit Vorsicht zu betrachten. Denn wenn die einschlägigen Programme lediglich „Papierbeispiele" auf den Monitor übertragen, d. h. die Multimediafähigkeiten des Computers nicht genutzt werden, so ist zu fragen, ob dies Sinn hat. Den Computer als Selbstzweck einzusetzen, ist abzulehnen.

Nur wenn sich eine Problemlage ergibt, die anders nur mit größerem Aufwand, mit vermehrten Zeitaufwand, in schlechterer Qualität oder u. U. auch gar nicht erreicht wird, rechtfertigt den Einsatz der Neuen Medien.

Es ist in diesem Stadium auch gar nicht das Ziel Computerkompetenz zu vermitteln, sondern **im Vordergrund steht, mit einem hochsensiblen Medium behinderten Kindern in ihrer Lernproblematik zu helfen.** Diese Vorgangsweise verlangt auch kein überdurchschnittliches EDV-Wissen von den LehrerInnen oder Therapeuten, sondern weit eher eine gute Sicht, wo das Kind seine Problemlagen hat. Entsprechende Beratung kann dann helfen, die geeignete Software einzusetzen. Es sollte uns bewusst sein, dass wir LehrerInnen und keine EDV Techniker sind!

Computer als prothetische Hilfsmittel

Apokalyptische Visionen, wonach es einmal eine Zeit geben wird, wo „***Blinde sehen und Lahme gehen***" sind noch nicht angebrochen. Die Zeit dahin rückt aber immer näher, denn einige Visionen sind längst Wirklichkeit geworden.

Eine beinahe schon alltägliche Routine ist das **„Cochlearimplantat"** das gehörlosen Menschen wieder ihr Gehör zurückgeben kann. Im Innenohr eingepflanzt, ermöglicht es die Umsetzung von akustischen Reizen in Gehörsempfindungen mittels eines IC[1]. Auch wenn der Schwerpunkt vorerst medizinisch gelegen ist, so ist dennoch eine gute pädagogische Betreuung notwendig, um den Kindern den Umgang damit zu ermöglichen. Nicht allzu weit entfernt ist die Medizin auch bei der **Heilung von Querschnittlähmungen**, wo durch mikroskopisch kleine Chips Nervenbahnen wieder verbunden werden können. Auch vielversprechende Ergebnisse in Tierversuchen, wo das Augenlicht durch elektronische **Korrektur der Netzhaut** wiedererlangt wurde, lassen Hoffnung aufkeimen, dass die z. B. die gefürchtete „Retinitis pigmentosa" einmal ihren Schrecken verlieren könnte. Zwar nicht unbedingt Thema der Behindertenpädagogik, aber auch ein Herzschrittmacher ist ein prothetisches Hilfsmittel.

Versuche an der Universität Tübingen bei Patienten mit „locked in Syndrom" durch Gedankenkraft und ihre Übertragung nach außen, Umweltsteuerungen des Alltags (Telefon abheben, TV Gerät einschalten o. ä.) zu ermöglichen sind in allernächster Nähe. Fertig ist ein System aus Leipzig, das die Steuerung des Computers mittels Augenbewegung ermöglicht. Der Computer muss nur vorher richtig auf die Pupille justiert worden sein.

[1] *IC Integrated Circuit – elektronischer Schaltkreis*

Entscheidend ist **immer der richtige Einsatz der Technik**, nämlich Menschen dort mit Technik zu helfen, wo eine Fähigkeit oder ein Sinn ausgefallen ist.

Ein reiches Betätigungsfeld mit sehr positiven Auswirkungen ist auch der **Einsatz bei blinden Menschen**. Braillezeilen, die dem (Integrations)lehrer ermöglicht (in Schwarzschrift) am Monitor mitzulesen, während das blinde Kind an der Tastatur arbeitet, ist gelebte Integration, nämlich die Hereinnahme in das „übliche" Kommunikationssystem. Es ist zwar hart, aber die **Brailleschrift** ist letzten Endes eine **Ghettolösung**, weil sie nur blinden Menschen und einigen wenigen Betreuern geläufig ist. Auch **Spracheingabesysteme oder Sprachausgabesysteme** könnten neue Perspektiven für blinde oder stark sehbehinderte Menschen eröffnen. Große Hoffnungen dieser Sprachsysteme liegen auch im Zugang zum Computer für körperbehinderte Kinder. Leider liegen die **Schranken** oft auch nicht einmal so sehr in der Technik, sondern **in den Köpfen der verantwortlichen Menschen**, wo sich immer wieder auch das Wort bewahrheitet:

Man IST nicht behindert, man WIRD behindert.

Computer als basales Funktionstraining für schwerstbehinderte Kinder

Körperbehindert zu sein, gehörlos, blind zu sein, mag noch irgendwie vorstellbar sein. Man kann im Selbstversuch sich die Augen verbinden, oder beinahe jeder war schon einmal in der misslichen Lage irgendein wichtiges Körperteil zeitweise nicht einsetzen zu können.

Wie ist das aber bei einer **geistigen Behinderung**, in vielen Fällen noch verbunden mit weiteren Beeinträchtigungen, die sich zum Begriff der Mehrfachbehinderung multiplizieren? (**Behinderungen addieren sich nicht, sondern multiplizieren sich!**)

Das ist schon kaum, wenn überhaupt vorstellbar und dennoch ist es eine Frage, für die wir als Behindertenpädagogen ein Antwort haben sollen. Die bereits beschriebene Vorgangsweise, die Problematik möglichst exakt zu differenzieren, ist ein Weg einer Lösung näher zu kommen.

Selbstverständlichkeiten werden plötzlich relativ im Sinne des Bonmots: **„selbstverständlich sind nur Dinge, worüber man noch nicht nachgedacht hat."**
Wie ist eine Welt, die Wahrnehmungsregeln hat, die ganz anders und für außenstehende Menschen oft unerklärlich sind. Und trotzdem übt auch auf diese Kinder gute Software eine Faszination aus, die verblüffend ist. Allein die Tatsache, dass kindliches Handeln etwas bewirkt, ist ein Riesenschritt in einer für uns rätselhaften Welt. Der Einsatz von **Touchscreens,**[2] in der Begriffsbildung oder in der Wahrnehmungsschulung, hat bahnbrechende Möglichkeiten eröffnet.

Die Verbindung von Sprache und Bildern, Handlungssteuerungen, akustisches und optisches Differenzieren eröffnen eine Welt, die bis dahin nur sehr mühsam begehbar war.

2 *berührungsempfindliche Monitore, die die Maus oder andere Eingabegeräte ersetzen*

Basisübungen (z. B. taktil-kinästhetisches Üben mit Cyberanzügen) in allen Bereichen, auch wenn sie derzeit noch utopisch erscheinen, werden das Bild des geistig behinderten Kindes in einem anderen Licht erscheinen lassen.

Multivariantes Vorgehen, wiederum extrem individualisiert garantiert den Erfolg. Einen **umfangreichen Hilfsmittelkatalog** findet man im Internet auf unseren Seiten unter *http://www.eduhi.at/schule/spzfreistadt/helm.htm*, der uns von Herrn Direktor *Leopold Helm* aus Herzogenburg in NÖ zur Verfügung gestellt wurde.

Computer und informationstechnische Grundbildung

Vierte Kulturtechnik oder nicht, es ist eine Frage der demokratischen und sozialen Hygiene eines Gemeinwesens, dass **auch behinderten Menschen** der Zugang zu den Neuen Technologien ermöglicht wird. Es mag zwar ein anderer Ansatz dabei im Spiel sein, an der Grundtatsache ändert es aber nichts.

Betriebssysteme oder Programmiertechnik werden kaum Thema sein, vielleicht auch nicht so sehr die Features einer Textverarbeitung oder Tabellenkalkulation, sondern bei Menschen mit Handicap ist von der alltäglichen Welt auszugehen: Das Bedienen eines HiFi-Unterhaltungsgeräts (wer hat noch nie über die Einstellungen seines Videorecorders geflucht?) oder auch einer Kaffeemaschine, einer Bohrmaschine oder einer Hi-Tech-Waschmaschine ist **informationstechnische Grundbildung**. Es ist auch nicht verboten, Computer des reinen Vergnügens willens zu verwenden, ob es nun eine Playstation ist oder ein virtuelles Kartenspiel – auch das ist informationstechnische Grundbildung.

Die **Diskriminierung vieler Spiele** wäre eine eigene Thematik, wenn man sich nur einmal die Mühe nehmen würde, zu erforschen welche ungeheuren **positiven Effekte** ganz allgemein elektronische Spiele bei behinderten Kindern haben könnten. Ist ein Autorenspiel wirklich so schlecht, oder überwiegen nicht Lerneffekte in Richtung Handlungsabläufe oder Reaktionsverbesserung, Es wäre an der Zeit, diesen Fragen einmal fundiert nachzugehen.

Wie weit die **klassische Informationstechnik Thema** sein kann, wird man individuell mit dem Kind abklären müssen. Basis könnte der ECDL („Computerführerschein") sein, angepasst an Behinderungen, wo es bereits umfangreiche Vorarbeiten an der UNI Linz (*Dr. Miesenberger*) gibt. Das Internet mit seinem Anspruch wird uns hier sehr schnell einen Weg zeigen, wenn wir nicht hoffnungslose Maschinestürmer sein wollen.

Computer als Hilfsinstrumente in der Diagnostik

Ledl/Bettinger haben vor kurzem eine recht **gute Software** (natürlich kann man alles noch verbessern) vorgelegt, die geeignet ist, eine Hilfe für den **förderzentrierten Zugang** zu bieten. Viele Bereiche speziell im Kognitiven erfahren m. E. **Objektivierung in der Beurteilung**, einfach deshalb, weil große Datenmengen verarbeitet werden und dadurch die Fehlentscheidungen geringer werden könnten. Es wird aber schwierig sein, die Diagnostik auf umfassend elektronische Basis umzustellen, wahrscheinlich ist dies auch nicht wünschenswert – jedenfalls ist diese Software „Förderdiagnostik" eine schon vielfach verwendete Hilfe. In der Medizin wird Elektronik schon vielfach in der Diagnostik aber auch in der Therapie eingesetzt, man denke nur an „Apache" eine Software, die u. a.

entscheidet, ob lebensverlängernde Maßnahmen weiterhin (in Intensivstationen) gesetzt werden sollen. Die Entscheidung der Software war der ärztlicher Entscheidung um bis zu 75 % überlegen, was das Weiterleben der Patienten betrifft.

Der Datenhighway

Dass der Datenhighway einer der faszinierendsten Möglichkeiten der Neuen Technologien ist gilt einmal mehr für den Bereich der Behinderung. Eine Vielzahl von **Selbsthilfegruppen**, neue Kommunikationsformen, Wissen in Sekundenschnelle an jedem Ort der Welt sind nur einige wenige Dinge, die auch weiterhin den Siegeszug des Mediums garantieren werden.

Als praktisches Beispiel für eine mögliche Umsetzung EDV orientierter Lösung im Internet sei **unser Projekt** *http://www.eduhi.at/schule/spzfreistadt/kunst.htm* vorgestellt.

Bescheidene Anfänge prägten die Bemühungen und mündeten in einem Erfolg, der uns 1999 als Sieger des „Museumonlinebewerbs99" an die Spitze brachte.

Kunsttherapeutisches Vorgehen war immer schon ein Schwerpunkt unserer Pädagogik. Eine Kombination mit Neuen Medien war naheliegend, da elektronisches Lernen bei schwerstbehinderten Kindern an unserer Schule schon jahrelang vorangetrieben wird.

Anfänglich stand der Umgang mit **Zeichenprogrammen** (Paint u. ä.) im Vordergrund. Kaum ein Bereich der EDV Standardanwendungen bietet derart umfangreiche Softwarehilfen an und sehr oft war der Einstieg in die Informatik das intuitive Erlernen und Herumspielen mit solchen, meist auch sehr billigen Programmen. 2 Werke unserer Kinder im Rahmen der EUCREA Ausstellung (*http://eucrea.de/*) wurden ausgewählt und sind heute noch auf Wanderschaft in verschiedenen Hauptstädten der EU.

Es war aber nie unser Ziel zwanghaft den Computer einzusetzen, sondern die Sache von der anderen Seite zu betrachten.

Wo ist der Computer ein sinnvoller Helfer in der Schwerstbehindertenpädagogik?

Dass man mit einer Maus oder einem Grafiktablett zeichnen kann, dass man sogar Touchscreens verwenden kann, um mit den Fingern elektronische Spuren zu hinterlassen, waren Erfahrungen, die notwendig waren und auch große Lerneffektivität besaßen.

Die letzten Jahre brachten aber immer mehr das **Medium Internet** ins Spiel. Die Frage war natürlich sofort, in welchem Bereich kann es für unsere S-Kinder eine Hilfe sein? Zu der „üblichen" Benachteiligung, denen diese Kinder oft ausgesetzt sind, kommt fallweise die oft schlechte Milieustruktur und im besonderen Fall die deregionale Lage unserer Schule dazu.

Behinderte Kinder sind nach wie vor – bei allem Respekt vor den Leistungen, die für sie erbracht werden – eine Randgruppe. Immer dämmerte uns, dass gewisse Elemente, die das „Netz" mit sich brachte, gewaltige Vorteile für unsere Kinder bringen könnten.

Entscheidende Einflüsse kamen vom BMUK, das seit einigen Jahren einen Wettbewerb Museumonline (*http://www.museumonline.at*) ausrichtet. Zielsetzung und damit verbundene Aufgabenstellung ist u. a. **eine neue Form eines Museums unter Zuhilfenahme des Internet** zu kreieren.

Überraschenderweise gelang uns schon im ersten Jahr der Teilnahme (1999) der Weg an die Spitze. Unter starker Konkurrenz (in- und ausländische Gymnasien) war es **Balsam für geschundene Behindertenseelen und ihre Lehrer**, diesen Erfolg landen zu können. Allein diese Tatsache, sich unter derart starker Konkurrenz durchzusetzen, ist gerade für behinderte Kinder ein Meilenstein in der Persönlichkeitsentwicklung, der verbunden mit dem damit einhergehenden Bekanntheitsgrad bis heute weiterwirkt.

Angespornt dadurch wurde die Arbeit forciert und es kam zu einer Weiterentwicklung im Jahr 2000. Ziel war den **Kindern die Werke großer Meister der abendländischen Malerei nahezubringen** und wieder eine geeignete Form der Webumsetzung zu schaffen.

Es geht dabei weniger um kognitives Wissen, sondern, um das Bemühen, **der Zauber, der diesen Werken innewohnt auf die Kinder zu übertragen**. Dazu ist es notwendig, dass **GEMEINSAM** gelernt wird. Im künstlerischen Bereich ist dieses Miteinanderlernen von enormer Wichtigkeit.

Meist ist Behinderung keine objektiv festzunagelnde Tatsache, sondern sitzt ganz fest in unseren Köpfen, ohne dass wir es merken. Die Frage ist nicht nach dem **„Behindertsein“ sondern nach dem „Behindertwerden“** zu stellen. Das Medium Internet in Kombination mit herkömmlicher Technik ist bestens geeignet, so mache Schranke niederzureißen!

Unser Ziel an die großen Meister gemeinsam mit den schwerstbehinderten Kindern heranzukommen, ist trotz des hohen Anspruchs voll geglückt. Alle waren mit Begeisterung dabei, diese Thematik umzusetzen. Der **gemeinsame Prozess** (auch die Lehrer malten mit und sollten als Lernende bei diesem Prozess erlebt werden) des Malens, das Fotografieren, das Umsetzen und Betrachten der Ergebnisse im Netz war ein ungeheuer lehrreiches und vor allem auch Gemeinschaft stiftendes Projekt.

Sich mit den Größen der Malkunst auseinander zusetzen und das mit schwerstbehinderten Kindern ist eine große Herausforderung. Unsere Kinder können z. T. nicht einmal sprechen oder manche nicht sitzen, nicht hören, nicht schreiben oder lesen etc. Diese Verschiedenheit ist aber eine riesige **Chance**, die Chance nämlich **nicht kognitiv und rational heranzugehen, sondern sich neue Wege zu suchen**. Das hieß eben sich einzubringen ins Geschehen und selbst eine Werk auch zu produzieren.

Weiters spielt auch eine Rolle, dass letzten Endes **eine neue Form des Museums** entsteht, dies in einem Medium, das selbst in einem noch nicht absehbaren Entwicklungsprozess steht. Es ist ein **Museum, das vom Wohnzimmer aus besucht** werden kann, das keinen Eintritt verlangt, das 24 Stunden Öffnungszeit anbietet, das man – dies wäre eine geplante Weiterführung – auch interaktiv verändern könnte.

Herkömmlich in ein Museum zu kommen ist immens schwer, das Internet öffnet einen riesigen Publikumsmarkt, der nur seine Beschränkung darin hat, dass man auch neue Formen finden muss, wie man Leute auf diese Museumsform aufmerksam macht.
Sehr erschwerdend ist für uns, dass wir mit allen Schultypen (und dies europaweit) in einer Klasse antreten müssen. Es freut zwar, wenn dann trotzdem der Erfolg eintritt, im Hinterkopf bleibt dies aber eine gewaltige Hürde. Eine eigene Kategorie für (schwerst-) behinderte Kinder wäre wünschenswert.
Technisch stellen sich kaum Hürden, unser Webmuseum ist mit MS Frontpage und Macromedia Flash 4 erstellt. Die Bedienung ist relativ einfach.

Welche sozialen Prozesse sind nun wesentlich, was läuft eigentlich neben dem augenscheinlichen Lernen ab?

Wesentlich ist uns, dass **ALLE** Beteiligten lernen. Es ist kein Prozess des Lehrens sondern der Versuch **GEMEINSAM zu lernen**, von Kindern, wo angenommen wird, dass sie kaum etwas vermitteln können.

Dieses Vorurteil zu durchbrechen ist ganz wichtig. Ein weiteres Vorurteil, das uns immer wieder lähmt und dem wir mit diesem Projekt entgegentreten wollen.

Was kann man denn schon mit behinderten Kindern am Computer Sinnvolles machen?

Leider sitzt auch dieses Vorurteil sehr tief (bis hin zu den Geldgebern von Behinderteneinrichtungen) und wir machen doch kleine Schritte, diese Behinderung aufzubrechen. Nicht wir sind behindert, sondern man wird behindert (indem man nicht zugesteht, dass das **Globale Dorf für ALLE offen** sein müsste)
Künstlerische Betätigung ist immer emotional behaftet, bestehende Kontakte vertieften sich, neue Kontakte wurden geschlossen (ein Künstler kam an die Schule, ein Techniker vom AEC (*http://www.aec.at*) zeigte sich an unserer Arbeit (nicht nur im künstlerischen Bereich) sehr interessiert.
Je mehr wir uns als System „Schule“ als Lehrer damit auseinandersetzen, umso leichter und schneller wird der Weg gehen mit dem Ziel behinderten Kindern neue Wege aufzumachen.

Die Gestaltung und Entwicklung wurde gemeinsam gemacht, unterstützt hat uns dabei *Eduard Bangerl*, freischaffender Künstler in Pierbach OÖ. Der letzte „Touch“ in Sachen Webness stammt vom Ars Electronica Center in Form von Herrn *Helmut Höllerl*. Die Zusammenarbeit mit dem **ARS ELECTRONICA CENTER** ist natürlich ein Glücksfall, zumal ja dieses Museum weit über die österreichischen Grenzen hinaus als Musterbeispiel für elektronische, avantgardistische Kunst gilt (Prix Ars Electronica).

Das Projekt wurde inzwischen schon mehrmals gewürdigt, u. a. auch im vergangenen Jahr im Rahmen der Netdays99, unsere Arbeit schon mehrmals ausgezeichnet. Auch heuer gibt es bereits ein Aviso der Netdays2000 Veranstalter (*http://www.netdays.at*), dass wir wieder reüssieren konnten. Auch der materielle Preis ist immer wieder Balsam auf unsere Finanznöte, denn auch die Abwicklung kostet – selbst bei extremer Spargesinnung – Geld.

Das wenigste Echo findet man im engsten Umfeld, was aber durchaus verständlich ist, weil im ländlichen Raum noch keine flächendeckende Internetversorgung besteht. Es wäre aber für **deregionale Gebiete eine große Chance, hier neue Möglichkeiten zu entdecken**, zumal das Internet ein Medium ist, das Raum und Zeit sehr zu relativieren beginnt.

Die beteiligten Projektpartner (Bangerl, AEC) waren verblüfft vom Vorgang und vom Ergebnis. Als Projektleiter fallen mir immer wieder die engen finanziellen Fesseln auf. Jeder Groschen muss erkämpft und erstritten werden, das erschwert manchmal die Arbeit beträchtlich. (Ein Großteil der Hard- und Software ist gesponsert – hier stellt sich die Frage nach der öffentliche Hand, zumal hier tatsächlich jemand gefördert würde, dem das Schicksal nicht ganz gnädig war – also kein Sozialschmarotzer, gegen die man so gerne zu Felde zieht.)

Die Ideen könnten vielerorts nahtlos umgesetzt werden, es liegt uns aber wenig daran, dass wir nachgeahmt werden, sondern es harren noch viele neue Ideen mit schwerstbehinderten Kinder der Umsetzung (im Netz). Immer wieder bewahrheitet sich, dass man nicht behindert IST, sondern meist behindert WIRD. Allein diese **Bewusstseinsveränderung** wäre schon ein ausreichendes Ergebnis und rechtfertigt den Aufwand.

Gedruckte Beschreibungen reichen natürlich auch nicht annähernd heran, was nun wirklich gemacht wurde. Es wäre so ähnlich, als wollte man die Schönheit einer Beethovensinfonie jemand mit dem Zeigen des Notenbildes nähe bringen.

Daher das Allerwichtigste:
Gehen Sie ins Internet und besuchen Sie unser Webmuseum, das kostenlos ist und 24 Stunden geöffnet hat, auch in der Hoffnung, damit behinderten Kindern ein Stück des Weges im Globalen Dorf gezeigt zu haben.

http://www.museumonline.at/2000/unterweissenbach
Es ist insgesamt sehr schwierig in einem Druckwerk von all den Versuchen und Irrtümern in unserer virtuellen Welt zu berichten, daher meine ich, es ist besser, der geneigte Leser möge nun wechseln zu (s)einem Terminal und folgende Seiten schalten:

http://www.eduhi.at/schule/spzfreistadt
Sie haben noch Fragen – das ist gut so, denken Sie an das Eingangszitat von ***Erich Kästner***, informieren Sie sich weiter im Web oder schreiben Sie uns –

erich.pammer@netway.at
Trösten Sie sich, auch uns blieben viele Fragen, die wir nur dann beantworten können, wenn es viele Menschen gibt, die unseren eingeschlagenen Weg mitgehen möchten, um behinderten Menschen in das „Globale Dorf" zu integrieren, denn das ist eines unserer wichtigsten Ziele.

Gibt es Möglichkeiten des Online Learnings?

Die Voraussetzungen im Anschluss an unsere bisherigen Aktivitäten wären recht gut. Entscheidend sind wiederum Kosten- und Personalfragen. Natürlich wird auch zu überlegen sein, unter welchen Gesichtspunkten Telelearning anderen Lernformen überlegen ist. Den **Mut** zu haben, auch die **Grenzen anzuerkennen**, bzw. zu ziehen, halten wir für einen der wesentlichsten Elemente verantwortungsvollen sonderpädagogischen Handelns. Es gibt ohnedies genug unsinnige EDV-Anwendungen.
http://www.eduhi.at/schule/spzfreistadt/verteiler.htm (bescheidene Eigenversuche)

Gibt es Möglichkeiten der Telearbeit?

Die derzeitigen Möglichkeiten sind in erster Linie selbständige Tätigkeiten, was nicht heißen muss, dass sie für behinderte Menschen nicht geeignet sind. Es besteht nur generell die Gefahr des „Glücksrittertums".
Vielversprechend sind Aktivitäten wie die „**Teleregions**" und wir sind auch dabei mit den Betreibern Kontakte zu knüpfen. Viele ungeklärte Fragen aus wirtschaftstechnischer Sicht (z. B. E-Cash) oder auch aus sozialpolitischer Sicht (Arbeitsverhältnis) sind abzuklären. Insgesamt sehen wir aber in der Telearbeit eine riesige Chance für behinderte Menschen.
http://www.telearbeit.at/

Welche Kommunikationsformen helfen uns weiter?

Das Internet wird immer mehr zu einem riesigen Informations- und Kommunikationsdienst. Nicht allein die niedrigen Kosten, sondern auch vollkommen neue Formen der Beziehungsanbahnung, die vielleicht so manche **Berührungsangst** im „wirklichen" Leben **verhindert**, sind im Internet im Aufbau. Die Leichtigkeit Nachrichten zu verschicken, trägt zwar die Gefahr des „**Datenmülls**" in sich, aber auch die Chance neue Beziehungskulturen entstehen zu lassen.

Sind nicht E-Mails wesentlich leichter zur Beziehungsanbahnung als Briefe?

Kein Papier, kein Kuvert, keine Marke, kein Postkasterl, keine Wartezeit und doch die gleiche Botschaft. Es wird vermutlich vielen schon so gegangen sein, seit man emailen kann, nützt man das auch aus.
Es soll aber nicht missdeutet werden, Internet heißt nicht, dass wir jetzt problemlos abschieben können, es heißt lediglich, dass wir gefordert sind, diese neuen Medien mit behinderten Menschen zu nutzen, auch das erhöht die Rechtfertigung des Mediums.

Gewinnen wir Zeit für die so wichtige menschliche Zuwendung?

Dem Vorwurf, dass wir einmal mehr (neben dem Fernsehen) einen **neuen „Babysitter"** gefunden haben, der uns bequem abschieben lässt, wird zu begegnen sein. Die Realität ist aber leider dennoch oft so, dass für behinderte Menschen nicht die Frage nach verschiedenen Auswahlmöglichkeiten des sozialen Kontakts steht, sondern diese neue Formen des Kontakts (E-Mail, Newsgroups, Chats) eine zusätzliche Chance bieten (über große Entfernungen hinweg) Kontakte zu knüpfen. Die Auswahl potenzieller Kontaktsuchender hat sich durch das Internet gewaltig erhöht, selbst wenn man nur einmal die deutschsprachigen Foren in Betracht zieht. Durch die Möglichkeit auch englischsprachig kommunizieren zu können, erhöht sich logischerweise die Zahl der TeilnehmerInnen. Die Gefahr des „Abschiebens" behinderter Kinder kann zumindest gemildert werden.

Wie entwickeln wir uns persönlich weiter?

Es liegt wohl bei uns, was wir daraus machen, wenn banale Dinge die Maschine erledigt und wir mehr Zeit haben – im Umgang mit unseren behinderten Menschen zeigt sich am deutlichsten, welchen Wert unsere Gesellschaft hat, wie sie mit den Schwächsten umgeht. Dazu gehört auch ab sofort die Frage, wie geht sie mit den neuen Technologien im Zusammenhang mit behinderten Menschen um?

Sind sie eine neue Chance oder nur ein weiterer Schritt in eine Richtung, die unsere Gesellschaft auseinanderdriften lässt?

Wie schaut die Weiterentwicklung aus?

Beinahe täglich überfluten uns Nachrichten, die wiederum Neuerungen in unser Leben bringen, besonders im Zusammenhang mit Behinderung wird sich sicher noch sehr viel tun. Die **Miniaturisierung der Endgeräte**, die aber meist dann ein vielfaches des Vorgängermodells können, schreitet munter voran. Schnellere Übertragungssysteme und Senkung der Kosten werden dieses Dienste hoffentlich auch für behinderte Menschen zu einem selbstverständlichen Alltagsgerät machen.

Welche Konsequenzen ergeben sich für die Behindertenpädagogik in vielerlei Hinsicht?

Primär würde vor allem einmal helfen, sich nicht ständig legitimieren zu müssen, was denn Behinderung mit der (angeblich intelligenten) EDV zu tun hat. Dafür ist **Information notwendiger denn je**, weil die Widerstände weniger in der technischen Machbarkeit liegen denn in **Vorurteilen gegenüber behinderten Menschen** liegen. (Innerhalb dieser Vorurteile gibt es eine eigenartige Hierarchisierung, die es schwer macht, materielle Ressourcen zu lukrieren. Für blinde Menschen Geld zu sammeln, weil man eine elektronische Braillezeile braucht, ist noch verhältnismäßig einfach zu erreichen, es wird schon schwieriger bei geistigbehinderten Menschen, da kann man sich kaum vorstellen, was ein Computer soll – und beinahe unmöglich bei verhaltensauffälligen Kindern, wird diese Behinderungsart doch lediglich als Charakterfehler eingeschätzt.)

Je mehr Menschen sich aber überzeugen lassen, dass wir es hier mit einer Hilfe zu tun haben, die enorme Effektivität besitzt, umso mehr wird sie eingesetzt und umso leichter werden sie auch erschwinglich sein. Die Tatsache, dass für den elektronischen Hilfsmittelmarkt in Österreich kaum entwickelt wird, weil es sich materiell nicht lohnt, sollte uns nachdenklich machen. Dieses negative Phänomen bewirkt aber auch, dass eben dann kaum geforscht wird und Neuentwicklungen sehr lange dauern.

Es ist daher sehr wichtig, dass wir uns der Problematik stellen, aktiv eingreifen und damit die Entwicklung vorantreiben. In der Hoffnung, dass diese Zeilen ein Beitrag dazu sind, laden wir Sie recht herzlich ein, ausführlich auf unserer Website zu surfen, um auch das noch nicht Erwähnte zu entdecken:

http://www.eduhi.at/schule/spzfreistadt

Thomas Nárosy

Fortbildung für LehrerInnen im Internet funktioniert!

Virtuelle Kurse ...

> *„Surfen ist wie Lesen: Je öfter man es tut, desto besser kommt man damit zurecht!“*
>
> Zitat Sommerakademiekurs „Unterrichten mit dem Internet“

Seit drei Jahren gibt es die **LISA Sommerakademie** nun schon. Begonnen hat alles im Frühjahr 1998 mit der Idee, auf der Onlineplattform LISA – *www.e-LISA.at*, einer **Initiative** der sechs renommierten **Schulbuchverlage** öbv&hpt, Manz Verlag Schulbuch, Jugend & Volk, Bohmann, Ed. Hölzel und Leykam – etwas völlig Neuartiges auszuprobieren. Fortbildung für LehrerInnen im Internet zu Themen des Internets. Ein Kurs in vier Teilen wurde angeboten. Das Besondere am Konzept der LISA Sommerakademie: Man wurde – im Gegensatz zu vielen anderen Angeboten im Internet – hinter dem Bildschirm nicht allein gelassen: Hatte man ein Problem, konnte man sich einfach per **E-Mail** an ein **TutorInnenteam** wenden, wo einem prompt und qualifiziert weitergeholfen wurde. Jeder Kursteil endete mit einer Abschlussübung. Wer diese bestand, erwarb ein LISA Sommerakademie-Zertifikat.

... mit „richtigen“ Zeugnissen

Anekdote am Rande: Ursprünglich war geplant, dieses Zertifikat nur digital im PDF-Format an die TeilnehmerInnen zu schicken. Völlig überrascht, aber schnell und leicht „überredet“ von den KursteilnehmerInnen, stellten wir auf vielfachen Wunsch „klassische“ Zertifikate in Papierform aus. Diese „richtigen“ Zeugnisse gibt's nach wie vor. Und sie genießen mittlerweile echten Kultstatus ...

Mehr als 250 Lehrerinnen und Lehrer waren es im ersten Sommer, die an der LISA Sommerakademie 1998 teilnahmen. Für uns ein Riesenerfolg.

Die Sommerakademie **1999** brachte eine **inhaltliche Erweiterung**. Wie es bei Ausbildungsinstitutionen üblich ist, wurde für den Sommer 1999 ein Katalog von zehn Kursen zusammengestellt. Als TeilnehmerIn hatte man die Möglichkeit, sich nach Interesse und Maßgabe der eigenen Zeit aus diesem Angebot ein individuelles „**Kursmenü**“ zusammenzustellen.

Das Prinzip der Sommerakademie blieb aber gleich: Alle Kurse fanden ausschließlich im Internet statt. Für absolvierte Kurse erhielt man ein Zertifikat. Und das Tutoriat war via E-Mail für alle Anfragen und Probleme jederzeit ansprechbar.

Das Konzept der Sommerakademie bestätigte auch im Sommer 1999 seine Richtigkeit – die **Verdreifachung der Anmeldezahlen** auf 729 zeigte, dass Fortbildungskurse im Internet von LehrerInnen während des Sommers gefragt sind.

Konsequente Weiterarbeit am Konzept, Verfeinerung der Online-Didaktik und vor allem eine intensive Berücksichtigung der User-Wünsche waren im vergangenen Frühjahr die Leitlinien bei der Entwicklung der **Sommerakademie 2000**. Das Kursangebot wurde vollkommen überarbeitet und von zehn auf 17 Kurse erweitert. Die Benutzerführung wurde vereinfacht und systematisiert. Und die Öffentlichkeitsarbeit ausgeweitet. Noch im Juni ging LISA mit dem Pädagogischen Institut der Stadt Wien eine strategische Kooperation im Online-Ausbildungsbereich ein. Erster Schritt dabei: AbsolventInnen der Sommerakademie bekommen auf Wunsch auch eine Teilnahmebestätigung des PIs ausgestellt. Mit anderen Worten: Die LISA Sommerakademie ist damit nicht nur eine Initiative von Schulbuchverlagen, sondern ein **offiziell anerkannter Weiterbildungsvorgang** für LehrerInnen.

Und dann kamen die spannenden Tage im Juni, als die ersten Anmeldungen eintrafen. Es zeigte sich sehr rasch, dass die Nachfrage nach der Sommerakademie 99 kein Strohfeuer gewesen war. Dass aber letztlich die kühnsten Schätzungen übertroffen wurden, offenbarte sich erst im Laufe des Juli. 2224 LehrerInnen und Lehrer waren es schlussendlich, die sich bis 31. August zur Sommerakademie angemeldet hatten. Die endgültige statistische Auswertung der Sommerakademie ist sie unter www.e-LISA.at nachzulesen.

Internet-Lehrpfade, Workshops und Seminare ...

Im Rahmen der Sommerakademie werden drei Arten von Kursen angeboten: Internet-Lehrpfade, Workshops und Seminare. Während die Internet-Lehrpfade und Workshops für NeueinsteigerInnen ins Internet geeignet sind, wenden sich die Seminare speziell an Fortgeschrittene. (Details zu den einzelnen Kursen und ihren Zielen siehe *Kasten >> S. 265*)

Internet-Lehrpfade richten sich an alle, die Übung und Erfahrung mit den verschiedenen Funktionen und Services des Internets sammeln wollen. Anhand von Übungsaufgaben und Fallbeispielen aus der Praxis lernt man die einzelnen Anwendungsgebiet des Mediums Internet Schritt für Schritt kennen.

In **Workshops** lernen die TeilnehmerInnen praxisgerecht, das Internet für Ihre Unterrichtsvorbereitung und -gestaltung professionell einzusetzen.

Seminare, gegliedert in einen Theorie- und in einen Praxisteil, bieten sowohl ausgewählte Hintergrundinformationen als auch praktische Übungen an, die dazu befähigen, den Computer und das Internet vom theoretischen Konzept bis zur tatsächlichen Umsetzung ins Schulgeschehen einzubinden.

... und wie sie im Internet „funktionieren“

Das Internet ist ein interaktives Medium. Interaktiv in vielerlei Hinsicht. Die Möglichkeiten reichen von programmierten Übungen, die dem User unmittelbares Feedback geben, bis zu synchroner oder asynchroner Kommunikation mit anderen Personen via E-Mail oder Chat. Mit Erweiterung der verfügbaren Bandbreiten wachsen auch die Möglichkeiten des Internets weiter.

Interaktiv ist das Internet aber auch hinsichtlich der prinzipiellen Vermittlung von Information. Man muss davon ausgehen, dass jemand, der vor dem Bildschirm sitzt und versucht, sich im Internet zu einem Thema zu informieren, einerseits von Anfang an den Überblick über das braucht, was nun gelernt oder verstanden werden soll, andererseits aber die einzelnen Detailinformationen immer nur „bildschirmgrößenweise“ aufnehmen und verarbeiten kann.

Exakte Gliederung und übersichtliche Darstellung aller Inhalte sind also das Um und Auf aller Informationsvermittlung im Internet.

Sämtliche Kurse der Sommerakademie sind deshalb streng nach dem selben **Strukturkonzept** gegliedert:

Zuerst erfährt der User in der **Kursinfo**, was genau ihm im jeweiligen Kurs erwartet und was die Lernziele des Kurses sind.

Mit Hilfe einer **Einstiegsübung** kann darüber hinaus ein erster selbsttätiger Zugang zum jeweiligen Thema gefunden werden.

Der Kurs selbst ist gegliedert in **Kapitel** (nicht zu viele!) und diese wiederum in **Schritte**.

Jeder **Schritt** ist eine kurze, abgeschlossene Information, die schnell und konsistent aufgenommen werden kann. Auch bei der Anzahl der Schritte gilt: Weniger ist mehr!

In Ergänzung dieser Struktur bestehen die Seminare im Allgemeinen zusätzlich aus einem übergeordneten Theorie- und Praxisteil, die sich wiederum (s. o.) in Kapitel und Schritte gliedern.

Übersichtlichkeit...

Übersichtlichkeit bei der LISA Sommerakademie beginnt aber schon lange vor dem ersten Kurs. Am deutlichsten wird das, wenn man einen User durch die einzelnen Schritte der Anmeldung und Kursauswahl begleitet. Schon beim Auswählen der geeigneten Kurse kann man sich von dem so genannten **Ausbildungsplaner** beraten lassen. Dieses interaktive Formular hilft einem dabei Schritt für Schritt die eigenen Voraussetzungen und Interessen festzulegen, zu begrenzen und darauf aufbauend die für jeden persönlich interessanten Kurse zu filtern und zu buchen.

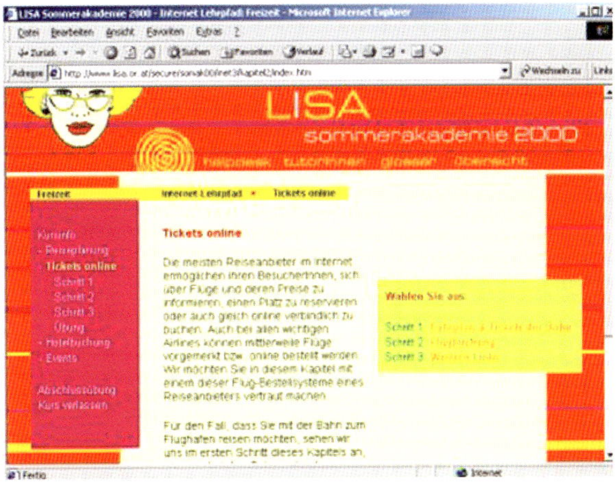

Kursbuchung: Das ist der nächste Schritt.

Analog zum Inskribieren aus einem Vorlesungsverzeichnis wird aus dem Angebot der Sommerakademie die für jeden persönlich relevante Auswahl zusammengestellt. Diese Entscheidung ist natürlich keine endgültige: Wenn man im Laufe der Sommerakademie entdeckt, dass die eigenen Interessen (wie oft genug passiert) gewachsen sind, man „Feuer gefangen" hat, kann man jederzeit Kurse nachbuchen.

Damit man auch beim intensivsten Surfen nicht den Überblick verliert, kann man sich jederzeit die **Übersicht** aufrufen. Diese Hilfestellung zeigt sämtliche Inhalte der Sommerakademie bis auf die Ebene der Schritte hinab.

... und ausprobieren

Aber eine ausgetüftelte Gliederung allein reicht nicht aus. Auch die **Inhalte** müssen spannend sein.

Die AutorInnen der Sommerakademiekurse kommen alle aus dem Schulbereich und sind selbst erfahrene Internet-AnwenderInnen – privat und in der Klasse. Ihnen ist es mit den Sommerakademiekursen gelungen, einerseits präzise Information zu vermitteln, andererseits aber auch eine Vielzahl von Praxistipps zu geben, die das Thema erst richtig mit Leben füllen.

Stichwort Praxis: Mit der Anwendung des Internets ist es wie mit dem Lesen – je öfter man es tut, desto besser kann man es. In diesem Sinne endet auch jedes Kapitel mit einer **Übung**, um das Vermittelte gleich selbst ausprobieren zu können.

Der einzelne Kurs wird mit einer **Abschlussübung** beendet. Diese Übung wird per E-Mail an die TutorInnen gesandt, dort bearbeitet und bewertet. Und es kam gar nicht so selten vor, dass ungenügende Abschlussübungen wieder retour geschickt wurden. Gerade jenen Kolleginnen und Kollegen, die aus diesem Grund nicht „die Maus ins Korn" warfen, sondern noch einmal Zeit aufwendeten, um die Abschlussübungen entsprechend zu erweitern, möchten wir an dieser Stelle unsere Hochachtung aussprechen!

Sommerakademie – bitte mehr!

Nicht nur die Verdreifachung der Teilnehmerzahlen im Jahr 2000 ist Indiz für den Erfolg der Sommerakademie, auch die zahlreichen Mails mit begeistertem Feedback an die MitarbeiterInnen des Helpdesk zeugen davon. Für das LISA Online-Team und für alle, die am Gelingen der Sommerakademie beteiligt waren – in Summe mehr als 30 Personen! – ist dieser Erfolg nicht nur Auftrag, sondern auch Ansporn: schon jetzt laufen die Vorbereitungen für die Sommerakademie 2001 auf Hochtouren.

Die Kurse der LISA Sommerakademie 2000

Internet Lehrpfade

Kommunikation
Ziel: Kommunikationsmöglichkeiten im Internet kennen und nutzen lernen (zB Webmails, Chats, E-Cards, Newsgroups ...)

Einkauf
Ziel: Die Einkaufsmöglichkeiten im Internet entdecken (zB Bücher und CD-Shops, Soft- und Hardware, Online-Auktionen ...)

Freizeit
Ziel: Freizeitaktivitäten mit Hilfe des Internets planen und organisieren (zB Reiseplanung, Hotelbuchung, Bestellung von Konzertkarten ...)

Medien
Ziel: Medienangebote im Internet kennen und nutzen lernen (zB Medienarchive, News, Web-TV, Internet-Radio ...)

Werkzeuge für den Internet-Alltag
Ziel: Grundlagen zum Thema Internet und Internet-Software erlernen (zB Zugang zum Internet, Browser, Plugins ...)

Suchen und Finden im Internet
Ziel: Suchmöglichkeiten im Internet gezielt einsetzen lernen (zB Suchmaschinen, Web-Kataloge, Metasuchmaschinen, Suchstrategien ...)

Internet-Werkzeuge advanced
Ziel: Spezielle Internet-Software kennen und anwenden lernen (zB NetMeeting, FTP, Anti-Viren-Programme ...)

Workshops

Erstellen von Arbeitsblättern
Ziel: Eigene Unterrichtsmaterialien mit Hilfe von Internet-Ressourcen erstellen lernen (zB Speichern von Web-Inhalten, Erstellen von Arbeitsblättern mit MS Word, Umgang mit MS Powerpoint und PDFDateien...)

Erstellen einfacher Websites
Ziel: Einfache Unterrichtsweb erstellen und einsetzen lernen (zB Methodik und Didaktik des Einsatzes von Unterrichtswebs, Erstellen von Webs mit MS Frontpage, Publizieren im Internet ...)

Stundenvorbereitung mit dem Internet
Ziel: Zeitsparende Internetressourcen für die Unterrichtsvorbereitung kennen und einsetzen lernen (zB Recherchieren, Daten & Fakten aus dem Netz, schulspezifische Angebote im Internet ...)

Seminare

Die etwas andere Website
Ziel: Eine (Schul-)Website konzipieren und implementieren lernen (zB Planung und Konzeption einer Website, Fallstudien, Einbindung von Multimedia- und Kommunikationselementen ...)

Management von Internetprojekten
Ziel: Komplexe Internetprojekte planen und organisieren lernen (zB Teamarbeit, Projektmanagement, Projektpräsenttion ...)

Computereinsatz in der Volksschule
Ziel: Einsatzmöglichkeiten des Computers in der Grundschule kennen sowie den Computer in den VS-Regelunterricht einbinden lernen (Klassen- und Unterrichtsmanagement, Internet als Informationsquelle, Arbeitsmaterialien aus dem Internet ...)

Unterrichten mit dem Internet
Ziel: Das Internet direkt im Unterricht einsetzen lernen (Klassen- und Unterrichtsmanagement, Internet als Informationquelle, Arbeitsmaterialien aus dem Internet ...)

Heikle Themen
Ziel: Mit „heiklen“ Themen Internet und Schule betreffend umgehen lernen (zB Rechtsradikalismus und Pronographie, sinnvoller Einsatz von Chats im Unterricht, Privacy&Security, Internet und Recht ...)

Multimedia
Programmierung

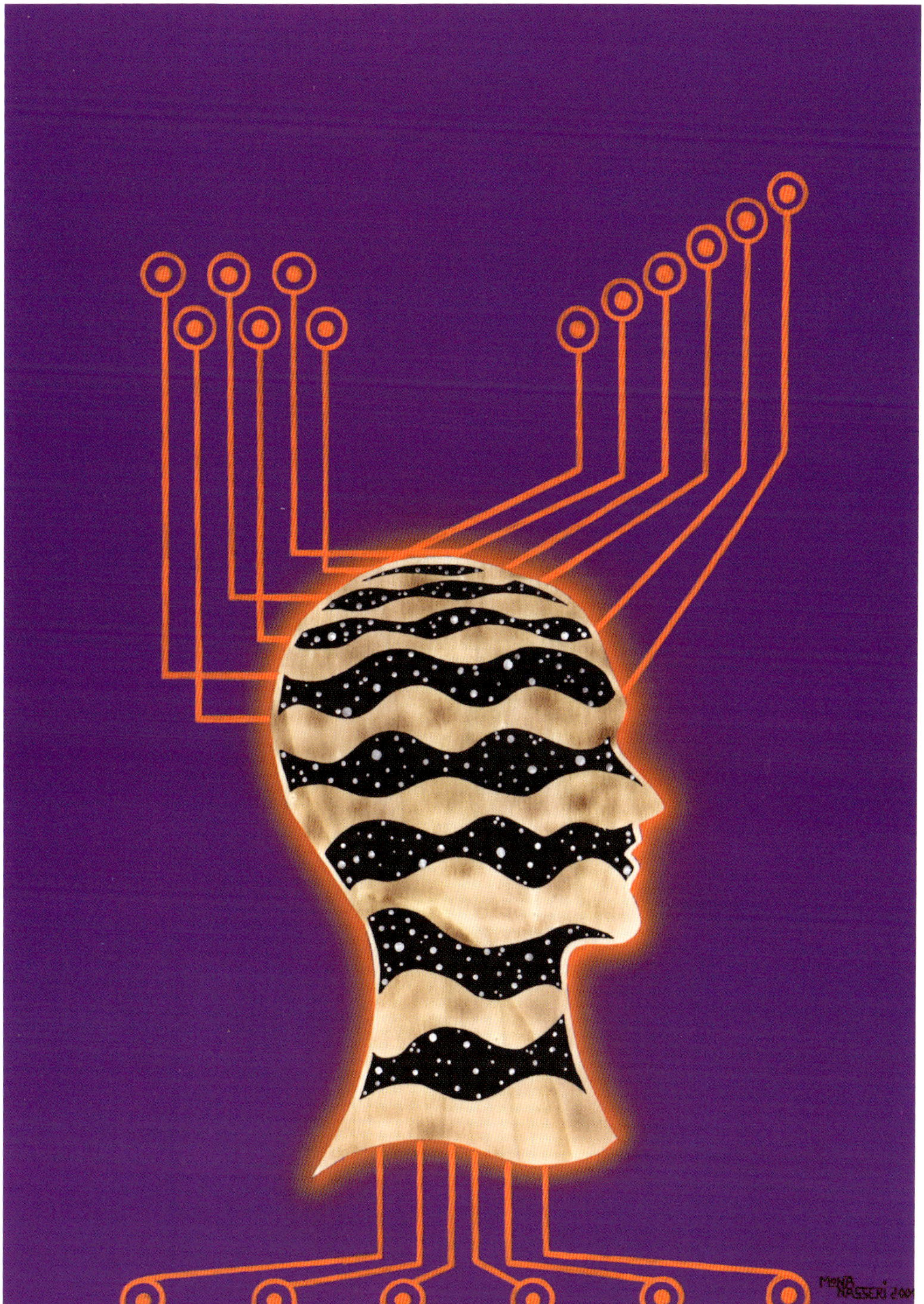

Gerhard Scheidl

Mediator 5.3 Pro

Ein Werkzeug zur Produktion multimedialer Angebote

Multimedia – Wozu?

Wissen ist nicht mehr ein statisches Konstrukt, dass den Menschen durch sein Leben begleitet, sondern ein sich ständig veränderndes Gebilde. Durch verstärkten Wettbewerb und hohe Innovationsraten steigt der gesamtgesellschaftliche Aus- und Weiterbildungsbedarf ständig an. Ein zunehmender Anteil der Bevölkerung erhält eine qualifizierte Erstausbildung, die durch den schnellen Wandel von Arbeitsinhalten und -werkzeugen immer häufiger durch Weiterbildung ergänzt werden muss. Nur **lebenslanges Lernen** sichert, dass möglichst viele Menschen beschäftigbar bleiben.

Um diesen Bildungsbedarf zu bewältigen, steht deshalb nicht länger nur das „WAS“ sondern auch das „WIE“ im Vordergrund. Die Fähigkeit, sich permanent aktiv eigene Wissensbereiche erschließen zu können, wird für das zukünftige Lernen von immer größer werdender Bedeutung sein.

Mit traditionell organisiertem Unterricht allein ist der Bedarf an Bildung nicht abzudecken. Es braucht andere Möglichkeiten und Formen produktiven Lernens, welche die **traditionellen Formen ersetzen bzw. ergänzen**.

Informations- und Kommunikationstechnologien sind innerhalb sehr kurzer Zeit zum alltäglichen Bestandteil der Lebens- und Arbeitswelt vieler Lernender geworden. Dies umfasst Personalcomputer ebenso wie das World Wide Web und eine Reihe von Technologien, die unter dem Schlagwort **Multimedia** popularisiert wurden. Viele sehen im Einsatz von multimedialen Lernumgebungen die Zukunft des Lernens.

Begründet wird dies durch die **umfassenden Möglichkeiten**, welche die neuen Technologien bieten. So können beispielsweise

- durch **multimediale Präsentation** – d. h. durch die computerbasierte Integration *multimodaler* *>> S. 242* (audio, visuell) und multicodaler Angebote (Schrift, Grafik, Bild, Film, ...) – Sachverhalte anschaulich dargestellt werden.
- Lernende, durch die Einbindung von **Hypertextstrukturen**, Inhaltsbereiche nicht in einer bereits vorab festgelegten traditionell linearen Form, sondern auf unterschiedlichen, eigenen Pfaden erschließen. Dabei wird der Inhalt eines Gegenstandsbereiches in einzelne Informationseinheiten aufgegliedert und in Form von Knoten und Verbindungen zwischen diesen Knoten in einer Datenbasis elektronisch in Netzwerkform präsentiert.

Interaktive multimediale Lernmodule bieten dadurch wesentlich größere Möglichkeiten der didaktischen Gestaltung als das Medium Papier. Das macht sie zum prädestinierten Medium für **Offenes Fernlernen**. Man versteht darunter orts- und zeitenabhängiges Lernen, wo Lernende in Abhängigkeit ihrer Vorerfahrungen selbständig entscheiden, welchen Lernweg sie einschlagen wollen. Dabei sind darüber hinaus noch zusätzlich

Beratung und Betreuung durch Lehrende verfügbar. Vor allem von **Lehrern** wird aber in naher Zukunft zunehmend verlangt werden, dass sie auch die **Kompetenz zur Erstellung**, und nicht nur zur Rezeption von neuen Medien erlangen. Diese Fähigkeiten gehen über technische Aspekte hinaus. Die Produktion von Hypertext und Hypermedia ist nicht intuitiv, sondern muss erlernt werden.

Auch im Sinne der konstruktivistischen Forderung nach aktivem Lernen ist die Erstellung von Hypermedia der bloßen Rezeption vorzuziehen. Durch eine Beteiligung an der Entwicklung lernen die Studierenden, Konzepte des Operations Research nicht nur wiederzugeben, sondern selbst in didaktisch sinnvoller Form aufzubereiten, anzuwenden und angemessene Beispiele zu finden. Die Lernenden haben dabei Gelegenheit, neu erworbenes Wissen kontinuierlich zu artikulieren und zu reflektieren.

Für die Erstellung multimedialer Lern- und Arbeitsumgebungen verwendet man Autorensysteme.

Grundtypen von Autorensystemen

Abhängig vom Autorensystem ist es mitunter auch ohne Programmierkenntnisse möglich, Online- und/oder Offline-Applikationen zu entwickeln. Es gibt Autorensysteme mit und ohne Autorensprache. Eine **Autorensprache** ist eine **Programmiersprache**, die von den Strukturen wie eine universelle Programmiersprache aufgebaut, aber durch einen speziellen Befehlssatz auf die besonderen Ziele und Methoden der Anwendung ausgerichtet ist.

Die verschiedenen Autorensysteme verwenden unterschiedliche Konzepte zur Gestaltung von Lernumgebungen. Unabhängig von der bereits eingangs erwähnten Möglichkeit, eine Skriptsprache einzusetzen, werden folgende Grundtypen unterschieden:

Werkzeuge für die seitenorientierte Entwicklung

Bei diesen Werkzeugen wird eine Lernanwendung aus mehreren Bildschirmseiten zusammengestellt (vergleichbar der Seiten in einem Buch), die vom Autor beliebig gestaltet werden können. Auf diesen Seiten werden Objekte, wie z. B.: Schaltflächen, Textfelder, Eingabefelder usw., platziert, über die Interaktionen möglich sind.

Mit Hilfe dieser Entwicklungsumgebungen können durch **Hypertextverknüpfungen** sehr komplexe Informationsnetze entstehen, in die sowohl andere Anwendungen als auch das WWW (**W**orld **W**ide **W**eb) eingebunden werden können. Solche Systeme eignen sich sehr gut zur Gestaltung von Hypermedia-Systemen.

Ein typischer Vertreter dieser Art ist *„Toolbook“*, das bereits in der Namensgebung die Analogie zu Buchseiten nahe legt. Toolbook verwendet eine Scriptsprache.

Ein anderer Vertreter dieses Typs ist das Programm „*Mediator 5.3 Pro*“. Dieses Autorensystem erlaubt neben zahlreichen Möglichkeiten der Präsentation auch die Integration einfacher Programmierelemente. Hervorzuheben ist, dass diese Programmieranweisungen nicht durch Tippen von Programmcode, sondern mit Hilfe von Mausaktionen erstellt werden. Dadurch wird dem Benutzer das Erlernen einer Sprachsyntax erspart (siehe Kapitel „Mediator 5.3 Pro“). Deshalb kann dieses Werkzeug auch sehr gut mit Kindern genutzt werden.

Werkzeuge für die iconorientierte Entwicklung

Eine Lernanwendung wird bei diesem Entwicklungstyp aus einzelnen Komponenten aufgebaut, die als Icons zur Verfügung stehen. Über diese Icons können Texte und Grafiken platziert, Animationen definiert und Interaktionen entwickelt werden.

Die iconorientierte Entwicklung erlaubt dem Autor einen visuellen, **intuitiven Überblick über die Struktur des Lernsystems**. Er kann sich auf inhaltliche, konzeptionelle und gestalterische Aufgaben konzentrieren und muss nur in besonderen Fällen auf die Programmierebene ausweichen.

Ein typischer Vertreter dieser Art ist das Programm „*Authorware*".

Werkzeuge für die zeitachsenorientierte Entwicklung

Eine Lernumgebung wird dadurch zusammengesetzt, zu welchem Zeitpunkt ein bestimmtes Objekt (z. B.: Grafiken, Texte, Animationen, Videos, ...) auf dem Bildschirm erscheinen soll.

Die Stärken liegen bei diesem Typus bei der **Realisierung** komplexer und attraktiver **Animationen**. Auch bei diesen Produkten besteht die Möglichkeit, Anwendungen für das Internet zu erstellen. Ein typischer Vertreter dieser Art ist das Programm „*Macromedia Director*".

Werkzeuge für die objektorientierte Entwicklung

Es werden Objekte (Text, Grafik, Schaltflächen, Listenfelder, usw.) aus einer Toolbox entnommen und vom Autor frei in dem Entwicklungsfenster platziert. Diesen Objekten werden bestimmte Eigenschaften und Methoden zugewiesen.

Vorteilhaft ist hier die **Offenheit** der Systeme durch die Möglichkeit, neue Objekte und Methoden einzubinden. Damit sind grundsätzlich alle Lernsystemtypen (auch Simulationen) zu realisieren.

Diese Entwicklungsumgebungen erfordern jedoch **erhebliche Einarbeitungszeit** und setzen fundierte Programmierkenntnisse voraus. Gängige Vertreter sind objektorientierte Programmiersprachen wie beispielsweise *C++* oder *Delphi*.

Die objektorientierte, visuelle Entwicklung findet auch bei der seiten- und zeitachsenorientierten Konzeption Anwendung. Auch die Möglichkeit, eine Skript-Sprache (Programmieranweisungen) einzusetzen, muss in den Windows-basierenden Entwicklungsumgebungen gegeben sein. Mit Hilfe dieser Sprache wird den vordefinierten Objekten ein Programmcode zugeordnet, mit dem bestimmt wird, was beim Eintreten eines bestimmten Ereignisses (z. B.: Klick auf die rechte Maustaste, ein bestimmtes Zeichen wird eingegeben, eine Variable erreicht einen bestimmten Wert, usw.) geschehen soll.

Mediator 5.3 Pro (Matchware)

Beim Mediator handelt es sich um ein **seitenorientiertes Autorensystem**. Für den Schuleinsatz ist dieses Entwicklungswerkzeug deshalb zu empfehlen, da es zum Einen sehr leicht zu bedienen ist und nur eine kurze Einarbeitungszeit notwendig macht. Zum Anderen stellt dieses Produkt eine kostengünstige Alternative zu den Topprogrammen auf diesem Sektor (z. B.: Macromedia Director, Toolbook Instructor, etc.) dar.

Primär als Werkzeug konzipiert, um im wirtschaftlichen Bereich Produkte werbewirksam zu präsentieren, ist man als Neuling versucht, die zahlreich vorhandenen Ein-, Aus- und Überblendeffekte im Übermaß einzusetzen. Wird das im Schuleinsatz vermieden, ist es möglich, ohne großen zeitlichen und materiellen Aufwand ansprechende Projekte zu erstellen. Aber nicht nur in der Hand des Lehrers kann dieses Werkzeug für beeindruckende Applikationen sorgen. In einem Forschungsprojekt des Bundesministeriums für Bildung, Wissenschaft und Kultur konnten auch Schüler der Primarstufe im Umgang mit dem Mediator hervorragende Ergebnisse erzielen. Dies wird durch die **einfache, intuitive Bedienung** dieser Entwicklungsumgebung unterstützt, die im überwiegenden Teil mit der Maus, ohne das Schreiben von jeglichem Programmcode, durchzuführen ist.

Der Entwickler kommt rasch zu Erfolgserlebnissen und kann sich das Resultat seiner Arbeit jederzeit durch einen Wechsel von der Autorenebene in die Benutzerebene ansehen.

Für den Vertrieb stellt der Mediator ein „**Runtime-Modul**" zur Verfügung. Dieses ermöglicht, die erstellten Multimediaprodukte auch Anwendern zur Verfügung zu stellen, die nicht im Besitz der Entwicklungsumgebung sind.

Aufbau

Im *Mediator* werden dem Entwickler eine *Vielzahl von vordefinierten Objekten zur Verfügung gestellt* *>> S. 275*. Zusätzlich wird in einem **Multimediakatalog** eine umfangreiche Sammlung von vorgefertigten grafischen Elementen angeboten, die beliebig in jede Seite eingefügt werden können. Der Multimediakatalog bietet verschiedene **Schaltflächendesigns** (z. B.: Pfeile, Knöpfe, ...), verschiedene **Zeichenobjekte** (Kreis, Dreiecke, ...), verschiedene **Hintergründe**, verschiedene **3-D-Objekte** (reliefartige Symbole) und **3-D-Oberflächen** (Texturen) an.

Abhängig vom Objekttyp werden die Daten (Inhalte) dem Objekt vom Autor fest zugeordnet. Er schreibt beispielsweise einen Text in ein Textobjekt, fügt eine Bilddatei in ein Bildobjekt ein oder ordnet einem Eingabeobjekt eine Variable zu.

Den meisten Objekten können verschiedenste Eigenschaften zugewiesen werden, die ihr äußeres Erscheinungsbild (z. B.: Position, Größe, Hintergrund, Farbtranzparenz, ...) festlegen. Dazu dient ein übersichtliches **Eigenschaftenfenster,** das für jedes Objekt angeboten wird.

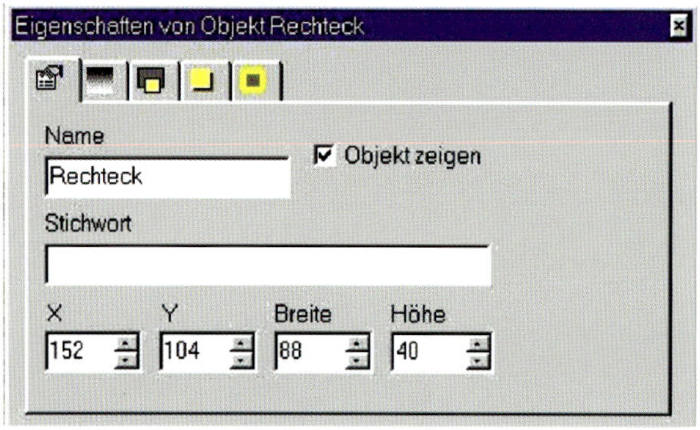

Objekte können aber auch die Fähigkeit haben, auf bestimmte Ereignisse zu reagieren. Ein Ereignis kann sowohl vom Benutzer der Anwendung, als auch von einem anderen Objekt ausgelöst werden und verschiedene Aktionen zur Folge haben, die der Programmautor definiert.

Beispiele für Ereignisse sind:

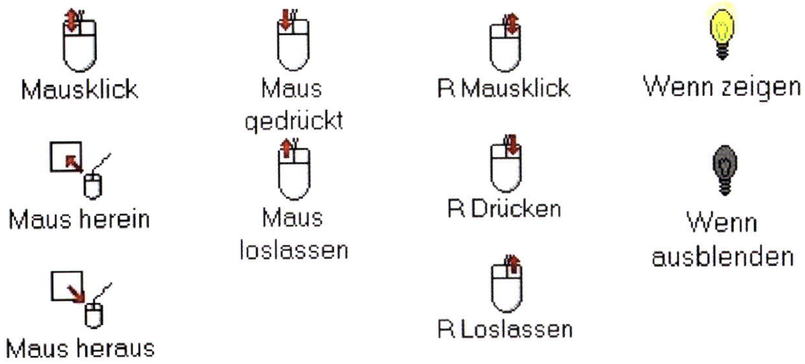

Ereignisbotschaften können Aktionen verschiedenster Art bewirken.
Als Beispiel sollen an dieser Stelle folgende Aktionen erwähnt werden:

Standardaktionen

Multimedia- Aktionen

Aktionen zum Programmieren von Abläufen

Für die Programmierung können Variable definiert werden. Mediator unterscheidet zwischen Text, Fließkomma, ganze Zahl und logischer Variablen (wahr / falsch). Jede **Variable** kann zusätzlich als „lokale“ (Gültigkeit nur auf einer Seite) oder „globale“ (Gültigkeit im gesamten Projekt) Variable definiert werden.

Weiters ist interessant, dass aus einer Mediatoranwendung **beliebige Fremdprogramme aufgerufen** werden können („Applikation starten“). Nach der Beendigung des Fremdprogrammes kehrt man automatisch wieder in die Mediatorumgebung zurück.

Fazit

Zusammenfassend lässt sich sagen, dass der Mediator 5.3 Pro als **Einstiegsanwendung** in die Welt der Multimediaprogrammierung hervorragend geeignet ist. Es ist, wie im vorigen Abschnitt erwähnt, mit diesem Werkzeug auch für Nonprofessionals möglich, beeindruckende Ergebnisse zu erzielen.

Bei der Entwicklung einer Multimediaanwendung steht dabei neben dem Lernen um das Projektthema selbst, **soziales Handeln mit Medien** im Vordergrund. Die Autoren lernen, Informationen aus verschiedensten Quellen zu sammeln und zu analysieren. Sie lernen ihre Umwelt mit Fotos, Zeichnungen, Texten, Videos, Audios zu dokumentieren. Durch Strukturierung und Zusammenführung dieser Bausteine im Mediator entsteht ein Produkt, für das jeder Teilnehmer in der Gemeinschaft verantwortlich ist und mit dem sich jeder Beteiligte identifizieren kann.

Das im Mediator erfahrene theoretische und praktische Rüstzeug kann problemlos adaptiert und für komplexe Aufgabenstellungen, (die vielleicht mit anderen Werkzeugen besser gelöst werden können) verwendet werden.

Theresia Oudin

Multimediashow mit Mediator

Mediator ist ein **Präsentationsprogramm**, mit dem sich relativ einfach und schnell sehr **effektvolle Darbietungen** gestalten lassen. Seine Stärken liegen bei der Einbindung von Multimedia-Objekten und Animationen. Ein selbst erstelltes **Beispiel** soll – in mehreren Ausbaustufen – den Gebrauch des Programms Mediator 5.0 PRO beschreiben. Es hat sich als Kursinhalt für einen 2-tägigen Einführungskurs bereits bewährt.

Aufgabenstellung

Der **Wiener Prater** soll **vorgestellt** werden. Die **Bilder** und **Videos** wurden mit einer Digitalkamera und einer digitalen Videokamera selbst erzeugt, der Plan des Praters wurde aus dem Prospekt eingescannt.

Ausgehend von einer Gesamtübersicht werden Details in Vergrößerung und Videos gezeigt. Dabei werden einige Ereignisse und mögliche Aktionen benützt, die als Anregung dienen sollen, sich mit der Software intensiver auseinander zusetzen. Man sieht an dieser Aufgabe gut, wie einfach man effektvolle Präsentationen gestalten kann – die natürlich noch weiter ausbaubar wären.

Was Mediator bietet

Mediator bietet eine Reihe von **Werkzeugen** an. In der **Seitenliste** werden alle im jeweiligen Programm erstellten Seiten angezeigt, in der **Objektliste** alle erzeugten Objekte. Jeder Seite und jedem Objekt können Ereignisse und die dazugehörigen Aktionen zugeordnet werden. Die Eigenschaften der Objekte und die Ereignisse können mit der rechten Maustaste auf dem Objekt sichtbar gemacht werden.

Werkzeugleiste

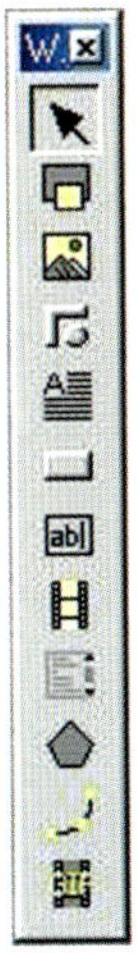

Auswahlwerkzeug
Rechteck zeichnen
Bild importieren (aus Datei)
3D-Oberfläche, Objekte aus MM-Katalog
Texteingabe in Textfeld
Schaltfläche
Eingabefeld
Video importieren
Listenbox
Polygon (punktweise erzeugt und auf Wunsch geschlossen)
Animationspfad
Import eines animierten GIF-Bildes

Seitenliste

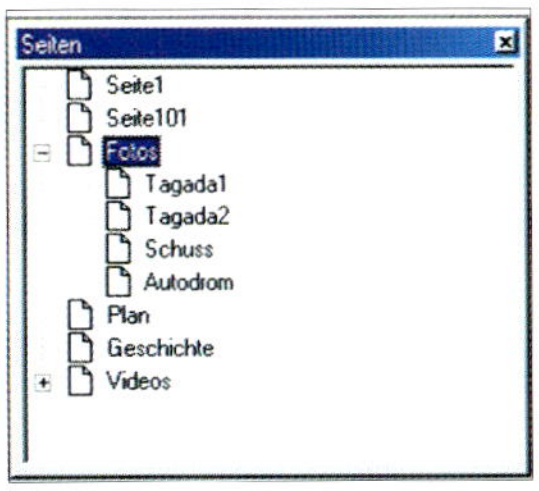

Objektliste

Die **Standardleiste** enthält die üblichen Funktionen zum Öffnen und Speichern eines Dokuments, die Bearbeitungsfunktionen Kopieren und Einfügen, ein Symbol zum Start des Programms (Dokument testen) und eines zum Testen einer einzelnen Seite. Außerdem wird eine Hilfe bei der Fehlersuche angeboten (Dokument kontrollieren).

Projekt Wiener Prater

Die Show wird schrittweise aufgebaut, wobei von einer einfachen Präsentation ausgegangen wird, die dann um Videos und Titelmusik erweitert wird.

Die **benötigten Dateien** werden vorbereitet und bereits **im Arbeitsverzeichnis** zur Verfügung gestellt. Dies ist deshalb wichtig, weil bei allen eingebundenen Multimediaelementen (Fotos, Videos, Sounddateien, Animationen) **Pfadangaben** enthalten sind und diese Elemente nach dem Kopieren auf einen anderen Datenträger eventuell nicht mehr gefunden werden.

Die **Bilder** sollten bereits in der **benötigten Größe** zur Verfügung stehen, da es sonst mitunter zu Fehlern kommt.

1. Programm Wiener Prater

In der Grundversion befinden sich auf dem Titelbild 4 Schalter, von denen der „Video-Schalter" zunächst ungenützt bleibt. Das Titelbild wird im JPEG-Format importiert. Es hat die Größe des eingestellten Arbeitsbereiches und bildet den Hintergrund für die Schalter. Anschließend werden 3 weitere Seiten erzeugt und mit Namen versehen, sinnvollerweise entsprechen diese Namen den Bezeichnungen der Schalter.

Titelseite

Die Auswahlschalter der Titelseite sollten gleiches Aussehen haben. Daher wird zunächst ein **Schalter** erzeugt, der dann mehrfach kopiert wird. Man muss lediglich die Bezeichnungen der weiteren Schalter verändern. Auch ein „**Ende-Schalter**" ist sinnvoll, es sei denn, man möchte eine Show erzeugen, die vom Benutzer nicht beendet werden kann (etwa für eine Ausstellung).

Die Schalter werden nun der Reihe nach mit Funktionen versehen. In diesem einfachen Fall soll auf Mausklick reagiert werden. Im **Ereignisdialog** wird mit Hilfe der Maus die

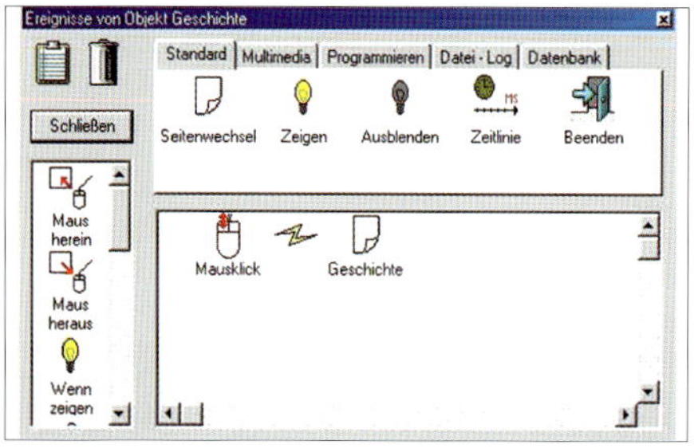

entsprechende Aktion – in diesem Fall Seitenwechsel – zugeordnet. Auf welche Seite gewechselt werden soll, muss angegeben werden, wobei man auch einfach auf die nächste Seite wechseln kann. Mediator bietet eine Reihe von Möglichkeiten an, wie der Seitenwechsel vor sich gehen soll. In diesen **Übergangseffekten** ist sowohl die Art der Einblendung der Seite als auch der

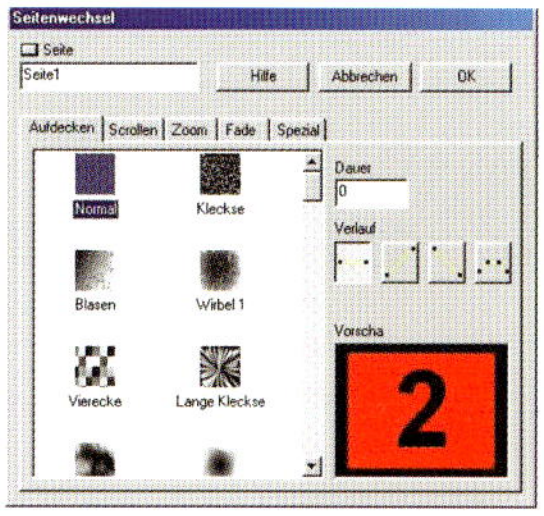

zeitliche Ablauf gestaltbar. Dabei muss man achtgeben, dass man nicht zu viele verschiedene Effekte einbaut. Eine gute Präsentation soll nicht durch Äußerlichkeiten vom Inhalt ablenken, sondern eher unauffällige und gleichbleibende Gestaltung aufweisen.

Auf den einzelnen Auswahlseiten muss jeweils ein Schalter zur Titelseite existieren. Diesen erzeugt man samt Funktion auf einer Seite und kopiert ihn dann auf die übrigen Seiten. Die gewünschte Funktion bleibt beim Kopieren erhalten.

Fotoseite

Auf dieser Seite werden 3 Bilder von Vergnügungseinrichtungen im Wiener Prater angeordnet. Die Bilder werden in einer späteren Ausbaustufe ebenfalls auf das Ereignis Mausklick reagieren und dann vergrößert erscheinen.

Seite Geschichte

Der folgende Text wird aus einem Textdokument in ein Textfeld, das sich auf einer eigenen Seite befindet, eingelesen. Der Text kann nach Wunsch anschließend beliebig gestaltet werden.

> *Der Name Prater stammt aus dem Lateinischen und bedeutet soviel wie Wiese. Das Pratergebiet war ab 1560 kaiserliches Jagdgebiet und wurde später, im Jahre 1766, also vor über 200 Jahren, von Kaiser Joseph II. als „allen Wienern gewidmeter Erlustigungsort" für die Öffentlichkeit freigegeben. Der Prater ist wie das Kaffeehaus oder der Heurige eine traditionsreiche wienerische Institution.*

Erweiterung des ersten Programms

Die Bilder auf der Fotoseite werden nun ebenfalls mit Funktionen belegt. Beim Klick auf eines der Bilder soll es formatfüllend dargestellt werden. Dazu werden eigene Seiten mit den großen Bildern erzeugt, auf die beim Anklicken umgeblättert wird.

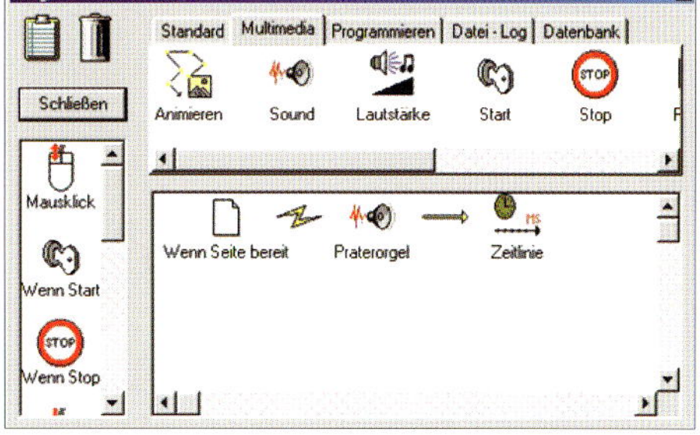

Mit der Titelseite wird eine kurze **Sounddatei** verknüpft, die beim Aufrufen der Seite automatisch abgespielt wird. Das Ereignis, dem das Abspielen des Sounds zugeordnet wird, findet man in der Liste unter „Wenn Seite bereit". Die Zuordnung befindet sich auf der Karteikarte „Multimedia". Nach Anwahl von „Sound" wählt man die entsprechende Datei aus. Zum Beenden der Musik wird eine Schaltfläche auf der Titelseite erzeugt, die auf Anklicken die Musik vorzeitig beendet.

Will man die Musik automatisch beenden lassen, kann man dies z. B. dem Ereignis Mausklick auf einen Auswahlschalter zuordnen. Etwas aufwendiger ist das Einfügen einer Zeitlinie für die Dauer der Musik. In der Zeitlinie gibt man die Zeitpunkte für Start und Stop des Sounds vor.

Zusätzliche zu den Fotoseiten wird eine **Videoseite** eingerichtet. Das Video soll beim Öffnen der Seite von selbst starten, was in der Ereignisliste der Seite zugeordnet wird.

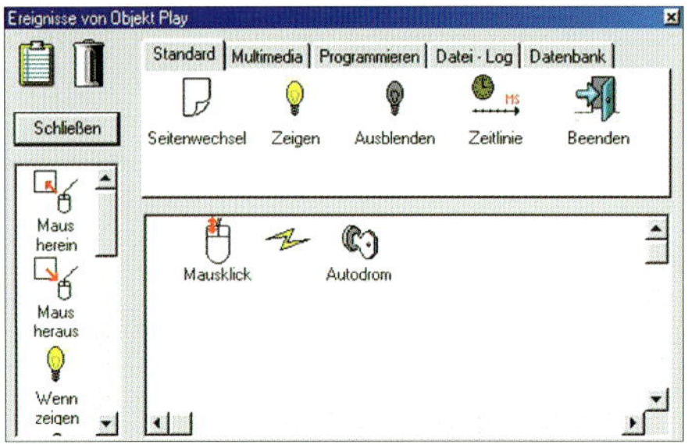

In der nächsten Ausbaustufe soll die Videoseite Standbilder der wählbaren Videosequenzen enthalten. Beim Anklicken des entsprechenden Bildes wird die zugeordnete Videosequenz in einem Rahmen mit Steuerelementen abgespielt. Die Steuerelemente mit den entsprechenden Funktionen werden von Mediator bereits zur Verfügung gestellt. Für jedes Video ist eine eigene Seite erforderlich, da die Namen der Dateien in die Steuerelemente eingetragen werden.

2. Programm Wiener Prater

Eine andere Form der Präsentation geht wieder vom gleichen Titelbild aus. Dieses enthält diesmal sogenannte „Hotspots". Als einfachstes Beispiel lässt man einen Text erscheinen, sobald der Mauszeiger über einen derartigen Hotspot fährt.

Hotspots

Mit Hilfe des Werkzeugs „Vieleck" wird durch punktweises Anklicken ein geschlossener Linienzug um des gewünschte Objekt erzeugt. In der Objektliste erscheint dann dieses neue Objekt und es kann ihm ein Ereignis zugeordnet werden.

Anschließend bereitet man 3 Bilder vor, in denen alles außer dem ausgewählten Bereich (der im Titelbild als Hotspot gekennzeichnet ist) blass gestaltet ist. Fährt man nun über einen der ausgezeichneten Bereiche, so erscheint das entsprechende Bild, auf dem nur das gewünschte Objekt gut erkennbar und gegebenenfalls noch eine Beschriftung enthalten ist.

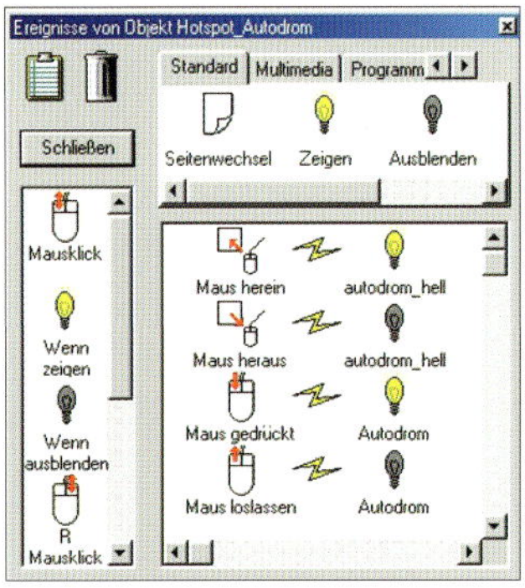

Eine nette Ergänzung ist auch die Zuordnung eines vergrößerten Bildes, solange die linke Maustaste gedrückt bleibt. Der Betrachter kann sich so ein Bild vom angewählten Objekt verschaffen, ohne die Titelseite zu verlassen. Gesteuert werden diese Aktionen durch Zuordnung zu den gewünschten Ereignissen.

Animationen

Durch **bewegte Objekte** wird eine Multimediashow interessanter. Mediator bietet sowohl die Möglichkeit, so genannte animierte GIF-Bilder einzubinden, als auch eine Bewegung eines Objekt über den Bildschirm vorzugeben. Eine Reihe von animierten GIFs wird bereits mitgeliefert, zahllose weitere findet man im Internet (z. B. unter *www.computerkiste.de*).

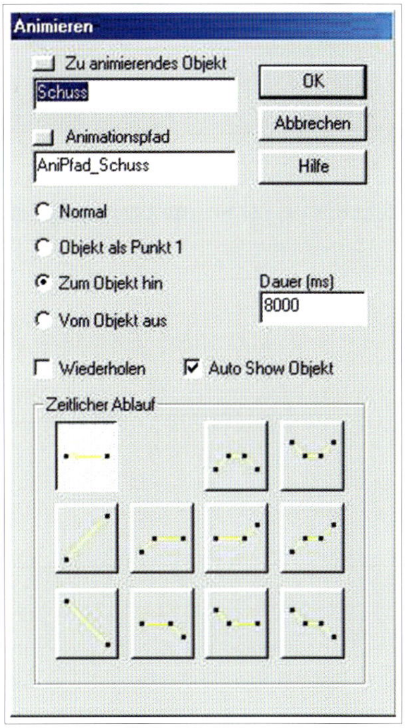

Textzeilen oder Bilder kann man erscheinen und wieder verschwinden lassen, man kann sie aber auch nach ihrem Erscheinen einen beliebigen Weg über den Bildschirm nehmen lassen. Dies wird in einem **Animationspfad** festgehalten, der dem Objekt zugeordnet wird. Der Weg wird mit Hilfe des Werkzeugs Animationspfad durch punktweises Anklicken mit der Maus erzeugt und unter einem Namen gespeichert.

Den **Animationsdialog** erhält man, wenn man unter den möglichen Aktionen das Symbol Animieren wählt. Hier werden Geschwindigkeit und zeitlicher Verlauf der Animation festgelegt. Eine nachträgliche Bearbeitung des Animationspfades ist möglich.

Der Ablauf mehrerer Animationen, sowie des Erscheinen bzw. Verschwinden eines Bildes kann man einfach über eine **Zeitlinie** vorgeben. Die Einführung einer Zeitlinie gestattet es auch, eine von selbst, also ohne Eingreifen des Benutzers, ablaufende Diashow zu gestalten. Dabei wird nach einer vorgegebenen Zeit auf die nächste Seite umgeblättert oder das nächste Bild in den Vordergrund gerückt. Ebenso kann man Videos und Filme zu bestimmten Zeitpunkten starten und beenden lassen.

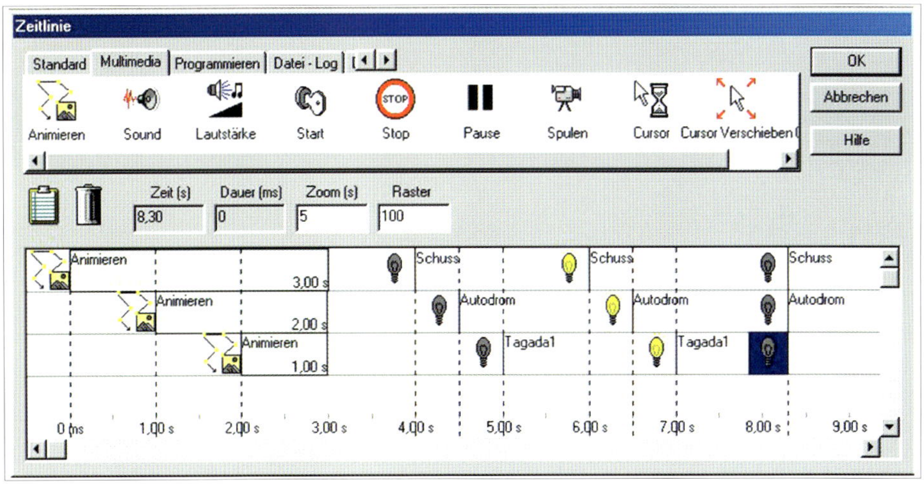

In der im obigen Bild gezeigten Zeitlinie werden nacheinander 3 Animationen gestartet, bei denen Fotos über den Bildschirm wandern. Nach jeweils 4 Sekunden werden diese Bilder ausgeblendet, anschließend der Reihe nach zeitlich versetzt wieder sichtbar gemacht. Sie werden dann wieder ausgeblendet, was zu einem Blinkeffekt führt. Auch Titel kann man so mehrmals blinken lassen.

Abschluss eines Einführungskurses

Die wichtigste Aufgabe in einem Kurs ist es, eigenständiges Arbeiten zu lernen und zu trainieren. Das folgende **Abschlussprojekt** hat sich bewährt und den Kursteilnehmern viel Freude bereitet.

Ein **Gruppenfoto** der Kursteilnehmer und ein Portrait von jedem Einzelnen wurden (mit Hilfe einer Digitalkamera) erzeugt. Anschließend erstellte jeder Teilnehmer in einem Bildbearbeitungsprogramm ein blasses Gruppenbild, in dem nur er selbst deutlich zu sehen ist, und eine Seite mit Informationen über seine Person. Mit Hilfe eines Mikrofons und des Programms Audiorecorder (in Windows enthalten) hat jeder Teilnehmer ein kurzes Statement über sich aufgezeichnet. Diese Bilder, Seiten und Audiodateien wurden in ein Dokument kopiert, dessen Titelseite das Gruppenfoto bildete.

Im Gruppenbild wurde um jeden Teilnehmer ein Auswahlbereich als Hotspot definiert. Mit der Maus konnte man dann Personen auswählen und Informationen über sie erhalten. Auf Wunsch war auch die Stimme der angewählten Person zu hören. So konnte jeder Kursteilnehmer das Gelernte wiederholen und ein Abschlussprojekt mitnehmen.

Ausblick

Mediator bietet die Möglichkeit, **lauffähige Programme** zu erzeugen. Die zur Ausführung benötigten Dateien werden bei Anwahl der Funktion „Runtime Dateien erzeugen" automatisch in ein Verzeichnis eingebunden. Der Programmcode kann bei der Weitergabe der ausführbaren Datei durch ein Passwort geschützt werden.

Vor wenigen Tagen ist die neue Version **Mediator 6** auf den Markt gekommen. Sie bietet eine Reihe von Verbesserungen und vor allem auch die Möglichkeit, aus den Mediator-Projekten HTML-Dateien für das World Wide Web zu erzeugen.

Mediator 5.0 PRO von Matchware
Internet: *www.matchware.at*
Erhältlich z. B. bei Pablitos Software,
Edelsbachstraße 50, 80 Eggersdorf bei Graz
E-Mail: office@pablitos.co.at

Herbert Schussmann

Interaktivität mit dem Autorensystem Mediator 5.0 Pro

(Wie kann der Autor eines Mediator 5.0 Pro-Projekts Leser zu eigenen Aktivitäten animieren?)

Bei der Vorstellung des Autorensystems „Mediator 5.0 Pro" taucht immer wieder die Frage auf: „Wozu das Programm anschaffen, wenn schon ein Präsentationsprogramm vorhanden ist?". Sie ist verständlich, da meistens der zeitliche Rahmen für eine Einführung in das Programm so eng gesteckt ist, dass nicht mehr als ein kleines Projekt, das Bilder mit Hotspots und kurze Texte mit Hypertext enthält, produziert werden kann. Steht etwas mehr Zeit zur Verfügung, werden Objekte noch animiert und das Ganze zu einer automatisch ablaufenden Diaschau ausgebaut. Projekte dieser Art sind tatsächlich dazu geeignet, den „Mediator 5.0 Pro" als reines Präsentationstool zu unterschätzen.

Will aber ein Programm den Anspruch erheben, ein **Autorensystem** zu sein, mit dessen Hilfe multimediale Projekte erstellt werden können, dann muss es Möglichkeiten, den **Leser** beim Bearbeiten eines Projekts interaktiv einzubeziehen, bieten, die über die von Präsentationsprogrammen hinausreichen: Er soll nicht mehr nur passiver Konsument, sondern **aktiv Mitwirkender** sein.

Durch Verknüpfung der verschiedenen Inhalte in unterschiedlichen Darstellungsformen durch Hypertext bekommt er bei vielen Produkten zwar weitgehend freie Hand, in welcher Weise er auf das Informationsangebot zugreifen möchte, welche Wege er gehen und wo er seine Schwerpunkte setzt will. Aber selbst ein Programm mit dem vernetzte Projekte erstellt werden können, kann den Anforderungen, die an ein Multimediaprogramm zu stellen sind, noch nicht in vollem Umfang genügen, da die Aktivitäten des Lesers auf Navigation nach eigenem Gutdünken beschränkt sind. Welche Möglichkeiten stellt nun „Mediator 5.0 Pro" einem Autor zur Verfügung, den Leser zu weiteren eigenen Tätigkeiten zu animieren?

Eine Möglichkeit besteht darin, ihn **Entscheidungen** mittels **Multiple-Choice** treffen zu lassen. Im einfachsten Fall könnte dies ein kleiner **Wissenstest** sein.

Grau gerahmte Objekte sind für den Leser zunächst nicht sichtbar.

Wie in der ersten Abbildung zu sehen, enthält die Seite neben sichtbaren Objekten, die die Frage enthalten und Auswahlmöglichkeiten anbieten, auch zwei unsichtbare Objekte, welche die Entscheidung des Probanten kommentieren. Der Übersichtlichkeit halber sind alle **Objekte mit treffenden Namen** versehen.

Zur Kommentierung der Entscheidung sind an die Schaltflächenobjekte Ereignisse und Aktionen geknüpft.

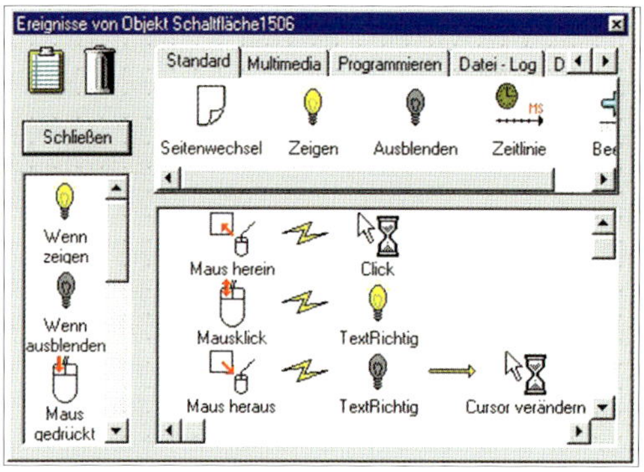

Die des Objekts „Schaltfläche1506" zeigt die nebenstehende Abbildung.

Zieht der Leser die Maus in das Objekt, signalisiert ihm die sich ändernde Cursorform, dass er einen Klick ausführen soll. Tut er dies, wird das Objekt mit „TextRichtig" sichtbar und bestätigt seine Entscheidung, zieht er die Maus aus dem Objekt, wird es wieder ausgeblendet.

Die an die Objekte „Schaltfläche1606" und „Schaltfläche1706" gebundenen Ereignis-Aktions-Verknüpfungen unterscheiden sich von den in obiger Abbildung gezeigten nur insofern, als ein Mausklick auf sie die Anzeige des Objekts „TextFalsch" bewirken würde.

Eine Bewertung der Antworten sollte jedoch über flüchtige Rückmeldungen wie im Beispiel hinausgehen.

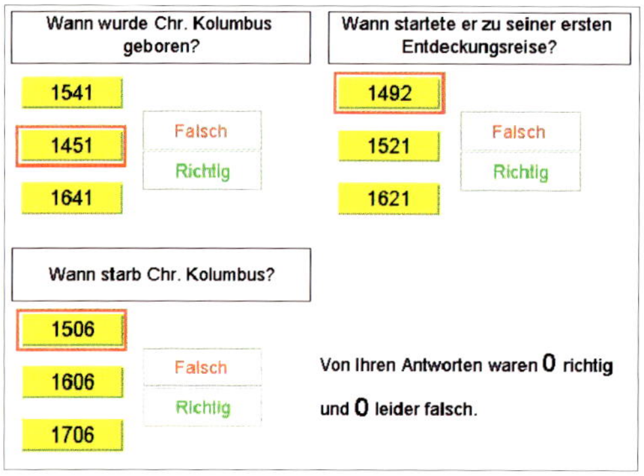

Wie in der Abbildung zu erkennen, ist der Test inhaltlich erweitert (*siehe Anhang >> S. 291*) und die **Entscheidungen** des Lesers werden nicht mehr nur kommentiert, sondern auch **ausgewertet**. Dass die jeweils richtige Lösung durch ein sich einblendendes transparentes Rechteck mit roten Rahmen hervorgehoben wird, ist nicht nur ein optischer Effekt. Will der Autor den Leser daran hindern, dass er dieses Objekt mehrfach angeklickt, um das Ergebnis auf illegale Weise zu verbessern, legt er es über die Schaltfläche und verhindert, wenn es eingeblendet ist, einen weiteren Zugriff[1].

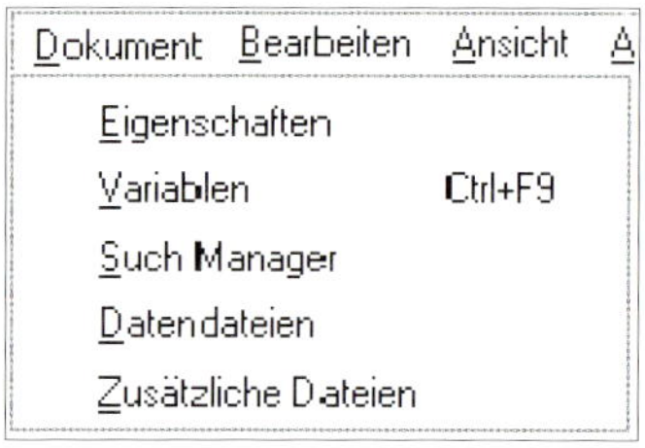

Die Auswertung der Antworten des Lesers erfolgt dadurch, dass jeder Mausklick auf eine der gelben Schaltflächen den Wert einer Variablen um „1" erhöht. Zwei vom Typ „Ganze Zahl" wurden über die Option „Dokument" – „Variablen" für die Seite definiert.

[1] *Randlose transparente Rechtecke können alle oder einzelne Objekte einer Seite vor Aktionen des Lesers schützen. Obwohl sie immer unsichtbar sind, erlauben sie ihm ausgeblendet den Zugriff auf darunter liegende Objekte, eingeblendet verwehren sie diesen.*

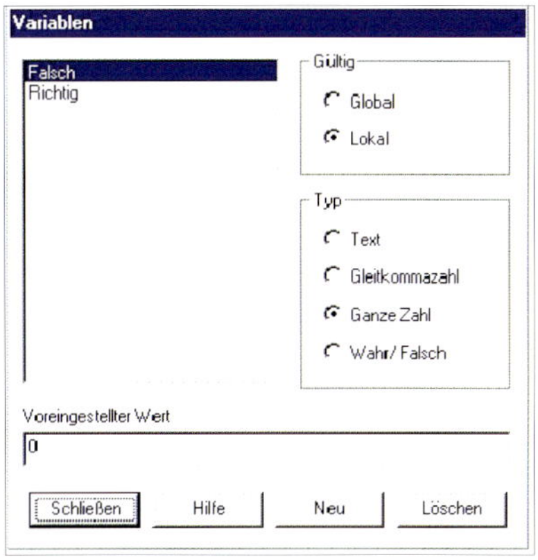

Darüber hinaus ist die Seite durch den Text „Von Ihren Antworten waren _ richtig und _ leider falsch." und zwei Eingabeobjekte, die die Lücken des Textes füllen, ergänzt.

Welchen Inhalt sie anzeigen sollen, wird in Ihren Eigenschaften, die nach dem Markieren bei allen Objekten über die rechte Maustaste zu erreichen sind, definiert.

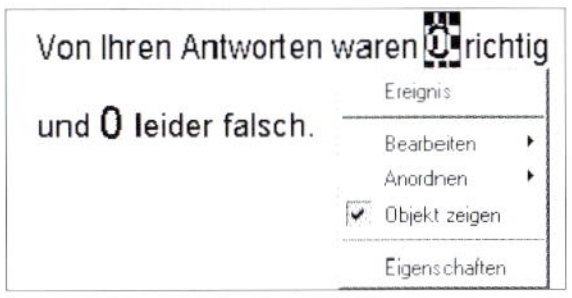

Dem Eingabeobjekt mit dem Namen „EingabeRichtig" wird der aktuelle Wert der Variablen „Richtig" zugewiesen. Da, wie in Abbildung ganz oben zu erkennen, der voreingestellte Wert „0" ist, wird er auch in der ersten Textlücke erscheinen[2], wenn der Leser die Seite aufschlägt.

Beginnt er mit der Beantwortung der Fragen, muss sich die Variable „Richtig" jeweils um den Wert „1" erhöhen, wenn er auf einer der richtigen Schaltflächen klickt. Neben dem Zeigen des Kommentars „Richtig" und des roten Rahmens ...

... muss also noch die Aktion „Zuweisen", die auf der Registerkarte „Programmieren" zu finden ist, angefügt werden.

Wenn sie der Autor verwendet, öffnet sich ein Fenster, in dem der Zuweisungs-Ausdruck, wie in der nebenstehenden Abbildung zu sehen, einzutragen ist. Nutzt er bei derartigen Arbeiten die Schaltflächen „Systemvariablen", „Funktionen", „Operatoren" und „Variablen", kann er sich eine Menge Mühe ersparen.

[2] *Zahlenvariablen können keinen „leeren" Wert haben.*

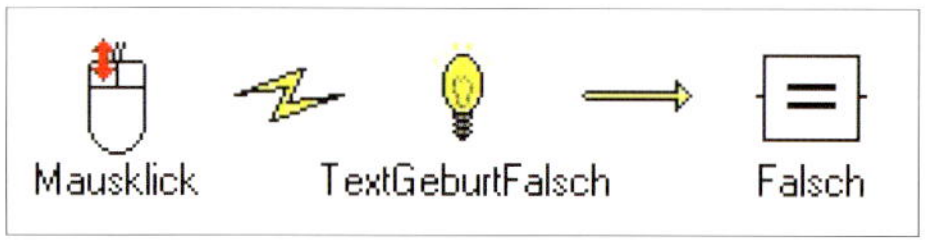

Die Aktionen nach einem Klick auf Schaltflächen mit falschen Jahreszahlen müssen in analoger Weise ergänzt werden.

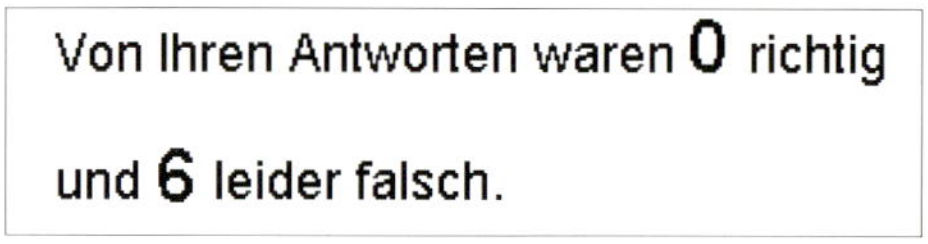

Ist dies geschehen, wird bei einem unaufmerksamen Leser der Text wie nebenstehend aussehen,...

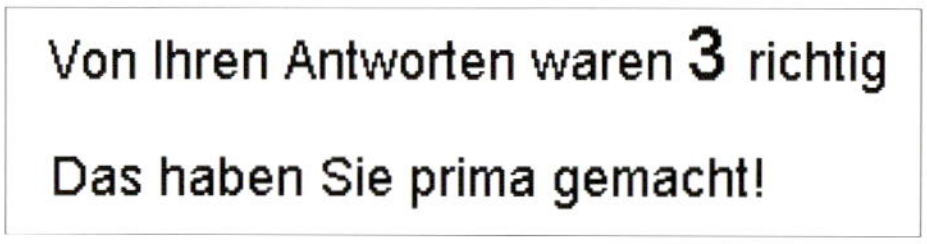

... während dem engagierten die folgende Meldung ausgegeben wird.[3]

Die **Inhalte von Eingabeobjekten** – die Werte von Variablen – müssen nach dem Beenden eines Projekts nicht verloren gehen. Mit dem Programm „Mediator 5.0 Pro" ist es kein Problem, das was sie enthalten, in eine Datei zu schreiben um es zu einem späteren Zeitpunkt wieder auslesen zu lassen.

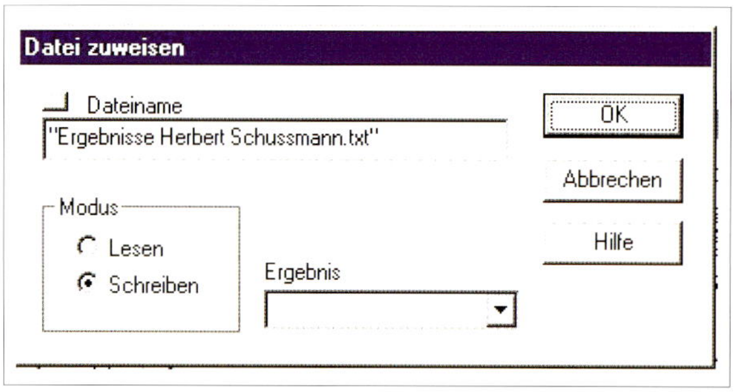

Die Aktion „Datei zuweisen" erstellt die Datei bei Eingabe eines Pfades in jedem gewünschten Verzeichnis, ...

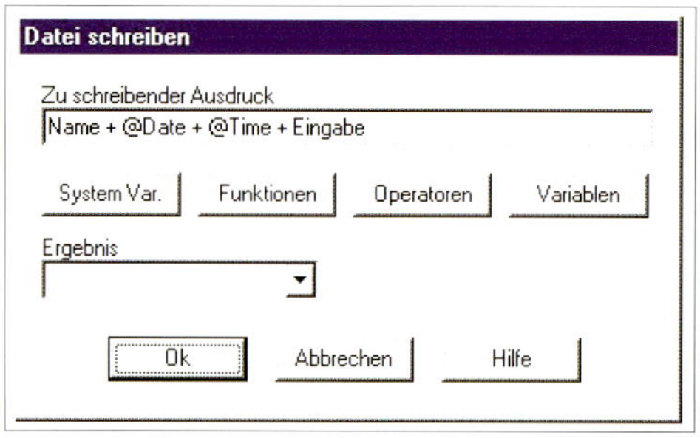

... die Aktion „Datei schreiben" trägt hier beispielsweise den Wert der Variablen „Name", das Datum, die Uhrzeit und den Inhalt des Eingabeobjekts „Eingabe" in die Datei ein.

[3] *Bei jedem Mausklick auf die richtige Schaltfläche wird in einer letzten Aktion überprüft, ob „Richtig – Falsch = 3". Nur dann wird ein unsichtbares Textobjekt eingeblendet, das die zweite Zeile der Auswertung überdeckt.*

Ein Nachteil des Multiple-Choice-Verfahrens ist die Tatsache, dass der Leser letztendlich nicht mehr zu tun hat, als mit der Maus verschiedene Objekte anzuklicken.

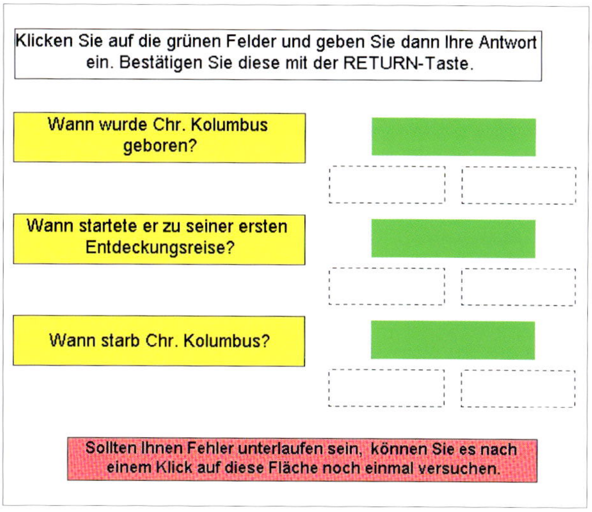

Der Autor kann ihm aber auch die Möglichkeit bieten, **Informationen selbst einzugeben**.

Die drei Objekte, in die der Lesers seine Antworten einträgt, sind die bereits im Multiple-Choice-Verfahren verwendeten Eingabeobjekte. Zeigten sie dort einen durch die Zuordnungs-Anweisung erzeugten Variablenwert an, so ordnet der Leser ihnen hier direkt Werte zu. Diese werden durch das Programm auf ihre Richtigkeit hin überprüft, das Ergebnis bewirkt unterschiedliche Aktionen.

Eine Möglichkeit, Eingabefehler zu korrigieren, bietet die entsprechende Fläche, über die auf die aktuelle Seite „gewechselt" wird: Sie erscheint wieder in ihrem Urzustand[4].

Da der Leser drei Jahreszahlen eingeben soll, werden, drei Variablen[5] erzeugt und den Eingabeobjekten zugeordnet. Der Variablentyp – Text oder Ganzzahl[6] – ist in diesem Fall von untergeordneter Bedeutung, da die Eingaben nicht zu mathematischen Operationen herangezogen werden.

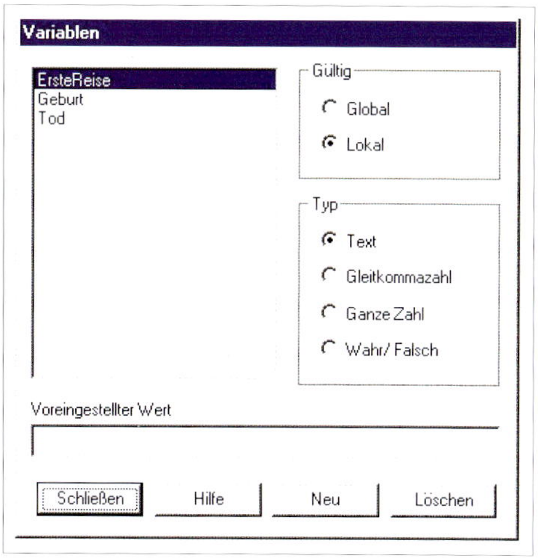

4 *Befindet sich auf der Seite ein Objekt, an das die Aktion „Seitenwechsel @prepage" gebunden ist, kann dieses Verfahren nicht verwendet werden!*

5 *Es würde auch eine genügen (siehe Seite 288)*

6 *Zu beachten ist aber, dass der Wert von Textvariablen immer in " " einzuschließen ist.*

In einer Anweisung muss dem Leser mitgeteilt werden, dass sein Eintrag nur überprüft werden kann, wenn er ihn mit der Return-Taste abschließt. Betätigt er diese, wird seine Eingabe wie im Multiple-Choice-Verfahren kommentiert, wenn der Autor an die Eingabeobjekte folgende Ereignisse und Aktionen knüpft.

•Zieht der Leser den Cursor in das Eingabeobjekt, ändert sich dieser und fordert ihn zu einem Mausklick auf.

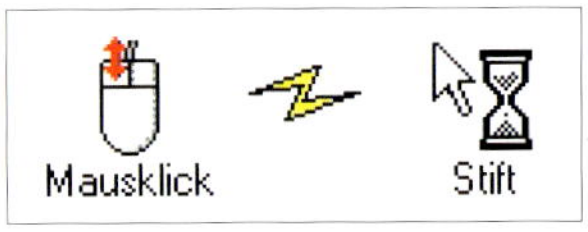

•Danach wird er zu einen Stift und signalisiert, dass der Leser schreiben soll.

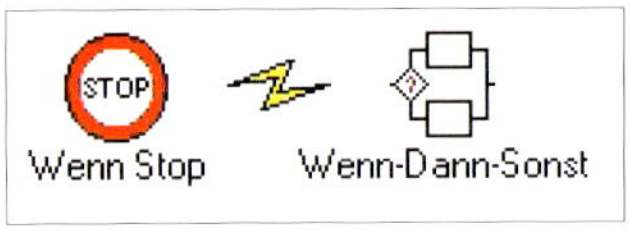

•Wird die Eingabe durch die Return-Taste abgeschlossen, im „Mediator 5.0 Pro“ das Ereignis „Stop“, erfolgt ihre Überprüfung.

•Entsprechend dieser wird ein Kommentar angezeigt und, falls gewünscht, eine Auswertung vorgenommen.

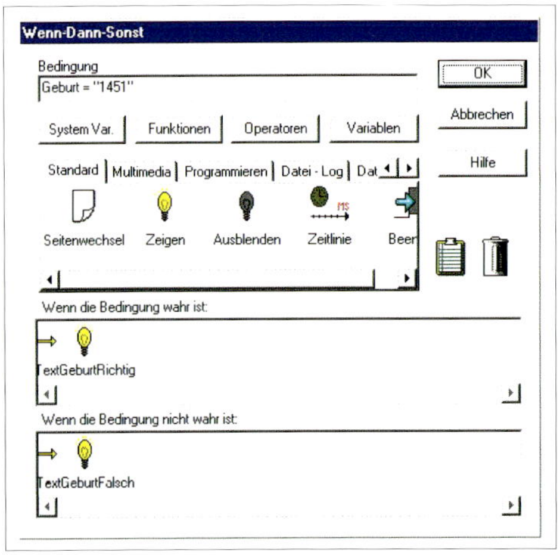

Der wesentlichste Teil dieser Seite ist die Wenn-dann-sonst-Bedingung aus der Registerkarte „Programmieren“, die an das Stop-Ereignis zu knüpfen ist.

Wie in der nebenstehenden Abbildung zu erkennen, wird folgende Bedingung formuliert:

„Wenn der Wert der Variablen 'Geburt' '1451' ist, dann zeige das Objekt 'TextGeburt Richtig', sonst zeige das Objekt 'TextGeburtFalsch'.“

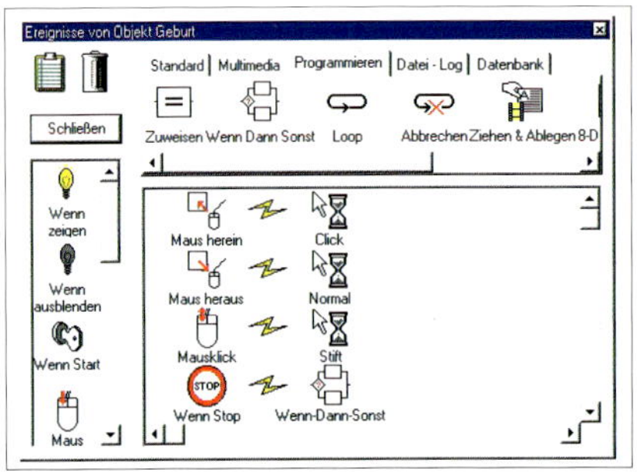

Die Abbildung zeigt alle Ereignis-Aktions-Verknüpfungen des Eingabeobjekts „Geburt“.Bei den beiden anderen Variablen ist in analoger Weise zu verfahren.

Eine Auswertung in Form von gezählten richtigen bzw. falschen Eingaben würde zwei weitere Variablen erfordern (siehe Seite 282 unten), die jeweils um den Wert „1" erhöht werden, wenn eines der kommentierenden Textobjekte, hier das Objekt „TextTodFalsch" angezeigt wird.

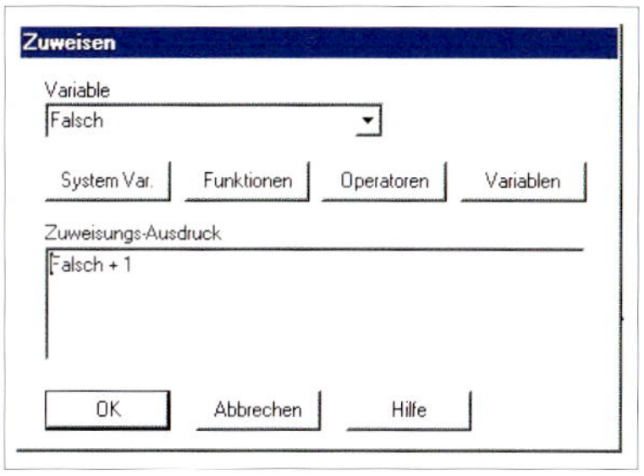

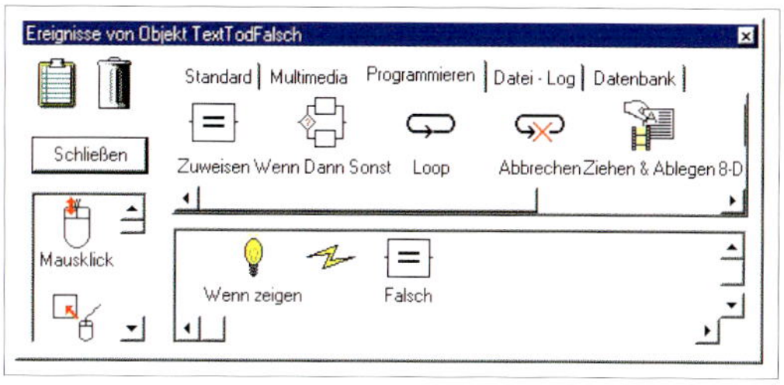

Eingabeobjekte dienen vielfältigen Zwecken, weil die Daten, die ihnen zugewiesen werden können, aus den unterschiedlichsten Quellen stammen dürfen. Sie werden durch Aktivitäten des Lesers extern oder durch Operationen des Programms intern erzeugt, können aber auch Systemvariablen sein.

Neben einfachen Wissensüberprüfungen lassen sich mit ihrer Hilfe zum Beispiel **Lückentexte** erstellen, bei denen die rechtschriftliche Richtigkeit der Eingaben überprüft wird und fehlerhafte zur weiteren Übung in einer eigenen Datei abgelegt werden. Interaktive Kataloge ermöglichen die Vorstellung von Produkten in Bild, Film und Ton. Solche, die der Leser erwerben will, trägt er in Eingabeobjekte ein, die in Form eines Bestellscheins ausgedruckt werden. Ordnet der Autor zwei Eingabeobjekten durch „Mediator 5.0 Pro" erzeugte Zufallszahlen in festgelegten Zahlenräumen zu, so kann er ein **Übungsprogramm für den Mathematikunterricht** erstellen, das weit über das Training der Grundrechnungsarten hinausreicht. Die Kommentierung, Auswertung und Aufzeichnung von Eingaben erfolgt in der bereits angesprochenen Weise.

Eingabeobjekte können auch **Daten** enthalten, die **aus dem Computer** stammen. Wird einem Eingabeobjekt die Systemvariable @time zugeordnet und dafür gesorgt, dass „Mediator 5.0 Pro" die Systemzeit im 60-Sekundentakt ausliest, stellt das Objekt eine Digitaluhr dar. Über die Variablen @PageNum und @PageCount kann dem Leser auf jeder Seite des Projekts mitgeteilt werden, wo er sich gerade befindet und wie viele Seiten noch vor ihm liegen. Will der Autor die Verwendung seiner Arbeit auf einen bestimmten Zeitraum begrenzen, so lässt er bei jedem Start die Systemvariable @date auf ihren Wert hin überprüfen. Ist der Grenzwert überschritten, wird das Projekt sofort nach dem Start wieder beendet.

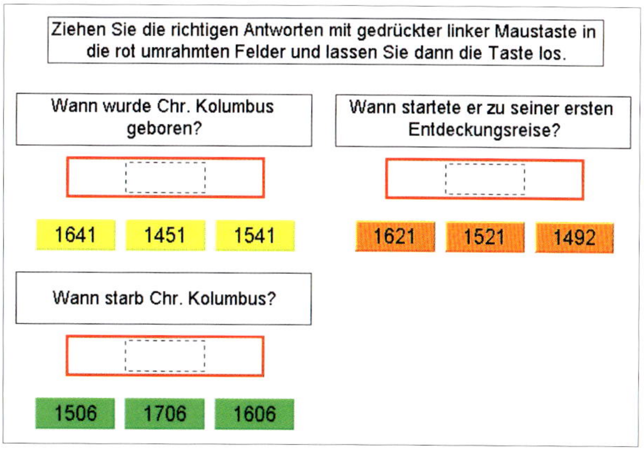

Neben den Möglichkeit per Multiple-Choice Entscheidungen treffen oder Daten eigenhändig eintragen zu lassen, kann ein Autor Lesern auch Gegegenheit zu eigenen Aktivitäten schaffen, wenn er ihnen ermöglicht, **Objekte zu bewegen.**

Wie in der umseitigen Abbildung zu sehen, sind auf der Seite drei Textobjekte mit Fragen, drei mal drei Schaltflächenobjekte mit möglichen Antworten und drei rot gerahmte Rechteckobjekte platziert. Diese enthalten unsichtbar die richtigen Antworten ein weiteres Mal.

Gemäß der Anweisung soll der Leser die Schaltflächenobjekte mit dem Cursor fassen, sie in die roten Rahmen ziehen und dort ablegen. Tut er dies mit einem Objekt mit falscher Jahreszahl, wird dieses verschwinden, enthält das Objekt jedoch die richtige Jahreszahl, bleibt es im Rahmen erhalten.

Nach der Gestaltung der Seite ist zunächst eine Variable zu definieren, der beim Fassen der Schaltflächenobjekte ein Wert zugewiesen wird. Beim Ablegen in den roten Rahmen wird dieser überprüft und über eine Wenn-dann-sonst-Beziehung entschieden, ob das Objekt dort verbleibt[7] oder ausgeblendet wird. Eine letzte Aktion setzt den Wert der Variablen zurück.

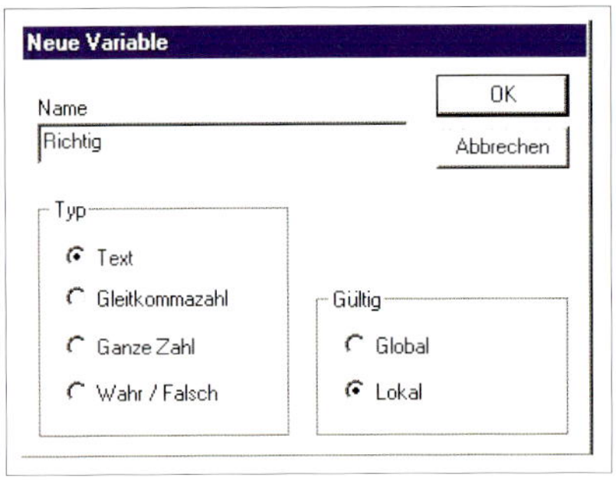

Der Variablentyp ist auch in diesem Zusammenhang von untergeordneter Bedeutung, da er nur temporär benötigt und bei jedem Ablegen wieder zurückgesetzt wird. Im Beispiel ist es eine Textvariable, deren Ausgangswert "", also „leer", ist. Beim Fassen eines Objekts wird er durch die entsprechende Jahreszahl ersetzt.

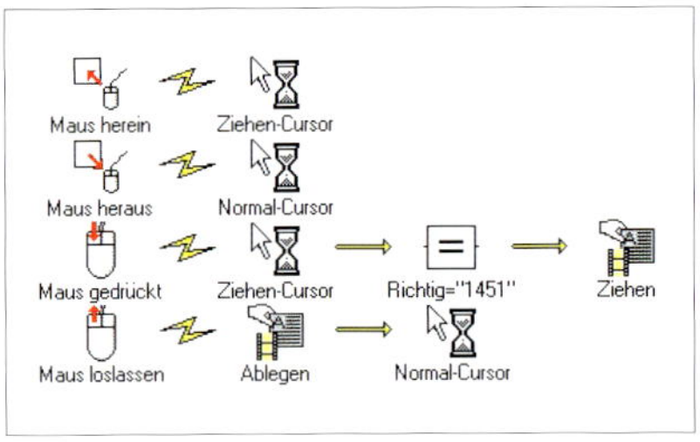

Um die Schaltflächenobjekte ziehen und ablegen zu können, sind an sie alle die Ereignis-Aktions-Verknüpfungen zu binden[8], die die neben stehende Abbildung[9] für das Objekt „Schaltfläche 1451" zeigt..

Wird der Cursor hinein geführt, nimmt er eine Form an, die signalisiert, dass das Objekt gezogen werden soll.

Verlässt er es, muss er wieder normal erscheinen, da sonst seine Signalfunktion bei anderen Objekten verloren geht.

Drückt der Leser die linke Maustaste, erscheint der „Ziehen"-Cursor, der Variablen „Richtig" wird der Wert „1451" zugewiesen und das Objekt bleibt am Mauszeiger hängen, bis er wieder los lässt. Tut er dies, wird das bewegte Objekt abgelegt und der Cursor nimmt seine Originalform an.

---

7 Damit die richtigen Lösungen exakt in der Rahmenmitte angezeigt werden, wird auch das zugehörige Schaltflächenobjekt ausgeblendet und das sich bereits im Rahmen befindende Äquivalent angezeigt.

8 Alle Ereignis-Aktions-Verknüpfungen, die für eine größere Zahl von Objekten nahezu identisch sind, werden an einem Objekt erledigt, durch „Kopieren" und „Einfügen" auf die anderen übertragen und entsprechend ange passt. Im obigen Beispiel wurden sie für das Objekt „1451"erstellt.

9 Die Beschriftungen an den Aktions-Symbolen entsprechen auch hier nicht den Originalbezeichnungen, sondern wurden der Übersichtlichkeit halber verändert (Markieren der Aktion – rechte Maustaste – Beschreibung)

Verwendet der Autor diese Aktion, so muss er festlegen, welches Objekt der Leser bewegen kann. Üblicherweise darf der es weder aus der Seite noch hinter ein anderes Objekt ziehen, da er es in beiden Fällen nicht mehr zu fassen bekommt.

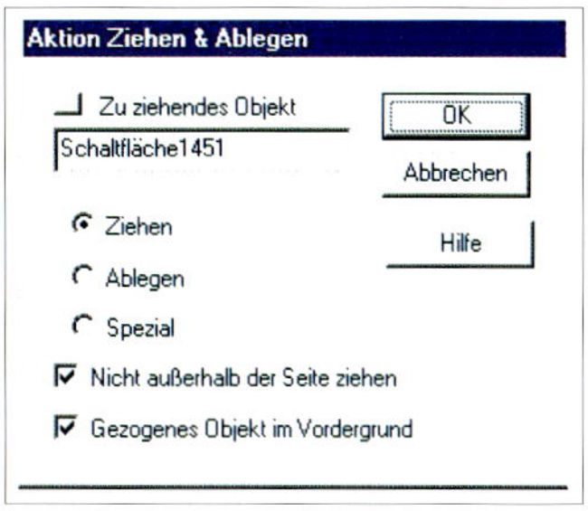

Liegt das bewegte Objekt an der vorgesehenen Stelle, bewirkt das Loslassen der linken Maustaste,dass es abgelegt wird, wenn der entsprechende Button eingeschaltet ist.

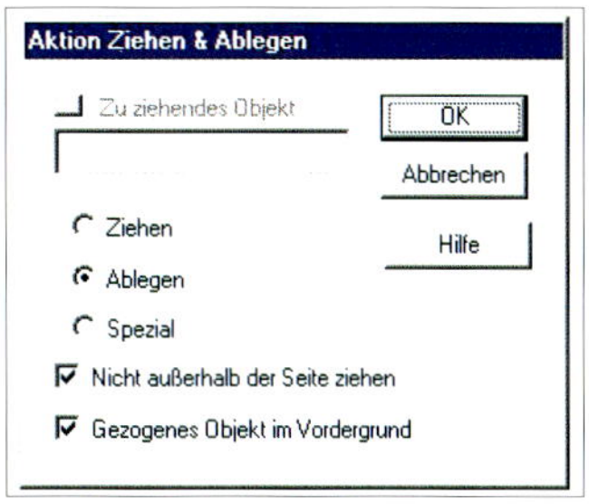

Sind die Ereignis-Aktions-Verknüpfungen allen Schaltflächenobjekten zugeordnet, können diese an jede Stelleder Seite gezogen und an jedem Platz abgelegt werden[10]. Ihr Loslassen im zugehörigen Rahmen[11] bewirkt eine Überprüfung der Variablen „Richtig" und die daraus resultierenden Aktionen. Es müssen also auch an die Rahmen Ereignisse und Aktionen gebunden werden.

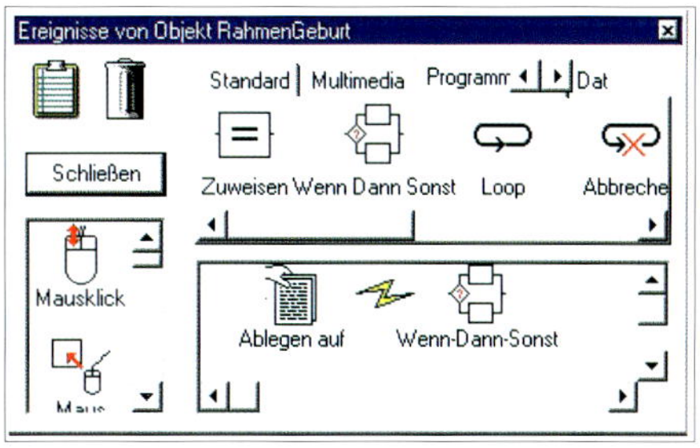

Die nebenstehende Abbildung enthält die Wenn-dann-sonst-Bedingung.

Wenn beim Ablegen die Variable „Richtig" den Wert „1451" hat, wird die bewegte Schaltfläche 1451 ausgeblendet und durch ihr exakt in der Mitte des Rahmens platziertes Gegenstück ersetzt[12].

Hat die Variable einen Wert ungleich „1451", so löst dies zwei weitere Überprüfungen aus. Ist ihr Wert „1541" wird die Schaltfläche 1541 ausgeblendet, ist er „1641" wird die Schaltfläche 1641 verschwinden. Beide werden erst wieder sichtbar, wenn der Leser die Seite von neuem aufschlägt.

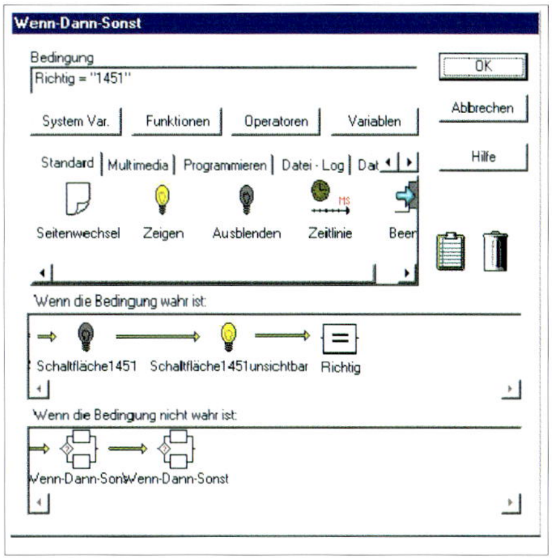

10 *Schutzmechanismen könnten dies verhindern*
11 *Hier der Rahmen „Geburt"*
12 *Wie oben erwähnt, ein rein optischer Gag.*

Sind die oben aufgeführten Ereignis-Aktions-Verknüpfungen auf die Objekte der beiden anderen Fragen übertragen und entsprechend angepasst worden, zeigt sich nach dem Bearbeiten dem Leser, der über wichtige Daten im Leben des Christoph Kolumbus Bescheid weiß, die Seite wie in der folgenden Abbildung dargestellt: Keine der falschen Alternativen wurde ausgeblendet, er hat also alle Antworten bereits im ersten Versuch richtig zugeordnet.

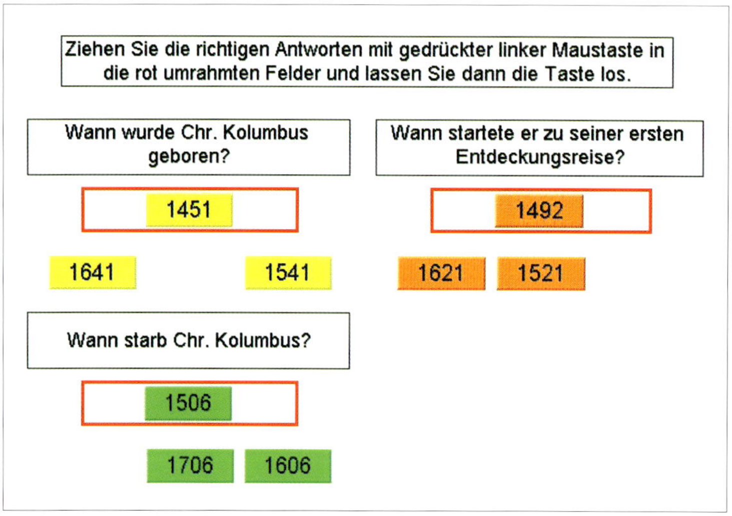

Trotzdem dieses Beispiel selbst für einen erfahrenen Autor einigen Zeitaufwand bedeutet, soll nicht darauf verzichtet werden, noch ein Stückchen weiterzudenken.

Der Wert einer Ganzzahlvariablen wird mit jedem Erscheinen der unsichtbaren Objekte in den Rahmen um den Wert „1“ erhöht und über eine Wenn-dann-sonst-Bedingung überprüft. Ist er auf „3“ angewachsen, sind also alle Fragen richtig beantwortet, so

- ertönt – eine Geschmacksfrage – schallender Applaus,
- durchquert die Santa Maria als animiertes Bildobjekt die Seite,
- wird ein Videoclip über Christoph Kolumbus eingespielt,
- erscheint ein Symbol zum Blättern auf die nächste Seite oder
- wird nach einer Erholungspause automatisch auf die nächste Seite geblättert.

Der Autor sollte seiner Phantasie freien Lauf lassen, wenn es darum geht, dem Leser seiner Projekte ein bisschen mehr tun zu lassen, als nur mechanisch den Cursor zu bewegen und stereotyp mit der Maus zu klicken. Erreicht sie seine Grenzen, sind Kinder und Jugendliche unendlich wertvolle Ratgeber.

Anhang:

Die Objekte des Projekts „Drei Fragen zu Christoph Kolumbus"

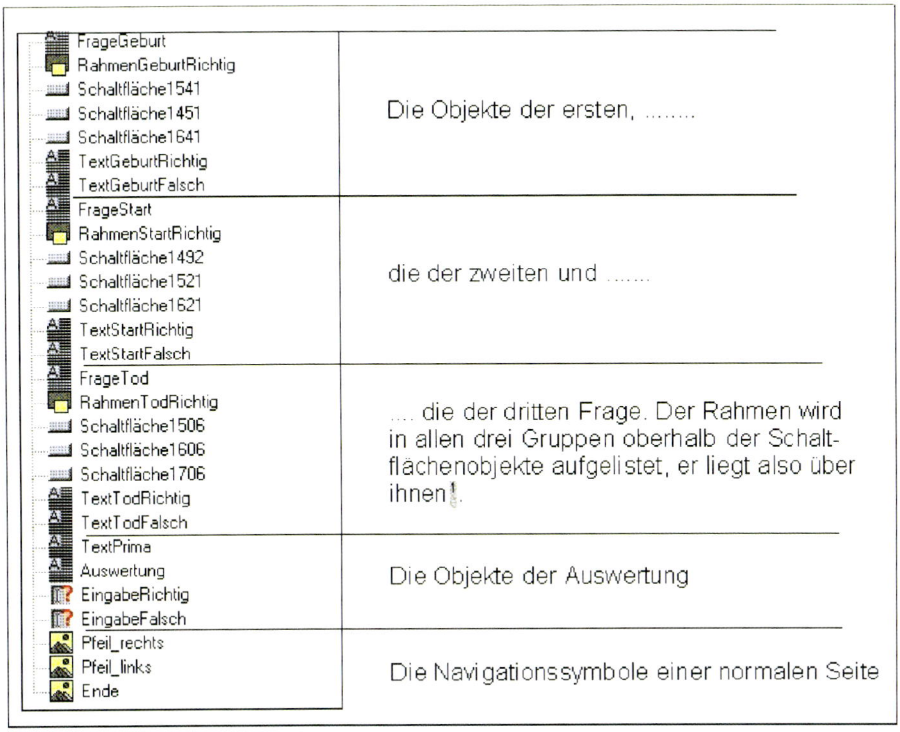

[1] *Objekte können wie bei einem CAD-Programm auf verschiedenen Ebenen liegen. Überlappen sie sich, liegt eines über/unter dem anderen. Dies zu ändern gelingt entweder über das Kontextmenü eines Objekts – „Anordnen" – „Nach hinten/vorn", „Ganz hinten/vorn" – oder die Objektliste, in der der Autor die Objekte nicht nur in der Liste, sondern auch auf der Seite mit der Maus nach oben bzw. unten zieht.*

Ausgewählte Literaturhinweise

zusammengestellt von Dr. Anton Reiter

Baumann Heide / Schwender Clemens: Kursbuch Neue Medien 2000. Ein Reality Check, Stuttgart (Deutsche V.-A:.) 2000.

Bollmann Stefan: Kursbuch Neue Medien, Reinbek bei Hamburg (Rowohlt) 1998.

Bolz Norbert W./Kittler Friedrich A./Tholen Georg Chr.: Computer als Medium, München (W. Fink) 1999.

von Foerster Heinz: KybernEthik, Berlin (Merve-Verlag) 1993.

von Foerster Heinz / Pörksen Bernhard: Wahrheit ist die Erfindung eines Lügners. Gespräche für Skeptiker, Heidelberg (C. Auer-Verlag) 1998.

von Foerster Heinz / von Glasersfeld Ernst: Wie wir uns erfinden. Eine Autobiographie des radikalen Konstruktivismus, Heidelberg (C. Auer-Verlag) 1999.

von Foerster Heinz: Sicht und Einsicht. Versuche zu einer operativen Erkenntnistheorie, Heidelberg (C. Auer-Verlag) 1999.

von Foerster Heinz / von Glasersfeld Ernst / Hejl Peter M.: Einführung in den Konstruktivismus, 5. Auflage, München (Piper) 2000.

von Glasersfeld Ernst: Radikaler Konstruktivismus. Ideen, Ergebnisse, Probleme, Frankfurt a. Main (Suhrkamp) 1997.

von Glasersfeld Ernst: Wege des Wissens. Kostruktivistische Erkundigungen durch unser Denken, Heidelberg (C. Auer Verlag) 1997.

Hartmann Frank: Medienphilosphie, Stuttgart (UniTB) 2000.

Helmke, Andreas/ Weinert, Franz. E.: Bedingungsfaktoren schulischer Leistungen. In: Weinert, F. E. (Hrsg.): Psychologie des Unterrichts und der Schule. Göttingen (Hogrefe) 1997.

Huschke-Rhein, Rolf: Systemisch-ökologische Didaktik. Köln (Rhein-Verlag) 1992.

Jensen Stefan: Erkennnis, Konstruktivismus, Systemtheorie, Wiesbaden (Westdeutscher Verlag) 1999.

Kloock Daniela / Spahr Angela: Medientheorien. Eine Einführung, 2. Auflage, Stuttgart (UniTB) 2000.

Kösel Edmund: Die Modellierung von Lernwelten. Eltztal-Dallau (Verlag Laub) 1997.

Krämer Sybille: Medien, Computer, Realität. Wirklichkeitsvorstellungen und Neue Medien, Frankfurt a. Main (Suhrkamp) 1998.

Maturana Humberto R. / Varela Francisco J.: Der Baum der Erkenntnis. Die biologischen Wurzeln des menschlichen Erkennens, München (Goldmann) 1990.

Maturana Humberto R.: Biologie der Realität, Frankfurt a. Main (Suhrkamp) 2000.

Maturana Humberto R.: Was ist Erkennen? Die Welt entsteht im Auge des Betrachters, München (Goldmann) 2001.

Meyer Hilbert L./Jank, Werner: Didaktische Modelle. Frankfurt a. Main (Cornelson Scriptor) 1991.

Münker Stefan / Roesler Alexander: Mythos Internet, Frankfurt a. Main (Suhrkamp) 1997.

Patry Jean-Luc/Riffert Franz: (Hrsg.): Situationsspezifität in pädagogischen Handlungsfeldern, Innsbruck (StudienVerlag) 2000.

Pias Claus /Vogl Joseph / Engell Lorenz: Kursbuch Medienkultur. Die maßgeblichen Theorien von Brecht bis Baudrillard, Stuttgart (Deutsche V.-A:.) 1999.

Reich Kersten: Systemisch-konstruktivistische Pädagogik. Einführung in die Grundlagen einer interaktionistisch-konstruktivistischen Pädagogik, Neuwied (Luchterhand) 1996.

Scheuermann Friedrich: Campus 2000. Lernen in neuen Organisationsformen, Münster (Waxmann Verlag) 2000.

Schmidt Siegfried J.: Der Diskurs des Radikalen Konstruktivismus, Frankfurt a. Main (Suhrkamp) 2000.

Siebert Horst: Pädagogischer Konstruktivismus. Eine Bilanz der Konstruktivismusdiskussion für die Bildungspraxis, Neuwied (Luchterhand) 1999.
Siebert Horst.: Didaktisches Handeln in der Erwachsenenbildung, Neuwied (Luchterhand) 2000.
Voß Reinhard (Hrsg.): SchulVisionen. Theorie und Praxis systemisch-konstruktivistischer Pädagogik, Heidelberg (Carl-Auer-Systeme) 1998.
Voß Reinhard: Die Schule neu erfinden. Systemisch-konstruktivistische Annäherung an Schule und Pädagogik, 3. Auflage, Neuwied (Luchterhand) 1999.
Watzlawick Paul / Kreuzer Franz: Die Unsicherheit unserer Wirklichkeit. Ein Gespräch über den Konstruktivismus, München (Piper) 1988.
Watzlawick Paul: Wie wirklich ist die Wirklichkeit? Wahn, Täuschung, Verstehen, München (Piper) 1995.
Watzlawick Paul: Die erfundene Wirklichkeit. Wie wissen wir, was wir zu wissen glauben? 12. Auflage, München (Piper) 2000.
Weinert Franz/ Helmke Andreas: Entwicklung im Grundschulalter, Weinheim (Psychologische Verlags Union) 1996.
Weinert Franz E./Helmke Andreas: Bedingungsfaktoren schulischer Leistung, In: Weinert, F. E. (Hrsg.): Enzyklopädie der Psychologie. Psychologie des Unterrichts und der Schule. Serie I. Band 3. Göttingen (Hogrefe) 1997.
Weber Stefan: Die Dualisierung des Erkennens. Zu Konstruktivismus, Neurophilosophie und Medientheorie, Wien (Passagen-Verlag) 1996.
Welsch Wolfgang: Vernunft, Frankfurt a. Main (Suhrkamp) 1996.

Links zum Thema „Konstruktivismus und Lernen"

zusammengestellt von Mag. Manuela Zeyringer

http://www.essl.at/bibliogr/rad-konstr.html
Karlheinz Essl: Kompositorische Konsequenzen des Radikalen Konstruktivismus (Aufsatz)

http://dsor.uni-paderborn.de/de/forschung/publikationen/blumstengel-diss/Konstruktivismus.html
Astrid Blumstengel: Entwicklung hypermedialer Lernsysteme, Abschnitt: Konstruktivismus (Dissertation)

http://www.stif2.mhn.de/konstruk.htm
Staatsinstitut für die Ausbildung von Fachlehrern, München: Konstruktivismus: Neue Perspektive(n) für Unterricht und Erziehung? (Artikelsammlung)

http://ezwi1.uibk.ac.at/konstrukt/
Institut für Erziehungswissenschaften, Innsbruck: Linkothek zum radikalen Konstruktivismus (Linksammlung)

http://www.konstruktivismus.de/
W.Konrad: Konstruktivismus – Links (Linksammlung)

http://www.lili.uni-bielefeld.de/~lili_lab/virtseminare/umt/biblio/texte/mandl/txt.htm
Gabi Reinmann-Rothmeier und Heinz Mandl: Lernen auf der Basis des Konstruktivismus (Aufsatz)

http://www.alte-kanti-aarau.ch/unterr_material/Geographie/konstruktivismus.htm
Peter Gloor: Der Konstruktivismus am Beispiel von Computeranwendungen (Projektarbeit)

http://www.baehner.com/diplom/html/lernen_mac/lernpsychologie.html
Christian Bähner: Computeranimiertes Lernen in der Informationsgesellschaft (Diplomarbeit)

http://home.ph-freiburg.de/gerve/sachunterricht/Texte/su_klein1.htm
K. Klein, U. Oettinger: Konstruktivismus. Die neue Perspektive im (Sach-)Unterricht. (Aufsatz)

http://www.humboldt-gesellschaft.de/vortrag/konstrukt.htm
Stefan Nehrkorn: Philosophie des Konstruktivismus unter besonderer Berücksichtigung Paul Watzlawicks (Aufsatz)

http://www.univie.ac.at/constructivism/
Alex Riegler: Radical Constructivism (Link- und Artikelsmmlung)

http://carbon.cudenver.edu/~mryder/itc_data/constructivism.html
University of Colorado at Denver School of Education: Constructivism (Link- und Artikelsammlung)

http://www.emtech.net/links/construc.htm
emTech: Constructivism and Related Sites (Linksammlung)

http://www.grout.demon.co.uk/Barbara/chreods.htm
Barbara Jaworski: Constructivism and Teaching – The socio-cultural context (Aufsatz)

http://www.oikos.org/vonen.htm
ECOLOGY OF MIND Ernst von Glasersfeld (Leben und Werk)

http://www.uni-koblenz.de/~odsjgroe/konstruktivismus/index.htm
Josef Größchen: Der radikale Konstruktivismus als philosophische Erkenntnistheorie (Aufsatz)

http://vikar.ira.uka.de/teilprojekte/tp31/Konstruktivismus/umgebung.htm
Virtueller Hochschulverbund Karlsruhe: Konstruktivistische Lernumgebungen mit neuen Medien (Projekt)

http://userpage.fu-berlin.de/~murfit/radkon.htm
Carsten Allefeld: Radikaler Konstruktivismus (Aufsatz)

http://www.ilt.columbia.edu/ilt/papers/construct.html
Erik F. Strommen: Constructivism, Technology, and the Future of Classroom Learning (Aufsatz)

http://curriculum.calstatela.edu/faculty/psparks/theorists/501const.htm
Martin Briner: Constructivism (Webseite über Lerntheorien)

http://www.hbi-stuttgart.de/nohr/wo/WoHdBuch/Erkennen.htm
Markus Haag und Matthias Kissler: Erkennen und Erkenntnis – Wie wissen wir? Einführung in den Konstruktivismus (Aufsatz)

http://www.oise.utoronto.ca/~skarsten/research/constructivism.html
ONTARIO INSTITUTE FOR STUDIES IN EDUCATION OF THE UNIVERSITY OF TORONTO: Constructivism Links (Linksammlung)

http://www.wnet.org/wnetschool/concept2class/month2/index.html
wNetSchool / Disney Learning Partnership: Constructivism as a Paradigm for Teaching and Learning (Einführende Webseite)

Autor/innen

Peter Angerer
Geboren 1947; Lehrer an der VS, HS (Mathematik, Physik/Chemie, Werkerziehung für Knaben, Informatik), Päd. Akademie Graz-Eggenberg; Materialien für die Computernutzung im Trägerfach Mathematik für das BMUK; Mitglied der Lehrplankommission Mathematik; Teilnahme an EU-Seminaren zur Computernutzung im Unterricht; Referententätigkeit in der Lehrerfortbildung; Pilotprojekt FaM des bm:bwk zur Erzeugung von Materialien zur Lehrplanumsetzung Mathematik
E-Mail: peter.angerer@leox.net

Walter Baumgartner
Ausbildung zum Tiefdruckformenhersteller und 10 Jahre Berufspraxis; auf dem zweiten Bildungsweg Hauptschullehrer; nach vielen Schulstationen seit zwei Jahren an die Päd. Akademie des Bundes in Graz Systembetreuer für das Verwaltungsnetzwerk und in der Informatikausbildung tätig
E-Mail: walter.baumgartner@pa.asn-graz.ac.at

Gerhard Dinauer
Mag. rer. nat , Dipl.-Ing., Dr. techn.; geboren 1941; Studium der Mathematik und Darstellende Geometrie für das Lehramt an höheren Schulen an der Universität in Graz, Technische Mathematik im Studienzweig Informations- und Datenverarbeitung an der Technischen Universität in Graz; Lehrer an Höheren Schulen von 1967 – 1989; Lektorat an der Technischen Universität in Wien von 1985 – 1989; Leiter einer AHS von 1989 – 1993; Lehrer an der Pädagogischen Akademie des Bundes in Graz seit 1993; Leiter der Pädagogischen Akademie des Bundes in Graz seit 2000; Gastdozent an der Universidad de Barcelona (E), an der Visoka Učiteljska škola Petrinja (HR) und an der Vysoká škola Pedagogická v Hradci Králové (CZ); Lehrbücher für Mathematik und Informatik (AHS)
E-Mail: gerhard.dinauer@pa.asn-graz.ac.at

Heinz M. Fischer
Mag. Dr.; Studium der Pädagogik, Psychologie und Soziologie; Journalist; Medienreferent in der Steiermärkischen Landesregierung; Geschäftsführer des Steirischen Presseclubs und Lektor für Neue Medien an der Grazer Universität; beschäftigt sich seit längerem mit Medienkritik und Medienanalyse sowie den gesellschaftlichen Konsequenzen der neuen Medientechnologien
E-Mail: heinrich.fischer@stmk.gv.at

Catherine Twomey Fosnot
Professor of Education at the City College of New York and Director of "Mathematics in the City" a constructivist inservice project in elementary mathematics education; she has twice received the "best writing" awards from AERA's Constructivist SIG as well as the "young scholar" award from the Educational Communication and Technology Journal; her previous books include: Enquiring Teachers, Enquiring Learners; Constructivism: Theory, Perspectives and Practice; Young Mathematicians at Work (co-authored with Maarten Dolk); Reconstructing Mathematics Education (coauthored with Deborah Schifter).
E-Mail: ctfosnot@msn.com

Angela Gastager
Mag. phil.; geboren 1962 in Salzburg; Lehrerin; derzeit FWF-Forschungs-Assistentin am Institut für Erziehungswissenschaft der Universität Salzburg; Arbeitsschwerpunkte: Unterrichtsforschung – Paradigmenvielfalt in der Erziehungswissenschaft, Antagonismen in Evaluationsverläufen, Forschungsprogramm Subjektive Theorien; Erwachsenenbildung; Weiterbildung für Lehrerinnen und Lehrer aller Schultypen: flankierende Maßnahmen für den Unterricht
E-Mail: angela.gastager@sbg.ac.at
WWW: www.sbg.ac.at/erz/people/gastager.htm

Ernst Glasersfeld
1917 als Österreicher in München geboren; wuchs in Südtirol und der Schweiz auf; studierte drei Semester lang Mathematik in Zürich und Wien; überlebte den 2. Weltkrieg als Farmer in Irland; ab 1947 Journalist und Mitarbeiter in Ceccatos Scuola Operative Italiana in Italien; 1962 – 70 Leiter eines von der U. S. Air Force finanzierten Forschungsprojekts in maschineller Sprachanalyse; 1970 – 87 Professor für kognitive Psychologie, University of Georgia, USA; zur Zeit Mitarbeiter am Scientific Reasoning Research Institute, University of Massachusetts, Amherst, USA
E-Mail: EVonglas@aol.com

Johann Götschl
Prof., Dr. PHD; geboren am 14. Juli 1939; 1953 – 1956 Ausbildung zum Industrieschweißer; 1956 – 1964 Tätigkeit in der Industrie; 1964 – 1971 Studium der Philosophie und Physik als Werkstudent; 1971 Promotion zum Dr. phil.; seit 1971 Univ. Assistent für Philosophie und Wissenschaftstheorie der Naturwissenschaften an der Universität Graz; seit 1972 Lektor für Philosophie und Wissenschaftstheorie an der Technischen Universität Graz; 1974 Theodor Körner Preis; seit 1978 Leiter des Ludwig Boltzmann Instituts für Wissenschaftsforschung und Herausgeber der „Zeitschrift für Wissenschaftsforschung"; 1979 Universitätsdozent für Philosophie mit besonderer Berücksichtigung der Wissenschaftstheorie der Naturwissenschaften; 1981 Universitätsprofessor für Philosophie und Wissenschaftstheorie der Naturwissenschaften an der Universität Graz; seit 1995 Lektor für Philosophie und Wissenschaftstheorie an der Technischen Universität Wien; seit 1998 Lektor an der Universität Wien für „Soziologie und Psychologie der Technik"
E-Mail: johann.goetschl@kfunigraz.ac.at

Gerolf Kirchmair
Mag. Dr.; geboren 1956, seit 1978 Lehrer (Mathematik, Biologie, Geometrisch Zeichnen und Informatik) an der Hauptschule in Trieben; seit 1982 Tätigkeit in der Lehrerfortbildung (Landesarbeitsgemeinschaft für Mathematik an Hauptschulen); Mitbegründer des Schwerpunktes „Technische Hauptschule Trieben"; 1995 Abschluss des Studiums Pädagogik + Fächerkombination an der Karl-Franzens-Universität Graz; im Oktober 2000 Promotion zum Doktor der Philosophie; Lehrauftrag an den Pädagogischen Akademien in Graz
E-Mail: g.kirchmair@utanet.at
WWW: www.gkirchmair.at

Britta Kohler
Dr.; geboren 1964 in Stuttgart; 1970 - 1974 Johannes-Kepler-Grundschule Magstadt; 1974-1983 Stiftsgymnasium Sindelfingen; 1983-1984 Praktika im erzieherischen und medizinischen Bereich; 1984 - 1989 Lehramtsstudium an der Pädagogischen Hochschule Heidelberg; 1990 - 1991 Vorbereitungsdienst am Staatlichen Seminar für schulpraktische Ausbildung Rottweil; 1991 - 1994 Studium an der Eberhard-Karls-Universität Tübingen und Schuldienst an der Berthold-Auerbach-Schule in Horb; 1994 - 1997 Promotionsaufbaustudium an der Ludwig-Maximilians-Universität München; 1995 - 1997 Abordnung als wissenschaftliche Mitarbeiterin an die Pädagogische Hochschule Schwäbisch Gmünd; seit 1998 Wissenschaftliche Assistentin am Institut für Erziehungswissenschaft an der Pädagogischen Hochschule Schwäbisch Gmünd
E-Mail: Britta.kohler@t-onlone.de

Horst Lattinger
HR Mag. Dr.; geboren 1943 in Graz; 1962 Reifeprüfung am Lichtenfelsgymnasium; Studium der Germanistik und Anglistik an der Karl-Franzens-Universität; ab 1968 Lehrer am BORG Hartberg und an der Rieger Hauptschule (Schulversuch „Integrierte Hauptschule"); ab 1970 Administrator; Lehrbeauftragter der Pädagogischen Akademie des Bundes in Graz (Fachdidaktik); Lehrerfortbildner, Erwachsenenbildner; 1981 – 1986 Schulleiter an zwei verschiedenen AHS (Weiz, Hartberg); ab 1987 Landesschulinspektor für AHS in der Steiermark; Teilnehmer und Referent bei zahlreichen Symposien im In- und Ausland; Schwerpunkte: Schulmanagement, Schulorganisationsentwicklung, Qualitätsmanagement, Curriculumarbeit, Bildungskooperation in Europa; Publikationen zu denselben Themen; 1994/95 Ausbildung zum Österreichischen Schulmanagementtrainer; ab 4. Juni 1996 Vizepräsident, ab 6.12.1998 Amtsführender Präsident des Landesschulrates für Steiermark
E-Mail: horst.lattinger@lsr-stmk.gv.at

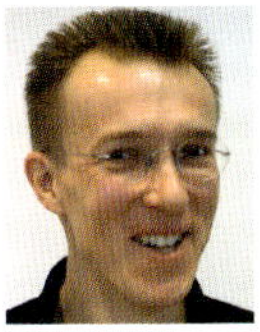

Thomas Nárosy
Ausgebildeter Hauptschullehrer in den Gegenständen Englisch, Geschichte und Informatik; daneben langjährige berufliche Tätigkeit in der außerschulischen Kinder- und Jugendarbeit sowie im Sozialbereich; Abschluss des Hochschullehrgangs „Telematikmanagement" an der Donau-Universität Krems; neben der Unterrichtstätigkeit Mitarbeit bei Internet-Initativen des Stadtschulrats für Wien; seit März 1998 Koordination des EU-Projektes „Virtuelle Europäische Schule VES" beim öbv&hpt; seit dessen Beendigung beim Internetprojekt LISA in der Koordination und Projektleitung tätig; Leitung des Online-Team von e-LISA
E-Mail: thomas.narosy@mail.e-lisa.at

Mona Nasseri
Diplomstudium der Linguistik mit Schwerpunkt Spanische Literatur in Teheran; Zusatzausbildung in Malerei und Computergrafik; lebt seit 5 Jahren in Wien und arbeitet freiberuflich als Webdesignerin und Illustratorin für diverse Verlage, u. a. auch für das BMBWK.
E-Mail: nasseri-mona@hotmail.com

Helma Ochnitzberger
Mag; geboren 1948; Lehrerin an der VS, HS (Mathematik, Geom. Zeichnen, Leibesübungen, Informatik); Studiengang für Mathematiklehrerfortbildner, Didaktiker und Mentoren "Praktiker forschen"; Diplomstudium der Pädagogik; Mitglied der Landesarbeitsgemeinschaft für Mathematik und für Informatik; Referententätigkeit in der Lehrerfortbildung; Mitglied der Arbeitsgruppe Mathematik für das Pilotprojekt „FAM" des bm:bwk (http://www.fam.tsn.at)
E-Mail: ochh@utanet.at

Theresia Oudin
Mag.; Matura 1970 (Realgymnasium); Studium bis Juni 1975, Hauptfach Mathematik, Nebenfächer Physik und Chemie; Unterrichtstätigkeit seit Frühjahr 1975; seit 1976/77 am GRG10, Ettenreichgasse; seit vielen Jahren Dozentin für Informatik am PI der Stadt Wien; Leiterin der Arbeitsgemeinschaft EDV-Informatik an AHS in Wien; Schulbücher für Informatik und Physik (AHS)
E-Mail: oudin@grg10ett.asn-wien.ac.at

Erich Pammer
Geboren in Leopoldschlag; Matura am BG Freistadt; PädAK des Bundes OÖ; Lehrer seit 1976 in Unterweißenbach und an verschiedenen Schulen des Bezirks Freistadt; Lehrauftrag an der PädAk des Bundes und der Diözese in OÖ; seit 1.9.2000 prov. Leiter der ASO Langenstein und Leiter am Pädagogischen Zentrum Perg
E-Mail: spzperg.direktion@eduhi.at/erich.pammer@netway.at

Jean-Luc Patry
o. Univ.-Prof. Dr.; geboren 1947 in Genf; Studium der Naturwissenschaften an der ETH in Zürich; Dissertation mit einem psychologischen Thema; Diplom für das Höhere Lehramt; Habilitation für das Fach „Erziehungswissenschaft" an der Universität Freiburg (Schweiz); vormaliger Vizepräsident der Schweizerischen Gesellschaft für Bildungsforschung; 1982-1984 Visiting scholar in Stanford, Bethlehem (Lehigh University) und Salzburg; 1990 Gastprofessor an der Universität Salzburg; seit 1994 o. Univ. Prof. am Institut für Erziehungswissenschaft derzeit Vorstand des Instituts
E-Mail: jean-luc.patry@sbg.ac.at
WWW: www.sbg.ac.at/erz/people/patry.htm

Reinhard Pristonig
Mag. phil., geboren 1956; Prof. an der PädAk des Bundes in der Steiermark; 21 Jahre Unterrichtserfahrung in den Gegenständen Mathematik, Geometrisches Zeichnen, Technisches Werken und Informatik; Entwicklung von Schulversuchen mit Informatikschwerpunkten; Referent in der Lehrerfort- und -weiterbildung; Betreuung der Computer und des hausinternen Netzwerkes; Mitarbeit bei der Arbeitsgruppe Einstiegs- und Projektphase des BMUK; Mitwirkung bei der Entwicklung einer gemeinsamen Homepage aller Pädagogischen Akademien; Koordination und Entwicklung der Informatikausbildung an der PädAk; Koordination des Akademielehrgangs ECDL; Mitwirkung als Buchautor
E-Mail: reinhard.pristonig@pa.asn-graz.ac.at

Martin Wiederhofer

VL Ing.; geboren 1957; Matura an der Höheren Technischen Bundeslehranstalt in Kapfenberg (Fachrichtung Elektrotechnik); Studium und Diplom an der Musikhochschule Graz im Fach Jazz-Gitarre; intensive Beschäftigung mit elektronischer Musik (Musik-Computer, Musik-Elektronik); seit 1.10.1989 Lehrbeauftragter an der Universität für Musik und darstellende Kunst in Graz; seit 1.3.1995 Vertragslehrer für Instrumentalpraxis Gitarre-Jazz, Gitarrenpraxis, Musik-Computer, Jazz- und Popensemble sowie Studioensemble; 2000 Diplomarbeit mit dem Thema: „Das Lehrmittel Computer im Bereich der Jazz- und Popularmusikausbildung"; Dozent bei zahlreichen Seminaren und Fortbildungsveranstaltungen im Bereich Musik-Computer sowie Jazz- und Popularmusik

E-Mail: Wiederhofer@lion.cc

Manuela Zeyringer

Mag. Phil.; Studium der Erziehungswissenschaften mit Schwerpunkt Erwachsenenbildung spezialisiert auf Medienpädagogik; langjährige Beschäftigung mit dem Thema: „Möglichkeiten, Chancen und Grenzen des Lernens mit Software – eine Herausforderung für die Pädagogik?"; Trainerin an Erwachsenenbildungseinrichtungen; selbständige Unternehmerin für EDV-Dienstleistungen.

E-Mail: Zeyringer@utanet.at

Die Filme auf der DVD

Im Folgenden werden die Filme auf der DVD inhaltlich beschrieben.

Das Interview mit Prof. E. v. Glasersfeld

Der erste Teil der DVD beinhaltet das Interview mit Prof. E. v. Glasersfeld. Dieses Interview wurde im April 2001 an seinem Wohnort in Amherst, MA, USA, durchgeführt. Das Interview besteht aus drei Teilen: Im ersten Teil des Gesprächs führt E. v. Glasersfeld in die **Grundideen des Radikalen Konstruktivismus** ein (z. B. Viabilität, Unmöglichkeit der Abbildung der Realität durch Sinneswahrnehmungen, Zusammenhang von der konstruktivistischen Position und Pluralität, etc.).
Im zweiten Teil des Interviews nimmt E. v. Glasersfeld ausführlich zu den Implikationen des Konstruktivismus auf das Lehren und Lernen Stellung. Dieser Teil ist in besonderer Weise für alle Lehreraus- und - fortbildner von großem Interesse; es werden die **Grundlinien einer konstruktivistisch orientierten Didaktik** dargelegt. Auch für Schulpraktiker ist dieser Teil von Bedeutung, da ausführlich Gründe für die Veränderung der Lernkultur in Schulen in Richtung mehr Aktivität, Handlungsorientierung und Eigenverantwortung dargelegt werden. E. v. Glasersfeld nimmt – wie Patry (siehe seinen Beitrag im Buch) – eine differenzierte Position bezüglich Wissenstransfer und notwendiger Konstruktion von Wissen ein. Nach seiner Ansicht sollten auf Konvention beruhende Inhalte (z. B. Wochentage, etc.) ohne großen didaktischen Aufwand übermittelt werden. Hingegen sollten Stoffe, die von den Begriffskonzepten und den Zusammenhängen her anspruchsvoll sind so unterrichtet werden, dass der Schüler die Möglichkeit erhält, selbst zu konstruieren.
Der dritte Teil des Interviews beschäftigt sich unter anderem mit der **Frage der Wurzeln des Konstruktivismus** und auch damit, inwieweit Kant ein Konstruktivist war.

Das Interview mit Prof. Cathy Fosnot und Prof. Marteen Dolk

Prof. Fosnot lehrt Institut für Grundschuldidaktik am City College in New York; Prof. Marteen Dolk ist Fachdidaktiker am Freudenthal Institut in Utrecht, NL. Beide Institutionen sind seit geraumer Zeit Partner bezüglich einer groß angelegten Initiative zur Veränderung des Mathematikunterrichts in der Stadt New York. Das Interview wurde an einer Projektschule in New York aufgenommen und umfasst folgende Themenbereiche:

konstruktivistisch orientierte Fachdidaktik für Mathematik,
Grenzen und Möglichkeiten der Veränderung des Mathematikunterrichts,
Erfahrungen aus einem langjährigen Reformprojekt,
Einwände aus Eltern- und Politikersicht, wenn Mathematik in der Grundschule anders unterrichtet wird, Zeitperspektive bezüglich der Veränderungen im Bildungswesen und Ergebnisse aus dem Reformprojekt (Schülerleistungen, etc.).

Learning4life

Dieser Filmbeitrag problematisiert – ausgehend vom gesellschaftlichen Wandel – das traditionelle Lernen in der Schule und will **Impulse zur Weiterentwicklung der Belehrungsschule zur Lernschule** liefern. Der Film versteht sich selbst als „Lernumgebung" für Diskussionen zum Thema „Qualitätsentwicklung von Unterricht". Es wird jedoch kein einseitiger konstruktivistischer Lernbegriff vertreten. Vielmehr wird auf der Theorie der Situationsspezifität beruhend (Patry u. a. 2000) ein multikriterialer Lernbegriff (Weinert 1996, 1997) vertreten (siehe entsprechende Beiträge im Buch):

„So viel Instruktion als erforderlich und so viel Konstruktion als möglich!"
Es werden Unterrichtsbeispiele vorgestellt, mit denen Lernen nach dem Prinzip des konstruktivistisch-orientierten Aktiv-Lernzyklus illustriert werden. Das neue Unterrichtsprinzip Viabilität wird mit einem nachvollziehbaren Beispiel für den Mathematikunterricht dargestellt.

Der Film über die Tagung

Dieser Film stellt ein Teildokumentation der Tagung „Neues Lernen für die Informationsgesellschaft" dar. Diese Fachtagung wurde vom bm:bwk (MR. Dr. A. Reiter) in Zusammenarbeit mit der Pädagogischen Akademie des Bundes in der Steiermark (Prof. Dr. Herbert Schwetz) im Oktober des Jahres 2000 durchgeführt.

Dieser Film zeigt die **Möglichkeiten konstruktivistisch orientierten Unterrichts** auf und unterstreicht die bedeutsame Rolle des „Nach-Erfindens" im Lernprozess. Patry (Universitätsprofessor am Institut für Erziehungswissenschaft in Salzburg) stellt in diesem Zusammenhang fest, dass das „Erfinden" für den „Erfinder" einen wichtigen Stellenwert für den schulische Erkenntnisgewinnung hat. Die „Produkte" von Erfindungsprozessen sind auf Tauglichkeit zu überprüfen. Patry hat dafür den Terminus „Viabilitäts-Check" eingeführt und meint damit, dass es auch Lösungen (Wege) geben kann, die sich in der Wirklichkeit nicht bewähren werden. Dieser Film problematisiert aber auch die Schwachstellen des Konstruktivismus (Reiter).

Im zweiten Teil des Filmes befasst sich Staud (Abteilungsleiter an der PA des Bundes) unter anderem mit der These: „Elektronische Medien bewirken, dass Inhalte aus der 11. Schulstufe nun von Schülerinnen und Schülern der 8. Schulstufe bewältigt werden können."

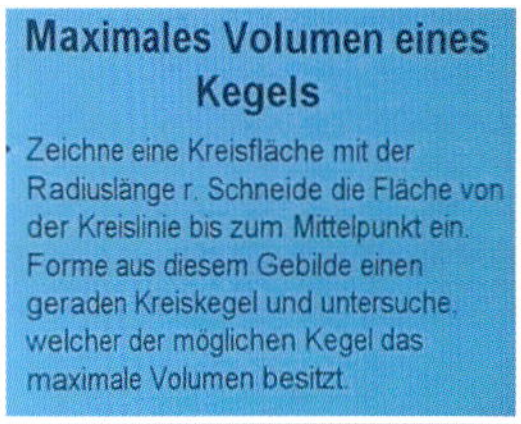

Werterziehung durch Dilemmageschichten

Der letzte Film der DVD stellt die Möglichkeit der Werterziehung durch Dilemmageschichten dar. Dieser didaktische Weg wurde von Kohlberg begründet und stellt einen nicht-transferierenden Weg und somit **konstruktivistisch inspirierten Weg der Werterziehung** dar. Darunter wird ein handlungsorientierter auf Konversation und Dialog beruhender Weg der Wertevermittlung verstanden. Es wird eine Unterrichtssequenz – das Katzendilemma von B. Mattner-Begusch – mit einer Grazer Gymnasialklasse (BG. Kirchengasse; Dir. Mag. R. Gande) dargestellt. Dieser Teil des Filmes wurde freundlicherweise vom Österreichischen Jugendrotkreuz (Mag. K. Zarhuber) zur Verfügung gestellt.